KB070018

경영이라는 세계

경영이라는 세계

THE WORLD OF MANAGEMENT

ECONOMICS

PSYCHOLOGY

ORGANIZATION

INNOVATION

OPERATION

BUSINESS ADMINISTRATION

스탠퍼드 최초
한국인 종신교수 황승진의
경영과 인생 강의

황승진 지음

다산북스

비즈니스 세계를 탐구하는
단 한 권의 책

1992년, 스탠퍼드경영대학원의 필수 과목인 '데이터와 의사결정Data & Decisions' 첫 수업에서 황승진 교수님을 처음 만났다. 주제만 보아서는 딱딱하고 지루한 과목이었다. 그러나 놀랍게도 수업은 정말로 즐거웠다. 재미있는 설명, 학생들이 귀를 기울이게 만드는 유머까지. 교수님의 모든 것이 인상적이었다.

이후 '공급망 관리Supply chain management'라는 선택 과목에서 교수님을 다시 만나게 되었다. 이후 교수님과 자주 대화하고, 점점 더 많이 알아가게 되면서 놀라운 사실을 깨달았다. 편안한 분위기에 웃음으로 가득한 유머러스한 수업에는 치열한 노력이 있었다는 사실이다.

교수님은 수업이 있는 날은 불면에 시달리고, 수업을 마칠 때까지는 식사도 하지 못한다고 하셨다. 그처럼 강의 울렁증이 있는데도 어떤 이야기를 언제 무슨 교훈과 함께 전달해야 하는지 고민하는 데 엄청난 시간과 노력을 쏟으셨던 것이다. 괜히 학생들이 '최고의 교수'로 꼽는 것이 아니었다.

이처럼 교수님에 대한 좋은 기억을 안고 졸업한 지 약 1년 반쯤 지났을 때였다. 교수님이 내게 권하셨다. "VCventure capitalist 한 번 해보는 게 어떻겠나?" 당시 나는 VC가 무엇인지, 어떤 일을 하는지 정확히 알지 못했다. 그래서 이렇게 대답했던 기억이 난다. "못 할 것 같습니다." 그러나 교수님은 포기하지 않으셨다. 충분히 잘할 수 있다고 말해주셨고, 실제로 가능하도록 만들어주셨다. 그 결과로 지금의 알토스벤처스Altos Ventures가 탄생했다. 이후로도 수많은 투자 기회마다 교수님과 머리를 맞대고 논의했다. 특히 한국에서 우리를 주목하게 한 쿠팡과 배달의 민족 투자는 교수님의 자문이 없었다면 쉽게 결정하지 못했을 것이다.

그 후에도 교수님과 함께 많은 시간을 보냈다. 별의별 회사들에 대한 고민을 털어놓으면 교수님은 이 책에 등장하는 사례와 이론들을 함께 들려주셨다. 그때마다 나와 함께 일하는 동료들은 생각했다. '아, 그렇구나. 이렇게 관찰하고 판단해야 하는구나.'

교수님이 나와 동료들에게 준 것은 이것뿐만이 아니다. 힘들 때는 우리를 웃게 만들어 '그래도 아직 이게 남았지' 하며, 당장 할 일과 긍정적인 미래를 상기하게 해주셨다. 이 과정에서 우리는 배우고 성장했다. 오랜 시간이 지난 지금도 나는 교수님을 만나서 이런저런 대화를 하는 시간을 기다린다. 그만큼 소중한 시간이 없다. 그리고 그 대화에서 오갔던 모든 내용이 이 책에 담겨 있다.

이 책에 등장하는 기업들의 스토리에는 많은 관찰과 이론이 중첩되어 있다. 그리고 교훈이 있다. 보고 또 봐도 새삼스럽고, 잊지 말아야겠다 다짐하게 되는 교훈들 말이다. 그 교훈은 딱딱하고 이론적인 말 한마디가 아니다. 세상 모든 것을 관찰하고, 의사결정을 하고, 행동하는 데 도움이 되는 이야기다. 그러니 비즈니스 세계에 속한 사람뿐만 아니라 자본주의가 어떻게 형성되어 우리 삶을 좌우하는지에 대해 관심이 있는 사람이라면 반드시 읽어보기를 권한다.

알토스벤처스 대표
한 킴

경영을 한다는 것은
세상을 경영하는 일이다

경영이라는 세계를 아는가?

기업의 조용한 탄생은 인류 경제사에서 획기적 사건이었다. 18세기경 유럽인은 세 계급으로 나뉘어 있었다. 부를 소유한 귀족, 지식을 보유한 성직자, 그리고 생산 활동의 주역인 농부였다. 산업혁명은 이 계급 구조를 흔들어버렸다. 부는 기업가들이 장악하고, 지식은 교육자, 발명가, 의사와 변호사에게 확장되었다. 생산 활동은 공장이 차지하게 되었다.

현대에 와서는 부, 지식과 생산이 모두 기업으로 수렴하게 되었다. 물론 지식의 소유에 한해서는 대학교와 경쟁 관계지만, 힘과 돈이 되는 과학 지식의 경우 궁극적인 종착지는 종종 기업이다. 기업은 경제의 주역이 되었고, 기업의 실력이 모여 국가의 힘이 되었다.

한 기업의 실력은 '경영'이 결정한다. 같은 기업이라 하더라도 어떤 리더가 어떻게 경영하느냐에 따라, 즉 '경영의 품질'에 따라 큰 차이가 생긴다. 경영은 기업의 흥망성쇠를 좌우하고, 기업은 국가의 흥망성쇠를 좌우한다. 즉, 경영은 한 경제의 '빌딩 블록'이 된다.

그렇다면 경영이란 무엇이며 왜 생겨났는가? 경영학은 언제, 어떻게 시작되었는가? 우선 이 이야기부터 시작해 보고자 한다.

경영의 역사와
경영학의 현주소

기업corporation이 인류사회에 등장한 지는 꽤 오래되었다. 일설에 따르면 기업의 초기 형태는 11세기 로마에서 시작되었다고 한다. 그러나 현재 우리가 아는 형태의 제조회사는 산업혁명이 진행 중인 1800년대 초에 유럽, 특히 영국에서 태동했다. 여러 명의 직원이 월급을 받으며 공장 중심으로 일하고, 이 공장에서 생산된 제품을 시장에 팔았다. 창업가는 기업을 만들고 투자자들은 기업의 주식을 소유하며 증권거래소에서 사고팔 수 있었다. 기업이 커지면서 이를 '감당'할 능력이 요구되었다. 자연스럽게 경영과 소유가 분리되어 '전문 경영인'이라는 직업이 생겨났다. 기업의 기능 또한 재무, 회계, 마케팅, 판매, 설계, 그리고 생산, 물류관리 등으로 분화되었다. 감당이 '경영'이 되고 경영의 품질이 중요시되었다. '경영의 세계'가 열린 것이다.

특히 유럽 산업혁명에서 유래해 미국으로 퍼진 '공장 시스템'의 생산성 향상은 경영계의 주된 관심사였다. 1910년대에 철강회사 직원이었던 프레더릭 테일러는 '과학적' 경영 방식을 통해 공정 분석, 낭비 제거, 합리화 및 훌륭한 실천의 표준화와 사내 공유를 제시했다. 비슷한 시기에 헨리 포드는 모델 T를 생산하며 조립라인 방식을 도입해 획기적인 생산성 향상을 이루었다. 그 후 1920년대부터 월터 슈하트, 에드워즈 데밍, 그리고 조지프 주란의 '품질관리Quality Control, QC 운동'이 일어났다. SQCStatistical QC라는 통계분석으로 시작한 이 운동은 후세에 일본, 특히 토요타에 의해 전사적全社的인 TQCTotal QC로 확대되었다.

정리하면 이렇다. 19세기에 얻은 공장에 20세기에는 운영 합리화, 생산성 그리고 품질을 더했다. 그러나 이러한 제조 분야에서의 연쇄적 혁신에도 전반적 기업 경영은 전통, 상식, 모방과 개인 순발력에 크게 의존했다. 체계적인 연구와 교육에 대한 시대적 요구가 생겨났다. '경영학'은 바로 이렇게 탄생했다.

경영학의 역사는 1900년을 전후해 워튼, 시카고대학교와 버클리대학교가 경영학과를 신설하며 시작된다. 공장에서 일하다가 관리직으로 승진하는 엔지니어를 겨냥한 석사과정도 다트머스대

학교와 하버드대학교에 생겼다. 하버드는 이 석사학위에 'MBA'
라는 이름을 처음으로 붙였다. 당시 대부분의 MBA 과정은 성공
사례를 공개 토론하는 교육 방식을 채택하고 있었다. 그러자 기업
과 학생 간에 불만이 생겨났다. 이론적 기반 없이 직업학교 수준
의 '카더라식 교육'으로는 미래의 지도자를 준비하는 데 한계가
있다는 것이었다.

1959년 포드 재단의 후원으로 스탠퍼드대학교의 하월 교수
와 버클리의 고든 교수는 가히 혁명적이라 할 수 있는 〈고든-하
월 보고서〉를 통해 경영학 교육의 질적 향상을 촉구했다. 연구 위
주의 교육, 즉 분석과 기본 이론을 강조해 학생들이 기초 지적 체
력을 단련하도록 제안했다. 경제학, 통계학, 수학, 사회학이나 심
리학과의 연결성도 강조했다. 내가 이 책에서 경제학, 심리학, 조
직학 등 경영학과 깊게 연관되어 있는 학문들을 이야기하는 것도
이러한 이유에서다.

무엇보다 '적합relevance'과 '엄격rigor'으로 경영학자의 의무를
요약해 보여주었다. 즉 경영학자는 세상에 도움이 되는 연구를 하
되, 다른 학문 수준의 엄격성을 갖춰야 한다는 것이었다. 하월과
고든은 하버드와 스탠퍼드 등에서 여름학교를 열어 국내외의 많
은 경영학 교수를 초청해 신新 경영학 교육이란 무엇인지 알려주
었다. 하월 교수에 따르면, 이때 한국인 학자도 상당수 포함되었
다고 한다.

1970년쯤에는 〈고든-하월 보고서〉의 제안은 거의 전부 실천

되고 대학교에도 그 과정이 정착되었다. 특히 재정학은 '이론적으로 깊고 실무적으로도 유용한' 학문으로 발전해 '원조 학문'인 경제학과 노벨상을 놓고 경쟁할 위치에 올라섰다. 그런데 최근에는 오히려 경영학이 너무 이론화된 나머지 자아도취에 빠진 학자들의 상아탑이 되었다는 비평이 나오고 있다. 혼란에 빠진 젊은 경영학 교수들을 위해 어느 노교수가 다음 같이 교통 정리를 했다. "경영학 연구는 파티장의 수영장 옆에서 우연히 만난 변호사에게 설명할 수 있어야 한다." 수영장 옆이니 칠판이나 종이가 있을 리 없다. 따라서 수학 방정식 없이 설명할 수 있을 정도로, 문제도 해결책도 실생활에 가까워야 한다는 뜻이다. 또한 변호사는 논리와 언어에 훈련된 이들이니 엄격한 논리와 정확한 설명으로 그를 설득시킬 수 있어야 한다. 결국 '적합'과 '엄격'으로 다시 귀착된다.

스탠퍼드와 실리콘밸리

1925년 두 명의 학생으로 시작한 스탠퍼드경영대학원GSB은 이제 미국을 대표하는 'MBA 사관학교'로 불리며 동부의 하버드와 경쟁하고 있다. 여덟 명의 현직 교수가 노벨경제학상을 수상했으며, 내가 속한 OITOperations, Information and Technology 그룹의 전신前身인 '결정과학' 그룹은 박사과정에서 두 명의 노벨상 수상자를 배

경영이라는 세계

출했다.

스탠퍼드는 지리적·사회적으로 실리콘밸리 중심지에 위치한다. 이곳에서 활동하는 벤처캐피털리스트Venture Capitalist, VC 상당수는 스탠퍼드, 특히 스탠퍼드경영대학원 출신이다. 또한 스탠퍼드 산업단지나 고속도로 101 양쪽에 줄지어 자리 잡은 기업들의 상당수도 스탠퍼드경영대학원과 공과대학 출신이 창업하고 운영한다. 스탠퍼드경영대학원은 그야말로 경영학과 경영계의 한 축을 이루는 '파워하우스'라 불릴 만하다.

내가 처음 이곳에 도착한 1980년대에는 실리콘밸리가 별난 사람들이 모여 만든 신비한 원더랜드쯤으로 여겨졌으나, 이제는 미국 경제의 중심이 되었다. 이곳에 소재한 HP, 인텔, 애플, 오라클, 구글, 메타, 엔비디아, 시스코, 엠젠, 제넨텍, 길리어드는 한때 스타트업으로 시작해 지금은 명실상부한 글로벌 대기업으로 성장해 미국 경제의 중추가 되었다. 이제 이들이 없는 미국은 생각하기 힘들다.

하지만 요즘 경영자 과정의 외국인 수강생 등에게 실리콘밸리의 역사나 배경을 설명하면 "그런 거 말고 좀 새로운 게 없느냐"라고 묻는다. 이제는 실리콘밸리가 더 이상 신비로운 곳이 아닌 탓이다. 그러나 '실리콘밸리의 성공을 어떻게 자국에 복사할 수 있을까'는 여전히 공통의 관심사다.

실리콘밸리는 세계를 선도하는 기술력에 더해, 나름대로의 비표준적인 '경영 스타일'을 개발해 이를 국제 표준으로 만들었다.

대표적인 예가 계급과 격식의 파괴다. 조직은 수평해지고 격식은 단순해졌다. 실리콘밸리 직장인의 캐주얼한 복장이 이를 단적으로 보여준다. 이곳에서는 오래전부터 넥타이에 짙은 정장을 입은 사람을 찾기 힘들었다. 찾았다면 예의 바른 일본인 관광객일 가능성이 컸다. 그러나 이마저도 10년 전의 이야기다.

나와
이 책에 대하여

1981년, 나는 29세의 다소 늦은 나이에 미국 뉴욕주의 로체스터대학교로 유학의 길에 올랐다. 배우자와 어린 두 딸과 함께였다. 그곳에서 통계학 석사 및 경영학 박사를 취득하고, 1987년 스탠퍼드경영대학원에 조교수로 임용되었다. 부교수, 테뉴어, 정교수 그리고 석좌교수를 거친 후 2022년 은퇴했다. 연구 분야는 '공급망 관리'와 '정보 경제학'이다. 이 분야의 토픽으로 50여 편의 학술논문을 출판하고(구글 피인용 횟수 23,400), 박사과정, MBA 과정 및 여러 경영자 과정에서 가르쳤다. 그 외에도 '글로벌 경영관'이나 '파이선python을 이용한 모델링과 시뮬레이션'을 MBA 과정에서 가르쳤다. 현재는 스탠퍼드경영대학원에서 '잭디프 로시니 싱 석좌 명예교수Jagdeep and Roshni Singh Professor Emeritus'로 최고 경영자 과정에서 가르치면서 스탠퍼드-NUSNational University of Singapore 경영자 과정 공동 디렉터를 10여 년째 맡고 있다.

나처럼 평범한 한국인 유학생이 어떻게 이 비범한 스탠퍼드에 채용되어 살아남았는지는 큰 미스터리로, 그 자체로도 분석과 기록이 필요하지만 이 에세이집은 단지 그 우연한 방문객이 얻은 스탠퍼드에서의 독특한 경험을 공유하기 위해 집필된 것이다.

이 책에는 실리콘밸리와 경영에 대한 경험과 생각을 적었다. 대부분의 동료 교수처럼 나 또한 많은 기업과 교류했다. 20여 개 기업과 벤처캐피털에서 사외이사, 자문단 혹은 컨설턴트로 일했다. 또한 한국계 미국인인 세 제자를 스카우트해 실리콘밸리에 벤처캐피털을 만들게 하고, 그곳의 자문 역할을 지금까지 해오고 있다. 이 밖에도 많은 기업을 방문하고, 기업인과 대화하고, 교육용 케이스를 썼다. 스탠퍼드라는 명함 덕에 얻은 귀중한 경험들이었다. 이렇게 보고 얻은 '경험'을 내가 배우고 연구한 '학문'과 연결하려 노력했다.

이 책에는 많은 사례가 등장한다. 이제껏 내가 스탠퍼드에서 강의했던 사례 연구들을 추린 것으로, 상당수는 내가 직접 썼다. 경영학의 특성상 각 사례에는 여러 측면이 있고, 또 한 측면에는 여러 정답이 있다. 사례에 '결론이 없는' 이유는 MBA 학생들이 독자적으로 '경영 사고'를 개발하고 공개 토론을 통해 공동으로 배우게 하기 위해서다.

학생들은 다양한 기업의 사례와 다양한 토론을 통해 '경영 마인드'를 개발한다. 이때 교수인 나의 해석은 배제한다(물론 이론의 설명에는 기꺼이 뛰어든다). 그러나 유감스럽게도 에세이집이라는 이유로 이 책에서는 강의에서와는 달리 나의 사견과 개인적인 편견이 실렸음을 밝힌다. 이 말인즉 나의 해법과 설명을 비판하고 대안을 제시함은 독자 여러분의 몫이라는 뜻이다.

사실 내가 생각하는 독자층에는 경영인뿐만 아니라 비경영인도 포함된다. 미국의 어느 가정에서 초등학생의 가정교사로 지원한 대학생에게 물었다. "아동심리학이나 아동교육의 경험이 있나요?" 그 대학생은 답했다. "아니요. 하지만 6년 동안 초등학생이 되어본 경험이 있죠." 즉 13세 이상인 우리 모두는 아동교육의 자격이 있다는 것이다.

이 억지 논리를 경영에도 적용해 본다. 경영이란 현대생활에서 수많은 접촉점을 가지고 있다. 비록 대기업의 임원이 아니더라도 우리는 직장인으로서, 또 소비자로서 수많은 경영의 흔적을 보고 느낀다. 이런 경험의 배경, 로직과 변형을 생각해 보는 것도 흥미로운 지식 여행이리라 믿는다. 어차피 경영학이란 사례, 상식과 약간의 이론으로 구성되어 있어 누구나 접근 가능한 실용 학문이다. 먼 옛날 공학도였던 나에게 이 책이 주어졌다면 쉽고 즐길 만한 읽을거리로 여겼으리라 자신한다. 사실 그 젊은 친구는 이 에세이집의 대표적인 타깃 독자다.

오히려 걱정은 이 에세이가 너무 쉽고 당연하고 피상적이라는 비난이다. 그러나 세상 모든 것을 다 가질 수는 없다. 지난 35년 동안 강의실에서, 또 70년 인생에서 배운 레슨이다.

이 책의 집필을 가능하게 해준 이들에게 감사드린다. 특히 공급망 관리 연구의 파트너 하우 리 교수, 정보경제학의 연구 파트너인 게이오대학의 야스시 마스다 교수, 나를 학문적으로 키워준 하임 멘델슨 교수, 경영의 현장을 가르쳐준 현재현 회장, VC의 정석을 보여준 알토스벤처스의 한 킴을 비롯해 브랜든 킴, 호 남과 앤소니 리 파트너, 그리고 곽준경 소장에게 깊은 감사를 드린다. 또한 이 에세이집의 출간을 가능하게 해준 다산북스의 김선식 대표와 남궁은 편집자에게 감사드린다.

끝으로 힘든 학자의 길을 같이 참아준 가족, 아내 문경과 두 딸 지은, 지혜에게 이리 늦게나마 미안함과 감사를 표한다. 그리고 막연하게나마 이 책이 그들의 눈높이에 맞기를 야심차게 바라며 이 책을 바친다.

2024년 3월
캘리포니아 스탠퍼드에서
황승진

1부

합리적 인간들의 세계
인간, 사회 그리고 시장에 대하여

2부 욕망과 인간성이 공존하는 세계
기업의 시작과 끝, 조직과 사람에 대하여

5부 예측과 대응이 만들어가는 세계
운영과 관리, 단순성에 대하여

합리적 인간들의 세계

인간, 사회 그리고 시장에 대하여

ECONOMICS

기업은 정치·경제적 제도와 사회적 제약이란 큰 틀 안에서 효과적 경영으로 이익을 추구한다. 응용과학인 경영학에서 경제학은 다른 학문 분야보다 특별한 위치에 있다. 재정학의 최적 포트폴리오 유도, 마케팅의 가격 분석, 생산관리 분야의 재고관리 모두 경제학 분석 방식에 기초하기 때문이다. 모든 MBA 학생은 경제학원론을 배우면서 경영학 공부의 첫발을 내디딘다.

누군가는 경제학을 '숫자 하나의 과학1-digit science'이라고 표현한다. '123.45'라는 숫자를 보고 "100 정도"라고 읽는다. 경제학은 주로 기본 개념을 알려주고 통찰력을 길러주는 학문이다. 소매를 걷고 직접 문제를 풀게 하지는 않는다. 예를 들어 경제학은 시장 가격이 어떻게 형성되는지는 가르쳐주지만 그 가격이 정확히 얼마인지는 제시하지 못한다. 기계공학이나 전자공학이 물리학을 '공학화'한 것처럼 경영학은 경제학을 '공학화'한다. 어느 경제학회에서 발표된 다음 이야기를 보면 특정 문제에 대한 경제학의 접근 방식을 이해할 수 있을 것이다.

물리학자, 건축가, 경제학자가 탄 배가 좌초되어 무인도에 닿았다. 셋 다 배가 고프던 차에 배에서 음식 캔을 발견했다. 하지만 캔 따개가 없었다. 그러자 물리학자가 제안했다. "불을 피우고 그 위에 캔을 얹어놓으면 열 때문에 내부의 압력이 올라가 결국 터질 겁니다." 그러자 건축가가 말했다. "그렇게 합시다. 단, 캔이 터지면 음식이 사방으로 튈 테니 불가에 구조물을 세워 떨어지는 음식을 받을 수 있게 합시다." 이 계획에 모두 동의해 준비를 시작했다. 불을 피우기 직전, 둘은 그때까지 말이 없었던 경제학자에게 물었다. "당신은 의견 없습니까?" 그러자 경제학자는 매우 반기며 30분 동안 열변을 토하기 시작했다. 첫마디는 이랬다. "우리에게 캔 따개가 있다고 가정합시다."

1장

복사로 완성된
경제와 경영 그리고 세계

진화론자에게 자연 세계에서 가장 기본적인 활동은 '복사copy'
다.[1] 자연 세계의 모든 생명체는 DNA 복사를 통해 조직체로 성
장하고 상처를 재생하며 장기간 생명을 유지한다. DNA는 네 종
류의 염기인 아데닌(A), 구아닌(G), 사이토신(C), 티민(T)을 교묘
하게 꼬아 만든 이중나선의 형태다. 이따금 DNA는 나선을 따라
두 갈래로 갈라진다. 갈라진 반쪽짜리 DNA는 각자 그 둘레에서
흔히 얻을 수 있는 새로운 염기쌍(일종의 분자 덩어리)을 통해 몸집
을 두 배로 불린다. 그렇게 본래의 몸통을 회복하며 복사를 완성
한다.

즉 DNA 복사는 '자기복사self-replication'로 자기가 스스로를 복

사하는 희귀한 양상을 보인다. 이처럼 쉽고도 가성비 좋은 자기복사 기능이 현재의 자연 세계를 만들었다. 더욱 놀라운 것은 모든 생물체, 완두콩이든 박테리아든 인간이든 똑같은 DNA 복사 과정으로 자연 세계를 창조하고 유지하고 있다는 것이다. 진화론자가 주장하는 '세계=복사'라는 등식에 일리가 있다.

지식 복사, 세상을 지배해 온 기술

경제학자 마이클 로스차일드는 저서 『바이오노믹스』에서 이 같은 복사론을 인간 사회에도 적용한다.[2] 인간이 자연 세계를 지배하는 데 복사의 힘을 이용했다는 것이다. 여기서 복사물은 DNA가 아니라 '지식'이다. 지식에는 총량 보존의 법칙이 통하지 않는다. 내 지식을 남에게 주어도 나는 그 지식을 계속 소유하며, '무한 리필'도 가능하다. 한때 나의 동료 교수였던 노벨 경제학상 수상자 폴 로머는 이 속성을 '비경합성nonrival'이라고 표현했다.[3] 서로 싸우지 않고도 실컷 쓸 수 있다는 의미인 듯하다.

이처럼 지식은 무한 복사가 가능하지만 효과적인 복사 방법이 없으면 효용도가 떨어진다. 이를 위해 100만 년 전 '직립원인Homo erectus'은 언어를 개발하여 지식을 복사·공유하고, 유별나게 큰 두뇌로 지식을 저장하고 처리할 수 있게 되었다. 육식동물로서는 한

심한 수준의 작은 입과 치아, 그리고 짧은 소화기관을 갖는 희생을 감수한 선택이었다. 직립원인은 이 단점을 보완하기 위해 불을 다루고 음식을 조리하는 실력을 개발했다.[4] 이처럼 인간의 신체는 지식 개발에 적합하게 진화되었으며, 우리의 직계 조상인 호모 사피엔스는 이를 개선하고 완성했다. 30만 년 전 일이다.

3만여 년 전, 인간은 간단한 문자를 사용하기 시작하며 지식 복사의 폭과 깊이를 늘렸다. 1377년 고려에서, 1450년 유럽에서 금속활자가 등장해 지식 대량 복사의 길이 마련되었다. 정리하자면 이렇다. 인간은 지식 운영에 내부 에너지를 '올인'한 독특한 생물체로 언어, 문자 및 출판 등의 지식 복사 활동을 통해 자연 세계의 '슈퍼 히어로'로 등극했다. 그리고 에일리언, 좀비와 바이러스의 도전에도 계속 최강자로 군림하고 있다.

한 술 더 떠서 로스차일드의 복사론은 기업 경영에도 적용할 수 있다. 기업은 복사 기능을 의도적·전략적으로 이용할 수 있다. 다음 두 사례를 들여다보자.

월마트의 레시피 복사 전략

샘 월턴의 자서전 『월마트, 두려움 없는 도전』에 따르면 그는 27세에 판매 영업에 대한 애착과 자신감으로 인구 7000명에 불과한 알칸소주의 소도시 뉴포트에 잡화점을 열었다.[5] '벤 프랭클린'이란 프랜차이즈 잡화점으로 계약 자금은 대부분 장인한테 빌렸다. 월턴은 타고난 재능을 발휘해 연 매출을 7만 2000달러에서 5년 후 25만 달러까지 성장시켜 자신의 점포를 프랜차이즈 내 최고의 지점으로 만들었다. 고객 중심의 자세, 친근한 분위기, 낮은 가격으로 고객의 숨은 수요를 찾아 충족한 결과였다.

월턴은 팝콘 기계와 아이스크림 기계를 점포 밖에 내놓아 고객이 쉽게 들러 계산하고 떠날 수 있게 했다. 무엇보다 항상 새로운 물건, 새로운 거래를 찾아 나섰다. 옆 도시의 어느 가게가 폐업한다는 소식을 들으면 트럭을 몰고 찾아가 헐값에 구매한 물건을 한가득 실어 돌아왔다. 그리고 자신의 점포에서 헐값에 팔아 소비자에게 혜택과 즐거움을 주었다. 방문하면 반드시 새로운 딜deal이 있을 것 같은 흥미로운 가게를 만든 것이다.

장사에 자신감이 생긴 월턴은 벤 프랭클린에서 벗어나 '월마트'라는 대규모 잡화상 체인을 계획했다. 문제는 '월턴의 장사 수완을 어떻게 수십, 수백 점포의 체인 구조에 적용할 수 있는가'였다. 더욱이 월마트는 박리다매 전략을 추구했기 때문에 유난히 빠른 재고 회전에 대응해야 했다.

답은 운영을 '시스템화'하는 것이었다. 다행히도 그는 우연히 고용한 조지아공과대학교 출신인 잭 슈메이커를 통해 '복사 작업'을 이행할 수 있었다. 슈메이커는 공학도인 데다 시스템과 조직에 대한 애착도 있어 복사 작업에 적격인 인물이었다. 월턴의 요청으로 그는 360쪽 분량의 매뉴얼 〈정책과 절차〉를 작성하고 회계, 주문, 재고관리 운영 절차를 전산화했다. 그에게 시스템은 '매뉴얼+전산화'로 복사의 기초를 마련하는 것이었다. 이 밖에도 월턴은 대형 체인의 후방 기능, 즉 구매, 창고 분배 및 배달을 데이비드 글래스에게 맡겼다. 그 둘은 후에 각각 사장과 대표이사를 맡으며 월마트의 초고속 성장을 이끌었다. 현재 월마트는 전 세계에 1만 개 이상의 점포를 운영하고 있다.

월마트의 성장 스토리는 다른 소매 체인과 크게 다르지 않다. 월마트를 비롯한 소매 체인 성공담의 공통된 관전 포인트는 바로 성장이 '레시피'와 '복사', 두 단계 공식으로 이루어졌다는 것이다. 월마트의 경우에도 월턴의 천재적인 장사 수완이라는 레시피를 각 점포에 복사함으로써 성공 신화를 써냈다.

이 공식을 조직적으로 가장 잘 활용한 예는 프랜차이즈 사업 모델이다. 우리가 흔히 접하는 브랜드인 맥도날드, 스타벅스, 크리스피 크림 도넛도 이 공식을 활용했다. 흥미로운 것은 레시피 개발자와 복사의 주역이 동일한 인물이 아니었다는 점이다. 한 사람이 반드시 이 두 가지 별개의 능력을 가져야 하는 것은 아니다. 맥도날드의 기본 메뉴와 서비스 방식은 맥도날드 형제가 개발했지만 프랜차이즈 네트워크를 대규모로 확장한 사람은 새 주인인 레이 크록이었다. 시애틀에서 스타벅스를 연 세 명의 대학 동창은 제품과 서비스를 개발했지만 결국 점포 확산은 마찬가지로 새 주인이 된 마케팅 이사 하워드 슐츠가 이루어낸 결과였다. 크리스피

크림 도넛 역시 프랑스 이민자에게 도넛 레시피를 산 버논 루돌프가 이를 전 세계로 복사하며 확장할 수 있었다.

결론은 이렇다. 프랜차이즈는 좋은 레시피와 조직적인 복사력, 두 기능을 동시에 갖추어야 성공할 수 있으며 나에게 부족한 것은 밖에서 구할 수 있다.

포드의
생산 시스템 복사

포드의 자동차에도 복사론이 적용되어 있다. 1908년에 출시된 '포드 모델 T Ford Model T'는 세계 경제의 판도를 바꾸고 미국이 경제 최강국이 되는 계기를 마련했다. 이 차는 단일 품목에 색깔도 검은색 하나뿐인 대신 가격이 획기적으로 낮았다. 현재 가격으로 환산하면 현대의 소나타 정도였다. 자동차라는 신비한 제품이 의외로 저렴하기까지 하니 큰 인기를 끌었다. 한때는 구매하려는 사람이 너무 많아 딜러들이 주문받기를 멈출 정도였다.[6] 게다가 해마다 가격이 낮아져 4년 후에는 엘란트라, 그다음 4년 후에는 엑센트 가격대로 떨어졌다. 저널리스트 매트 리들리[7]에 따르면 영국의 롤스로이스나 독일의 벤츠보다 80% 정도나 저렴한 가격이었다.

이러한 가격 경쟁력은 효율적 생산, 특히 '헨리 포드식 복사

포드의 조립라인. 포드는 생산 시스템 복사로 대량 생산의 기틀을 마련했다.

전략'에 있었다. 포드의 생산 시스템을 따라가 보자. 우선 컨베이어벨트로 이루어진 조립라인 한쪽 끝에 차의 골격을 얹는다. 그리고 라인을 움직여 다음 정거장에 멈추면 그곳의 근로자가 지정된 부품, 예를 들어 운전자 쪽 문짝 하나를 끼워 넣는다. 이때 주어진 시간이 있다. 15분이라고 하자. 15분이 지나면 다시 라인이 움직여 차를 다음 정거장으로 옮겨준다. 이를 여러 번 반복하면 총 75m 길이의 라인 끝에서 완성된 자동차가 굴러 나갈 수 있다.

이보다 과거의 조립 공정에서는 근로자가 직접 조립할 제품이 있는 곳으로 가야 했다. 하지만 포드의 생산 시스템에서는 근로자가 있는 자리로 조립할 제품이 이동해 왔다. 이 모습을 보고 혹자

경영이라는 세계

는 포드가 도살장의 도축과 발골 작업에서 그 아이디어를 얻었다고도 했다. 어찌 되었건 이 시스템으로 과거에는 12시간이 걸리던 조립 공정이 1시간 30분으로 줄었고, 15분마다 완성된 자동차가 착착 나오게 되었다. 단일 품목이라 부품 관리가 쉽고 비용이 적은 데다 근로자가 한 위치에서 한 작업만 하기 때문에 생산성이 높았다. 시간이 흘러 경험이 누적되고 공정이 자동화되면서 조립라인은 더욱 최적화되었다. 이러한 포드 조립라인 시스템은 현재까지도 토요타, 테슬라, 현대차, 미쓰비시 등 자동차 조립 공장에서 약간만 변형된 형태로 사용되고 있다.

문득 이런 의문이 든다. 현재까지 110년이나 지속될 만큼 기막힌 컨베이어벨트라는 혁신은 왜 포드 모델 T가 세상에 나오기까지 이루어지지 않았을까? 왜 그 이전에는 불가능했을까? 카네기멜론대학교의 역사학자 데이비드 하운셸[8]은 그 답을 '교체 가능한 부품interchangeable parts'에서 찾았다.

한 공정에서 A 부품을 B 부품에 결합해야 한다고 가정하자. A 부품과 B 부품은 각기 다른 상자에 담겨 있다. 모델 T 이전에는 제조 능력의 한계로 부품이 정밀하지 못했다. A 부품과 B 부품을 무작위로 꺼내 결합하면 아귀가 맞지 않는 경우가 많았다. 그래서 숙련된 장인의 날카로운 눈썰미와 정교한 망치질을 통한 교정 과정이 필요했다. 그러니 똑같은 공정이라도 누군가는 5분에 끝내는 일을 누군가는 30분에 끝내는 상황이 발생했다.

이런 상황에서는 포드식 조립라인을 운영할 수 없었다. 주어진 시간 안에 필요한 작업을 끝내지 못하면 조립 중인 차가 부품 없이 다음 정거장으로 떠나버리는 불상사가 생기기 때문이다. 바로 찰리 채플린이 영화 〈모던 타임스〉에서 코미디로 승화한 상황이다. 포드는 이 문제를 해결하기 위해 정밀도를 높인 '교체 가능한 부품'을 만들어 복사 전략을 이행했다. 이 덕분에 미숙련 근로자라도 무작위로 선택한 부품을 별도의 교정 과정 없이 조립할 수 있어 라인의 흐름이 끊기지 않게 되었다. 결국 부품 정밀도 개선은 제품을 쉽게 복사할 수 있도록 함으로써 포드의 세기적 혁신을 뒷받침했다.

시간과 지역에 따른 적응성 복사 전략

복사 전략은 기업이 시간적·지역적으로 고정된 비즈니스 환경에 있다고 가정한다. 하지만 역동적인 상황일 때는 정책적으로 대처해야 한다. 하나의 예로 인텔의 '정확한 복사copy exactly 정책'이 있다. 모든 반도체 공장을 똑같은 절차에 따라 운용하는 것이다. 개별 공장에서는 실험적 행동을 금지한다. 실험과 혁신은 실험 전용 공장에서만 행해지며 검증된 혁신만이 모든 공장에 적용된다. 환경 변화나 기술 개선에 따라 '시간적'으로 변화하는 복사 전략이라 할 수 있다. 주어진 시간에는 오직 하나의 레시피가 사용되므로, 다른 시간에는 다른 레시피가 가능하다.

반면 일부 프랜차이즈는 '지역적' 변동을 선별적으로 허락한다. 하와이의 맥도날드에서는 쌀밥으로 만든 메뉴를, 뉴멕시코주에서는 매운맛의 '칠리 더블 치즈버거'를 판매한다. 하지만 핵심 재료인 고기패티와 튀김용 감자는 본사의 적극적인 구매 관리로 완제품의 범세계적 표준을 유지한다. 또 다른 거대 편의점 프랜차이즈 세븐일레븐의 판매 제품, 운영 관리, 전산 시스템 설계는 미국, 일본 등 국가 간에 큰 차이를 보인다. 국가마다 다른 레시피가 해당 국가의 점포에 복사되어 실행되는 것이다.

복사 전략과
대량 생산

현대 생활을 풍요롭게 만든 대량 생산과 대량 서비스는 복사라는 기본적인 활동에서 기인한다. 이 명제 앞에서 기업은 이중의 임무를 수행해야 한다. 훌륭한 레시피를 확보하는 한편 효과적인 복사 방법을 찾는 것이다. 월마트와 포드의 사례에서 보았듯이 복사의 효과는 '복사의 용이성'에 크게 의존한다.

한 사람의 명의名醫는 1년에 환자 1000명을 치료해 100만 달러의 연 수입을 얻을 수 있다. 그렇지만 하나의 약품은 환자 수억 명을 치료해 수십억 달러의 연 수입을 창출할 수 있다. 차이점은 복사의 용이성에 있다. 반도체나 소프트웨어, 화학약품 등이 레시피와 복사의 용이성을 동시에 달성할 수 있는 현대인의 대표적 '복사 용기複寫容器'다. ERPEnterprise Resource Planning(전사적자원관리) 같은 기업용 IT 시스템도 마찬가지로 작업과 절차의 복사를 가능케 해 현대 기업의 세계화와 대형화에 기여했다.

단, 복사 전략은 현대의 비즈니스 전략으로서 한계가 있다. 이 전략은 대량 생산을 위한 것이다. 최근 비즈니스 세계의 관심사인 '대량맞춤'을 위한 것은 아니다. 내가 해줄 수 있는 간단한 답이 있다. 사실 대량맞춤은 대량 생산의 변형이고, 이에 맞춰 복사 전략을 부분적으로 변형해 쓸 수 있다. 더 자세한 내용은 나중에 이야기하도록 하자.

경영이라는 세계

2장

인센티브라는
선택의 좌표에 대하여

하버드경영대학원의 마이클 젠슨 교수가 즐겨 하는 이야기가 있다.

한 미국인이 중국의 어느 지방을 여행하던 중 큰 강을 만났다. 마침 노 젓는 배가 있어서 여러 승객들과 그 배를 타고 강을 건너게 되었다. 배가 꽤 커서 네 명의 늙은 사공이 힘겹게 노를 젓고 있었다. 잠시 후 그 배의 선장인 듯한 젊은 여자가 나타나 놀라운 행동을 시작했다. 회초리를 휘두르고 고래고래 소리를 지르며 늙은 사공들에게 노를 빨리 저으라고 윽박질렀다. 사공들은 여자의 불호령을 들으며 묵묵히 온 힘을 다해 노를 저었다. 옆에서 지켜보기에 거북한 상황은 배가 종착지에 도착할 때까지 계속됐다.

마침내 배가 도착했다. 하지만 미국인 여행자는 그냥 떠날 수가 없었다. '어떻게 이럴 수가.' 그는 선장에게 다가가 통역을 통해 다음과 같이 말했다. "선장 아가씨, 당신 일꾼이 일을 열심히 하게끔 하는 건 좋은데 인간적으로 너무한 거 아닙니까? 그 노인네들에게 좀 살살 해도 될 텐데요."

여행자의 말에 선장은 당황하며 답했다. "아, 뭔가 오해하셨나 봅니다. 그들은 저의 일꾼이 아니고 이 배의 공동 주인입니다. 이렇게 하라고 저를 일꾼으로 고용한 겁니다. 저는 그저 시키는 대로 일할 뿐이죠."

무임승차와
인센티브 문제

왜 그들은 구태여 그녀를 고용했을까? '무임승차 문제free-rider problem'를 해결하기 위해서다. '어젯밤에 술을 너무 많이 마셨나? 몸이 안 좋으니 오늘은 적당히 젓는 시늉만 하고 다른 동료 세 명에게 맡겨야겠다.' 사공 각자가 이렇게 생각하면 배는 제대로 나아가지 못한다. 이런 경제 공동체의 '인센티브 문제incentive problem'를 해결하기 위해 자기 자신을 감시할 감독관이 필요한 것이다.

인센티브는 실제로 경제 운영과 경영 실무에서 중요한 역할을

경영이라는 세계

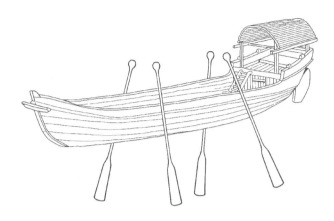

노를 젓는 사람이 다수가 되면 노를 젓지 않는 사람, 즉 무임승차 문제가 발생한다.

한다. 학계에서는 1700년대 애덤 스미스 때부터 합리적인 이기심이 경제활동의 근간이 된다는 사실을 확인했다. 1960년대 말부터 '이기심의 충돌conflicts of interest'이 연구 주제로 본격적인 관심을 받기 시작했다. 지금은 게임이론과 맞물려 엄청난 영향력을 발휘해 경제학과 경영학의 주류가 되었다. 최근 노벨 경제학상의 상당수가 이 분야에 업적을 남긴 이들에게 수여됐다.

인간의 근본적인 이기심과 개개인의 이기심 사이의 이해 충돌을 구체적이고 조직적으로 고려하게 되면서 현실에 더 가까운 연구가 가능해졌다. 개인의 인센티브가 어떻게 경제와 조직에 영향을 끼치는지, 어떤 계약이나 메커니즘으로 이를 좋은 방향으로 유도할지가 중요한 연구 대상이다.

짜장면 선택으로 보는
공동 부담 제도

또 다른 형태의 무임승차 문제가 있다. 동료 다섯 명이 중국집에 점심 식사를 하러 갔다. 메뉴는 단 두 개다. 보통 짜장면(1만 원)과 특제 짜장면(1만 5000원). 특제가 보통보다 좋긴 하지만 5000원을 더 내고 사 먹을 정도는 아니다. 각자 값을 지불한다면 이들은 보통 짜장면을 선택할 것이다. 그러나 전체 금액을 다섯 명이 똑같이 나눠서 지불한다고 가정하자. 이 경우 이들은 다음과 같은 생각을 한다.

'내가 보통 짜장면을 택하면 X원을 낼 것이다. X는 남들이 무엇을 시키는가에 달렸다. 그러나 내가 특제 짜장면을 선택할 경우 보통 짜장면의 경우보다 총액이 5000원 증가하여 나는 1000원을 더 부담하게 된다. 즉 X+1000원을 낸다. 겨우 1000원 차이라면 차라리 특제 짜장면을 선택하는 게 낫다.'

이들 전부 똑같이 생각할 것이기에 특제 짜장면을 선택하고, 그 결과로 1만 5000원씩을 지불하게 된다. 이들을 이렇게 바람직하지 않은 결과로 떠민 것은 '공동 부담'이란 '제도'다. 짜장면을 예로 들면 내가 받는 혜택에 대한 비용 5000원 중 4000원, 즉 80%를 남들이 보조해 주니 이 공짜 같은 딜에 내 결정이 왜곡되는 것이다. 우리는 여기서 비용 지불 메커니즘, 더 넓게는 복지 등 '경제 제도'의 중요함을 엿볼 수 있다.

경영이라는 세계

공동소유가
불러오는 비극

우리 주변에서도 '공동소유'가 있는 곳에 무임승차 문제의 흔적을 볼 수 있다. 렌터카 업체의 차들은 연식에 비해 더 빨리 낡는다. 회사 사무실의 복사기는 자주 고장이 나고, 종이는 항상 떨어져 있다. 공원은 내 집 마당만큼 깨끗하지 않아 항상 청소해야 한다. 공중화장실도 마찬가지다. 예비군 중대본부에서 여럿이 같이 쓰는 자전거는 온전했던 적이 없다. 우리 모두가 공유하는 공기와 바닷물은 매연이나 오염물의 투척지다. 바다의 고귀한 수자원은 모두가 쓸 수 있는 공동 소유재다. 무분별한 포획으로 어류를 멸종시킬 수도 있다.[9]

일반적으로 공동소유는 주인이 없는 것이나 다름없으므로 더 세심한 감독과 관리 그리고 시민 의식이 필요한데, 그럼에도 비효율적인 상태에 쉽게 빠진다. 혹자는 이를 약간 과장하여 '공동소유의 비극'이라 한다.

현대사회는
인센티브로 디자인되었다

현대 경제학의 가장 큰 업적 중 하나는 인센티브에 대한 연구다. 좀 과장해서 말하면 인간의 일거수일투족에는 모종의 인센티브가 있다. 그래서 인간의 행동 하나하나를 보며 그 인센티브를 추적하기도 한다. '왜 그랬을까?' 하면서 말이다.

　여러 명이 일로 얽혔을 때 그들의 인센티브 역시 서로 뒤엉켜 어떤 현상을 만든다. 흔히 나타나는 첫 번째 현상이 바로 무임승차다. 남의 것을 챙기는 인센티브가 없으니, 공동소유나 무소유는 책임 회피 그리고 비효율을 낳는다. 두 번째 현상은 '역선택adverse selection'이다. 어떤 관계에서 상대가 우월한 정보를 이용해 나에게 불리한 결정을 내리는 현상이다. 모두에게 동일한 값을 받는 뷔페를 생각해 보자. 주인은 식사량이 적거나 적당량인 고객이 오길 바라지만, 현실은 많이 먹는 데 자신 있는 고객이 모인다. 세 번째 현상은 '도덕적 해이moral hazard'다. 주택보험에 도난 손실이 포함되면 집주인은 현관문을 제대로 안 잠그는 등 보안에 주의를 덜 기울인다. 자동차보험이나 생명보험 역시 마찬가지다. 그래서 보험마다 본인부담금이 포함되어 있다. MIT 교수 벵트 홀름스트룀은 스탠퍼드경영대학원에서 이에 관한 박사 논문을 써서 2016년 노벨 경제학상을 수상했다.

　재미있는 퀴즈가 하나 있다. 한번 생각해 보길 바란다. 어느 찻길에 '일단 멈춤'이라고 쓰인 교통표지가 있다. 그런데 가끔 이를 무시하고 달리는 '막가파' 자동차들이 있다. 그 자동차들의 브랜드를 추적해 보니 단단하고 안전하기로 이름난 '볼보'가 가장 많았다. 왜 그들은 이처럼 막무가내로 달리게 되었을까?

　　　　　　　　　　　　　　　　경영이라는 세계

경제학자 폴 밀그럼과 존 로버츠는 두 가지 가능성을 제시했다.[10] 첫째, 부딪쳐도 잘 버티는 자동차이므로 교통표지를 무시하고 달린다. 둘째, 운전 습관이 좋지 않은 운전자들이 자신을 보호하기 위해 단단한 볼보를 탄다. 첫째는 도덕적 해이로, 둘째는 역선택으로 볼 수 있다.

경영학에서도 인센티브 이론이 널리 활용된다. 직원들에게의 월급, 시급, 성과급, 보너스와 스톡옵션을 포함한 보상 패키지를 디자인하는 데 인센티브 이론이 활용된다. 미국에서 널리 쓰이는 마케팅 수법 중 하나는 신문이나 전단지에 넣어주는 쿠폰이다. "이 쿠폰을 오려서 가지고 오면 제품의 가격에서 50센트를 깎아주겠다"라는 메시지를 담은 약속어음이다. 그냥 가격을 깎아주면 될 텐데 왜 소비자는 종이를 오리고 점원은 이를 입력하며 시간을 낭비하나?

시카고대학교의 마케팅 교수 차크라바티 나라시만은 고소득자는 시간 가치가 커서 한가히 쿠폰 종이를 오리지 않으니, 가격에 예민한 중·저소득자에게만 가격을 낮춰주는 결과가 나타난다고 설명한다.[11] 즉 제조사는 합법적으로 차별된 가격을 부과할 수 있다. 이런 자발적 차별화를 '자가 선택self-selection'이라 부른다. 무선전화의 요금표 역시 사용자의 데이터 사용량 편차를 고려해 영리한 '메뉴판' 스타일로 만들어졌다.[12] 사용자가 자신의 수요에 따라 자가 선택하도록 디자인된 것이다. 게다가 제품의 반품 규정, 보증 책임, 구매량에 따른 할인 정책이 구매와 수익에 어떤 영향을 줄지 연구한다.[13] 모두 인센티브를 감안한다.

거시적으로 보면 인센티브 문제는 스탈린 시대의 집단농장 같은 공동경제(생산재를 공유하고 소비재를 배급받는 경제)의 허점과 함께 재산권 및 시장의 중요성을 보여준다. 그 작은 배에도 무자비한 선장이 필요하다면, 국가 단위의 공동경제에서는 잔인한 감시관이 얼마나 많이 필요할까? 또 누가 그 감시관들을 감시할 것인가? 하여튼 많은 완장과 채찍이 필요할 것이다. 공동경제를 주창한 칼 마르크스는 '능력대로 일하고 필요한 만큼 가져가는' 유토피아를 약속했으나 구소련 시민들은 다소 다른 경험을 했다. "우리는 일하는 척하고, 그들은 보상하는 척하죠."

3장

시장과 기업의
경이로운 메커니즘

시장과 기업은 현대 자본주의의 두 송이 꽃이다. 사실 사회주의와 공산주의조차도 슬쩍 숟가락을 얹어 이들을 국가 경제의 빌딩 블록으로 삼고 있다. 비록 정치체제는 다르지만 한국, 미국, 러시아, 중국의 기업들이 동일한 세계시장에서 경쟁하고 있다.

시장과 기업을 학문적으로 완전히 이해하기 위해 수십 년에 걸쳐 많은 경제학자가 노력했다. 프리드리히 하이에크, 로널드 코스, 올리버 윌리엄슨, 케네스 애로, 제라르 드브뢰, 더글러스 노스 등이 이에 대한 연구 업적으로 노벨상을 수상했다. 도대체 시장과 기업이란 무엇인가? 이 장을 통해 우리에게 익숙한 현대의 제도를 재발견해 보자.

우리는 왜
시장을 경이롭다 말하는가

"왜 시장이 좋은가?" 이 질문은 20세기를 휩쓸었던 공산주의와 자본주의 간 우월 논쟁의 핵심이다. 내가 이과 고등학생이었던 1960년대에는 이런 말을 들었다. "이론상으로는 공산주의가 우월한데, 실제로는 자본주의가 더 좋다." 터무니없는 말이다. 공산주의는 마르크스라는 천재적 철학자이자 경제학자가 재미있는 관찰에 가설을 보태 미래를 예측하고 또 이에 상응하는 행동을 제안한 것이다. 다른 학문의 학자도 그러하겠지만 경제학자들은 미래 예측에 미숙하다.

인구통계학자이자 정치경제학자인 토머스 맬서스는 인류가 점차 기아에 허덕일 것이라 예측했다. 인구는 기하급수적으로 증가하고 식량은 선형적으로 증가하니 결국 식량이 모자라리라 예측한 것이다. 그럴싸한 이야기다. 그러나 여기서 빠진 요소가 있다. '기술 혁신'이다. 비료, 농작 기계화, 종자 변형 등의 '녹색 혁명'을 예측에서 빼먹었다. 식량의 선형 증가함수는 혁신에 의해 기울기가 수시로 변했고 심지어는 '널뛰기'를 거듭하며 인구 증가를 앞서갔다. 이제는 식량 부족이 아니라 식량 잉여, 아니, 식량 과다 시대가 되었다. 식량 잉여란 충분히 먹고도 남는 것이고, 식량 과다는 남는 것까지 먹어치워서 우리처럼 비대해진 것을 뜻한다. 내가 내린 정의다. 물론 분배의 불균형이 남아 있지만 절대량

경영이라는 세계

이 모자라진 않다.[14]

마르크스 역시 논리 전개에서 결정적으로 중요한 요소를 최소 두 개나 빼먹었다. '인센티브'와 '정보'다. 스탈린의 집단농장 방식은 수백 세대가 집단으로 땅과 시설, 기계를 공유하고 공동으로 생산하자는 아이디어였다. 노동 착취의 대가인 부르주아에게 그토록 중요한 생산수단을 맡겨서는 안 되며 전부 정부가 관리해야 한다는 취지였다. 소련은 기계화로 생산력이 크게 향상되리라 기대했다. 그러나 그들은 기계만 알고 사람은 이해하지 못했다. 무임승차 효과가 일어났다. 공동소유, 공동생산 체계에서는 열심히 일하고, 가축을 잘 보살피고, 기계를 정비하게 하는 인센티브가 없었다. 곡물 생산이 15~20% 감소했고, 가축의 수도 40% 감소했다. 평균 300kg을 수확해서 자급자족했던 농장은 100kg 이하의 배급을 받게 되었다. 그리하여 수백만 명이 굶어 죽었다.[15]

게다가 공산주의 정부는 시장경제 대신 중앙 계획경제로, 생산뿐 아니라 배분까지 관장했다. 100대의 고급 피아노를 만든다면 누구에게 배분해야 할까? 소련의 국가계획위원회Gosplan는 이를 가장 필요로 하는 유망한 피아노 영재 100명에게 배분한다. 반면 시장경제에서는 물건마다 정해진 가격이 있어 원하는 사람이 그만큼의 금액을 지불하고 산다. 수요와 공급에 맞추어 가격이 결정된다. 팔리지 않으면 공급자가 알아서 특별 할인을 하고, 수요가 크면 피아노를 더 생산하거나 가격을 올린다. 어느 방법이 더 효과적인가? 과연 국가가 유망한 피아노 영재를 객관적으로 선별

할 수 있을까? 지나가던 소들이 단체로 웃을 일이다.

혹자는 시장경제가 가난한 인재의 기회를 박탈할 것이라고 걱정한다. 이는 학교, 학원 또는 교회 등에서 '공유'의 기회로 보완할 수 있다. 특히 동네마다 볼 수 있는 '피아노 개인교습' 간판은 300kg이 넘는 괴물 장비를 마련하는 데 드는 큰 비용을 어떻게 시장이 자발적으로 잘게 썰어 공동으로 부담하는지 보여준다. 어쩌면 그 피아노는 은행의 신용 대출을 받아 중고 시장에서 구매했을 수도 있다. 모두 시장의 '보이지 않는 손' 덕택인 것이다.

계획경제를 옹호하는 일부 경제학자는 타협안으로 "시장처럼 한 가격으로 거래하되 그 가격을 정부가 정하면 될 것 아니냐"라고 반문한다. 이때 하이에크[16]가 등장해 이렇게 외친다. "바보야, 문제는 정보다!" 시장가격은 온갖 수요와 공급의 상황을 반영한다. 어젯밤 플로리다에 한파가 몰아쳐 오렌지나무들이 죄다 얼었다면 곧 오렌지 선물가격이 올라간다.[17] 어느 대기업의 먼 나라 공장에서 일어난 폭발 사고는 몇 초 만에 주식 가격에 직접적인 영향을 미친다. 하지만 대부분의 시민은 무슨 일이 일어나고 있는지 알 필요 없이 그저 주어진 가격에 반응한다. "오렌지가 왜 이렇게 비싸지? 다음에 사자."

중요한 지점은 모든 사람의 개인 정보가 시장에 즉시 반영된다는 것이다. 국가는 이런 정보를 도저히 획득할 수 없고 일일이 반응할 수도 없다. 이를 하이에크는 시장의 '경의'Hayek's Marvel라 불렀다. 일반적으로 정부가 실시간 정보 없이 미래를 예측하고 국민경제를 계획한다는 것은 주제넘는 희망 사항이다. 냉전 당시 소련 시민들 사이에서는 이런 자학적 농담이 유행했다. "세상 사람들은 우리의 핵무기를 두려워하지만, 그들이 정말 두려워해야 하는 것은 우리의 경제학자들이다. 우리가 그들을 보내면 어느 나라 경제라도 무너뜨릴 수 있다." 시장을 이길 만한 경제학자가 없다는 뜻이다.

기업이 존재하는
근본적인 이유

1937년, 27세의 영국 출신 법경제학자 로널드 코스는 〈기업의 본질The Nature of the Firm〉[18]이라는 제목의 논문을 발표했다. 현재까지도 경제학 분야에서 가장 많이 인용되는 논문 중 하나로, 내용은 단순하다. 앞서 설명했듯 우리는 '시장'이란 메커니즘이 효율적이라는 점에 동의한다. 그렇다면 왜 '기업'이란 메커니즘이 존재하는가?

기업은 시장 기능을 '끄고' 운영한다. 기업에서는 "김 대리, 내일은 용산 지점에 가서 일을 좀 도와줘요. 일손이 달린다나 봐"라는 상사의 지시에 "알겠습니다"라고 대답하면 된다. 구태여 "얼마 주실 건데요? 몇 시간 동안? 보험료는 누가, 얼마나 주고요?" 같은 수많은 세부 사항을 시장에서처럼 '협상'할 필요가 없다. 이런 협상 비용이나 협상 시간을 줄이기 위해 만든 것이 바로 기업이다. 일손이 필요하니 일단 김 대리를 고용하고, 그다음부터는 시장 기능 대신 '위계 제도hierarchy'를 이용하는 것이다. 이때 협상 비용이나 협상 시간을 뭉뚱그려 '거래비용'이라 부른다. 즉 기업은 거래비용을 줄이기 위해 만든 제도다. 과거의 경제학자들은 거래비용을 그냥 '0'이라고 가정하고 경제 분석에서 이를 무시하곤 했다. 코스는 이 거래비용을 경제 분석의 핵심에 놓았고, 올리버 윌리엄슨[19]과 함께 '거래비용 경제학'이라는 중요한 경제학파를 이루었다. 둘 다 노벨 경제학상을 수상했다.

정리하자면 기업은 각 기능에서 '조직hierarchy'과 '시장market' 중 하나를 선택할 수 있다. 예를 들어 제약회사는 생산을 조직 내에서 할지 아웃소싱할지 선택할 수 있고, 이 결정에는 거래비용이 큰 고려 요인이다. 이해를 도와줄 사례를 하나 살펴보자.

1920년대에 GM은 자동차 차체 제작을 '피셔 보디Fisher Body'라는 업체에 맡겼다.[20] 일단 수주를 하면 피셔는 거금을 들여 시설을 설치해야 한다. 오로지 GM 자동차만 제작할 수 있는 특화된 설비다. 이런 투자 후 만약 GM이 마음을 바꿔서 "이제부터 다른 업체에 일을 맡기겠으니 가격을 낮춰달라"라고 말하면 피셔는 꼼짝없이 당하게 된다. 다행히 반대의 협박도 가능하다. 피셔가 남는 게 없다면서 가격을 올리지 않으면 공급을 끊겠다고 압력을 가할 수도 있다. 이런 '계약 후 딴소리'를 방지하기 위해 두 회사는 10년 장기 계약에 사인을 했다. 피셔는 GM의 유일한 차체 공급자가 되었다. 현재는 물론 미래의 대당 공급가격까지 확정했다.

그러나 시간이 지나 기술과 시장 수요가 변하면서 두 기업의 관계는 삐걱거리기 시작했다. 자동차 수요가 크게 늘자 납품 단가를 미리 정해놓은 피셔 보디는 예상치 못한 엄청난 이윤을 남기게 되었다. GM은 단가 조정을 요청했지만 피셔 보디는 거절했다. 심지어 피셔 바디의 새로운 공장을 GM 공장 근처에 지어달라는 요청도 완강히 거부했다. 차체 제작을 GM 내부에서 했더라면 쉽게 피할 수 있는 문제였다. 이 분쟁으로 발생되는 시간 낭비와 변호사 비용은 거래비용에 해당한다. 결국 1929년, GM은 피셔와 합병하기로 합의했다. 이런 특수한 환경에서는 거래비용이 크니 시장 거래보다는 조직으로 운영하는 편이 더 적합하다는 판단이었을 것이다.

비슷한 예가 하나 더 있다. 스탠퍼드경영대학원이 새로운 건물을 지을 때였다. 시공사가 건축가의 설계도에 따라 건물을 짓던 중 창문에서 문제를 발견했다. 설계대로면 20여 개의 창문 유리가 깨지기 쉬웠다. 그러면 건물주는 시공사에 클레임을 걸 터였다. 설계 변경은 건물주의 비용 부담을 늘리므로 건축가는 설계를 변경하기를 주저했다. 건물주인 스탠퍼드 역시 섣불리 나서서 "괜찮으니 그냥 변경하라"라고 말할 수 없었다. 관련자 모두가 잘못되면 혼자 뒤집어쓴다고 생각했던 것이다. 결국 이런 상태로 한 달이 걸려서야 문제를 해결할 수 있었다. 만약 시공사와 건축가가 모두 스탠퍼드라는 조직에 소속되어 있었다면 학장실에서 1시간짜리 '커피 타임'을 가지는 것만으로 깨끗이 해결할 수 있었을 것이다. 하지만 이처럼 거래비용이 커져도 스탠퍼드는 내부 조직화를 선택할 수 없었다.

우리 경제에서는 이런 상황이 수없이 많고, 우리는 막대한 거래비용을 지불하며 살아간다.

시장도 기업도
비용에서 자유롭지 않다

하이에크의 말처럼 시장은 경제에 경이로운 혜택을 준다. 시장이란 재래시장, 쇼핑몰, 백화점, 온라인 마켓, 중고 시장, 증권시장, 원자재 시장, 수산시장을 포함한 모든 거래 형태가 일어나는 유·무형의 거래소를 뜻한다. 새로운 정보는 수요와 공급 곡선에 즉시 반영되어 새로운 가격을 형성하며 시장을 청산한다.

그러나 시장을 사용하는 데는 거래비용이 발생한다. 좋은 거래 상대를 찾고, 가격과 조건을 흥정하고, 일을 제대로 하는지 감독하고, 일이 잘못되면 배상을 청구하고, 법정에 가서 싸우는 것 등이 모두 거래비용이다. 기업가는 이런 거래비용을 절약하기 위해 기업을 만들고 위계 제도로 운영한다. 그래서 시장과 기업은 자본주의의 근간이 되는 제도로서 경제의 꽃이라고 해도 과언이 아니다.

특히 시장은 자본주의에서 성전聖殿과 같은 위상을 가진다. 국가는 이를 지킬 의무가 있으며 첫 번째로 그 건전성을 유지하고, 두 번째로 거래비용을 낮춰야 한다.[21] 시장을 지배하는 규칙rule을 사전에 명확히 하고, 시장 질서를 교란하는 행위를 엄단하고, 정보가 가능한 한 빨리 올바르게 흐르도록 도우며, 시장이 붕괴될 위험을 미리 제거하고, 혹 문제가 생겼을 경우 합리적인 수단으로 개입해야 한다.

퓰리처상 수상 작가 제임스 스튜어트는 월가 증권시장에서 자행된 내부자 거래나 주가 조작 등 일련의 불법행위를 비소설 베스트셀러 『강도의 소굴Den of Thieves』[22]에 적나라하게 그렸다. '강도의 소굴'이란 마태복음 21장 13절에 등장하는 표현이다. 신성한 교회를 야바위꾼의 장터로 타락시킨 자들에게 예수는 꾸짖는다. "'내 성전은 기도하는 집이다'라고 성경에 쓰여 있는데 너희는 이 집을 강도의 소굴로 만들었다." 이런 시장의 타락을 막는 것은 국가의 중요한 책무다.

끝으로 기업을 통해 모든 비용이 사라지는 것은 아니다. 시장의 거래비용은 사라지지만 내부 관리 비용이 생긴다. 기업을 위해 일하도록 고용했다고 해서 직원이 모두 항상 고용주 뜻대로 일하는 것은 아니다. 직무 태만, 횡령, 배임, 부서 간 이기심, 파업과 태업 등 골치 아픈 일이 즐비하다. 이러한 기업 내부의 비용을 '대리인 비용agency cost'이라 부른다. 이를 방지하려는 노력 또한 대리인 비용에 해당한다. 마이클 젠슨과 윌리엄 메클링[23]이 1976년 개발한 '대리인 이론agency theory'은 기업이 부담하는 대리인 비용의 형태와 대처 방법을 이해하려는 노력이다. 여하튼 기업이건 시장이건 공짜는 없다. 단, 선택은 있다.

4장

세상은 누구에게도
공평하지 않다

사람이 세상에 태어날 때부터 부여받은 환경이나 물적·지적 자산을 경제학에서는 '엔다우먼트endowment'라 부른다. 우리말로는 '천부天賦'라고 말할 수 있다. 만약 내가 부유하고 행복과 사랑이 가득한 가정에서 태어나 큰 키, 잘생긴 얼굴, 튼튼한 신체, 뛰어난 운동 신경, 명석한 두뇌의 소유자로, 일반적인 상식과 판단력이 있고 매사에 부지런하고 좋은 품성을 지닌 사람이라면, 나의 엔다우먼트는 완벽한 점수를 받는다. 그러나 주위를 보면 완벽한 엔다우먼트를 가진 사람은 극히 드물다. 완벽한 위너winner도 완전한 루저loser도 존재하지 않는다.

모든 강자에게는 약점이 있고, 모든 약자에게도 강점이 있다.

크게 성공한 이들도 무언가 '흠'이 있는 엔다우먼트로 시작했지만, 인생의 멍에를 지니고 살아가며 각별한 노력으로 성공을 이루었다. 즉 천부nature의 약점을 자기계발nurture로 극복했다.

영국의 작가 서머싯 몸의 『인간의 굴레에서』라는 소설에서 주인공 '필립 케어리'는 다리를 저는 데다 어려서 부모를 잃는 불운한 엔다우먼트를 가지고도 대작가로 성공한다. 실제로 몸은 말더듬이라는 멍에를 지니고 살았다. 다른 자전적 소설인 헨리 필딩의 『톰 존스』에서 주인공은 버려진 아이였고, 새뮤얼 버틀러의 『만인의 길』에서 주인공은 강압적이고 위선적인 부모에게서 태어났다. 찰스 디킨스의 명작 『데이비드 코퍼필드』의 주인공 데이비드 코퍼필드는 고아로 태어나 어느 목사 가정에 입양되며 인생을 시작한다. 이 영국의 4대 자전소설에서 주인공들은 부족한 엔다우먼트를 가지고 시작하여 자력으로 나름의 성공을 이룬다.

이상한 변호사 우영우의 비대칭적 엔다우먼트

2022년에 방영한 드라마 〈이상한 변호사 우영우〉는 특이한 설정, 탄탄한 스토리라인과 훌륭한 연기력으로 세계적인 인기를 누렸다. 그 설정의 중심에는 자폐 스펙트럼 장애라는 약점을 가졌으나 천재적인 관찰력과 논리 전개력을 강점으로 지닌 주인공 우영우 변호사가 있다. 매우 비대칭적인 엔다우먼트를 지닌 인물이다.

비슷한 설정은 영화 〈레인 맨〉에서 더스틴 호프먼이 연기한 인물에게서도 찾아볼 수 있다. 주인공 레이먼드는 자폐 스펙트럼 장애를 가졌지만 빼어난 암기력도 지녔다. 순전히 상상력으로만 만들어진 설정은 아니다. 실제로 영국의 자폐 스펙트럼 장애인이자 시각장애인인 데릭 파라비치니는 베토벤의 교향곡을 포함한 어느 곡이든 한 번 듣고 그 멜로디를 몽땅 외워 피아노로 친다. 또한 자폐 스펙트럼 장애를 지닌 화가 스티븐 월트셔는 도시를 헬리콥터로 한 번 돌아보고 암기하여 그려낸다.

그러나 이들 자폐 스펙트럼 장애인은 일반인이 쉽게 하는 일을 힘들어한다. 우영우는 회전문 통과를 힘들어했다. 이처럼 제한된 분야에서의 '지적 괴력'과 자폐 스펙트럼 장애를 동시에 지닌 '파트타임part time' 천재를 서번트savant라 부른다. 이들은 두뇌 능력의 상한선과 하한선을 전부 보유하고 있어 의학적 연구 대상이다. 이들 서번트는 특정 분야에 본능적 관심을 가지고 집중적으로 노력한 결과로 만들어진다. 우영우의 경우, 법학과 고래에 대한 연구가 이 관심에 해당한다.

구태여 서번트가 아닌 일반적인 자폐 스펙트럼 장애인도 한두 개 분야에 집중함으로써 장애를 극복하고 더욱 보람찬 삶을 즐길 수 있다. 나는 지난여름 싱가포르 장애인 사회 통합 커뮤니티 '능력 마을Enabling Village'에서 여러 명의 자폐 스펙트럼 장애인이 미술 작업에 집중하는 모습을 보았다. 그들은 아주 창의적이고 세련된 그림과 조각품을 만들고 있었다. 그중 몇 명은 상업적으로도 꽤 성공했다고 한다. 그 모습을 보며 오래전에 읽은 단편소설의 한 구절이 생각났다. "어느 동물이 불구가 된 발을 가졌다면 본인에게 참으로 비극일 것이다. 그러나 만약 그에게 날개가 있다면 이는 그리 참담하지는 않을 것이다."

2초, 약점을 보완하려다 발견한 엔다우먼트

웨인 그레츠키는 세계 아이스하키계에서 최고 기록을 여럿 보유한 캐나다의 아이스하키 영웅이다. 그는 북미 하키 리그 NHL에서 한 시즌에 200골 이상을 넣은 유일한 선수이며, 이 기록을 네 차례나 달성했다. 그는 적의 방어를 교묘히 피하고, 퍽이 있는 곳에 미리 가 있고, 제때 필요한 행동을 취하는 선수라고 한다. 흔히 그를 아이스하키 역사상 가장 위대한 선수라 불렀는데, 별명 또한 '위대한 자'였다.

흥미로운 점은 그가 체격이나 속도, 근력 면에서 아이스하키 선수로서는 불리한 엔다우먼트를 갖고 있었다는 것이다. 키는 183cm로 아이스하키 선수들 중에서도 작은 편이었고, 달리기는 팀에서 중간 정도였다. 힘도 평균 이하였다. 하키 선수의 신체 능력으로는 전반적으로 불합격 수준이었다. 이런 '루저'가 어떻게

경영이라는 세계

대선수가 되었는지, 기업인 비벽 라나디베와 칼럼니스트 케빈 메이니가 다음과 같이 설명한다.

그는 어렸을 때부터 아이스하키를 아버지 월터 그레츠키에게 배웠다. 아버지가 그에게 가르친 것은 빙상 경기장의 상황, 즉 '누가 어디에 있는지'를 계속 읽으며 다음 상황을 예측하는 '정보처리 능력'이었다. 웨인 그레츠키의 말에 따르면, 그는 퍽이 있는 곳에 가는 대신에 '퍽이 갈 곳'에 가 있었다. 이런 능력을 개발해 그레츠키는 신체적 약점을 극복하고 빙상장을 장악했다. 빨리 달리고 강하게 밀칠 수 있는 선천적 강점을 놓친 대신, 남들보다 빨리 볼 수 있는 정보력이라는 이점을 후천적으로 개발한 것이다. "남보다 얼마나 더 빨리 볼 수 있는가?"라는 질문에 그레츠키는 답했다. "2초." 그래서 라나디베와 메이니가 공동으로 집필한 책의 제목이 바로 『2초, 1인자에게만 허락된 시간』이다.[24]

그런데 누구나 후천적 교육만으로 그레츠키 같은 대선수가 될 수 있을까? 아니다. 두 작가는 그레츠키의 이런 순발력 있는 예측 능력이 어느 정도 타고났으리라고 믿는다. 타고난 엔다우먼트에 훈련을 더해 우리가 아는 그레츠키가 완성되었다고 생각한다. 가장 흥미로운 점은 순발력 있는 예측 능력이라는 잠재적·천부적 자질은 그레츠키의 열등한 체격을 보완하기 위해 개발되었다는 것이다. 그레츠키가 월등한 체격을 가졌더라면 정보처리 능력을 굳이 개발하지 않아도 되었을 것이고, 그는 아마 '꽤 훌륭한 선수' 정도로 기억되었을 것이다. 작가들은 하나의 부족한 엔다우먼트(체력)가 다른 엔다우먼트(예측력)를 활용케 했다고 분석한다. 즉 그레츠키는 약점에도 불구하고 강자가 된 게 아니라 약점 덕택에 강자가 된 것이다.

볼 수 없는 사람만이
볼 수 있는 것

캘리포니아대학교 데이비스캠퍼스의 제라트 버메이 교수는 세계적인 고생태학 학자로, 세 살 때 시각을 잃었다. 언제부턴가 그는 소라 껍데기에 관심을 갖게 되었는데, 이 취미는 프린스턴대학교와 예일대학교에서의 교육을 통해 학문 연구로 발전했다. 특히 그의 소라류 연구는 진화나 자연계의 경쟁사 연구로까지 확장되었다.

어느 날 버메이는 바닷가에서 희귀한 소라 껍데기를 줍게 되었다. 앞을 볼 수 없는 그는 촉각을 통해 그 소라가 우리가 지금까지 알았던 소라 A와 비슷하면서도 다르다는 것을 직관적으로 알아차렸다. 그는 며칠 동안 계속해서 이 소라 껍데기와 소라 A의 껍데기를 만지작거리며 비교하고 분석했으나 이렇다 할 차이점을 찾지 못하고 있었다.

몇 주가 지난 어느 날, 버메이는 드디어 두 소라 껍데기의 곡선에서 섬세한 차이점을 발견했다. 그는 이 발견에 몹시 흥분한 나머지 집에 놀러 온 옆집 꼬마에게 기쁨에 찬 목소리로 물었다. "내 손에 있는 이 두 소라 껍데기는 상당히 비슷하지만 전혀 다른 종種이야. 이 둘이 어떻게 다른지 네가 한번 맞혀봐라. 좀 힘들 거야." 꼬마는 질문이 끝나기가 무섭게 답했다. "아저씨, 그것참 쉬운 질문이네요. 하나는 빨갛고, 다른 하나는 파랗잖아요." 이 간단하고 명백한 차이점을 시각장애인인 버메이는 볼 수가 없었던 것이다.

버메이가 나중에 조사해 보니, 두 소라의 색깔 차이는 학계에 이미 보고되어 있었다. 그러나 색깔 차이에 사로잡힌 학계는 소라 껍데기의 미세한 곡선의 차이는 모르고 있었다. 곡선은 눈먼 버메이만이 볼 수 있었던 것이다. 버메이는 색깔을 놓쳤고, 학계는 곡선을 놓쳤다.

이 세상은
영원히 불공평하지 않다

엔다우먼트는 우리 인생에서 불공평의 시작점이다. 많은 이가 TV 드라마에서 그토록 흔한, 키 크고 잘생긴 혹은 예쁘고 똘똘한 재벌 3세가 왜 내가 아닌지 억울해하곤 한다. 그러나 자기 발전을 통해 우리는 이런 치명적인 불행을 극복할 수 있다. 오히려 이를 역이용하는 기회로 만들 수 있다. 이것이 우영우, 그레츠키나 버메이가 우리 모두의 신데렐라이자 영웅인 이유다. 애당초 완벽한 인생은 없다. 고쳐서 쓰는 수밖에 없다. 반면에 모두가 부러워할 만한 엔다우먼트를 다 망쳐버리는 불쌍한 인생도 있음을 돌이켜 보면, 인생이 그렇게 불공평한 것 같지는 않다.

5장

타자와 나 사이
균형점의 세계

진화론에 따르면 자연 세계에서 종種의 흥망성쇠는 '적자생존 the survival of the fittest'이라는 표현으로 요약된다. 이 표현은 다윈이 아닌 사회학자 허버트 스펜서로부터 시작되었다.

스펜서는 인간 세계도 비슷하다고 했다. 그렇다면 기업 세계 또한 마찬가지다. 주어진 '환경'에서 기업은 이익을 극대화할 수 있는 최적의 결정을 내린다. 이러한 최적화 노력은 환경이 변할 때마다 이에 맞춰 변화해야 한다. 이에 잘 적응한 기업은 살아남고 그러지 못한 기업은 쇠퇴하기도, 사라지기도 한다. 따라서 기업은 '최적화optimization'와 '적응adaptation'이라는 다소 중복되는 두 가지 임무를 지속적으로 수행해야 한다.

'환경'의 두 가지 의미에 대해 자세히 생각해 볼 필요가 있다. 첫 번째, 환경은 기업들이 통제 불가능한 비즈니스 상황일 수 있다. 예를 들어 소비자 취향이 바뀌거나, 원자재 가격이 크게 오르거나, 혹은 기술 기반이 바뀔 수도 있다. 두 번째, 환경은 경쟁자나 관련자가 취한 결정으로 형성된 상황일 수도 있다. 예를 들어 경쟁자가 새로운 고가 제품을 출시하거나, 제품의 가격을 낮추거나, 새로운 물류 시스템으로 소비자에게 배송되는 시간을 줄여 경쟁의 판도와 나의 비즈니스 환경을 바꿀 수 있다. 물론 대칭적으로 나의 결정이 그에게 새로운 환경을 만들 수도 있다.

환경을 두 번째 의미로 해석한다면 '최적화'라는 표현을 조정할 필요가 있다. 나 혼자의 일방적인 최적화가 아닌, 게임이론의 '균형점equilibrium'이 경제적 분석에 더 적합한 개념이 된다. 두 기업의 결정이 서로의 환경을 만들고, 기업은 이런 상호 의존도를 의식하며 각자 이윤의 극대화를 추구한다. 따라서 각자의 '결정'은 '전략'이 되며, 두 기업의 두 전략은 서로 균형점을 이룬다.

경영학자나 경제학자는 여러 기업이 서로 얽힌 상황을 분석하기 위해 흔히 게임이론을 사용한다. 연립방정식을 써서 게임 모델을 개발한 후, 그 방정식을 풀어 균형점을 찾은 다음, 이를 분석한다. 혹은 나무처럼 생긴 다이어그램을 그려 복잡한 대치 상황을 분석하기도 한다. 무슨 뜻이냐고? 골치 아픈 수학 없이 몇 가지 간단한 균형점의 예를 살펴보자.

죄수의 딜레마로 보는
균형점

게임이론의 대표적 예는 단연 '죄수의 딜레마'다. 두 명의 용의자를 잡은 경찰은 그들이 공범이라는 사실을 알지만 둘의 자백 없이는 처벌할 수가 없다. 그래서 경찰은 둘을 격리하고 각자에게 다음과 같은 제안을 한다. "만약 둘 중 한 명만 자백하면 자백한 사람은 징역 1년의 가벼운 판결을 받겠지만 다른 용의자는 징역 10년을 살 것이다. 둘 다 자백하면 각각 5년씩 복역할 것이다. 그리고 둘 다 자백하지 않으면 처벌 없이 풀려날 것이다." 이 게임에는 두 개의 균형점이 존재한다. 둘 다 침묵하든지, 둘 다 자백하든지. 다시 말해, 저쪽이 침묵할 거라고 믿으면 나도 침묵하고, 저쪽이 자백할 거라고 믿으면 나도 자백한다.

예를 들어 저쪽이 자백한다고 가정해 보자. 그러면 나도 자백함으로써 5년을 받는 게 유리하다. 자백을 하지 않으면 내가 모든 걸 뒤집어쓰고 10년의 징역을 살 것이다. 이제 역지사지를 해보자. 내가 자백하면 저쪽도 자백하는 게 최선이다. 그래서 (자백, 자백)이 균형점이 된다. 반대로 저쪽이 자백하지 않는다고 가정한다면, 나도 하지 않는 것이 유리하다. 둘 다 즉시 석방될 것이기 때문이다. 상대방도 똑같이 생각할 테니 (비자백, 비자백)이 균형점이 된다. 즉 신뢰는 신뢰를 낳고, 불신은 불신을 낳는다.

여기에서 기억해야 할 지점이 있다. 첫째, '제로섬 게임zero-sum

| 두 개의 균형점 |

	B가 자백할 경우	B가 자백하지 않을 경우
A가 자백할 경우	(5, 5)	(1, 10)
A가 자백하지 않을 경우	(10, 1)	(0, 0)

game'에서처럼 승자와 패자가 갈라지는 결과가 일어나지 않는다. 둘 다 '윈-윈'을 하거나, 둘 다 잃는다. 둘째, 균형점은 판도가 바뀌면 움직일 수 있다. 제안을 바꿔 둘 다 침묵할 경우 각각 2년 형을 주기로 한다면, 둘 다 자백해 각자 5년 형을 받는 것이 유일한 균형점이 된다. (비자백, 비자백)은 더 이상 균형점이 아니다. 저쪽이 자백하지 않는다고 가정할 때, 내가 선택할 수 있는 행동은 자백해서 1년을 받거나 자백하지 않고 2년을 받는 것이다. 나는 당연히 자백한다. 이는 균형점에서 벗어나는 결정이다. 이를 '죄수의 딜레마'라 일컫는다. 각자 나름대로 가장 유리한 전략을 택하지만, 그 결과는 실망스럽다. 이를 피하는 법은 전략을 상호 조정해 둘이 침묵하고 각자 2년형을 받는 것이다. 물론 이는 반칙이다.

시장에서 일어나는 기업 간 '가격경쟁'은 죄수의 딜레마와 흡사하다. 이 게임의 균형점에서는 두 기업이 원가에 가까운 가격을 택해 '0'에 가까운 이익을 취한다. 사회적으로 건전하고 바람직한 형태의 '죄수의 딜레마'다. 이런 가격경쟁을 통해 소비자는 공급자의 착취로부터 보호받는다. 시장경제에서 필수적인 메커니즘이다. 그러나 기업들이 서로 짜고 높은 가격을 택하면 큰 이익을

| 균형점의 이동 |

	B가 자백할 경우	B가 자백하지 않을 경우
A가 자백할 경우	(5, 5)	(1, 10)
A가 자백하지 않을 경우	(10, 1)	(2, 2)

취할 수 있다. 소비자는 지나친 가격 부담을 지게 되므로 시장이 축소된다. 따라서 가격 담합은 시장경제에서 가장 무거운 죄 중 하나다.

뱅크런은
균형점에서의 선택이다

은행은 경제에 중요한 역할을 맡고 있다. 수많은 개인에게서 예금을 받고 이자를 준다. 그리고 그 돈을 기업이나 개인에게 더 높은 이자를 받고 빌려준다. 이때 전체 예금 중 90% 정도만 빌려준다. 10%는 지급준비금으로 지니고 있다가 예금주가 달라면 돌려주어야 한다. 많은 예금주가 한꺼번에 갑자기 돌려달라고 하면 은행은 돈이 없어 지급 능력을 상실하게 된다. 물론 이 확률은 매우 낮고, 10%의 예비금도 이에 대비해 넉넉히 준비한 것이다. 그러나 '진짜 위기 상황'이 일어날 수 있다. 바로 '악성 루머'다. "이 은행, 빌려준 돈을 회수하지 못해 남은 돈이 별로 없대"라는 소문이 돈다. 그러면 모든 예금주가 이렇게 생각한다. '늦으면 내 돈을 못 찾을지도 몰라.' 그리고 돈을 찾겠다고 은행으로 달려간다.

이런 '뱅크런bank-run' 행위는 균형점이다. 남들이 그렇게 하면 나도 똑같이 따라 하는 게 최선이다. 심지어 그 은행의 속사정을 잘 아는 내부자 입장에서도 그렇게 하는 게 최선이다. 그 결과 은행은 지급 불능이 되어 문을 닫는다. 소문이 단지 헛소문일지라도 똑같은 결과를 낳는다. 이처럼 불행한 상황에 대비해 각 은행이 보험을 들어놓는 것도 하나의 해결책이다. 이런 보험은 국가가 운영하거나 많은 은행이 공동으로 설계할 수 있다. 경제학자 더글러스 다이아몬드와 필립 딥비그는 다이아몬드-딥비그 경제 모델[25]로 2022년 노벨 경제학상을 받았다.

뱅크런은 2023년에 '실리콘밸리은행SVB'이 겪은 일이다. 즉 부정적 기업 성과, 악소문, 대량 인출, 지급 불능, 은행 파산 그리고 FDIC(연방예금보험공사)의 지급 보증의 순서로 말이다.

나쁜 균형점을 만드는 것

2000년대 한국에서 창업한 K는 2년의 실험 운영 후 비즈니스를 청산하기로 했다. 초기에는 훌륭한 기술과 합리적인 비즈니스 플랜으로 유망해 보였기에 두 벤처캐피털Venture Capital(이하 VC)로부터 억 단위의 투자를 받았다. K가 청산 계획을 VC 투자자에게 말하자 그는 이렇게 말했다. "그렇다면 제 투자금은 돌려주셔야죠." 마치 벤처 투자를 원금과 이자를 보장하는 담보금융이나 채권 투자로 여겼던 듯싶다. 만약 사업이 크게 성공했다면 투자자는 기본적인 이자만 챙기고 나머지 큰 수익은 사양했을까? 아무래도 잘되면 벤처 투자, 잘 안 되면 채권 투자라고 참 편리하게 생각한 듯하다. 가히 조폭 수준이다.

그 후 나는 어느 한국 VC와 만나 대화를 하다가 이 '나쁜 VC'의 사례를 들며 이런 사람이 VC로 있는 한 한국 벤처의 미래는 어둡다고 덧붙였다. 그러자 그가 대답했다. "교수님, 스타트업에도 온갖 부류의 사람이 있어 우리 VC도 위험에 노출되어 있습니다. 우리가 투자한 어느 회사의 경우, 분명히 흑자를 내며 잘하고 있는데 도대체 상장을 안 하는 거예요. 임원진을 모두 자기 친척으로 포진하고, 일부러 적자를 내서 상장을 피하고요. 결국 남의 돈으로 자기 장사를 하겠다는 거죠. 그래서 투자한 지 7년이나 됐는데 한 푼도 못 건지고 있어요. 완전 사기 수준입니다."

이 두 이야기를 함께 놓고 보면 대한민국의 벤처 업계는 사기꾼이 조폭의 돈으로 사업하는 야바위꾼의 투기장처럼 보인다. 그러나 크게 보면 이 또한 하나의 나쁜 균형점일 뿐이다. 사람이 나쁜 게 아니라 서로가 서로를 믿지 못하는 '불신 대 불신'이 균형점으로 굳어진 것이다. 좋은 균형점으로 움직이려면 엄정한 회계사, 유능한 변호사 그리고 외국 VC의 개입이 필요했던 것 같다.

다만 이는 옛날이야기이고, 다행히 최근 한국의 VC 업계는 좋은 균형점에서 잘 돌아가는 듯하다.

정보가 균형점에 미치는 영향

앞서 소개한 예시들은 가장 간단한 게임이론 개념에 기반을 두고 있다. 영화 〈뷰티풀 마인드〉로도 잘 알려진 수학자 존 내시가 이 개념[26]을 1951년 논문에서 개발하고 분석했다. 내시는 이 논문으로 1994년 노벨경제학상을 수상했다. 내시가 정의한 '내시 균형점'에서는 각자가 "네가 그렇게 나오면 나는 내게 가장 좋은 전략을 취하겠다"라고 하며, '너'와 '나'의 전략이 동시에 맞물려 균형점이 정해진다. 그 후 70여 년 동안 게임이론은 장족의 발전을 이루었다. 특히 '정보'라는 요소를 가미했다. 그중 한 응용 예는 지금부터 설명할 '시그널링signalling'이다.

만다린피시의 경고 시그널

호주, 일본의 류큐 제도 등 태평양 일대에 사는 '만다린피시mandarin fish'는 푸른색과 주홍색, 흰색이 어우러진 무늬를 띤 화려하고 아름다운 어류다. 특히 푸른색은 바다 동물계에서 희귀한 색으로, 이 색을 스스로 생성하는 어류는 세상에 만다린피시와 그의

독성을 지닌 만다린피시는 아름다움을 '경고 시그널'로 사용한다.

사촌 '점박이만다린spotted mandarin', 두 종류뿐이라 한다.[27]

이 어류는 고약한 악취를 풍기며 치명적인 독성을 가지고 있다. 그래서 포식자는 심한 고통을 겪거나 생명을 잃을 수 있다. 이런 명성 덕분에 만다린피시는 건드리면 안 되는 '요주의 인물'이 되어 그 험한 바닷속에서 생명을 오래 부지할 수 있었다. 즉 아름다움을 위험의 '경고 시그널'로 사용하고 있는 것이다.

다른 아름다운 어류들도 만다린피시와 같은 시그널 작전을 사용한다. 여기에서 의문점이 생긴다. '무독성인 다른 어류도 화려하고 아름다운 모습으로 독성을 가진 것처럼 가짜 시그널을 줄 수 있지 않을까?' 진짜 독을 만드는 데는 실력과 엄청난 에너지가 필요하기에 독이 있는 것처럼 보이는 이 가짜 시그널 작전은 매력적일 수 있다. 하지만 아름다움은 눈에 쉽게 띈다. 가짜 시그널 작전이 한 번 들통나면 종 전체가 멸종 위기에 처할 수 있다.

어느 운수 나쁜 날, 어떤 얼빠진 포식자가 실수로 혹은 며칠 굶은 포식자가 워낙 배가 고파서 그 아름답고 독이 없는 가짜 시그널 어류를 잡아먹는 사건이 발생했다고 하자. 포식자는 어류를 먹고 이렇게 생각한다. '이거 괜찮네.' 그런 뒤부터는 바다에 소문이 쫙 퍼져, 너도나도 쉽게 이 종을 찾아 잡아먹어 멸종시킬 것이다. 이처럼 무자격 어류가 감히 아름다움이라는 시그널을 흉내 내지 못할 때, '아름다움=독성'은 진정한 시그널로 남는다.

대학 졸업장에 숨은 메시지

대학은 학생에게 고등교육을 제공하고 실력을 키워 사회에 진출할 기회를 넓혀준다. 이런 직접적인 혜택 외에도 대학 교육은 졸업생에게 간접적인 혜택을 제공한다. 대학 교육을 받은 자는 애당초 유능한 자라는 시그널을 보내는 것이다. 즉, 대학 과정이 학생의 능력을 증진하지 못했더라도 '능력자'라는 인증을 부여한다. "나는 대학 과정을 마치기 위해 4년이란 긴 시간을 바칠 만큼 열정적이고 유능하다"라는 메시지를 사회에 공포하는 것이다.

유능하지 못한 자는 이를 감히 흉내 내지 못한다. 4년보다 더 걸릴 테고, 고생도 더 할 것이다. 그래서 대학을 포기하고 다른 유익한 일을 하러 떠날 것이다. 나의 유능함은 사회에 보여주기 힘들지만, 대학 졸업장은 보여주기가 쉽다. 따라서 졸업장은 유능함

경영이라는 세계

의 간접적 증명서 역할을 한다. 한때 나의 동료 교수이자 스탠퍼드경영대학원 학장이었던 마이클 스펜스 교수가 쓴 박사 논문[28]의 내용이다. 그는 이 논문으로 노벨 경제학상을 수상했다.

광고가 전하는 또 하나의 시그널

우리는 TV, 인터넷이나 유튜브의 광고로 둘러싸여 살고 있다. 심지어 영화까지도 간접광고로 가득 찼다. 2021년 개봉한 영화 〈007 노 타임 투 다이〉는 많은 제품의 간접광고를 보여주었다. 이 영화를 보고 온 동료 교수는 "'제품에 대한 무지'로부터 인류를 구하는 줄거리의 영화"라고 평했다.

일반적으로 광고에 대해 품는 의문은 그 내용이 '맹탕'이라는 것이다. 기업이 자기 제품을 좋다고 말하는 게 당연한데도 그들은 광고를 하며, 우리는 이를 믿고 그 제품을 산다. 경제학자들은 이를 시그널로 해석한다. 결정적 열쇠는 '광고 비용'이다.

광고를 본 소비자는 제품을 구매해서 써보고 좋다면 계속 구매한다. 기업은 판매 수입으로 계속 광고 비용을 댈 수가 있다. 그러나 제품의 품질이 좋지 않아 소비자가 다시 구매하지 않는다면 광고 비용을 감당할 수 없게 되거나 광고의 가치가 사라진다. 따라서 광고는 '품질의 시그널'이 된다.[29]

크라이슬러의 품질 보증

1981년 미국에서 세 번째로 큰 자동차 회사 크라이슬러는 새

CEO 리 아이어코카의 지휘하에 K카 플랫폼K-car platform을 출시했
다. 당시 크라이슬러는 15억 달러의 구제금융을 안고 2년 연속 적
자를 내고 있었으며, '크라이슬러는 저품질'이라는 평판으로 고전
하고 있었다. 이때 아이어코카는 '5년/8만km 보증'을 발표했다.
당시 업계에서는 통상 1년 정도의 보증을 제시했고, 이 정도로도
보증 수리 비용을 감당하기 힘든 때였다.

크라이슬러의 획기적인 보증은 두 가지 혜택을 노렸다. 첫째,
소비자의 수리비 부담을 덜어준다. 사실 이 혜택은 차 값을 할인
해 주는 효과가 있다. 둘째, 보증으로 품질에 대한 자신감을 전달
한다. "이번 K카는 우리의 과거 제품과 다릅니다. 만약 저품질이
라면 어떻게 이 보증 수리 비용을 감당할 수 있겠습니까?"

이러한 시그널 효과는 단순히 차 값을 낮춘다고 얻을 수 있는
게 아니다. 실제로 아이어코카는 직접 TV 광고에 나와 큰소리쳤
다. "이보다 더 좋은 차를 본다면 사십시오. 또 이보다 좋은 딜을
제안받는다면 받으십시오." 기적적으로 K카는 엄청난 인기를 끌
었고, 크라이슬러는 흑자를 내며 구제금융을 다 갚을 수 있었다.

균형점,
서로가 서로에게 최적인 상태

게임이론과 균형점 개념은 경제·경영·사회·정치·세무·자연

생태계를 이해하는 데 널리 활용할 수 있다. 경영에서는 전략, 옥션, 협상, 계약 설계, 가격경쟁과 제품 개발 경쟁 등 수많은 응용분야가 있다. 한 예로 나의 동료 교수 로버트 윌슨과 폴 밀그럼은 게임이론을 옥션에 적용한 연구에 대한 공헌으로 2020년 노벨 경제학상을 받았다.

우리가 이 장에서 토의한 '균형점'은 게임이론에서 쓰는 좁은 의미로서의 균형점이다. 둘 이상의 에이전트가 각자 선택한 전략의 결과로, 일단 도달하면 누구도 일방적으로 벗어나기를 싫어한다는 의미다. 균형점의 더 일반적 정의는 '여러 힘이 작용해 한번 들어서면 안정된 채 오래 머무는 상태'다. 이 정의에 따라 우리는 대부분 균형점인 세계에 살고 있다. 그러나 때때로 불균형이 존재하기도 한다. 우리 학자는 균형점을 예측하고 분석하길 좋아한다. 안정된 상태에서는 모수parameter와 변수variable가 정지되어 있으니 분석이 가능하기 때문이다. 반면 불균형점은 저변 환경이 흔들려 분석이나 예측이 불가능하고 종류도 무진 많다.

이 나이에 세상을 돌이켜 보니 이해하지 못했던 정치·경제·사회에서의 많은 불균형점들이 기억난다. 미국에서 널리 존경받는 대법원 판사 올리버 웬들 홈스의 말에 공감이 간다. "젊은이는 원칙을 안다. 그러나 나이 든 이는 예외를 안다."

2부

욕망과 인간성이
공존하는 세계

기업의 시작과 끝, 조직과 사람에 대하여

PSYCHOLOGY

기업은 거래비용을 낮추기 위해 시장의 대체품으로 만든 제도다. 대외적으로 기업은 자연, 사회와 경제에서 합당한 권리와 의무를 갖는 법인法人이고, 대내적으로는 위계질서를 따르는 조직체다.

조직에 관한 몇 가지 이슈를 생각해 보자. 조직학을 연구하는 학자들이 개발한 중요한 개념 중 하나는 '조직문화'다. 조직이란 특정 목적을 위해 함께 일하는 집단이고, 조직문화는 이들의 신조, 가치관, 행동 방식, 내부 규정, 자세를 뜻한다. 이 막연하고 뜬구름 잡는 개념은 실질적 용도가 있다. 기업을 합병할 때 문화적 궁합이 맞는지 검토하는 도구이며 새로운 사업에 진출할 때 기술과 문화적 일관성을 확인하는 지표다.

무엇보다 조직문화는 기업의 흥망성쇠를 결정한다. 그래서 일부 기업은 자신들의 조직문화를 변화시키려고 노력한다. 항상 배우고 참여하는 유연하고 날렵한 조직문화로 만들어 그 자체를 무기화한다. 그렇다면 바람직한 조직은 어떤 모습인가? 조직이 빠질 수 있는 함정은 무엇인가? 바람직한 리더의 모델은 무엇인가? 왜 많은 기업이 그리 단명하는가?

6장

갈매기와 기계 학습
그리고 생각하는 조직

소비자의 취향은 움직이고 기술 또한 변천한다. 변화하는 시장 환경에 기업은 적응과 최적화로 응답하며 같이 움직여야 한다. 이때는 '지능'이 필요하다. 그러나 기업은 생물체가 아니므로 타고난 지능이 없다. 조직원이 지능이 있다고 해서 조직에 지능이 생기는 것도 아니다. 지능은 제도적으로 만들어야 한다. 우리가 바라는 기업은 지능이 있어, 배우고 지식을 축적하며 이를 실천하는 기업이다. 간단하게 '생각하는 조직thinking organization'이라고 부르도록 하자. 지능·학습·지식·실천을 모두 포함한 포괄적인 정의定義다.

이제 세 가지 의문점이 생긴다. 지능이란 무엇인가? 지능은 어떻게 작동하는가? 어떻게 지능을 조직에 주입할 수 있는가? 답은 야구장과 공원의 갈매기들이 알고 있다.

먹거리를 찾는
야구장과 공원의 갈매기들

샌프란시스코의 AT&T 야구장(현 '오라클파크')에 경기가 있는 날이면 8회쯤부터 수많은 갈매기가 날아와 9회까지 야구장 북쪽 외곽 담장에 앉거나 서성댄다. 경기는 낮에 할 때도 있고 밤에 할 때도 있으며, 8회와 9회의 시간도 경기마다 다르지만 어떻게 알아채고 이르지도 늦지도 않게 딱 8회쯤이면 야구장에 도착한다.

아마도 근처 바닷가에서 서식하는 듯한 그들에게는 다 계획이 있어 보인다. 경기가 끝나 관중이 떠나면 좌석에 버려진 핫도그, 감자튀김, 타코를 무섭게 먹어치운다. 그런데 갈매기들은 어떻게 경기가 있는지, 또 어떻게 8회나 9회에 다다랐는지 아는 걸까?

북유럽의 어느 해안 도시에 점심시간이 찾아오면 수많은 갈매기가 단체로 도시 내의 큰 공원으로 향한다. 점심을 먹으러 나온 직장인들이 빵 부스러기 등을 던져주기 때문이다. 공원은 해변에서 수 킬로미터 떨어져 있어서 바닷가에서 날아서 왔다가 다시 돌아가는 건 '먼 걸음'이다. 게다가 희한하게도 갈매기들은 직장인들이 출근하지 않는 주말에는 어떻게 알고 '집'에서 쉰다. 더 희

관중이 남긴 음식을 찾는 갈매기들. 자가 학습으로 먹거리를 찾는 방법을 알아냈다.

한한 점은 주중의 공휴일에도 나타나지 않는다는 것이다. 이들은 어떻게 출근 날짜를 아는 걸까?

이 두 갈매기 이야기는 갈매기란 동물에게 상당한 '지능'이 있음을 보여준다. 여기서 지능이란 무엇일까? 그 지능은 어떻게 작동하는가? 잠시 '야구장 갈매기'의 입장에서 생각해 보자. 이 갈매기 집단이 타지에서 최근 샌프란시스코 근처 바닷가로 이주했다고 하자. 몇 마리 호기심 많은 청소년 갈매기가 새로운 터전에서 잠시 벗어나 번잡한 도시로 날아간다. 이들의 관심은 '먹거리'다. 여기저기 구경하다가 가끔 길바닥에 떨어진 음식 조각을 주워 먹기도 하지만 그리 대단한 양은 아니다. 하지만 이러한 외출을 여러 번 반복하다 보면 '오늘의 양식'을 넘어 '성공의 공식'을 발

경영이라는 세계

견할 수 있다. 즉, '이런 상황에서는 저런 찬스가 생긴다'는 입력-출력Input-Output(이하 I-O)의 함수적 '관계'를 도출하는 것이다.

야구장 갈매기가 배운 것은 다음과 같은 것이다. '멀리서 함성이 들리기 시작한 지 2시간 반 정도 지났을 때 북쪽으로 15분을 날아가면 다수의 직립 동물들이 자리를 떠나며 양질의 단백질과 탄수화물을 다량 남긴다.' 공원 갈매기는 교통 소음을 '입력'으로, 공원에서의 회식 찬스를 '출력'으로 하는 함수적 관계를 찾아냈다. 아마도 매우 춥거나 비가 많이 오는 날에는 벌이가 시원치 않다는 것까지 알아, 상당수의 갈매기가 출정을 포기할 것이다. 만약 야구장 갈매기가 더 영리하다면 야구장으로 날아가는 도중 멀리서 대형 주차장이 텅 비어 있는 것을 보고 '오늘은 아니군' 하며 집으로 돌아갈지도 모른다.

정리하자면 갈매기 집단은 많은 I-O '데이터'를 목격하며 그 I-O '관계'를 유추한다. 이런 '자가 학습self-learning' 능력을 우리는 '지능'이라 부를 수 있다. 『새들의 천재성』이라는 책에 따르면 일부 새들은 훌륭한 단기 기억력과 문제 해결을 위한 창의력을 가지고 있으며 간단한 도구를 이용할 줄 안다고 한다. 심지어 도구를 얻기 위해 도구를 이용할 수도 있다. 여기에다 정보처리 능력, 즉 데이터 사이언스의 기초 실력까지 지니고 있는 듯하다. 우리가 아는 '새대가리'가 아니다.

갈매기의 학습에는 아직 설명되지 않은 미스터리가 있다. 갈매기가 매일 목격하는 수많은 입력 변수(날씨, 온도, 습도, 바람 세기,

미세먼지, 소음의 종류와 크기, 냄새, 도시의 여러 단편적 모습 등) 가운데 정보가 될 것은 취하고 관계없는 것은 버리는 두뇌의 능력이다. 우리는 관계를 도출하고 특정 형태로 머리에 저장하는, 그들의 '도출-저장 메커니즘'을 알지 못한다.

기계 학습의
도출-저장 메커니즘

인공지능의 파생품인 '기계 학습machine learning'도 갈매기 학습과 비슷하게 '데이터에서 관계 도출' 원리로 작동한다. 입력과 출력을 한 쌍의 데이터로 많이, 아주 많이 기계에 공급해 I-O 함수 관계를 찾게 한다. 예를 들어 고양이가 찍힌 사진 파일을 입력하고는 '이 사진 안에 고양이가 있다'라는 뜻으로 출력 '1'을 짝지어준다. 같은 작업을 고양이가 없는 사진으로도 진행하며, 이때는 출력으로 '0'을 부여한다. 즉, '사진 파일(I)-1(O)'이나 '사진 파일(I)-0(O)' 같은 데이터를 한 100만 쌍 정도 보여주면, 기계는 I-O 관계를 개발한다. 그다음에 "여보게 기계, 이 사진에 고양이가 있는가?"라고 물으면, 기계는 대답한다. 이때 답은 "0.7" 같은 '0'과 '1' 사이 숫자다. 고양이가 있을 확률이 70%라는 뜻이다.

여기서 '(자가)학습'이라 함은 프로그래머가 날것의 입출력 데이터만 제공할 뿐 중간의 사고思考 논리는 안 가르쳐준다는 의미

경영이라는 세계

다. 즉, "온몸이 털로 덮이고 얼굴은 납작하고 원형이며 귀가 좀 작고 눈이 크면 고양이다" 같은 설명이 필요 없다. 기계가 알아서 터득한다(물론 인간에게서 표현 구조상의 도움을 받는다). 특이 사항은 이 학습 과정에서 '성공(1)'뿐 아니라 '실패(0)' 데이터도 입력해 가르쳐야 한다는 점이다. 성공 사례만 가르치면 구분 능력이 생기지 않아 제대로 학습되지 않는다. 그런데 고양이가 진화해 점점 코끼리 같은 모습을 갖게 된다면 어떨까? 기계는 처음에는 주춤하겠지만 새로운 데이터를 읽고 변화에 적응해 잘 맞춰나갈 것이다. 누가 봐도 지능을 가지고 학습을 실천하는 '생각하는 기계'다.

우리는 갈매기 두뇌의 '도출-저장 메커니즘'을 모르지만 기계의 것은 안다. 인간이 프로그래밍을 했으니 말이다. 기계 학습의 원리는 회귀분석과 같다. 경험한 I-O 데이터를 이용해 어떤 함수(혹은 테이블)를 도출하고, 그 함수를 이용해 답을 찾는다. 함수 도출 과정에서 영향력 없는 변수는 도태되어 계수가 0으로 접근하고, 중요한 변수는 큰 계수를 부여받는다. 일단 함수가 어느 정도 완성되면 이런저런 입력치를 넣는다. 지금 날씨는 쾌청하고, 온도가 좀 높고, 바람이 세게 불고, 1시간 전부터 북쪽에서 가끔 큰 함성이 들려온다. 출정을 해야 할까? 이 입력치를 함수에 대입해 나온 출력치가 이 질문에 대한 답이다. '1'이면 가고, '0'이면 안 간다. 실제 대부분은 '0.6'처럼 중간값이다. 이러한 기계 학습을 갈매기는 자연 학습으로 실천하는 듯하다. 이 점을 생각하면 인간과 비등한 지능을 소유했다고 봐도 좋지 않을까.

생각하는 조직과
기업의 지능

갈매기와 기계에 대해 살펴보았으니 이제 '조직'의 지능과 학습을 생각해 보자. 조직은 어떻게 지능을 가지고 학습하는가? 간단히 답하자면, 조직도 '경험'에서 '결과'를 얻고, '기억'하고 '학습'한 후 '재활용'을 함으로써 생존하고 번성한다. 갈매기를 다시 소환해 보자.

뉴욕의 쓰레기는 양적인 면뿐만 아니라 질적인 면에서도 단연 세계 제일이다. 지구촌의 최고 부유층인 뉴요커들이 레스토랑에서 먹다 남긴 스테이크, 감자튀김, 아스파라거스, 빵 조각이 무참하게 쓰레기로 버려진다. 이 엄청난 양의 쓰레기는 일부 소각되고, 나머지는 뉴욕 외곽의 매립지에 버려진다. 그런데 몇 년 전, 뉴욕의 쓰레기를 수년간 수용하던 섬의 매립지 하나에 폐쇄 조치가 내려졌다. 더 이상의 쓰레기 반입을 금지하고 표면을 흙으로 덮기로 한 것이다. 이 결과로 예상치 못한 안타까운 일이 발생했다. 지금까지 뉴욕의 수많은 고급 쓰레기를 먹고 한평생 잘 살아왔던 갈매기 수천 마리가 먹을 것이 없어 아사餓死한 것이다. 바닷가에서 물고기를 잡아먹으며 서식하는 갈매기가 그 풍족한 대서양의 섬에서 굶어 죽었다. 갈매기 고유의 학습 능력도, 사냥 기술도 전부 퇴화한 것이다. 장기간의 안정되고 풍요로운 삶이 몸도 정신도 퇴보한 '폐인廢人'을 키웠다고 할 수 있다.

경영이라는 세계

고정된 환경에서라면 변화가 없어도 사회나 조직은 곧잘 살아간다. 오히려 이미 최적화된 상태이니 변화가 불필요하다. 그러나 이런 '고정된 환경'이란 강력한 가정하에서나 통하는 이야기다. 매립장 갈매기 이야기는 이 가정이 통하지 않는 '현실'에서는 혁신이나 창조적 파괴가 없는 사회 혹은 조직은 한가롭게 정체되는 것이 아니라 사멸한다는 교훈을 준다. 그렇다면 조직은 이러한 참사를 어떻게 피할 수 있을까? 답은 '생각하는 조직'이다.

실패든 성공이든 되도록 많은 경험과 실험을 수집해 기업의 기억으로 남기고, 이를 활용하여 미래 성공의 공식을 만든다. 생각하는 조직은 어떻게 만들까? 내가 보기에 세상의 거의 모든 경영 서적은 이에 대한 충고와 조언을 아끼지 않는다. 나까지 뛰어들어 새로운 비법을 제시하는 대신 강호江湖의 대가들이 쓴 다음 책을 추천한다.

A. 피터 센게의 『학습하는 조직』[1]
B. 하임 멘델슨과 요하네스 치글러의 『현자생존Survival of the Smartest』[2]
C. 앤드루 그로브의 『승자의 법칙』[3]
D. 짐 콜린스와 제리 포라스의 『성공하는 기업들의 8가지 습관』[4]
E. 헨리 체스브로의 『오픈 이노베이션』[5]
F. 오리 브라프먼과 로드 벡스트롬의 『불가사리와 거미』[6]

G. 르네 마보안과 김위찬의 『블루 오션 전략(확장판)』[7]

우리 나름대로 정리하자면, 조직의 지능은 갈매기나 기계와 '넓게는' 동일하다. 기업은 새로운 아이디어를 끊임없이 생성하고 테스트하여 지식을 축적해야 한다. 성공하면 새로운 사업을 얻는다. 실패해도 경험을 늘려 학습에 기여하고, 이는 다음 성공의 밑거름이 된다.

기업은 먼저 탐사와 개선의 참가자 기반을 늘려야 한다. 현장 인력, 개발팀, M&A 부서, CEO에 회장까지 이 노력에 참여한다. 야구장의 청소년 갈매기[8]같이 호기심 많고 창의력 있는 직원을 고용하여 탐사와 개선의 분위기를 만들어야 한다(A, B, G). 새로운 제품을 개발하고, 새로운 시장을 개척하고, 품질관리 운동을 제도화하여 현장 직원이 끊임없이 개선에 참여시켜야 한다. 개선의 결과는 시스템화한다(D). 무엇보다 창문 밖, 시장과 기술의 흐름을 적극적으로 추적해야 한다. 특히 변곡점의 도래를 주시해야 한다. 그리고 작은 변화들도 자연스럽게 흡수하며 적응해 나간다(C).

조직의 지능과 학습은 세부적으로는 갈매기나 기계와 다르다. 여기에는 '팀 지식'라는 새로운 차원의 사려思慮가 필요하다. 현대 기업은 N개의 '개인 지식 기관'으로 구성되었다. 기업이 소유한 제품이나 비즈니스 프로세스는 과거 지식의 산물이고, 미래의 비즈니스는 현재의 지식으로 만들어진다. 어떻게 N개의 점, 즉 개인에게 존재하는 지식을 통합해 이용하고 관리하고 확장하느냐가 기업의 생존과 번영에 주요 관건이 된다.

두 가지 방법이 있다. 하나는 물리적으로 여러 명이 함께 생각과 지식을 통합하는 것이고, 다른 하나는 IT를 이용하는 것이다. 어떤 방법으로든 기업은 한 걸음 더 나아가 N개의 점을 확장해 M개의 외부 지식을 활용해야 한다(E). 외부는 공급망 파트너, 혹은 제3의 기업일 수 있다. 데이터를 공유하거나 그들의 IP를 빌리거나 스타트업에 투자하거나 M&A를 할 수도 있다.

끝으로 지식 기업에서는 새로운 리더십 모델이 요구된다(F). 과거 리더십은 위계질서를 기본 구조로 삼았다. 시키는 대로 하는 '일꾼'의 개념이다. 이런 개념은 경직된 조직을 만든다. 그러나 빠르게 변화하는 기술과 시장은 다른 리더십 개념을 요구한다. 중앙집권의 일꾼 조직이 아니라, N명의 '생각꾼'과 본부의 기획 조정으로 정의된 '연결된 점조직 모델'이다. 이 모델에 필요한 기술은 확성기가 아니다. 줌Zoom이다.[9]

이제 모든 기업은
생각하는 조직으로 향한다

스탠퍼드경영대학원의 1년제 학위 과정인 '슬론 과정Sloan Program' 졸업생 퍼시 바르네비크는 CEO로서 스웨덴-스위스 기업인 'ABB'를 크게 성장시켰다. ABB는 여러 업종(특히 에너지 산업 설비)에서 GE와 경쟁하며 때로는 '유럽의 GE'로 불리곤 했다. ABB는 유럽비즈니스협회의 회원이었다. 이 협회는 지멘스, 볼보, 에릭슨, 노키아 등 유럽의 굵직한 대기업이 모두 속해 있는 영향력 있는 단체였다.

어느 날 협회에서 주최한 미팅에서 유럽의 IT 산업에 대한 걱정이 쏟아졌다. "IT 산업은 미래 경제에 중요한 역할을 하는데, 이 산업은 IBM이나 마이크로소프트 같은 미국 기업이 장악하고 있습니다. 이대로는 앞으로 미국에 끌려갈 수밖에 없어요. 그러니 5년여의 시간을 두고, 미국 IT 제품의 수입을 막거나 중과세로 유럽의 IT 기업이 따라잡을 기회를 주도록 합시다." 많은 회원이 이 발언에 동조하는 분위기였다. 그때 발언권을 얻은 바르네비크가 말했다. "질문 있습니다. IT 기업이 뭐죠? 우리 회원 가운데 IT 기업 아닌 데가 있으면 손들어 보세요."

핵심을 찌르는 발언이다. 바르네비크가 말하는 IT란 '정보'나 '지식'의 프락시proxy, 즉 대리代理로서, 현대 기업은 모두 '지식 기업', 즉 '생각하는 기업'이라는 뜻이다. 제조업이건 서비스업이건 모두가 지식 사업이다. 지식 기업은 지식을 운영하며, 또 지식으로 운영된다. 지식의 운영이 기업의 흥망성쇠를 결정짓는다.

7장

무엇이
'좋은 리더'를 만드는가

지난 7년 동안 나는 'ALP_{Asian Leadership Program}'라는 스탠퍼드의 경영자 과정 프로그램에서 강사와 디렉터로 일해왔다. 아시아계 미국인을 주요 대상으로 지도력을 강화하는 일주일 단기 프로그램이다. 실리콘밸리의 전문직 중 아시아계는 47%, 백인계는 40%로 아시아계가 약간 더 많다. 그러나 임원급은 67%가 백인, 23%가 아시아계다. 리더로 승진하는 아시아계의 비율이 훨씬 낮은 것이다. 집안 교육과 문화적 격차가 주원인으로 여겨지며, 지도력의 향상으로 개선될 수 있다는 취지에서 ALP는 기획되었다.

내가 ALP를 통해 얻은 리더십에 대한 교훈은 다음과 같다. 첫째, 리더십은 중요하다. 국가건 기업이건 조기축구회건 리더십은 큰 결과의 차이를 보여준다. 둘째, 리더십 스타일에는 하나의 정답이 있는 것이 아니다. 여러 정답이 있으며 우리가 선택할 수 있다. 셋째, 리더십에는 필수적으로 지켜야 할 사항과 피해야 할 함정이 있다. 이제 리더십에 대한 주요 교훈을 정리해 보자.

"훌륭한 리더란 무엇인가?" 이 질문에 대한 답으로 다음 두 가지 모델을 공유한다.

모델 1.
우월한 정보로 미래를 위한 최선의 결정을 한다

리더는 대중보다 더 많이 알아야 하고, 또 앞서가야 한다. 1965년 박태준 회장은 일본으로부터 받은 대일對日 청구권의 일부로 포항제철이라는 제철소를 세운다. 여기저기에서 자금을 조달하려는 노력이 전부 좌절된 후 겨우 얻은 자금으로, 매우 귀한 돈이었다. 이때 그는 우리가 이해하기 힘든 경로를 택한다.

경제학에는 콥-더글러스 생산함수Cobb–Douglas production function가 있다. 이 함수를 통해 확인할 수 있는 건 두 가지다. 첫째, 생산에는 자본(K)과 노동(L)이 둘 다 필요하고, 각자가 늘수록 생산량이 늘어난다. 둘째, 동일한 생산량을 만드는 K와 L의 조합은 여러 가지다. 하나를 덜 쓰고 다른 걸 더 쓰면 된다. 무한히 많은 가능성 가운데 'K와 L의 조합 중 어떤 것을 선택하느냐'는 K와 L의

경영이라는 세계

'비용'에 달렸다. 싼 것을 더 쓰고, 비싼 걸 덜 써야 한다. 1968년 당시, 1인당 GDP가 200달러에 불과했던 한국에는 값싼 노동력이 풍부했고, 자본은 매우 귀했다. 따라서 포항제철은 싼 노동력을 많이 쓰고, 비싼 자본은 덜 써야 했다.

그러나 경제학의 논리와는 반대로 박태준은 최신 기술 장비에 크게 투자하고, 적은 노동력을 택했다. 왜일까? 그가 은퇴한 후 한남동 어느 레스토랑에서 함께 저녁 식사를 하며 그에게 직접 물은 적이 있다. 그가 답했다. "그때의 싼 노동력은 영원히 유지되질 않지. 우리나라가 계속 가난할 건가? 반면에 기술력은 일단 떨어지면 회복하기 힘들어." 미래를 보는 지도자의 결정이었다. 그날이 그와의 마지막 만남이었다. 그는 지금 세상에 없지만 그가 만들어낸 포항제철의 신화는 지금까지 계속되고 있다.

다른 예도 있다. 1970년대에 철도청이 큰 적자를 내고 있었다. 부정부패 사건도 가끔 보도되었다. 이 골칫덩어리 철도청을 한국 재벌 A 그룹이 인수하겠다는 제안을 했다. 공대생이었던 나는 그 소식을 듣고 의아해했다. '적자투성이 기관을 인수해 어쩌려고?' 그때 아는 선배가 A 그룹에서 일하기에 물어봤으나, 그 역시 모른다고 대답하며 미친 짓이라는 생각에 동의했다. 결국 정부는 그 제안을 거절했다. 사기업이 운영하게 되면 경영 합리화란 이름으로 작은 역은 문을 닫아버리고 비인기 노선은 폐쇄하는 결정으로 시민에게 불이익을 줄 것이라고 판단한 것이다. 차라리 국가가 적자를 안고 가는 것이 낫겠다는 이야기였다. 공기업과 사기업의 서로 다른 목적과 임무를 지키려는 합리적 결과였다.

몇 년 후 일본에 방문했다가 A 그룹의 제안에 숨겨진 의도를 찾을 수 있었다. 바로 부동산이었다. 게이오京王, 세이부西武, 한큐阪急를 포함한 여러 재벌이 철도역과 백화점을 연결해 도시 블록 단위의 경제권을 키운 것이다. 도쿄의 역마다 좋은 상권이 형성되어 이들도 철도 라인을 따라 엄청난 땅값 프리미엄을 얻었을 것이다. 이 경우 철도청이 민영화되어도 기업 쪽에서 구태여 역을 닫거나 철도 라인을 폐쇄할 이유가 없을 터였다. A 그룹의 경영진은 이를 미리 내다본 것이다. 만약 당시에 정부가 철도청을 매각했다면 서울역은 지금과는 크게 다른 모습이 되었을 것이다. 코엑스몰이나 신주쿠역 같은 쇼핑몰이 크게 들어서 있지 않을까.

리더는 일반인보다 멀리 넓게 보고 필요한 행동을 앞서서 하는 능력과 용기가 필요하다. 링컨은 여론을 따르지 않고 노예 해방을 추진했다. 박정희는 시대에 앞서 경제개발을 계획하고 이를 밀어붙였다. 케네디와 레이건은 대중이 듣도 보도 못한 기술 발전 계획(각각 '달 착륙'과 '스타워즈 프로그램')을 약속하고 실천했다. 이들은 자신의 팀 멤버들조차 알지 못하는 잠재력을 미리 보고 현실화했다. 리더는 대중보다 앞서가야 한다. 그래서 이끈다는 의미인 '리드lead'의 '리더leader'인 것이다. 이런 리더는 대중의 인기에 편승하려는 리더와 구분되어야 한다. 조지 오웰의 에세이 〈코끼리 사냥〉에서 생각할 지점을 찾을 수 있다.

한때 영국의 지배하에 있었던 버마(지금의 미얀마)에서 경찰관으로 근무하던 오웰에게 민원이 들어왔다. 코끼리 한 마리가 가까운 마을에서 행패를 부리고 있다는 것이었다. 오웰은 사냥총을 들고 현장으로 향했다. 마을 사람들은 소문을 듣고 그의 뒤를 따랐다. 점점 많은 사람이 모여 길을 가득 채우게 되었는데, 다들 바구니와 칼을 들고 있었다. 코끼리 고기를 얻어 가기 위해서였다.

오웰이 현장에 도착했을 때 문제의 코끼리는 진정된 채로 평화롭게 풀을 뜯고 있었다. '상황 종료'를 선언하고 돌아가기만 하면 될 것 같았다. 하지만 오웰은 그렇게 할 수 없었다. 그를 따라온 수많은 사람을 어떻게 실망시킬 수 있겠는가? 그 순간 오웰은 대영제국 식민 지배의 허구성을 깨닫는다. 대영제국이 겉으로는 앞에서 선도하는 지배자인 듯 보이지만, 사실은 뒤에 선 대중의 뜻에 휘둘리는 꼭두각시에 지나지 않는다는 생각이 떠오른 것이다. 결국 그는 코끼리를 쏘았다. 이것이 바로 자신의 뜻을 고수하지 못하고 여론을 따라가는 리더의 비애다.

모델 2.
주변에 사람을 채우고 일임하고 챙긴다

로널드 레이건은 지난 수십 년의 미국 대통령 중 가장 훌륭한 대통령으로 존경받는 인물이다. 점잖은 성격과 유머 있고 부드러운 말투로 미국의 품격을 올리고, 경제 호황으로 자유민주주의의 정수를 보여줬다. 대중에게는 황당하게 들렸던 전략방위구상 Strategic Defense Initiative, SDI('스타워즈 프로젝트'라고도 한다)으로 군사적 리더십을 추구했으며, 소련과 처음으로 핵무기 축소 협약을 맺어 냉전을 사실상 종식시켰다.

영화배우 출신이었던 그는 어떻게 세계적인 리더가 되었을까? 바로 '일임 모델'을 활용했기 때문이다. 다음은 미국의 한 비즈니스 잡지에서 찾은 구절이다.

모든 기업의 리더가 레이건 대통령에게 배워야 할 교훈이 있다. 첫째, 가장 훌륭한 전문가들로 주변을 채워라. 둘째, 그들에게 일임하라. 셋째, 그들을 챙겨라.

여기서 특히 중요한 교훈은 세 번째 '그들을 챙겨라'다. 챙긴다는 것은 보고를 받고 질문을 하며 관심을 주는 것이다. HP의 창립자인 윌리엄 휼렛과 데이비드 패커드는 어슬렁거리며 고위 임원을 방문하여 관심을 표현했다. 이를 '어슬렁 경영Management By Walking Around, MBWA'[10]이라 부르는데, 토요타의 '현장 산책Gemba Walk'과 상통하는 방식이다.

어슬렁 경영의 또 다른 예가 있다. 몇 년 전 히로시마의 '다이소' 본사를 일본인 안내 직원과 방문한 적이 있다. 공항에 점퍼 차림의 두 직원이 마중을 나왔다. 이동하는 차 안에서 나는 한 명은 운전기사이고, 다른 한 명은 아마도 의전 비서일 것이라고 생각했다. 그런데 의전 비서라고 생각했던 사람이 다이소의 창업자이자 대표이사 야노 히로타케임을 알게 되었다.

내가 방문해 있는 동안 야노는 나에게 이곳저곳을 보여주며 친절하게 설명해 주었다. 그러면서 장난감 낫으로 이 직원 저 직원을 쿡쿡 찌르고는 한마디씩 질문을 하곤 했다. 공격당한 직원은 웃는 얼굴로 무언가 답했다. 때로는 심각한 대화를 나누기도 하고 때로는 크게 웃기도 했다. 그 낫은 100엔짜리 장난감으로 핼러윈을 겨냥해 디자인한 신제품이었다. 직원의 말에 따르면 '일임'과 '어슬렁'이 그의 경영 스타일이란다. 일본은 위계질서가 엄격해 카리스마를 내세운 경영 방식이 널리 퍼져 있을 거라 생각했지만 오해였다. 심지어 야노는 젊은 시절 일본의 국가대표급 권투 선수였기 때문에 운동선수 특유의 카리스마를 가지고 있을 법도 한데, 그보다는 몸소 어슬렁 경영을 실천하고 있었다.

단 하나의 결점도 없는 리더는 존재하지 않는다

좋은 리더십으로 두 모델을 소개했다. 그러나 앞서 언급했듯 자신에게 적절한 리더십은 상황, 시대나 자기 자신의 천성에 따라 재구성되어야 한다.

수년 전 한 미국의 의류 회사 임원과의 만남이 떠오른다. 동료 교수의 소개로 내 사무실에 방문했는데, 딱 보니 일본계 미국인이었다. 그는 그 회사의 이사로 근무한 지 10년이 되었으며, 전에는 더 작은 회사의 임원으로 일하다가 대기업으로 스카우트되었다고 했다. 그가 리더로서 자신의 약점을 솔직히 털어놓으며 대화가 시작되었다. "미국에 온 지 20년인데, 아직 영어가 완벽하지 않아요." 나는 대답했다. "아주 좋은데요, 뭐. 저도 불완전한 영어 실력이지만 여기서 말로 먹고사는 중이에요. 헨리 키신저는 한 술 더 떠서, 강한 영어 악센트로 하버드에서 정치학을 가르치고 미국 국무장관으로서도 훌륭한 일들을 해냈죠." 그가 이어서 말했다. "게다가 저는 소심해서 남들 앞에 나서는 스타일이 아니에요. 리더로서 큰 흠이죠." 내가 대답했다. "리더는 여러 타입이 있어, 설칠 줄 모른다는 것이 반드시 결격 사유가 되는 것은 아니죠."

이런 식으로 그쪽에서 자신의 약점에 대한 한탄을 늘어놓으면 내가 격려해 주는, 아름답지만 지루한 대화가 계속되었다. 그런데 10분가량의 덕담 끝에 그가 난데없이 폭탄 발언을 했다. "제 계획은 5년 후 이 회사의 CEO가 되는 겁니다." 쇼크에서 깨어나 물었다. "왜 본인에게 그럴 자격이 있다고 생각하죠?" "회사가 가야 할 방향을 알고 있으니까요." 돌이켜 보니 그와의 만남은 수많은 리더와의 만남 중에서도 유독 강렬한 기억으로 남아 있다. 물론 그 짧은 만남으로 그의 리더십을 평가할 수는 없다. 그러나 막연한 느낌이 든다. '그가 CEO가 된다면 그 회사는 참 행복할 것이다.' 그 이유는 나도 모르겠다. 열정, 애사심, 겸손, 방향성?

세상 모든
어리석은 리더에 대하여

나의 동료 교수 로버트 서튼은 『멍청하지 않은 규칙The No Asshole Rule』[11]이란 책을 썼는데 그 책에는 온갖 잘못된 리더십 스타일이 집대성되어 있다. 이를 기반으로 잘못된 한국형 리더십에 대해 정리해 보고자 한다.

카리스마 있지만
독재를 한다

카리스마란 '인물에서 우러나오는 경외감 혹은 영향력'을 뜻

2부 욕망과 인간성이 공존하는 세계   99

한다. 예를 들어 인텔의 전 CEO인 앤드루 그로브를 보면 그의 반도체 기술 실력, 경력 및 지위에서 카리스마를 절로 느낄 수 있다. 그럼에도 그는 남의 말을 경청하는 대화형 카리스마 리더다. 반면 독재자형 혹은 폭력적 카리스마 리더도 있다. 이들은 맘에 들지 않으면 소리를 지르고 서류를 집어 던지기도 한다. 옛날에는 속된 말로 "'조인트 까는 회장님'이 있다"는 소문도 심심찮게 들리곤 했다.

이 독재자형 카리스마의 결과로 조직 내부에 공포 분위기가 가득해진다. 이런 유형의 리더십은 미국에서도 흔하기에 전문 용어가 따로 있다. 바로 '공포 경영Management By Fear, MBF'이다. 이 리더십의 결과는 뻔하다. 직원들은 나쁜 뉴스는 감추고 좋은 뉴스만 전달한다. CNN의 대표 국제정세 프로그램의 진행자인 파리드 자카리아에 따르면, 그런 리더는 정보처리 능력 또한 잃게 된다. 사람은 입력-출력의 함수적 관계를 통해 학습해 가는데, 출력이 왜곡되니 잘못된 함수식이 도출된다. 특히 상향 편견, 즉 '내가 하면 무엇이든지 잘된다'는 오만이 생긴다. 히틀러나 푸틴에게도 일어난 현상이다.

서튼 교수는 이런 리더 밑의 조직원들은 '남 탓'으로 무장하게 된다고 말한다. 리더가 소리를 지르며 나를 꾸짖을 때는 남 탓을 하는 것만큼 효과적인 방어책이 없다. 이러다 보니 조직 전체가 서로 탓하고 증오하는 괴물 같은 집단으로 변한다. 직원들은 불행하다고 느끼고, 빈번하게 결근을 하고, 이직을 결심하고, 새로운 아이디어를 숨기고, 근무 성과가 떨어진다. 그 대신 리더 주변에는 적응력이 좋은 '아첨 전문 특수부대'가 모인다.

공포 경영과 상반된 개념은 봉사형 리더십, 즉 '서번트 리더십 servant leadership'이다. 서번트 리더의 역할은 직원에게 동기를 부여하고, 피드백으로 자기 발전에 도움을 주는 것이다. 동서고금을 통틀어 이런 리더가 어디 있겠냐고 의심하겠지만, 실존한다. 그 사례는 나중에 소개하겠다.

다른 사람에게
책임을 전가한다

미국의 33대 대통령 해리 트루먼의 책상 앞에 놓인 팻말에는 이런 글이 쓰여 있었다. "책임은 여기에서 멈춘다Buck stops here." 책임을 다른 사람에게 떠넘기지 않고 자신이 감당하겠다는 뜻이다.

리더의 중요한 책무 중 하나는 자기 입장을 명백히 하고, 내·외부로부터의 충격을 막으며 팀이 열심히, 소신 있게 일할 수 있는 분위기를 만드는 것이다. 말하자면 이런 것이다. "내 탓이오. 내 애들은 건들지 마시오." 반대로는 '네 탓이오'가 있다. 이 경우 모두가 리더를 따라 책임을 회피하려고 결정을 미룬다. 하지만 책임 전가만큼은 빠르고 정교하게 해낸다.

한국의 어느 기업에서 전산 담당 이사는 전산 설비에 큰 투자가 필요하다고 대표에게 공식적으로 제안했다. 대표는 이를 거절했고, 그 결과 이 기업은 나중에 큰 기회를 놓치게 되었다. "제가 그렇게 투자하자고 말씀드렸는데 거절하시는 바람에 회사가 어려워진 것 아닙니까?"라고 이사가 불만을 표출하자 대표가 답했다. "이건 전적으로 자네 잘못이야. 나를 설득하지 못했잖아."

잘못된 결과에 책임을 회피하는 리더는 잘된 결과는 열정적으로 "내 덕"이라며 챙기는 경향이 있다. '내덕네탓'이라는 유머러스한 사자성어가 적격이다. 이들은 "내가 뭐라 그랬어?"라는 말을 즐겨 한다. 물론 이 말에는 준비가 필요하다. 어느 날 이렇게 선언하는 것이다. "대세는 전기차야. 테슬라 주식을 사야 해." 그리고 이틀 후에는 다시 이렇게 선언한다. "테슬라 주식은 너무 올랐어." 이런 준비만 한다면 언제든지 "내가 뭐라 그랬어?"라는 말을 쓸 수가 있다.

어느 곳으로 갈지
방향조차 설정하지 못한다

어느 중년 남성이 혼자 대형 풍선을 타고 이리저리 부유하며 주말을 즐기다가 허허벌판에서 길을 잃었다. 마침 저쪽에 강아지와 산책하는 중년 여성이 있어 그녀에게 다가가 외쳤다. "실례지만 제가 지금 어디에 있는 겁니까?" 그녀는 그를 슬쩍 보더니 대답했다. "큰 풍선 안에 있죠." 남성은 "알았습니다"라고 말하고 돌아서 다시 하늘 위로 날아오르려 했다.

하지만 그는 곧장 떠나지 않고 잠시 주춤하더니 다시 그녀에게 물었다. "저, 혹시 직업이 회계사 아닙니까?" 이에 발길을 멈춘 그녀가 대답했다. "네, 사실 근처의 A 기업 회계담당 부사장이에요. 그런데 그걸 어떻게 알았죠?" 남성은 당연하다는 듯 말했다. "그야 간단하죠. 댁의 답은 옳지만 내 문제를 해결하는 데는 전혀 도움이 안 되니까요. 이런 재주를 가진 사람이 회계사 아니면 누구겠어요?" 그렇게 말하고 떠나려는 남성을 여성이 붙잡았다. "저, 혹시 어느 회사의 사장 아닙니까?" 남성이 대답했다. "네, 맞습니다. B 기업의 사장이죠. 그런데 그걸 어떻게 알았죠?" 그녀의 대답은 이랬다. "방향도 모르고 훨훨 날아다니는 사람이 사장이 아니면 누구겠어요?"

이 이야기의 교훈은 바로 이것이다. "리더는 기업의 방향(즉 비전, 목표, 전략 그리고 주요 결정)을 가지고 조직을 이끌어야 한다."

사사건건
간섭하고 지시한다

어떤 리더는 자신이 원하는 결과를 자신의 방식대로 얻도록 부하에게 지시한다. 사사건건, 시시콜콜 말이다. 제일 먼저 '마이크로 매니징'의 피해를 입는 것은 역시 직원이다. 일을 비효율적으로 처리하게 될 뿐만 아니라 근무 의욕을 상실해 버리기 때문이다.

어느 정원 관리 회사가 있다고 가정해 보자. 이 회사에 속한 정원사들은 나무를 심고 돌을 배치할 위치를 고민하고, 자신이 구상한 바를 실제로 적용하고 수정해 나가며 정원을 자신의 작품으로 완성한다. 참으로 재미있고 보람찬 하루를 보내게 될 것이다. 그런데 만약 이 회사에 마이크로 매니저가 있어서, 기획과 결정은 전부 혼자 하고 정원사에게는 나무를 심거나 돌을 옮기는 일만 시킨다면 어떨까? 정원사는 단순노동밖에 할 수 없는 괴로운 하루를 보낼 것이다.

물론 매니저는 때때로 정원사의 의견을 물어본다. 그때 혹시나 정원사가 "돌과 돌 사이가 너무 가깝지 않나요?" 같은 발언을 하면 큰일이 난다. 매니저가 정원사의 근본적인 미적 감각과 과거의 어리석은 행적에 대해 비판하고 인신공격을 할 수도 있기 때문이다. 그래서 그냥 "완벽한데요"라고 말하고 빠르게 다음 일로 넘어가야 한다. 가정일 뿐이지만 마이크로 매니징의 병폐를 아주 잘 보여주는 예다.

마이크로 매니저는 "완벽을 추구하는 일이 어째서 잘못이냐"라고 항변한다. 그러나 완벽은 '상대적인' 것이다. 그에게 완벽이란 '모든 것을 내 방식대로 하는 것'일 뿐이다. 몇 년 전 미국의 코미디 프로그램인 〈SNL〉에서 나온 장면이다. 배우 윌 페럴이 고속

경영이라는 세계

도로에서 운전을 하고 있었다. 그때 한 차가 쌩하고 그를 추월했다. 이를 보고 페럴이 혼자 중얼댄다. "속도광maniac." 곧 페럴 앞에서 한 차가 천천히 가고 있었다. 이를 추월하며 페럴은 중얼댄다. "얼간이moron." 나보다 빨리 달리면 미친 것이고, 느리게 달리면 모자란 것이다.

세상은 미치광이, 얼간이 그리고 완벽한 사람 세 가지 유형으로 구성되어 있다. 완벽한 사람은 단 한 사람, '나'뿐이다. 이런 마이크로 매니징 아래에서는 조직의 목적함수가 '조직의 최선'이 아니라 '리더의 취향'이 된다. 물론 훌륭한 리더는 선별된 중대 사항에 더 큰 관심을 가지고 개입한다. 하지만 매사에 자기만의 방식을 처음부터 끝까지 강요하는 일은 피해야 한다. 여러 사항들에 우선순위를 정해 때로는 운전자로, 때로는 조언자로, 또 때로는 비평가나 방관자로 역할을 바꿔 조직에 힘을 안배하고 피드백을 통해 배움의 기회를 주어야 한다. 이 우선순위를 잘 결정하는 일 또한 리더의 몫이자 유능한 리더를 판가름하는 시금석이다.

작은 귀로 적게 듣고 큰 입으로 많이 말한다

스탠퍼드의 동료 교수 프랭크 플린은 "리더는 '하마 증후군'을 피해야 한다"라고 말한다. 하마라는 녀석을 가만히 보면 입과 귀의 크기 비율이 100 대 1 정도 된다. 어떤 리더는 이 두 신체 조직의 사용률이 그와 비슷하다. 리더라는 특권을 이용해 청중, 즉 포로가 된 부하들에게 말하기를 즐긴다. 때로는 같은 내용만 되풀이해 말한다. 아니면 내용이 아예 없다. 리더는 말을 많이 하기보다는 더 듣도록 노력해야 한다. 또한 할 말이 있다면 분명하게 밝혀야 한다. 나는 여러 이유로 중고등학교 6년 동안 6명의 교장선생님을 모셨다. 당시에는 월요일 아침 조회가 필수였다. 6명의 교장선생님 중 딱 한 분만 기억에 남는데, 그분의 연설이 제일 짧고 명쾌했다. 지금까지도 일부 생각날 정도다.

짧고 효과적으로 말하는 능력은 큰 재산이다. 서머싯 몸은 장황한 말에는 두 가지 요인이 있다고 이야기한다. 게을러서 축약을 안 했거나 혹은 자기도 모르거나. 기업의 리더는 말을 아끼고 직원의 시간을 귀하게 여겨야 한다.

한국의 어느 게임 개발 회사는 임원 회의를 둥그렇게 서서 한다고 한다. 서 있는 자세로는 오랜 시간 회의를 할 수 없기 때문이다. 또 어떤 미국 회사는 회의실에 앉아서 회의를 하지만 벽시계가 지금까지 몇 분이나 회의를 하고 있는지 알려준다. 이때 회의 참석자가 다섯 명이라면 시계는 5배 빨리 가게 만들어졌다고 한다. 양심이 있으면 남의 시간을 아끼고 가능한 한 짧게 말하자는 뜻이다. 요약하면 이렇다. 리더는 잘 듣고 말하되, 말할 때는 짧고 명쾌하게 해야 한다.

경영이라는 세계

작은 귀와 큰 입의 하마처럼 적게 듣고 많이 말하는 리더가 되는 것을 경계해야 한다.

지식이 부족하며
습득하려 하지 않는다

영화 〈아마데우스〉에는 이런 명장면이 등장한다. 모차르트가 요제프 2세 황제 앞에서 새로운 작품을 처음으로 지휘·공연한다. 공연이 끝나고, 모차르트는 황제의 실시간 반응을 기다린다. 음악적 지식을 보여야 체면이 서겠는데, 무식한 황제는 할 말이 없다. 결국 한마디한 게 걸작이다. "거, 음표가 너무 많네too many notes." 참가한 귀족들의 박수가 쏟아진다. 벌거벗은 임금님이 따로 없다.

비즈니스 리더는 항상 공부를 하고 이런 상황에서는 피상적인 정보가 아닌 실제 전문 지식으로 답할 수 있어야 한다. 레이건 대통령은 지속적인 학습으로 국가 현안에 밝았다. 이처럼 훌륭한 지도자는 태어나는 게 아니라 만들어지는 것이다. 앞서 이야기했듯 인텔의 앤드루 그로브는 공학 박사였고 반도체의 개척자 중 한 사람이었음에도 기술 비서를 몇 명씩 두고 수시로 새 기술 지식을 배워나갔다. 그의 책에 인상 깊은 구절이 있다. "하이테크 경영에는 편집증이 필수다."[12]

단기적 성과에 목을 매며
장기적 투자는 하지 않는다

현대 경영의 약점 중 하나는 단기 성과에 크게 의존한다는 점이다. 월가에서는 4분기 보고에 주가가 크게 요동치고, 기업 내에서는 성과급이 1년 단위로 결정된다. 게다가 한국의 대표는 재임 기간이 짧다. 2~3년 정도다. 리더는 이번 분기의 좋은 성과를 위해 지출을 줄이고 매출은 늘리고 싶어 한다. 후자는 마음대로 되지 않으니 전자가 만만하다. 특히 재임 기간에 영향을 미치지 않을 연구개발비를 깎는 것이 가장 손쉽다. 그래서 미국에는 연구개발비가 경제선행지수라는 우스갯소리가 있다. 회사가 힘들어질 것 같으면 제일 먼저 이를 삭감하기 때문이다.

각 대표가 이럴 경우 장기적 발전에 투자(인재 양성, 설비 확장, 연구개발 등)가 부족해진다. 스탠퍼드경영대학원의 강사이자 저명한 경영 컨설턴트 짐 콜린스[13]는 "한 지도자의 성과는 그가 떠난 후에 조직이 어떻게 되었는지를 보면 안다"라고 말한다. 따라서 근시적 행동을 방지하기 위해 지도자의 포괄적 경영관 혹은 제도적 장치가 필요하다.

좋은 리더의 결정적 조건은 결국 열정이다

좋은 리더십은 앞서 설명한 나쁜 리더십들을 뒤집는 것이지만, 하나 더 생각할 것이 있다.

IBM의 마케팅 담당 상임 부사장인 J가 그 회사 CEO가 지역별 최고 책임자를 결정하는 과정을 설명해 준 일이 있다. 우선 2~3명의 최종 후보자 명단을 두고 짧은 토론을 한다. 각 후보자는 자격이 이미 검증된 인물이므로, 여기에서 단 한 명을 뽑는 것은 참으로 힘든 결정일 것이다. 이때 마지막 선택 기준은 '누가 이 자리를 더 원하는가'다. 즉 일에 대한 '열정'이다. 한편으로는 놀랍게 느껴지지만, 생각해 보면 일리가 있는 기준이다. 열정은 전염된다. 리더의 열정은 조직에 퍼져 '신나는 일자리'를 만든다.[14]

마지막으로 좋은 리더의 덕목을 정리하며 이 장을 마무리하고자 한다.

- 대화형 카리스마
- 책임지는 자세
- 명확한 방향
- 양방향 소통
- 마이크로 매니징 지양하기
- 공부하는 태도
- 장기적 안목 갖기
- 일에 대한 열정

궁극적으로는 이 여덟 가지를 실천함으로써 조직에 대한 애척, 긍지와 의지를 키우고 유지하는 것이 바로 리더의 역할이다.

'신나는 조직'은 영국의 소설가 H. G. 웰스가 이야기한 '시민의 의지will'와 상통한다.[15] 시민의 의지는 '한 조직의 존재나 흥망성쇠는 조직원의 의지에 달려 있다'는 의미다. 그의 저서 『H. G. 웰스의 세계사 산책』[16]에서 그는 로마제국의 흥망성쇠를 시민의 의지로 설명한다. 로마제국은 시민권이 그 시민을 뭉치게 했기 때문에 흥했다. 로마 시민으로서의 특권의식과 그에 뒤따르는 의무를 느꼈기 때문이다.
1453년 로마제국의 붕괴에 대해 그는 다음과 같이 이야기한다. "모든 제국, 모든 국가나 인간의 모든 조직체는 궁극적으로 이해와 의지will의 산물이다. 이제는 로마제국을 향한 의지가

경영이라는 세계

더 이상 이 세상에 남지 않았다. 제국은 그래서 끝났다." 즉 제국의 멸망은 오스만제국의 외부 침략 이전에, 내부 의지력의 상실에 기인한다는 해석이다. 폭발explosion이 아닌 내부 붕괴implosion인 것이다.

따라서 리더의 역할은 의지를 구현하고 유지하는 것이다. 다소 추상적인 주장이지만 흥한 조직의 리더는 이런 공통점을 가졌다.

9장

조직의 낙관주의와
비관주의

실리콘밸리의 창업 성공 확률은 5%가 채 되지 않는다. 통계학에서는 5% 미만 확률의 사건은 "무의미하다insignificant"라고 말하며 일어나지 않는 일로 취급한다. 그러니 실리콘밸리에서 창업의 성공 또한 '일어나지 않아야 할 일이 일어난 것'이라고 보면 된다. 그러나 내가 만난 창업자들의 100%는 자신이 이 5%에 속한다고 믿고 있었다.

재미있는 점은, 모순이지만 이런 신념이 없는 사람은 창업을 할 수 없다는 사실이다.

실리콘밸리의
낙관주의자와 비관주의자들

창업자는 천성적으로 낙관주의자여야 한다. 나는 창업가를 만나 이야기할 때면 종종 윌리엄 사로얀의 소설 『휴먼 코미디The Human Comedy』의 「살구나무」라는 장을 떠올린다.

어느 토요일 아침, 대장인 오기와 7세 정도의 꼬마 세 명(닉키, 앨프, 셰그)이 헨더슨 씨의 살구나무로 향하고 있었다.

오기: 잘 익은 살구는 세상에서 가장 맛있는 과일일 거야.

닉키: 지금이 3월인데 익었을까?

오기: 거의 4월이잖아. 그리고 햇볕만 잘 쬐면 살구는 금방 익어.

앨프: 그렇지만 최근에는 계속 비가 왔잖아.

오기: 살구가 어디서 그 주스를 얻는다고 생각하니? 비야. 비는 햇볕만큼 중요하지.

셰그: 낮에는 햇볕, 저녁에는 비. 따뜻하게 하고 물을 준다. 분명히 많은 살구가 익어 있을 거야.

앨프: 그러길 바라.

닉키: 살구가 익기는 너무 일러. 작년에는 6월이 되어서야 익었지.

오기: 그건 작년이고. 올해는 다를 거야.

어느새 그들은 헨더슨 씨의 그 유명한 살구나무에서 90m 떨어진 곳에 다다랐다. 그리고 아름답고 오래되고 거대한, '온통 푸른' 살구나무를 마주 보게 되었다.

두 명의 낙관주의자 오기와 셰그는 밸리에서 창업가인 CEO 나 CMOChief Marketing Officer(최고마케팅책임자) 같은 인상을 준다. 이 제 어느 스타트업 이사회에서 벌어질 법한 장면을 생각해 보자. 오기는 CEO, 셰그는 CMO, 그리고 닉키와 앨프는 사외이사다.

오기: 이사 여러분, 드디어 우리가 겨냥하는 시장이 폭발적으로
　　　성장하고 있습니다. 최근 '가트너Gartner 보고서'에 따르면
　　　매년 25%씩 성장할 것이라고 합니다. 25% 말입니다!
닉키: 하지만 우리 회사는 연 10% 정도밖에 성장하지 못하고
　　　있지 않습니까?
오기: 그야 우리가 아직 판매 담당 부사장을 구하지 못해서입
　　　니다. 세상에, 부사장 없이도 10%씩 성장한다는 게 보통
　　　일은 아니죠. 우리가 그걸 하고 있어요.
앨프: 나 참, 판매 부사장이 없는 게 자랑입니까? 얼마 전에 스
　　　카우트하려던 IBM의 판매 부사장도 우리 오퍼를 거절
　　　하고 경쟁사로 갔다면서요?

오기: 맞습니다. 우리 경쟁사로 갔죠. 그들이 더 큰 금액을 불렀으니까요. 그들은 그럴 수밖에 없습니다. 우리 회사보다 전망이 좋지 않으니까요. 우리가 그들을 상대하자고 더 높은 오퍼를 낼 필요가 없죠.

셰그: 판매 부사장만 찾으면 그때는 연 성장률 25%, 아니 40%까지 가능할 겁니다.

앨프: 부디 그러길 바랍니다.

그러나 낙관주의자만으로는 기업을, 특히 스타트업을 운영할 수 없다. 회사가 공중에서 훨훨 날아다니거나 산 위로 올라가다가 결국 언젠가는 떨어지기 때문이다. 그래서 반드시 견제 세력이 있어야 한다. 이 악역은 대개 CFOChief Financial Officer(최고재무책임자), COOChief Operating Officer(최고운영책임자) 혹은 투자자를 포함한 사외 이사가 맡는다. 직무 특성상 악역을 맡는 것이 불가피하다.

스타트업에는 닉키와 앨프처럼 반갑지 않은 말을 눈치 없이 내뱉는 비관주의자가 있어, 창업자의 '중독성 낙관주의'의 해독제 역할을 해야 한다. 따라서 기업에는 낙관주의와 비관주의, 두 개의 문화가 필요한 것이다.

경영학 교수인 찰스 오라일리와 마이클 투시먼이 걱정하는 '리스크risk'를 대하는 태도를 말하는 것이 아니다. '미래 전망'을 대하는 태도를 뜻하는 것이다. 어떻게 보면 '두 개의 문화'에 대한 그들의 걱정은 다소 과장되었는지도 모른다. 어차피 기업의 경영에는 두 문화가 존재해야 하며, 따라서 '양손잡이 조직ambidextrous organization'을 실천하고 있으니 말이다.

머피의 법칙으로 보는
비관주의

미국에서 보수와 진보를 구분하는 간단한 방법이 있다. "'와사비wasabi'가 무슨 뜻이냐?"라고 물으면 된다. 모르면 보수, 알면 진보다. 모든 영어 단어 중에 분별력이 제일이란다. 미국 중부에 사는 상당수의 보수들은 스테이크와 감자를 주로 먹는 문화를 가지고 있어 생선은 잘 먹지 않는다. 일부 문명인이 생선을 날로 먹는다는 사실을 TV나 소문으로만 접해봤을지도 모른다. 그러니 와사비가 무슨 뜻이냐고 물으면, 설명의 디테일이 떨어질 것이다. 물론 추측으로, 내 동료인 정치경제학 교수 데이비드 브래디에게 들은 말이다.

이런 맥락에서 낙관주의자와 비관주의자를 구분하는 방법은 단연 '반 컵 테스트'다. 물이 반쯤 찬 유리잔을 보고 낙관주의자는 "반이나 찼다"라고 하며, 비관주의자는 "반밖에 차지 않았다"라고 한다. 둘의 차이를 처칠은 이렇게 표현했다. "비관주의자는 기회마다 어려움을 본다. 낙관주의자는 어려움마다 기회를 본다."

그 유명한 '머피의 법칙'은 비관주의자의 정신세계를 유머러스하게 그린다. 여러 버전이 있지만 원조는 역시 '사고가 일어날 수 있다면, 일어날 것이다'이다. 다른 대표 주자로는 '식빵에 버터를 바르다가 떨어뜨렸을 때, 버터 묻은 쪽이 바닥을 향할 확률은 바닥에 깔린 카펫 가격에 비례한다'가 있다. 그러나 내가 가장 좋아하는 머피의 법칙은 이것으로, "프로 농구선수들은 게임이 없는 날 무엇을 하며 하루를 보낼까?"라는 질문에 대한 답이다. "영화를 보려고 영화관에 간다. 그리고 내 앞에 앉는다." 흥미롭게도 낙관주의를 조롱하는 머피의 법칙은 없다. 아무래도 머피의 법칙은 울어야 할 결과를 웃음으로 승화해 위안을 찾게 하려는 깊은 뜻을 지니고 있는 듯하다.

조직의 실패를
낙관적으로 이용할 것

조직에 '절제된 낙관주의'는 필수적이다. 사업을 하다 보면 실망스러운 결과와 자주 마주할 수밖에 없다. 이때마다 절망하고 포기했다면 지금쯤 남아 있는 기업의 수는 얼마 되지 않을 것이다. 조직이 위기에 당면했을 때, 리더는 조직 내외로 희망을 불어넣고 이를 적극적으로 극복해야 한다. 무엇보다 낙관주의는 실패를 경험했을 때 그 진가를 발휘한다. 처칠의 말처럼 "어려움마다 기회를 봐야" 하고 에디슨의 말처럼 "실패란 안 되는 것을 발견하는 데 성공한 것"[17]이라 취급해야 한다. 아마존 본사에는 다음과 같은 문구가 쓰인 포스터가 붙어 있다. "성공은 경험에서 나오고, 경험은 실패에서 나온다." 안심하고 실패하라는 '격려'인 듯하다.

사실 비즈니스에서 낙관주의란 '천성天性'이나 '마음의 자세'를 넘어, 행동을 포함하는 '전략'이다. "아직 신에게는 열두 척의 배가 남아 있사옵니다." 이 명언은 명량대첩을 대하는 이순신 장군의 전략적 포지셔닝이다. 불리하지만 싸워서 이기겠다는 것이다. 이와 같이 실패나 실패 가능성에 단련된 기업의 전략적 자세를 '조직의 낙관주의'라 할 수 있다.

조직은 실패의 가능성을 적극적으로 극복하고, 정말로 실패했을 때 이를 성공의 기회로 재활용하는 노력을 시스템화해야 한다. 3M에서 개발했으나 잘 붙지 않아 실패작으로 취급됐던 접착제는 '포스트잇post-it'이라는 성공한 제품을 탄생시켰다. 실패의 경험이 성공을 만든 것이다. 3M의 성공작 여러 가지를 합해도 이 한 가지 실패작보다 큰 이익을 안겨주지는 못했을 것이다.

물론 실패가 아무 노력도 없이 성공으로 뒤바뀌는 건 아니다. 3M에도 아서 프라이라는 직원의 적극적인 제품화 추진, 그리고 업무 시간의 최대 15%를 개인 프로젝트에 사용할 수 있는 부틀렉 타임bootleg time 제도[18]가 없었다면 불가능했을 것이다. 즉 이 성공은 실패, 기업의 기억, 낙관적인 혁신가와 사내 혁신 프로그램의 합작품이었다.

경영이라는 세계

결국 조직을 나아가게 하는 건
낙관주의다

조직은 낙관주의와 비관주의를 서로 견제하되, 전반적으로 낙관주의가 우세해야 한다. 또한 위기에서 희망을 가지고 더 노력해야 하며, 실패를 미래 성공을 위한 투자로 여기는 긍정적 자세를 가져야 한다. 실패는 기업에 귀중한 경험이고, 기업은 이를 성공의 발판으로 사용해야 한다.

예를 들어 토요타는 불량품을 배움의 기회로 여겨 보석처럼 다룬다. 이러한 조직의 낙관주의적 자세는 겁 없는 실험과 노력을 장려해 혁신의 분위기를 조성하고 성공의 찬스를 늘린다. 끝으로, 2차 세계대전을 승리로 이끈 처칠의 말을 하나 더 소개하겠다. "나는 낙관주의자입니다. 딴건 해봤자 별 도움이 될 것 같지 않아서요."

10장

리더,
'완장질' 하지 마라

조지 쿠리안과 토머스 쿠리안은 실리콘밸리에서 이름난 형제 기업인이다. 인도에서 쌍둥이로 태어나 둘 다 프린스턴대학교에서에서 학부를, 스탠퍼드경영대학원에서 MBA를 마치고 현재 조지는 데이터 저장 관리 회사인 '넷앱NetApp'의 CEO로, 톰은 '구글 클라우드'의 CEO로 일하고 있다.

최근 조지에게 들은 이야기가 있다. 2015년 넷앱의 성장이 멈추고 적자가 발생하며 회사는 위기의식을 느끼게 되었다고 한다. 당시 수석 부사장이었던 조지는 어느 날 이사회 회장으로부터 만나서 이야기 좀 하자는 연락을 받고 기어코 올 것이 왔다고 생각했다. 책임지고 회사를 그만두라는 말을 듣게 되리라 믿었던 것

　　　　　　　　　　　　경영이라는 세계

이다. 그러나 그날 이사회 회장은 말했다. "조지, 알다시피 회사가 지금 어려운 상황이네. 새로운 리더십이 필요해. 그래서 이사회는 지금 당신이 필요하다는 결론을 내렸네. 우리 회사의 CEO가 되어주게."

조지가 이 놀랍고 기쁜 뉴스를 듣고 집에 돌아와 제일 먼저 한 일은 인도에 있는 어머니에게 연락하는 것이었다. 어머니는 기뻐하며 충고 한마디를 하셨다고 한다. "너의 직위가 너를 정의定義케 하지 마라Don't let your job title define you." 우리말로 좀 더 쉽게 표현하자면 이렇다. "완장질 하지 마라."

'완장질'이란
무엇인가

'완장질'은 주어진 직위를 이용해 행하는 '갑질'을 일컫는다. 여기서 완장은 직위를 뜻하는 물리적 상징물이다. 배지와 유니폼의 중간쯤 되는 크기로, 이를 찬 사람은 어떤 특정한 직위임을 대중에게 알리고 이에 상응하는 권리나 공권력을 행사할 수 있는 사회적 협약이다. 따라서 완장 그 자체에는 아무런 죄가 없다.

문제는 역사적 배경이다. 완장이란 일제강점기에 일본 순사나 그들의 한국인 부역자가 한국으로 직수입한 것으로, 한국전쟁 때도 북한 인민군과 그 부역자가 널리 활용했다고 한다. 완장을 찬

이들은 거드럭대며 선량한 시민을 온갖 방법으로 괴롭혔다. 윤흥길의 소설 『완장』에도 완장을 찬 인물인 저수지 관리인이 등장한다.[19] 그는 완장의 권리에 취해 과도하게 '갑질'을 하다 결국 쫓겨나고 만다.

이들의 공통점은 완장, 즉 직위라는 한시적 껍데기가 사고와 행동을 결정하게끔 했다는 것이다. 더욱 흥미로운 점은 '완장질'은 특수한 사례가 아니라 인간이 흔히 겪는 일반적 심리 현상이라는 사실이다. 너 나 할 것 없이 누구라도 같은 함정에 쉽게 빠질 수 있다.

스탠퍼드대학교
교도소 실험

1971년 스탠퍼드대학교의 사회심리학자 필립 짐바르도 교수는 교도소 실험으로 인간심리를 연구하기로 했다. 교도소와 똑같은 환경을 구현해 놓고 시뮬레이션을 하는 실험을 계획한 연구팀은 스탠퍼드대학교 혹은 타 대학교 학생 지원자들 중 정신적으로 건강한 청년 스물네 명을 엄선했다. 그리고 무작위로 반은 수감자, 반은 교도관으로 역할을 부여했다. 이때 연구팀은 정신적 문제나 범죄 기록이 있는 이들을 제외함으로써 이 실험이 '미친 자들의 미친 행적'이 아닌 '정상인의 정상 반응'을 관찰하는 실험임을 분명히 했다.

이들은 교도소 분위기를 구현하기 위해 심리학과 지하 사무실들을 교도소처럼 쇠창살로 '장식'하고, 교도관 역할 피험자에게는 정복을, 수감자 역할 피험자에게는 죄수복을 입혔다. 그리고 해당 지역의 진짜 경찰관을 카메오로 출연시켜 수감자 역할의 피험자들을 수갑을 채운 상태로 교도소 실험실에 인도하도록 했다. 그다음부터는 각자가 맡은 역할에 충실하며 이 '가짜' 교도소에서 2주를 지내는 실험을 시작했다. 일당은 15달러(지금의 108달러 정도)였다.

실험은 이틀째부터 예상치 못한 국면을 맞이했다. 이틀째부터 교도관들은 마치 진짜 교도관이 된 것처럼 수감자들을 거칠게 다루기 시작했다. 수감자들은 이에 강력히 저항했고, 교도관들과 적대 관계로 발전했다. 시간이 지나며 상황이 걷잡을 수 없이 악화되자 연구팀은 5일째에 모든 실험을 중단해야 했다.

애당초 주 실험 대상자는 수감자였던 것 같다. 최소한 참가자들은 그렇게 알고 있었다. 실험은 이런 질문을 던졌다. "극단적으로 제약된 환경하에서 인간은 어떻게 대응하는가?" 그런데 교도관들의 '갑질'이 실험의 강도를 높이고 결국 파국까지 몰고 갔다. 이 과정에서 새로운 질문의 답을 덤으로 얻게 되었다. "'한시적 권력'이 주어질 때 인간은 어떻게 행동하는가?" 수감자에 대한 연구가 교도관에 대한 연구로 저절로 확장된 것이다.

사실 이 부분에 대해서는 여러 논란이 있다. 특히 교도관들이 실험 분위기를 맞추기 위해 '오버'를 했다는 설에 신빙성이 있다.

그러나 한시적 권력자의 '완장질'에 대한 몰입은 부정할 수가 없는 현상인 듯하다. 잠정적이고 가상적인 지위가 심각한 '갑질'을 유도한 것이다. 껍데기가 알맹이를 휘두르는 꼴이다.

완장은
영원히 차는 것이 아니다

직위는 우리의 삶에서 지나가는 하나의 속성일 뿐이다. 태어날 때부터 타고난 것이든 후에 실력으로 얻어낸 것이든 높은 직위나 지위는 인간의 다른 속성을 압도하는 것이 아니다. 따라서 '완장질'은 정당화될 수 없다. 오히려 직위가 높아질수록 더 많은 의무를 진다noblesse oblige.

그러나 유감스럽게도 '완장질'은 인간 심리의 일부로서 어느 누구나 쉽게 몰입할 수 있다. 우리 주변에서도 이를 흔히 보거나 경험할 수 있다. 직장 선배, 선임병이나 관공서 공무원이 과거에 흔히 볼 수 있었던 (완장 안 찬) 완장꾼이었다. 민주화의 물결이 넓게 퍼진 요즈음에는 '신종 완장꾼'이 등장했다. 다름 아닌 '손님'이다. "손님은 왕"이라는 직원 교육 때나 쓰는 말을 엿들었는지 정말 임금 행세를 한다. 비행기에서 라면이 잘 안 끓었다고 승무원에게 시비를 걸고, 전화를 받은 상담 직원에게 욕설을 퍼붓고, 택시나 버스 기사를 마구 구타하고, 술집에서 "주인 나와!"라며 술주정을 한다. 자칭 '왕'이 할 짓은 아니다.

　미국인은 "땡큐"가 입에 붙었다. 뭐가 그리 다 고마운지. 일본인은 "스미마셍"이라며 모든 게 미안하다고 한다. 이게 설령 립서비스라 할지라도, 인간관계에 버퍼존buffer zone(완충지역)을 만들어 신종 완장질의 방지책 역할을 해준다.

　물론 우리말에도 이런 역할을 하는 것이 있다. 존댓말이다. 영향력 면에서는 "땡큐"나 "스미마셍"을 넘어선다. 존댓말이야말로 신종 완장질의 효과적인 방지책일 듯하다. 강력 추천하는 바다.

11장

유머가
기업과 비즈니스를 구한다

수년 전, 당시 학장의 부인상이 있어 추모식에 부부 동반으로 참석했다. 추모객들로 가득 찬 교회에서 여러 친지가 연사로 나와 추모사를 낭독했다. 그런데 이때 기이한 일이 펼쳐졌다. 엄숙한 분위기여야 할 추모식에서 연사마다 웃음을 자아내는 위트 있는 추모사를 낭독한 것이다. 나와 아내는 두 시간을 울고 웃고 하며 문화적 쇼크를 받았다. '이게 뭐지' 하고 생각해 보니, 미국에서 추모식이란 고인의 죽음을 슬퍼하는 것이 아니라 그의 지난 삶을 축복하는 문화인 듯했다.

이 경험에서 무엇보다 크게 와닿은 것은 미국에서의 유머와 위트의 위상이었다. 미국 직장 생활에서 필수적인 재능은 유머나 위트를 소화하는 능력이다. 말하자면 유머를 이해해 남들이 웃을 때 같이 웃고, 위트 있는 발언을 하고, 너무 엉뚱하거나 인종차별적 유머는 삼가고, 내가 유머의 대상이 되었을 때 화내지 않고 받아치는 능력이다. 유머는 지루한 분위기를 쇄신하고, 어색한 대치나 긴장을 완화하고, 친근감을 유발하며, 순발력·지력과 심적 여유를 보여준다.

비즈니스 리더에게 전하는 유머의 마법

비즈니스에서 유머의 중요성을 감안해 스탠퍼드경영대학원에는 유머에 관한 3학점짜리 강의가 있다. 공식 강의명은 '유머: 심각한 비즈니스Humor: Serious Business'로, 제니퍼 에이커 교수와 나오미 백도나스 강사가 가르치고 있다. 이 강의의 내용이 『유머의 마법』[20]이란 제목으로 2021년에 출간되었다.

그 책에 따르면, 98%의 비즈니스 리더는 유머 감각이 있는 사람을 채용하고 싶어 하며, 84%는 그런 사람이 일도 더 잘한다고 믿는다. 또한 유머 감각이 있는 관리자는 그렇지 않은 관리자에 비해 23% 더 존경을 받고, 25% 더 함께 일하기를 좋아하며, 17% 더 친절하다고 느낀다. 이쯤 되면 유머와 위트를 '심각히' 여길 만도 하다.

내가 좋아하는 '리더십에 관련된 유머와 위트 사례 톱 10'을 순서와 관계없이 소개한다.

"탈것이 아니라 탄약이 필요해."

현재 러시아와 전쟁 중인 우크라이나 대통령 볼로디미르 젤렌스키는 미국으로부터 피신할 것을 제안받자 이렇게 대답했다. "제게 필요한 건 탄약이지, 탈것이 아닙니다I need ammunition, not a ride." 극한 상황에 처한 지도자로서 감동을 주면서도 재치를 놓치지 않은 대답이다. 특히 피신을 탈것에 빗대어 탄약과 탈것 둘 중하나를 선택해야 하는 문제로 바꾼 것이 눈에 띈다.

"전교 1등, 제발 좀 쉬어."

월마트의 CEO인 더그 맥밀런이 스탠퍼드경영대학원에 연사로 온 적이 있다. 연설이 끝나 질의응답 시간을 가졌는데, 한 짓궂은 MBA 학생이 그에게 물었다. "만약 아마존의 제프 베이조스를 만나면 무슨 말을 할 건가요?" 청중이 한바탕 웃고 난 뒤, 그가 대답했다. "그에게 말해야죠. 제발 휴가 좀 가라고. 돈 없으면 내가 비용을 대겠다고." 솔직하고도 해학이 있는 답이다. 특히 마지막 사족이 명품인데, 아마존의 계속된 혁신을 인정하는 동시에 수세에 처한 리더이지만 자신감을 내보였다. 어리석음과 패장敗將의 허세를 동시에 피했다.

"내가 지다니?"

미국의 41대 대통령 조지 부시가 은퇴하고 몇 년 후 기자와 인터뷰를 했다. 기자가 물었다. "은퇴 후에 어떻게 지내십니까?" 부시가 대답했다. "골프로 소일하고 있습니다." 기자가 다시 물었다. "백악관에 계실 때와 달라진 게 없나요?" 부시가 답했다 "하긴, 이상한 일이 생기곤 해요. 내가 골프게임에서 지는 일이 다 생기니." 권력의 생리를 비꼬며 자신은 그런 사소한 감정에 휘둘리지 않음을 넌지시 드러내는 발언이다.

"어이쿠, 머쓱하군."

제럴드 포드 대통령은 무엇엔가 걸려 넘어지는 일이 자주 있었다. 한번은 외국을 다녀온 그가 비행기 계단에서 넘어지는 불상사가 일어났다. 마중 나온 고위 관리가 모두 당황해했다. 포드 대통령은 몸을 세우며 그들에게 말했다 "어이쿠, 귀국에 걸어 들어오지 못하고 굴러 들어와서 죄송합니다." 물리적 상황으로 생긴 어색함을 지적 순발력으로 극복한 사례다.

"빌딩은 어떻고?"

김대중 대통령 집권 시절 북한 대표단이 서울을 방문했다. 그들은 많은 차가 시내를 돌아다니는 것을 보고 속으로 놀랐던 것 같다. 한 북측 인사가 남측 인사에게 말했다. "저 많은 차를 전국에서 서울까지 옮겨 오느라 수고가 많으셨겠소." 남측 인사는 답했다. "아휴, 말도 마십시오. 차들은 바퀴가 있어서 굴려서 오면 됐는데, 빌딩들은 바퀴가 없어서 끌어오는 데 아주 힘들었습니다." 간접적으로 들은 이야기라 실화인지는 모르겠으나, 하나의 난센스를 더 큰 난센스로 묶어 절벽으로 같이 떨어뜨리는 '논개 작전'이다.

"의사도 우리 편 맞아?"

공화당 출신인 레이건 대통령이 취임 직후 괴한에게 총을 맞았다. 의식은 있었으나 급히 수술을 해야 했다. 수술실로 실려 가는 길에 그가 의료진에게 물었다. "의료진이 모두 공화당원인가? 확인 부탁하네." 죽을지도 모르는 위급 상황에서도 몸에 밴 유머와 위기관리 능력을 보여준 것이다. 이는 결국 "저는 괜찮습니다"라는 대국민 메시지였다.

"우리는 오늘도 대치 상태군요."

처칠이 영국 하원의회당 화장실에 들어갔을 때, 정적政敵인 노동당 출신 수상 클레멘트 애틀리가 소변기에 서서 볼일을 보고 있었다. 옆의 소변기가 비어 있는데도 처칠은 가능한 한 멀리 섰다. 애틀리가 말했다. "윈스턴, 오늘도 우리는 멀리서 대치 상태군요." 처칠이 답했다. "그렇군요. 당신은 큰 것만 보면 국유화하자고 하니까."

공과 사를 절묘하게 엮어서 남을 탓하고 자신을 올려세우는 방식이다. 1953년 처칠은 노벨 문학상을 받았다. 애틀리의 코멘트도 물론 명품이다. 정치적 정책에서의 대치standoff를 소변기 앞에서의 대치로 연장했다. 둘은 서로를 존경하는 정적이었다.

"무슨 상관이야?"

링컨이 대통령이 되기 전 어느 날, 두 정치인과 함께 마차 여행을 떠났다. 그런데 이 두 정치인 간에 몸과 다리 길이에 대한 재미있는 언쟁이 생겼다. 그들이 링컨에게 물었다. "링컨 씨, 사람의 다리는 얼마나 길어야 할까요?" 이에 링컨이 답했다. "그 문제에 대해 깊이 생각해 보진 않았어요. 즉석으로 떠오르는 생각은 다리는 몸통에서 내려와 땅에 닿을 정도가 되어야 할 것 같소." '예'나 '아니요' 대신 '상관없음'을 택한 것이다. 황희 정승의 "자네 말도 맞네"라는 말과도 비슷하다. 다시 말해보면 이렇다. "그게 무슨 큰일인가?"

"이 불공평함이 영원히 지속되길 바랍니다."

아카데미상, 에미상 또는 그래미상의 시상식을 보면 수상 소감이 대개 상투적이고 지루하다. 하지만 기억에 남는 소감이 하나 있었다. 인기 TV 드라마 〈형사 콜롬보〉 주연인 피터 포크가 에미상 주연상을 수상할 때의 연설이다.

"한 드라마를 만들 때는 많은 사람이 함께 일합니다. 제작, 감독, 각색, 조연, 촬영, 조명, 음향, 음악 등입니다. 그러나 막상 그

드라마가 크게 히트를 치면 모든 스포트라이트는 '주연'이 받게 됩니다. 나머지 사람들은 다 무시하고 말입니다. 나는 이것이 참 아름다운 전통이라 생각하며 영원히 지속되길 바랍니다."

뻔한 말로 시작했지만 마지막 '펀치라인'은 허를 찌르는 신의 한 수다. 나는 모든 리더에게 이렇게 짧은 연설에 파괴력 있는 펀치라인을 추천한다. 참고로 '셜록 홈즈'나 '에르퀼 푸아로' 같은 멋쟁이 천재형 탐정의 틀을 부수고 허름한 코트를 입은 노력형 형사 콜롬보는 당대에 큰 인기를 끌었다.

"제3차 세계대전이 일어나면 말이야."

제2차 세계대전 중 핵무기를 처음 개발할 때였다. 핵무기 개발을 반대한 아인슈타인이 질문을 받았다. "제3차 세계대전이 일어나면 어떤 무기로 싸울까요?" 그의 대답은 이랬다. "제3차 세계대전은 모르겠소. 그러나 제4차 세계대전은 분명히 알겠소." "무엇일까요?" "석검石劍이죠."

일부 기록에는 '새총'으로 쓰여 있는데, 석검이든 새총이든 제3차 세계대전에 대한 질문을 제4차 세계대전으로 답하는 것이다. 그런데 동문서답이 아니다. 제3차 세계대전에서 핵으로 모든 것이 파괴되고 사람들은 원시 상태로 돌아갈 테니, 제4차 세계대전은 원시인들의 석검 싸움이 되리라는 뜻으로, 제3차 세계대전에 대한 질문에 충분한 답을 한 것이다.

경영이라는 세계

우리에게 유머가 필요한
또 하나의 이유

유머나 위트의 핵심은 우리의 평소 생각의 방향을 살짝 뒤집는 데 있다. 피천득 선생은 수필을 '하나의 연잎이 삐딱하게 접힌 모습을 가진 청자연적靑瓷硯滴'에 비유했다. 유머나 위트 역시 이런 청자연적에 비유할 수 있다. 인생과 사물을 남들과는 살짝 달리 해석하는 능력이기 때문이다.

먼 옛날, A라는 친구가 허름한 음식점에서 설렁탕을 먹고 있는데 갑자기 천장이 와지끈 갈라지며 생쥐 한 마리가 밥상 위로 뚝 떨어졌다. A는 이 황당한 경험을 그의 친구 B에게 들려주며 이렇게 말했다. "태어나서 그렇게 놀란 적이 없다네." 이를 들은 B가 답했다. "자네가 그 정도로 놀랐다면 그 쥐는 또 얼마나 놀랐겠는가? 그래도 자네는 앉아서 당하지 않았는가?"

이와 비슷한 '역발상'으로 영국의 소설가 새뮤얼 버틀러의 말이 생각난다. "암탉이란 계란이 다른 계란을 만드는 수단에 불과하다A hen is only an egg's way of making another egg."

마지막으로 영국의 극작가 오스카 와일드는 말년에 뇌수막염으로 침실에 누워 마지막 날을 기다리고 있었다. 그는 어느 날 방문 온 친구에게 말했다. "나는 저 커튼이 참 싫네. 저 커튼이든 나든 둘 중 하나는 없어져야겠네." 이러한 작은 역발상은 언어 표현력의 범주를 넘어, 과학이나 비즈니스에서도 참신한 기운을 줄 수 있다.

12장

기업도
사람처럼 때가 탄다

수년 전 세계 최대 통신 기업인 'AT&T'의 제조 부분 수석 부사장 S가 스탠퍼드경영대학원을 방문해 다음과 같은 경험담을 공유한 적이 있다. 그는 오하이오주 콜럼버스에 있는 자사 공장을 방문했다. 공장에 들어간 부사장은 우연히 바닥을 내려다보게 되었는데, 오래되어 검게 얼룩진 데다 타일은 닳고 여기저기 깨져 있었다. 그는 동행한 공장장과 다음과 같은 대화를 나누었다.

공장장: 그 바닥 타일은 곧 새것으로 바꿀 겁니다. 금년 예산
　　　에 포함해 두었습니다.
부사장: 그런가요? 정말 바꿀 때가 된 것 같네요. 그런데 새 타

일은 무슨 색으로 할 겁니까?

공장장: 밝은 회색일 겁니다.

부사장: 그럼 때가 타서 더러워 보일 텐데.

공장장: 때가 보여야 닦을 게 아닙니까?

공장장의 단순하지만 깊이 있는 통찰은 공장의 바닥에만 해당되지 않는다. 기업 전반에 해당되기도 한다. '기업의 때' 역시 주시하고 관리할 필요가 있다. 기업의 때에는 누적된 악습, 고의적 비리와 숨겨진 취약점이 전부 포함된다.

2002년은 미국 기업 역사상 가장 치욕적인 해였다. 엔론Enron, MCI 월드컴MCI WorldCom, 타이코 인터내셔널Tyco International 등의 대기업들이 큰 스캔들에 휘말렸다. CEO들은 사기나 횡령 혐의로 기소되었고 회사는 공중분해되었다. 그들은 10년 이상의 실형을 받았으며 거액의 벌금을 물고 일부는 교도소에서 사망했다. 왜 이런 일이 생겼을까?

특히 의문스러운 점이 있다. '왜 주변에 제지하는 세력이 없었느냐' 하는 것이다. 아마 교도소에 있는 이들도 이렇게 생각했을 것이다. '조직에는 감시자, 비평가, 반대론자가 있는 법이지. 그런데 왜 아무도 나를 말리지 않았지?'

크고 조직적인 범죄가 오랫동안 지속될 때는 반드시 여러 명의 목격자가 있었을 텐데, 누구도 호루라기를 불지 않았던 것이다. 애거사 크리스티의 어느 추리소설이 생각난다. 피로 얼룩진 살인 사건 현장에서 경찰관이 "아, 저 벽에 눈이 있었더라면!"이라고 말한다. 그에 명탐정 푸아로가 답한다. "눈만 있으면 안 되지. 입도 있어야지!" 기업도 마찬가지다. 때가 있는 것을 보는 눈과 그 사실을 말해줄 입 역할을 할 제도적 장치가 있어야 한다. 함께 생각해 보자.

내부의 '삐딱이'를
대하는 자세

성격상 세상일을 삐딱하게 보고, 이를 꼭 입 밖으로 내뱉어야 하는 '냉소 전문 인간들'이 가끔 존재한다. 이들은 삐딱한 말투로 토론의 분위기를 망치고 별것 아닌 일에 시비를 걸어 다른 사람의 귀한 시간을 낭비한다. 그러나 기업에서 그들은 귀중한 존재다. 자신의 의견이 다수에 의해 거절되어도 '소수자 의견서minority report'를 내며 모두의 생각 반경을 넓히고 흩어진 의견을 모으는 데 중요한 역할을 하기 때문이다. 기업마다 이런 '삐딱이'가 필요하며, 그들의 말을 배척하지 말고 경청해야 한다.

'삐딱이'에 대한 흥미로운 현상이 있다. 이들은 날카로운 분석력, 윗사람의 눈치를 안 보는 의견 개진 능력과 업무 추진력을 크게 인정받아 종종 최고 지도자의 자리에 오른다. 그러나 일단 그 자리에 오르고 나면 다른 사람의 의견을 용납하지 않는다. 그에게 다른 사람의 의견은 다 어리석을 뿐이다. 이러한 독선은 회사에 해를 끼칠 수 있다. 그래서 수정된 결론이 필요하다. "기업은 '삐딱이'를 용납할 수 있는 '삐딱이'가 필요하다."

누군가 때를 발견해 주기를 기다리지 마라

조직 내에 '자연산 삐딱이'가 없으면 조직에서 인위적으로 '임시 삐딱이'를 지명할 수 있다. 스탠퍼드경영대학원에는 'FAB'라는 자문 기구가 있다. 모든 정교수가 속해 있는 기구로, 조교수와 부교수의 진급 여부를 논의하여 대학 당국에 결정 방향을 제시하면 부총장이 최종 결정을 내린다. 진급 대상자의 연구 실적과 강의 성과를 진지하게 토의하는데 내부 진행 상황이나 결과는 공개되지 않는다.

그러나 이 과정에서도 편향이 있을 수 있다. 스탠퍼드 내부 교수 진급의 경우, 몇 년 동안 쌓인 '정'이 있다. 그래서 FAB 위원인 정교수들이 이 젊은 동료 교수에게 "우리가 남이가!" 하며 후한 평가를 내릴 가능성이 존재한다. 이는 궁극적으로 교수진의 수준을 저해할 수 있다. 그래서 스탠퍼드는 때에 따라 '임시 삐딱이'를 활용하곤 한다. 지명된 교수이자 FAB 위원 하나가 진급 대상자의 단점을 집중적으로 조사하고 보고하는 것이다. 이를 통해 심각한

하자가 드러나 논란의 중심에 선 교수들도 있다. 여기에서 중요한 건 이 FAB 위원이 개인적인 감정으로 비평하는 게 아니라는 사실을 누구나 명백하게 알고 있다는 것이다. 모두 그저 비즈니스일 뿐이다.

미국식 '지정 악마 제도'를 동양식으로 바꿔 시행할 수도 있다. 회의 사회자가 참가자한테 반강제로 반대 의견을 유도하는 것이다. "박 이사님, 오늘 토의한 내용 중에 뭐 잘못된 것이 없을까요?" 이 한마디가 '모든' 내성적인 참석자에게 발언의 문을 열어주는 결과를 만든다.

이런 '행동과학적 충고'는 내 경험에서 유래한 것이다. 수년 전 일본의 노무라Nomura Research Institute란 연구소 겸 컨설팅회사의 초청으로 도쿄에서 1시간 반 동안 강의를 한 적 있다. 당시 인기 토픽이었던 '공급망 관리에서의 RFIDRadio Frequency Identification(무선 인식 기술)'에 관한 강의였다.

강의가 있던 날, 저녁인데도 예상보다 많은 200여 명의 청중이 모였다. 나는 노무라 측의 부탁대로 통역과 함께 1시간 20분 안에 준비한 내용을 전부 설명했다. 청중의 질문 없이, 강의는 순조롭게 흘러갔다. 강의가 끝나자 사회자가 연단으로 나와 말했다. "남은 10분 동안 질문을 받겠습니다." 그러나 실망스럽게도 아무도 손을 들지 않았다.

침묵의 시간이 흘렀고 나는 강의를 마감하려고 했다. 그때 사회자가 청중 중에서 한 사람을 가리키며 말했다. "기무라 씨, 질문 하나 하시죠." 그는 기다렸다는 듯이 질문을 했다. 이렇게 '얼음'이 깨지고 나자, 이 사람 저 사람이 손을 들어 질문하기 시작했다. 이에 답하는 데 1시간 정도가 더 소요되었으나 전혀 불편하지 않았다. 즐거운 2시간 반이었다. 때로는, 특히 반대 의견을 듣기 위해서는 이런 '얼음 격파의 계기ice breaker'가 필요하다.

때때로 문제점은 밖에서 볼 때 더 잘 보인다

기업은 외부의 분야별 전문가에게 도움을 얻을 수 있다. 회계 감사가 대표적 예다. 사내에 CFO도, 재정 담당 부사장도 있지만 PwC, KPMG, EY, 딜로이트Deloitte 같은 대형 회계 법인을 막대한 비용을 들여 고용한다. 막 창업한 기업도 마찬가지다. 투자자가 요구하기 때문이다. 창업자의 사업이 전부 잘 풀리고 있다는 말을 믿기 어려우니 제3자의 객관적 평가를 받으라는 것이다. 하지만 이런 '제3자 서비스'도 완전하지는 않다. 엔론의 회계감사를 맡은 회계 기업 아서 앤더슨Arthur Andersen은 부실 감사와 증거 인멸이라는 불명예를 안고 엔론과 함께 무너졌다.

회계뿐만 아니라 IT 기술 안전도에 대해서도 외부 컨설팅을 받을 수 있다. 흥미로운 컨설팅 서비스로 '침투 테스트penetration test'라는 것이 있다. 이 침투 테스트의 원리를 내 경험으로 설명한다.

몇 주 전 본사가 오하이오주에 있는 온라인 전자제품 쇼핑몰에서 정원등 하나를 주문했다. 그런데 한참 전에 도착했어야 할 제품이 오지 않는 것이었다. 그러던 중 택배 업체인 DHL에서 '당신의 주문'이라는 제목으로 메일이 하나 도착했다. 아무 의심 없이 메일을 열고 첨부 파일을 클릭했는데, 그 순간 '아차' 싶었다. 정원등은 UPS라는 택배 업체를 통해 배송된다는 사실이 떠올랐던 것이다.

'피싱'이라는 생각이 들었다. 이 클릭 한 번으로 내 컴퓨터뿐 아니라 대학교의 시스템까지 바이러스로 오염될 수 있었다. 이를 'UIT(학교 내 IT 담당 기관)'에 보고해야 하나 생각했다. 그런데 여기에 반전이 하나 있었다. 메일은 피싱이 아니었다. UIT가 '피싱인 척하며' 보낸 것이었다. 부주의하게 파일을 클릭하는 교수와 임직원의 버릇을 고쳐주기 위해서였다. 백신을 주사하는 것과 비슷했다. UIT는 DHL로 가장한 피싱 사기단으로 가장했다. UIT의 경고문에는 대략 이렇게 쓰여 있었다. "이 메일이 진짜 피싱이었다면, 당신은 세상을 무너뜨리게 되었을 겁니다."

침투 테스트에서는 컨설팅 회사가 기업으로부터 돈을 받고 적을 가장하여 내 컴퓨터에 침투를 시도함으로써 나의 약점(기업의 때)을 노출해 준다. 기업은 돈 내고 한 대 맞고, 컨설팅 회사는 돈 받고 한 대 때린다. 이상하지만 윈-윈이다.

내부 고발자가 되기
어려운 이유

'때'는 내부자가 제일 잘 알고 있다. 문제는 어떻게 이들이 자진해서 고발하도록 유도하느냐다. 이때 고발자의 신상을 보호하여 가능한 한 보복으로부터 막아주어야 한다. 회사의 직원만이 익명으로 참가할 수 있는 '블라인드'라는 앱을 예로 들 수 있다. 그런데 이 앱에도 단점이 있다. 회사의 흉이 동네방네 다 퍼지게 된다는 것이다.

고발을 내부로 유도해 내부 앱, 즉 사내 익명 게시판을 이용하는 것도 생각해 볼 수 있겠으나 비밀이 유지되리라고 설득하기는 힘들 것이다. 그렇다면 고발자는 속마음을 털어놓기 힘들어진다. 또한 기업 내의 성희롱, 부당 청탁, 직장 내 괴롭힘 같은 가해자-피해자 대치 상황이 사내 게시판에 공유되면 처음부터 고발자를 보호했어야 할 기업의 역할이 의심받는다. 무엇보다 심각한 문제 중 하나는 익명성을 이용해 가짜 뉴스를 악의적으로 퍼뜨릴 수 있어 통제 불능의 사태가 생길 수 있다는 것이다. 실리콘밸리에는 '최악의회사닷컴 fuckedupcompany.com'이라는 이름난 제3자 내부 고발자 사이트가 있었으나 각종 가짜 뉴스와 관련된 고발과 고소로 폐쇄되었다.

이러한 창구들이 생기기 전에는 내부 고발자, 즉 '휘슬블로어 whistleblower'가 이 역할을 전담하곤 했다. 많은 경우 내부 정보에 가까운 한 개인이 기업의 비리를 정부 기관이나 매스컴을 이용해 대중에 고발했다. 기업과 전면전을 치러야 하니 고발자는 큰 용기를 내야 하고, 성공하기도 힘든 길이다. 특히 동양 사회에서는 '배신자'라고 낙인이 찍힐 수도 있다. 그러나 법적 보호를 받을 수는 있다.

"왜 이 회사를 떠나기로 마음먹었습니까?"

또 하나의 매우 효과적인 '때밀이' 방법으로는 '퇴사 면담exit interview'이 있다. P&G 같은 기업은 퇴사하는 직원과 최소 두 단계 이상 높은 직급인 임원(들)이 긴 개별 면담을 하도록 한다. '어차피 그만두는데. 에라, 모르겠다' 하며 자신이 처한 상황과 의견을 솔직하게 공유할 수 있다.

비록 진실이 너무 늦게 밝혀지기는 하지만, 이 제도는 사전 예방의 역할을 할 수도 있다. 미래에 폭로될 가능성이 있으므로 가해자는 지금 행동을 조심할 수도 있다.

만약 어느 임원이 부주의한 행동을 반복하는 것이 퇴사 면담을 통해 감지된다고 가정해 보자. 이때 회사는 중요한 정보를 얻게 되는 것이다. 이를 그 임원도 알고 있을 테니, 피해자의 책상 위에서 흰 봉투만 봐도 움찔하게 될 것이다. 많은 면담을 통해 회

경영이라는 세계

사의 구조적 문제를 발견할 수도 있다. 그래서 내가 강력하게 추천하는 제도이기도 하다.

투명한 정보를 얻는
가장 쉬운 방법

흔히들 기업은 '정보'를 먹고 산다고들 한다. 정보란 좋은 뉴스일 수도, 나쁜 뉴스일 수도 있다. 인간은 본능적으로 좋은 모습을 더 보려 하고, 나쁜 모습에는 눈을 돌린다. 따라서 경영진의 눈과 귀에는 편향된 정보가 도착한다. 그러나 기업은 더 객관적이어야 한다. 누적된 악습, 고의적 비리와 숨겨진 취약점 같은 기업의 때는 다소 불편하더라도 적극적으로 혹은 제도적으로 찾아내 교정해야 미래의 큰 재앙을 막을 수 있다. 그러한 제도적 조치로는 내부 삐딱이, 임시 삐딱이, 외부 컨설팅, 내부 고발, 그리고 퇴사 면담이 있다.

마이크로소프트의 임원 존(가명)은 CEO 스티브 발머에게 좋지 않은 뉴스를 보고할 일이 있었다. 스탠퍼드경영대학원을 다니다 중퇴한 발머는 우렁찬 목소리와 카리스마로 유명한 인물이었다. '이걸 어떻게 이야기해야 하나' 하는 걱정에 밤잠을 설친 존은 정교한 보고 작전을 세워 발머의 사무실로 향했다.

존을 본 발머의 첫마디는 무엇이었을까? "존, 앉게. 우리 나쁜 뉴스부터 시작하지"였다. 이 격려의 말 한마디로 존은 준비한 모든 작전을 폐기하고 나쁜 뉴스를 허심탄회하게 털어놓을 수 있었다고 한다. 사소한 말 한마디, 제스처 하나가 정보를 더욱 매끄럽게 흐르도록 할 수 있다. 쉽고 빠르게, 누구나 사용할 수 있는 경영 기법이다.

13장

조직의 기강은
어디에서 오는가

조직이나 사회에서 '기강'은 무질서와 무능을 피하기 위한 공공 수단이다. "21세기에 무슨 소리냐"라며 반문할 수도 있겠지만, 어느 조직에서나 적당한 수준의 기강은 존속과 번영을 위해 필요하다. 기강은 일을 대하는 자세와 태도를 결정하여 일의 결과에 영향을 준다.

최근에 어느 한국 기업의 임원들과 테슬라의 공장을 방문했다. 고도의 자동화 탓인지 공장 직원들이 설렁설렁 일하는 듯 보였다. 몇몇 직원은 웃으며 손을 들어 방문객에게 인사하기도 했다. 한국의 공장이었으면 서로 투명인간 취급을 했을 텐데, 참 대조적인 모습이었다. 임원들에게는 '군기가 빠진 듯한' 테슬라 공장이 별로 깊은 인상을 준 것 같지 않았다. 아무래도 문화적 차이 때문인 듯싶다.

여기에서 흥미로운 질문이 하나 생긴다. "어떻게 기강을 유지하는가?" 이 또한 시대와 문화에 달렸다. 하나씩 정리해 보자.

굵직한 몽둥이가
우리에게 암시하는 것

미래학자 앨빈 토플러에 따르면 세상에는 세 가지 형태의 '힘power'이 있다.[21] 무력violence, 부富 그리고 지식이다. 이 중 가장 품위가 떨어지는 힘은 무력이다. 그러나 군대나 경찰의 사례를 보면 기강의 도구로서는 아주 효과적이다. 독일의 사회학자 막스 베버는 국가를 '무력의 독점자'로 정의하고 있다.[22] 예전에는 완력 혹은 그에 대한 '가능성'을 널리 부담 없이 사용하곤 했다.

내가 중·고등학교에 다니던 시절 체육 선생님은 공포의 대상이었다. 과거 역도 선수였던 그의 손에 들린 굵직한 몽둥이 탓에 우리는 1초라도 지각하지 않으려고 죽어라 달려 교문에 골인하곤 했다. 허락 없이는 교문 밖으로 나가지 않았고, 머리를 단정하게 잘랐으며, 교복과 모자를 꼭 착용하고, 학교에서 담배를 피우지 않았다. 생각해 보면 이 모두 각자가 '알아서' 잘했어야 할 일인데, 약간의 물리적 압력이 들어가자 그 효과가 극대화된 듯하다.

경영이라는 세계

체육 선생님의 존재는 또한 '학교 폭력'이라는 불법적인 완력의 행사나 그 복수전을 다소 방지할 수 있었다. 체육 선생님이 없었더라면 아마 교내는 혼란 그 자체였을 것이다. 그 무시무시한 몽둥이는 우리 개인에게 억제 도구이자 보호 도구였다. 늦게나마 감사한 마음이 든다.

기강은 때때로
명예와 명성이 된다

스탠퍼드에서 모든 시험은 감독관 없이 치러진다. 감독관이 없는 대신 시험지 첫 페이지의 '윤리 규정honor code'에 서명을 해야 한다. 시험 중 다른 사람의 도움을 받지 않겠다는 선서다.

몇 년 전 일이다. 10여 명의 MBA 학생들이 이에 서명하기를 거부하겠다고 공표했다. 참 맹랑한 학생들이었다. 의아한 점은 그들의 출신이었다. 모두 육사, 해사 혹은 공사 출신이었던 것이다. '이럴 사람들이 아닌데' 생각하던 중에, 다음과 같은 사연을 듣게 됐다.

MBA 학생들은 입학 시에 "재학 중 명예롭게 행동하겠다"라고 서명을 한다. 그 학생들의 주장인즉, "한번 그러겠다고 서명을 했으면 됐지, 왜 시험마다 같은 선서를 해야 하느냐"라는 것이었다. 자신들의 선서를 믿지 못하는 게 불쾌하다는 이야기다. 사관학교 출신다운 반발이었다. 그들은 전부 '기강'이 잡힌 행동으로 명성을 얻었고, 이를 유지하기 위해 노력했다. 어떤 이들에게는 기강이란 명예나 명성 하나로 세울 수 있는 것이다.

어떤 기강 교육을 받은 인재가 필요할까

조직의 기강은 구성원 개개인의 기강에 상당히 의존한다. 흔히 개인의 기강은 엄격한 가정 교육을 받아야 세워진다고 생각하지만 그렇지 않다. 사랑이 담긴 온화한 가정 교육을 통해서도 좋은 행동 규범, 성실과 책임감으로 무장한 인재를 배출할 수 있다.

솔렉트론Solectron의 니시무라 고이치 사장은 아들이 고등학생일 때부터 아르바이트를 권유했다. 부잣집 아들로서 엇나가지 않도록 기강을 잡기 위해서였다. 아들은 신문 배달 아르바이트를 택했고, 매일 열심히 일했다. 어느 날 아들은 학교에서 며칠간 여행을 떠나게 되었다. 니시무라가 물었다. "여행 동안 신문 배달은 어떻게 할 거냐?" 아들이 답했다. "대신 배달할 친구를 찾고 있는데 쉽지 않네요." 이에 아버지가 답했다. "그렇다면 내가 해주마." 그리하여 니시무라가 수일 동안 신문 배달을 대신해 주었다. 솔선수범으로 무엇을 하든 제대로 해야 한다는 교훈을 전하기 위해서였다.

경영이라는 세계

그런데 일이 복잡해졌다. 배달받은 고객 한 명이 니시무라를 알아보고 이 사실을 신문사에 제보한 것이다. 유명한 기업인이었기 때문에 바로 이튿날 실리콘밸리의 신문에 이런 내용의 기사가 실렸다. "니시무라, 아들을 대신해 신문을 배달하다." 마침 그날은 솔렉트론의 이사회가 있는 날이었다. 모두 그 기사에 흐뭇한 미소를 보였고, 한 사외이사는 니시무라에게 이런 농담을 던졌다. "니시무라 사장, 우리 이사회가 정해준 월급이 너무 적었습니까?" 니시무라에게 직접 들은 이야기다.

작업 환경이 직원에게 미치는 영향

애플의 제조 담당 부사장이었던 데비 콜먼의 경험담이다. 그는 어느 날 공장 1층의 조립라인을 2층에서 보게 되었다. 각기 다른 색상인 장비들이 '지그재그'로 놓여 있었다. 이를 본 콜먼은 모든 장비를 회색으로 칠하고 일렬로 정리했다. 그 후 생산성이 15% 증가했다. 도대체 무슨 효과였을까? 경제학으론 설명이 되지 않는다. 혹자는 이를 두고 콜먼도 모르게 '풍수' 덕을 보았다고 추측했다. 어찌 되었든 '작업 환경'은 작업장의 기강을 세우고 생산성에 영향을 줄 수 있다.

다른 예도 있다. 포항제철의 박태준 회장은 '청결'에 대한 집착이 컸다. 공장 내부, 석탄 보관장, 직원 샤워장, 조경 하나까지도 깨끗하지 않은 구석이 없었다. 깨끗한 환경에서 높은 품질이 나온 다고 믿었기 때문이다.

끝으로, 때로는 '긴장되는' 작업 환경을 만들어 기강을 세울 수도 있다. 토요타의 무재고 정책Just In Time, JIT은 공장을 긴장된 상태로 만든다. 이 반대는 방만한 재고관리다. 토요타의 비유에 따르면 JIT는 '암초가 가득한 얕은 물에서 정신을 똑바로 차리고 배를 젓는 일'이다.

예식과 풍습, 절차가 만들어내는 기강

흥미로운 방식의 기강 잡기가 있다. '예식과 풍습'을 통하는 것이다. 이 방식은 시작과 끝을 명확히 하여 절도를 지키는데, 태 권도 동작을 하나하나 절도 있게 수행하는 것과 같다. 올림픽에 개회식이 있고 폐회식이 있듯, 선수단에게도 입단식과 폐단식이 있다. 학교에도 입학식과 졸업식이 있다. 사람의 인생에도 돌잔치 와 장례식이 있다.

제사나 종교 예식 역시 사회에 기강을 주입한다. "마음을 비우 라"라든지 "원수를 사랑하라" 같은 말은 인생에서 자생적으로 나 타나지 않는다. 신비로운 교리와 예식은 고뇌와 충돌을 줄이는 사

히타치는 이 인형에 까만 눈을 그리는 '예식'으로 프로젝트의 기강을 잡았다.

회의 기강이 된다. 법정에서 재판은 "전원 기립All rise"이라는 말과 재판장의 입장으로 시작하여 "전원 기립"과 재판장의 퇴장으로 마무리된다. 게다가 재판장의 근엄한 법복과 높은 위치의 자리는 예식의 일부가 되어 기강을 더한다.

　몇 년 전 실리콘밸리의 '히타치-IBM GST'에서 나를 연사로 초청했다. CIOChief Information Officer(최고정보관리책임자)가 말하기를, 대규모 IT 프로젝트를 시작하는데 그 기념식 축사를 부탁하고 싶다는 것이었다. 기념식 연단에는 아주 커다란 달마대사 오뚝이 인형을 하나 세워 놓았다. 특이하게도 인형에는 눈동자가 없었는데, CEO가 행사 예식의 일부로 오른쪽 눈에 까만 눈동자를 그려 넣었다. 왼쪽 눈은 프로젝트가 끝난 후 그릴 계획이라고 했다. 계획대로라면 그야말로 '화룡점정'일 것 같았다. 이 예식을 통해 그들은 시작과 끝을 분명히 하고, 진행하는 동안 성공을 위해 최선을 다해주기를 요구했다. CIO가 독자적으로 개발한 것은 아니고, 아마도 일본이나 인도의 관습이 실리콘밸리에 직수입된 게 아닌가 생각한다.

더욱 흥미로운 예식은 론 하워드의 영화 〈아폴로 13〉에서 볼 수 있다. 에드 해리스Ed Harris가 연기한 진 크랜츠는 실존 인물로, 미항공우주국NASA의 운항 책임자로서 제미니Gemini, 아폴로Apollo 등 여러 프로그램을 지상에서 지휘했다.

다시 아폴로 13호의 발사를 기다리는, 긴장감이 감도는 영화 장면으로 돌아가 보자. 매번 그렇듯이 미션은 크랜츠가 '조끼'를 입는 것으로 시작된다. 조끼는 아내가 이 임무를 위해 직접 만들어준 것이다. 미션이 끝날 때까지 조끼는 전 직원에게 기강, 긴장, 집중의 시간이다. 크랜츠만의 멋진 '예식'이다. 조끼를 입은 크랜츠는 역사에 남을 기적적인 지휘로 파멸 직전의 아폴로호를 생환시킨다.

미신은
왜 생겨났을까

중세 유럽에서 선원이나 어부로 배를 타는 것은 목숨을 건 모험이었다. 그래서인지 배와 관련한 미신이 많았다. 대부분 이해 못 할 미신이지만, 몇 가지는 일리가 있다. '갑판에 침을 뱉지 말

라.' '배에 여성을 태우지 말라.' '바나나를 가지고 타지 말라.'

이 모두가 위험한 뱃길에서 기강을 잡기 위한 것이었다. 쓸데 없는 행동을 방지하고, 풍기문란을 막고, 다른 사람에게 폐를 끼치지 않게 하려는 의도였다. '미신을 빙자한 기강 잡기'다. 우리나라에도 비슷한 기강 잡기용 미신이 있다. '다리 떨면 복 날아간다.' '밤에 휘파람 불면 귀신 나온다.' '빨간색으로 이름을 쓰면 죽는다.' '아이 위로 넘어다니면 아이의 키가 안 큰다.'[23]

진위를 떠나 사회나 가문의 공공복지를 위한 숨은 어젠다가 있는 듯하다. 유튜브, SNS, EBS 같은 교육 방송은 물론 의무교육조차 없던 시대에는 이런 미신들이 차선책이었을 것이다.

넛지,
팔꿈치로 쿡 찔러 행동을 유도한다

노벨경제학자 리처드 탈러에 따르면 팔꿈치로 슬쩍 미는 것만으로도 원하는 메시지를 전하고 적절한 행동을 유도할 수 있다. 이를 '넛지nudge'[24]라 부른다. 우리말로는 '넌지시'로 번역하는 게 가장 적절할 듯하다.

넛지는 정책을 실천하거나 기강을 잡는 데 사용할 수 있다. 캘리포니아에서는 과속이 잦은 지역에 태양광 전광판을 세워놓고, 지나가는 자동차의 속도를 보여준다. "당신은 지금 이 속도로 달리고 있습니다." 과속일 경우 빨간색으로 깜빡거리는 등으로 경고를 준다. 경찰이 현장에서 차를 세운다든지 나중에 집으로 과속 위반 딱지가 날아오는 일은 없다. 그저 넌지시 경고를 주면서 교통질서를 바로잡는 것이다.

이 현상은 아서 비먼과 세 명의 심리학자가 보고한 실험[25]의 결과와 상통한다. 이들은 할로윈 날에 어린이를 위해 현관에 사탕 바구니를 놓고 '1인당 하나씩'이란 문구를 남긴 채 멀리서 관찰했다. 하지만 이 문구를 무시하고 어린이 방문객의 34%는 각자 두 개 이상의 사탕을 집어 갔다.

같은 시간 다른 집에서 똑같은 실험이 진행되었다. 다만 이 집에서는 사탕 바구니 앞에 '거울'을 걸어놓았다. 그 거울은 사탕을 집어 가는 어린이들이 자기 얼굴을 볼 수 있는 위치에 놓여 있었다. 그곳에서는 9%만이 '1인당 하나씩'이라는 규칙을 어겼다. '넌지시' 놓인 거울 하나가 기강 확립에 크게 기여한 것이다. 다음 장면을 보면 넛지를 더욱 잘 이해할 수 있다.

어느 번잡한 대형 매장에 정복을 한 보안 요원이 손님에게 다가가 점잖게 말을 건다. "손님, 가방을 좀 보여주셔야겠습니다." 보안 요원은 머뭇거리는 손님의 팔짱을 끼고 뒤쪽 사무실로 연행한다. 가방에서는 고가의 올리브유 두 병이 나온다. 현행범으로 딱 걸렸다. 손님은 다소 저항하지만 별수 없이 끌려간다. 모든 고객이 씁쓸한 표정으로 이 장면을 쳐다본다.

사실 이 장면은 두 명의 배우가 연출한 도둑질 방지 단편극이

경영이라는 세계

다. 이 배우들은 매장에서 고용한 이들로, '도둑질하면 이렇게 된다'는 것을 넌지시 보여주며 매장의 질서와 기강을 잡는다. 사무실에 돌아온 보안 요원은 도둑 역할의 배우에게 말한다. "8시에 한 번 더 남았다."

대국민 선언과 퇴직 연금, 자율 기강 메커니즘

일부 독한 사람들은 외부의 도움 없이 자력으로 기강을 세우고 실천한다. 술이나 담배를 끊는다든지, 몸무게를 15% 줄인다든지, 월급의 20%를 평생토록 저축한다. 우리 대부분이 해마다 계획하고 도전하는 것이다. 그러나 대개 그 실천은 다음 해로 미뤄지곤 한다.

그러나 일부는 자력으로 성공하는데, 이들은 때때로 자신이 고안한 '메커니즘'의 힘을 빌리기도 한다. 금연을 결심한 흡연가는 직장 동료에게 "내가 담배 피우는 걸 목격하면 100달러를 줄게"라고 선언한다. '대국민 선언'을 자율 기강 메커니즘으로 사용하는 예다. 또 다른 예로는 '돼지 저금통'이 있다. 돈을 돼지 저금통에 넣어둠으로써, 도둑이 30년 저축 계획을 망치지 않도록 한다. 여기서 도둑은 나 자신이다. 접시나 항아리에 돈을 넣어두면 되지 않나? 돈을 넣기도 편하고 따로 저금통을 구입할 필요도 없으니 말이다. 하지만 입금이 쉬운 만큼 출금도 쉬울 것이다. 즉, 돼지 저금통은 나 스스로를 믿지 못해 사용하는 자율 기강 메커니즘이다.

퇴직 연금도 어떻게 보면 비슷한 메커니즘이다. 젊을 때 월급에서 일정 부분을 떼어 연기금에 맡기면 연기금이 알아서 관리하고 은퇴 후 지급해 준다. 국가가 과세를 연기해 주는 대신 중간에 인출할 수가 없다. 그런데 왜 스스로 알아서 자금을 관리하지 않을까? 돼지 저금통과 마찬가지다. 인출과 해지를 아무 때나 해버릴 수 있기 때문이다.

사람들은 왜 이런 제약을 감수할까? 한 이유는 세금 유예 혜택이고, 다른 이유는 자율 기강이다. 내가 저축 없이 버는 대로 다 써버리면 '누구에게 손을 벌려야 할까?'를 걱정하게 되니, 중도 인출이 불가능한 점을 제약이 아닌 혜택으로 여기고 기꺼이 감수하는 것이다.

소설『분례기』에도 비슷한 메커니즘이 나온다. 도박꾼인 영철은 어느 날 큰돈을 따, 아내인 분례에게 맡기며 자기가 달라고 해도 절대 주지 말라고 부탁한다. 자발적으로 옵션을 제한하는 자율 기강 메커니즘을 구축한 것이다. 그러나 며칠 후 도박판에서 좋은 패를 쥔 영철은 결국 분례를 구타해 그 돈을 빼앗아 간다. 그리고 다 잃는다. 부부간 완력 차이로 벌어진 처절한 메커니즘 실패 사례다.

스탠퍼드경영대학원을 중퇴한 존 F. 케네디 대통령은 1961년

5월 25일 상하원 합동 집회에서 파격적인 공언을 한다. "1960년 대 말까지 사람을 달에 보내고 돌아오게 하겠다." 세계 최강국 미국의 대통령인 그는 무엇을 믿고 세상에 이런 용감한 공언을 했을까? 인류 역사상 아무도 해본 적 없는 이런 황당무계한 임무의 성공에 얼마나 자신이 있었던 걸까? 게다가 '8년 반'이라는 예상 소요 시간은 어디서 나왔을까? 정보와 예측을 가지고 말했을까, 선의의 거짓말이었을까?

돌이켜 보면 그의 약속은 한신의 배수진이나 흡연가의 '대국민 선언'과 비슷한 것이었다. 미 대통령의 공표로 정치가, 행정가, 과학자와 다른 NASA 관계자 그리고 대통령 자신은 '포기라는 옵션'을 빼앗겼다. 앞으로 나아갈 수밖에 없게 된 것이다. 8년 반? 그것은 예상이 아니라 명령이었다. 예상이 미래를 따라가는 것이 아니라 미래가 예상을 따라갔다. 이를 '자기실현적 예언self-fulfilling prophecy'이라고도 한다. 1969년 7월 16일 10시 56분 인간인 닐 암스트롱은 달에 첫 발을 디딘다. 대통령이 약속한 기한보다 4개월 반 이르며 그가 암살당한 지 6년이 지난 후였다.

가장 이성적인 몽둥이, 시장

기업에 가장 객관적이고 냉혹한 기강 잡기용 몽둥이는 시장일 것이다. 소비자와 경쟁자가 펼치는 시장 경쟁 덕분에 기업은 좋은 제품과 좋은 서비스를 적절한 가격에 제공하도록 노력하게 된다. 그리고 소비자는 그 노력의 수혜자다.

먼 옛날, 뉴저지주의 어느 도시에 사는 친척을 차로 방문한 적이 있다. 목적지에 거의 다다랐을 때, 작은 한국 식료품 마켓이 눈에 띄어 잠시 들러 친척과 함께 먹을 음료수와 스낵을 샀다. 그때 가게 주인과 짧은 대화를 하게 되었다. 그는 두 달 전 한 블록 건너에 새로 생긴 한국 식료품 가게를 언급하며 서운한 기색을 내비쳤다.

"우리는 15년 전 이 불모지로 와 가게를 이 정도까지 키웠어요. 말하자면 '원조'죠. 이제 자리를 잡고 좀 된다 싶으니까 저 가게가 생긴 거예요. 그 넓은 뉴저지 땅에서도 하필이면 우리 코앞에다가. 유태인은 이민자끼리 서로 돕고 같이 잘산다는데, 우리 한국인은 서로 못 잡아먹어 야단이야. 이러다가 둘 다 죽지."

나는 우리 국민성에 대해 깊은 반성을 하며 가게를 나와 친척 집으로 향했다. 그리고 친척에게 그 가게 이야기를 했다. 그러자 친척은 기다렸다는 듯 이렇게 말했다. "그 가게? 거기 별로야. 비싸고, 물건도 안 좋고, 불친절하고. 우리도 한 번 크게 싸웠어. 이제 새로운 가게가 생겨서 우리 교포들이 다 좋아해."

생각해 보자. 원조 가게가 정말로 잘했더라면 새로운 가게는 생기지 않았을 것이다. 최소한 이렇게 가까이에는 말이다. 시장경제에서 가게나 기업은 아직 '태어나지 않은' 경쟁자와 싸우는 것

　　　　　　　　경영이라는 세계

이라고 볼 수 있다. 원조 가게는 그 경쟁에서 진 것이다. 국민성 때문이 아니라 시장 원리에 따른 결과였다.

텟세이로 보는
직장의 교육과 규율

비행기, 크루즈, 고급 호텔, 고급 레스토랑 혹은 고급 백화점에서는 직원들이 항상 단정한 자세와 공손한 태도를 유지한다. 이들은 회사의 엄격하고 반복적인 교육을 통해 이런 태도를 '체질화'했다. 마찬가지로 사관학교 출신이나 대기업의 직원들은 왠지 늠름해 보인다. 직장에서의 철저한 교육 덕분이다. 직장을 자랑스럽게 여기는 태도 역시 사내 교육의 일부일 것이다. 다음 사례를 함께 살펴보자.

텟세이TESSEI는 일본의 많은 경영 전문가들이 자국 내의 가장 훌륭한 경영 사례로 꼽는 회사다. 텟세이는 동부 JR(일본 철도)의 고속 열차 신칸센의 청소 업체로, 소위 말하는 '3D 직종'이다. 텟세이는 자신들의 작업을 효율적으로 만들었을 뿐만 아니라 자랑스럽고 존경받을 만하다고 느끼게 했다.

텟세이 직원들의 청소 작업은 '미니 쇼' 같다. 열차가 플랫폼에 들어오면 스물두 명으로 구성된 팀은 일렬로 서서, 15도 각도로 열차를 향해 절도 있게 고개 숙여 인사한다. 귀빈이 탑승했다면 30도로 '더블'이다. 절차의 나라 일본답다. 그들은 모두 깔끔하고 눈에 띄는 밝은색 유니폼을 입고 있는데, 계절에 따라 유니폼도 달라진다. 봄에는 벚꽃 무늬 유니폼을, 연말에는 산타복을 입는다. 때로는 프랭크 시나트라처럼 중절모를 쓰기도 한다.

종착역인 도쿄역에 도착한 열차는 회송 전에 12분가량 대기한다. 승객이 모두 내리고 다시 타는 데 소요되는 앞뒤 총 5분을 빼면 7분의 청소 시간이 남는다. 승객이 내리자마자 스물두 명의 직원은 16칸의 열차에 올라타 청소를 시작한다. 직원 한 명이 한 칸씩, 100개 시트를 청소한다. 여섯 명은 모든 화장실 청소를 담당한다.

1년에 4000만 개의 시트를 청소하는데, 승객 불만은 5~6건에 그친다. 그마저도 열차가 늦게 들어와 청소를 생략할 경우에 생기는 것이다. 우연히 이 '번개 청소 작전'을 본 CNN 뉴스팀은 이를 '7분의 기적'[26]이라 불렀다. 청소를 끝내고 열차에서 내린 팀은 일제히 15도 각도로 떠나는 열차에 인사를 한다. 이렇게 한 팀의 미션이 완수된다.

이 재미있는 광경은 2005년 야베 데루오 이사가 새로운 지도자가 되면서부터 시작되었다. 이전까지는 그저 평범한 청소 업체일 뿐이었다. 청소부는 가능한 한 빠르게 할 일만 하고 조용히 사라져야 했다. 중앙 부서에서 만든 규정과 절차를 숙지한 후 시키는 대로 하면 되는 일이었다. 당연하게도 직원의 사기는 바닥을 쳤다. 단순 노동에서 무엇을 기대하겠는가?

경영이라는 세계

그러나 야베는 이들에게서 잘해보고 싶다는 의욕과 능력을 발견했고, 변화를 꾀하기로 했다. "어떻게 변화해야 할까?"라는 질문에 대한 답은 직원들이 스스로 찾게 했다. 그리고 직원들이 내린 결론은 자신의 직업이 단순 청소가 아닌 '서비스'라는 것이었다. 디즈니랜드나 항공기의 안내원과 비슷한 역할인 것이다. 그래서 밝은색 유니폼을 입어 존재감을 부각했다. 승객이 어디서나 쉽게 알아보고 도움을 청할 수 있도록 하기 위해서였다. 물통, 빗자루와 물걸레를 한 손에 전부 들 수 있게끔 최적화된 청소 도구도 직원들이 직접 디자인한 것이다. 남는 손으로는 승객을 도울 수 있도록 한 것이다.

혹자는 "청소부가 청소나 하지"라고 쓴소리를 했겠지만, 그들은 계속해서 자신의 역할을 확대했다. 도쿄역은 매우 크고 복잡하다. 일본에는 노인이 많지만 JR 직원은 역에 몇 없고 모두 자기 일을 하느라 바쁘다. 그래서 텟세이는 현장에서 열차를 청소하며 얻은 정보를 십분 활용해 모기업 JR을 도왔다. 이 예상치 못한 협력은 매해 미팅으로 이어졌다. 덕분에 JR과 텟세이는 힘을 합쳐 손님의 편의를 극대화할 수 있게 되었다.

절차나 안전 수칙 등 거의 모든 규칙을 중앙 본사의 관료가 아닌 현장에 있는 직원들이 직접 만들고 고치게 되었다. 직원들이 스스로 만든 규칙은 성실한 실천이 보장되기 때문이다. 또한 본사는 새로운 아이디어에 주는 보너스와 인센티브를 확장했다. 이 밖에도 수많은 작은 개선이 이루어져 현장 중심의 조직 운영, 즉 '겜

바gemba'를 성취할 수 있었다.

직원들은 항공사의 퍼스트 클래스 안내원에 버금가는 서비스를 제공한다. 실제로 신칸센은 열차의 퍼스트 클래스다. 안전성과 쾌적함에서 항공사 비즈니스나 퍼스트 클래스를 능가하기 때문이다. 여러 항공사뿐만 아니라 디즈니, 하버드, 와튼, 스탠퍼드, CNN 등도 '한 수 배우고자' 텟세이의 작업 현장을 방문했다.[27] 내가 방문했던 2015년에 야베 이사는 이미 은퇴하고 없었으나 그가 만든 시스템은 계속 살아 있었다. 조직은 새 기강을 만들었고, 기강은 다시 새 조직을 만들었다.

기강과 자유에도 균형은 반드시 필요하다

기강은 조직에 필수적인 요소이며, 시대와 문화에 따라 그 정도가 다르다. 기강을 세우는 데는 여러 방법이 있다. 강압, 명예, 작업 환경, 예식, 넛지, 자율, 미신, 시장. 직장 교육과 규율이 그예다.

기강이란 개인의 무분별한 자유를 사회나 조직을 위해 일부 '제한'하는 것이다. 그러나 그 제한은 도를 넘지 않아야 한다. 오래전 닛산의 사장이었던 카를로스 곤에게 무엇을 보고 적자투성이인 닛산을 샀냐고 묻자 그가 이렇게 답했다. "닛산의 디자인 역량이 상당히 좋다는 사실을 알았어요. 그런데 출시되는 차의 디자인은 별로였죠. 그 이유를 살펴보니 몇 년 전 닛산 경영진이 디자인을 제조 부문에 합쳐버렸더군요. 초기 디자인 단계부터 제조원가를 고려하라는 뜻이었죠. 그러니 창조적 디자인이 아닌 평범한 미투 디자인이 나올 수밖에 없었어요. 나중에 이 둘을 분리하니 좋은 디자인이 나오기 시작했어요." 원가를 관리하기 위해 디자인과 제조 부문을 합친 조직 개편으로 기강을 잡았지만, 오히려 디자인 팀이 본질인 디자인을 제대로 하지 못한 상황이 초래된 것이다. 지나친 기강이 가져온 폐해다.

또 다른 사례가 있다. 수년 전 미국의 아이스크림 회사인 드라이어스Dreyer's를 방문한 적이 있다. 이 회사는 브랜드의 자체 소매 체인이 아닌 식료품점에 납품하는 '간접 공급망 전략'을 쓰고 있었다. 드라이어스는 배스킨라빈스가 자랑하는 '31가지'보다 더 많은 종류의 아이스크림을 생산하고 있으며, 매년 10여 가지의 새로운 제품을 생산하고 그 수만큼 기존 제품의 생산을 중단한다고 이야기했다. 그러면서 흥미로운 사실을 하나 더 말해주었는데, 1929년 이래 오직 하나의 제품만 '톱 5'에 꾸준히 등극했다는 것이다. 바로 '로키로드'라는 초콜릿아이스크림에 호두와 마시멜로를 섞은 제품이었다. 바닐라부터 딸기, 초콜릿, 오렌지까지 네 개의 기본적인 맛의 제품과는 달리 여러 재료가 섞인 '혼합성 히트 제품'이 처음으로 탄생한 것이다.

그런데 이 말은 곧 이후 90년 동안의 신제품은 모두 실패했다는 뜻이었다. 이 같은 줄기찬 실패에도 계속 신제품을 내놓는 이유가 뭐냐고 묻자 담당자는 답했다. "그러지 않으면 우리는 퇴보할 테니까요." 여기서 '퇴보'가 소비자 인지도 면에서인지, 조직의 기강 면에서인지 물어보는 걸 잊었다. 아마도 둘 다일 텐데, 그렇다면 그들은 '변화'를 기강으로 삼고 있는 것이었다.

14장

대기업의 위기와
양손잡이 조직

'S&P 500'은 미국 증시에 상장된 크고 건실한 500대 기업들의 평균 주가 지수다. 오라일리와 투시먼 교수의 저서 『리드 앤 디스럽트』[28]에 따르면 이 '건실한' 대기업들도 오래 생존하지 못한다. 기업들이 이 지수 목록에 머무르는 평균 기간은 단 15년이라 한다. 구조적 변경으로 쫓겨나든지, 영업 악화로 현금이 돌지 않아 '재산 보호 신청chapter 11(챕터 11은 미국의 파산법 중 하나다)'으로 들어간다. 왜 잘나가던 대기업(예를 들어 '코닥'이나 '블록버스터')이 이런 지경에 이를까? 조직이론 전문가들에게 그 답을 들어보자.

기업의 탄생과 함께 시작된 주먹구구식 업무 처리는 혼란스럽고 비효율적인 조직을 만든다. 이후 조직, 시스템, 정책과 절차 등이 정해지면 비로소 기업은 전문화된다. 시장 구조, 기업 환경 및 제도적 제약에 대응하며 조직이 최적화되며, 이에 맞는 조직문화가 발달한다. 드디어 기업이 기름을 친 기계처럼 돌아가기 시작한다. 그러나 기업의 스토리는 이렇게 해피하게 끝나지 않는다. 오히려 위기의 시작이다. 최적화된 기업, 특히 성공한 대기업은 다음 두 가지 딜레마와 마주한다.

딜레마 1.
경직성을 만드는 관료주의와 관성

어느 날 잭 리나트라는 이스라엘 창업가가 내 연구실을 방문했다. 그는 수년 전 넷다이내믹스NetDynamics란 회사를 세워 선마이크로시스템스Sun Microsystems에 매각한 후 새로운 사업을 계획하고 있었다. 그의 신사업 계획을 들은 나는 이런 질문을 했다. "그런 사업이라면 IBM이나 오라클 같은 큰 회사가 더 유리하지 않을까요?" 이에 그는 기가 차다는 표정으로 되물었다. "혹시 성경책을 읽어보셨습니까?" 감히 이스라엘인과 성경을 두고 토론하거나 논쟁하는 위험을 피하기 위해 "아니요"라고 대답하며 잠수 작전을 취했다. 그가 계속해서 말했다. "창세기 2장 2절을 보면 신이 6일 만에 우주를 창조하시고 7일째 되는 날 쉬셨다고 합니다. 어떻게 그 짧은 기간에 그토록 큰일을 할 수 있었을까요?"

경영이라는 세계

"글쎄요. 왜일까요?" 그가 답했다. "'기존 설치 기반installed base'이 없었기 때문이죠."

왜 설치 기반이 조직에 해로울까? 변화를 억제하는 경향이 있기 때문이다. 조직학 학자는 두 가지 원인을 지적한다. 첫째, 조직이 커지면 규칙이 필요하다. 그런데 조직이 규칙을 통해 돌아가면 곧 관료주의가 뿌리를 내려 규칙 없이는 일을 하지 못하게 된다. 위험 부담을 피하고 의사 결정 기간 또한 길어진다. 무엇보다 변화에 저항하기 시작한다. 그들은 말한다. "변화는 좋은 것이다. 나한테 일어나지만 않는다면." 이를 통해 조직은 경직된다. 만약 이때 외부 환경이 갑자기 크게 바뀐다면, 이미 최적화된 조직은 재적응하는 것을 힘들어한다. 잘 정착된 조직문화일수록 아이러니하게도 환경에 새롭게 적응하는 데 장애가 되는 것이다.

하버드의 클레이턴 크리스텐센 교수[29]에 따르면, 대기업 내부에는 관료주의 외에도 변화와 싸우는 또 다른 '저항군'이 있다. 바로 성공에 뒤따르는 '관성'이다. 대기업은 자신들을 성공으로 이끌었던 기술을 이용해 기존 고객의 요구를 만족시키느라 바쁘다. 미국 속담처럼 "고장이 나지 않은 것은 고칠 필요가 없다."고쳐도 살짝 고치니, 얼핏 보면 현명한 선택인 듯하다.

그러나 이러한 내부의 진화evolution 작전은 외부의 혁명revolution을 당해내지 못한다. 고객과의 달콤한 로맨스를 즐기는 동안 무림武林 밖 이름 없는 스타트업은 특화된 마켓에서 설익은 과격한 기술로 천천히, 혹은 갑자기 내가 머무르던 시장에 도달해 단숨에 시장을 '접수'한다. 그러면 믿고 있던 고객들도 그 낯선 무림고수에게로 돌아선다. 세상에는 수많은 스타트업이 있으니 그중 하나는 성공하게 마련이다.

대기업은 관성에 빠진 '앉아 있는 오리', 그것도 눈에 띄게 큰 놈이다. 이렇게 대형 컴퓨터는 '워크스테이션'과 'PC'에, 기존 CPU 회사는 GPU를 들고 나온 '엔비디아'에, 120년 전통의 디트로이트 자동차 회사들은 실리콘밸리의 전기차 '테슬라'에, 20년 역사의 소니 워크맨은 애플의 '아이팟'에 각각 허망하게 한바탕씩 당했다.

요약하자면 대기업의 첫 번째 딜레마는 큰 조직을 운영하는 규칙을 만들고 지키면서, 또 지난 성공의 테두리에서 벗어나지 않으려 하면서 '경직성'이 제2의 속성이 되는 데 있다. 경직된 조직은 변화가 필요할 때 이에 저항할 뿐만 아니라 빨리 적응하지도 못한다. 게다가 평상시에도 꾸준히 비효율적이다. '파킨슨의 법칙'대로[30] "어느 일을 하는 데 걸리는 시간은 일의 크기에 관계없이 작업자에게 주어진 시간에 달려 있다." 즉, 같은 일을 하는 데 걸리는 시간은 작업자가 바쁘면 5분, 한가하면 하루 종일 걸릴 수도 있다.

덧붙여서, 그 작업 팀의 인원수와도 관계가 없다. 어느 관료 조직에서 한 명이 할 일을 다섯 명이 할 때 일어나는 현상이다. 예를 들어 미팅 시간을 잡는 데 일주일, 각자 원하는 커피(예를 들어 "나는 카페인 없는 카푸치노, 없으면 에스프레소에 설탕 한 스푼 첨가!")를 오차

경영이라는 세계

없이 배급하는 데 20분, 그리고 회의 중 각자 한마디씩 하다가 중간에 상무에게 온 전화를 받는 팀장을 조용히 기다리는 데 10분, 회의 결과를 법무실에 문의하고 회의록을 작성한 후 각자 확인하느라 이틀 걸린다. 이 비효율 속에서 이들은 이런 생각을 한다. '이렇게 일이 많으니 직원을 한 명 더 채용해야겠다.' 이처럼 비대해진 관료 조직은 자기가 할 일을 만들며 번영하고 성장한다. 몇 가지 관료주의적 비효율의 실제 사례를 살펴보자.

한국 대기업의 벤처 투자

한국의 어느 대기업이 벤처 투자를 위해 실리콘밸리에 오피스를 열었다. 그들이 설정한 투자 절차는 다음과 같았다. 먼저 실리콘밸리 오피스의 투자 담당 김 과장이 괜찮은 딜deal을 찾아 지점장에게 보고한다. 지점장이 허락하면 이를 서울 본사 담당 이사에게 보고한다. 담당 이사가 보기에 괜찮은 딜이라면 사장에게 결재를 받는다.

이 4단계 결재 과정은 많은 시간을 필요로 하는데, 실리콘밸리에서 좋은 딜은 투자자를 오래 기다리지 않는다. 하룻밤 사이에 결정되기도 한다. 우버Uber가 처음 투자자를 찾을 때, 한 VC가 월요일에 사인하기로 한 딜을 바로 그 전날 일요일에 다른 VC와 사인해 버린 일이 있었다. 월요일까지 기다렸던 VC는 수백억 달러의 투자 이익을 놓쳤다. 물론 반대로 나쁜 딜은 잘 기다려준다.

시간보다 더 심각한 게 있다. 바로 '심사 평가'다. 어느 날 김 과장은 기가 막히게 좋은 딜을 겨우 찾게 되었다. 그런데 일반적으로 창업 기업이 성공할 확률은 실패 확률보다 훨씬 적다. 그래서 우리 스마트한 김 과장은 보고서에 '기가 막히게 좋은 딜'이라는 의견을 조금 희석해 '좋은 딜'이라고 쓴다. 지점장 역시 자신의 장래 걱정을 한다. '만약 투자했는데 실패하면 본사의 이사는 분명 내 탓을 할 것이다.' 따라서 그도 개인 의견을 덧붙인다. '위험을 품은 딜'이라고 말이다. 본사의 이사 역시 딜의 성공 가능성을 더욱 희석한다. 이 과정을 거쳐 사장실에 도착한 보고서에는 '기가 막히게 좋은 딜'이 그저 '한심한 딜'로 둔갑되어 있다. 그래서 벤처 투자와 관료주의는 궁합이 맞지 않는다.

한국 재벌의 해외 M&A

먼 옛날 실리콘밸리에 진출한 한국 재벌 기업에 어느 한국인 스타트업에서 'SOS'를 보내왔다. 자금 조달이 힘든 자신들의 회사를 좀 사달라는 부탁이었다. 박 이사와 김 차장은 그들의 요청을 듣고 워싱턴 DC로 날아갔다. 눈으로 확인한 공장은 실망스러운 모양새였다. 한국의 공장에 비하면 자동차 정비소 정도의 초라한 설비라 가내공업 수준으로 보였다. 더 놀라운 건 그들이 제시하는 가격이었다. 1억 달러라고 했다. 그 돈이라면 한국에 최신식 공장을 하나 더 지을 수 있겠다는 생각이 든 그들은 실리콘밸리로 돌아와 스타트업 쪽에 점잖게 거절 의사를 표했다.

그런데 1년이 채 안 되어 놀라운 소식을 접하게 되었다. 그 스

경영이라는 세계

타트업이 10억 달러에 미국의 대기업에 팔렸다는 것이다. 박 이사는 다소 허탈한 심정으로 김 차장에게 말했다. "김 차장, 그동안 가치가 9억 달러나 증가했으니 우리가 9억 달러의 기회를 날린 것이나 다름없네."

정말 그럴까? 그들이 그 회사를 인수했더라면 가치가 그렇게 커졌을지 의문이다. 부회장이 서울 본사에서 워싱턴으로 향하니, 차량 지원을 부탁한다는 연락을 받았다고 해보자. 그러면 운전수만 보낼 수 있나? 사장이 나가야지. 이뿐만이 아니다. 본사에서는 걸핏하면 하던 일을 멈추고 본사에서 풀리지 않는 이 문제를 좀 해결해 달라고 요청해 올 것이다. "서울에서 열리는 글로벌 전략 회의에 참가해라." "업무 보고서 써 내라." "임원 교육을 받아라." "창립 60주년 기념 행사에 참가해라." "감사監査를 받아라." "이 사람 너희가 써라." 이런 것들을 생각해 보면 박 이사나 김 차장은 속상해할 이유가 없을 듯하다.

IBM의 1991년 위기

1991년 IBM은 세계 컴퓨터 제조 업계에서 단연 제일의 파워하우스powerhouse였다. 매출, 이윤, 시장 가치나 기술 면에서 타의 추종을 불허했다. 실제로 그들의 기술 중 상당수가 현재 컴퓨터 산업의 기초가 되었다. 그러니 공학자와 과학자들이 가장 선호하는 직장일 수밖에 없었다.

다만 문제가 하나 있었다. 회사가 시장에서 너무 강해져 버린

것이다. IBM의 독과점을 염려한 미 의회는 청문회를 열어 IBM
을 세 개의 독립 기업으로 강제 분리해야 할지를 두고 논의했다.
청문회 중 한 산업 전문가(일설에는 마케팅 구루 레지스 매케나였다고 한
다)가 초대되었다. 한 위원이 그에게 물었다. "당신은 IBM을 갈라
놓아야 한다고 생각합니까?" 그는 분명히 대답했다. "아닙니다."
"왜죠?" "국가가 강제로 분리할 필요는 없습니다. 가만히 놔두면
혼자 무너질 겁니다. 자신들의 관료주의 때문에."

아니나 다를까, 1년여 후 IBM의 연 손실은 75달러에 이르렀
고, 주가는 1년 반 전 21달러에서 8달러로 떨어졌으며 이 결과로
18만 명을 해고해야 했다. 실제로 IBM은 1964년에 내놓은 획기
적인 '360 시리즈IBM System/360'의 메인프레임과 그 부속 장비의
성공에 안주해 거대한 시장의 변화에는 눈을 감고 있었다. '메인
프레임-단말기' 시대에서 '클라이언트-서버' 시대로 바뀌고 있었
기 때문이었다. 이 추세를 왜 놓쳤는지, 알고도 움직일 수 없었는
지는 명확히 알 수 없다. 단지 그 많은 자산, 누적된 기술력과 고
급 인력이 맥없이 무너졌을 뿐이다.

이를 통해 배울 수 있는 한 가지 교훈은 바로 대기업은 항상
"우리가 '공룡화' 혹은 '화석화'되지 않을까?"라고 묻고 제도적으
로 예방해야 한다는 것이다.

경영이라는 세계

딜레마 2.
한 지붕 아래 두 문화

최적화된 기업은 또 다른 딜레마에 처할 수 있다. 나의 동료 교수인 짐 마치에 따르면 기업은 크게 두 가지를 추구한다. 하나는 가진 걸 가능한 한 잘 '활용exploit'하는 것이고, 다른 하나는 없는 것을 찾으려 '탐사explore'하는 것이다.

문제는 활용과 탐사에 서로 다른 기업 문화가 요구된다는 것이다. 전자는 불확실성을 최대한 제거해 기업이 부드럽게 돌아가게 해야 하므로, 보수적이어야 한다. 후자는 불확실성을 최대한 활용해 새로운 먹거리를 찾아내기 위해 진취적일 필요가 있다. 리스크는 피하는 것이 아니라 찾아다녀야 하는 대상이다.

어떤 경우에는 이 두 사항이 상충하는 경우가 있어 조직 내 분란이 생긴다. 오라일리와 투시먼[31]의 분석에 따르면 한 기업이 한 지붕 밑에서 상반된 두 임무를 수행하려면 '양손잡이ambidextrous 조직'이 필요하다. 이제 활용과 탐사의 '이중 문화'를 보여주는 두 가지 사례를 살펴보자.

IBM의 PC 진출

1980년 IBM은 PC 시장에 진출하기로 결정했다. 이 사업은 기존 메인프레임 사업과 달랐다. 고객, 판매망, 주변기기, 서비스, 마케팅, 협력 업체, 제조 등 거의 모든 면에서 다른 비즈니스였다.

또 PC 시장에서 IBM은 후발 주자로 탠디Tandy나 애플을 '빨리' 따라잡아야 했다.

신사업은 시장과 브랜드 이미지에서 기존 사업과 상충되었다. IBM은 이중 고민에 빠졌다. IBM에 없었던 새로운 기업 문화가 필요한 한편, 활용과 탐사를 다룰 수 있는 '양손잡이 조직'으로 변화해야 했다. 당시 사장이었던 존 오펠은 플로리다연구소 소장이었던 윌리엄 로에게 PC 개발의 전권을 주고, 뉴욕 본사에서 멀리 떨어진 플로리다에서 본사의 지휘 없이 자율적으로 활동하게 했다. 그리고 1년 후 '인텔 CPU 8088' 기반의 IBM PC가 성공적으로 출시되었다.

코닥의 실패

2012년 코닥은 법원에 파산을 신청함으로써 120년간 계속해왔던 필름 사업의 종지부를 찍었다. 주요 제품인 필름이 지구에서 거의 사라져 버리는 기막힌 사건이 생긴 탓이었다. 그렇다고 카메라로 사진을 찍고 보관하고 꺼내 보는 인류의 취미 자체가 없어진 것은 아니었다. 인스타그램이나 플리커Flickr 같은 사진 공유 비즈니스가 여전히 존재하지 않는가? 특히 메타의 인스타그램은 1000억 달러의 시장 가치가 있으리라고 추정되는 사업이다.

당시 코닥은 사진 사업에서 매우 유리한 위치에 있었다. 자본력, 소비자 인지도, 전 세계 판매 네트워크, 그리고 사진 기술에 대한 엄청난 양의 지적 소유권을 가지고 있었다. 그럼에도 불구하고 허망하게 나가떨어졌다. 코닥이 아무 준비 없이 있다 당한 것이라고? 아니다. 사실 20세기 말, 인터넷 세상이 도래하자 코닥은 활용과 탐사 사이에서 큰 고민을 하고 있었다. 전자업계의 간판 타자인 모토로라motorola의 회장 조지 피셔를 대표로 영입하고 디지털화를 시도했으나, 내부의 반발로 진행이 더뎠다. 필름으로 대표되는 화학제품의 이윤이 전자제품에 비해 월등하니, 화학을 버리고 전자를 쉽게 선택할 수 없었다. 또한 화학자로 가득한 로체스터의 본사에 전자공학자를 끌어들기가 어려웠다.

사실 핵심은 화학제품을 전자제품으로 전환하는 것이 아니라 제품을 서비스로 전환하는 것이었다. 물론 이것도 지금에 와서 할 수 있는 말이다. 다만 조금 안타까운 일이 있다. 인스타그램이 출시하기 9년 전인 2001년에 코닥이 먼저 '코닥 갤러리'라는 사진 공유 서비스를 시작했었다. 코닥 갤러리는 어중간한 지원과 어설픈 사업 모델로 본사 파산 후 헐값에 팔렸다. 코닥의 행보는 활용과 탐사 사이 균형 관리 실패 사례로 볼 수 있다. 모든 대기업이 깊이 생각해 볼 일이다.

생존경쟁에서
대기업의 이점

대기업도 여러 가지 이점을 가지고 있다. 첫째, 재정이 안정되어 있으므로 직원 또한 안정적으로 일할 수 있다. 따라서 좋은 인재를 영입할 수 있고, 고객을 설득하기도 쉽다.

둘째, 대부분의 사업에는 '규모의 경제'가 존재한다. TV 광고, 비싼 장비, 그리고 특화된 전문 분야 기술자는 대기업만이 취할 수 있는 이점이다. 물론 생산에서도 규모의 경제가 존재한다.

셋째, '범위의 경제' 역시 존재한다. 기업 내에는 대개 여러 분야가 있으므로 서로 도울 수 있다. IBM은 메인프레임, 소프트웨어, IT 컨설팅의 통합된 사업으로 범위의 경제를 누린다. 메인프레임과 소프트웨어에서의 전문 지식을 컨설팅에 활용하고, 또 컨설팅은 메인프레임과 소프트웨어 판매를 돕는다. 현재 IBM은 과거 어느 때보다 많은 메인프레임을 팔고 있다.

이러한 이유로 대기업은 생존경쟁에 유리하다. 바둑에서 넘어온 '대마불사大馬不死', 즉 '큰 말은 쉽게 죽지 않는다'는 뜻의 사자성어까지 있다. 그러나 이것이 절대 진리는 아닌 듯하다.

모든 대기업은
무너짐이 예고되어 있다

비록 오늘은 안정된 비즈니스를 하고 있다 하더라도 대기업은 결코 안전지대에 있지 않다. 물론 주주와 직원들은 대대손손 한오백년 살자고 하지만 뜻대로 되는 것은 아니다. IBM, 코닥, DEC,

노키아, 아서 앤더슨, 리먼 브라더스, 엔론, 월드컴 같은 쟁쟁한 거물들도 휘청거리거나 아예 넘어져버렸다. 한국의 대기업도 예외가 아니다. 대우, 쌍용, 해태, 율산, 기아, STX, 진로와 동양 그룹 등이 해체되었다.

대기업의 두 딜레마는 바로 '경직성'과 '다문화 공존성'이다. 조직이론 전문가들이 대기업에 해줄 수 있는 조언은 "유연한 '양손잡이 조직'을 유지하고 항상 경계"하라는 것이다. 아무리 크고 성공한 대기업이라도 이 딜레마에서 벗어날 수는 없다. 오히려 크고 성공했기에 이 문제와 맞닥뜨리게 되며, 신생 기업은 이런 문제가 없다.

비록 지금은 잘 이겨냈지만 GE는 디지털 세계에서, 월마트는 온라인 마켓에서, 마이크로소프트는 스마트폰 세계에서, 또 인텔은 무선통신에서 큰 추세를 한 번씩 놓쳤다. 구글 역시 인공지능 경쟁에서 한발 늦었다는 평이 나온다. 이 막강한 대기업도 당하는데 누가 감히 "우리는 다르다"라고 외칠 수 있을까? 아마존의 창업자 제프 베이조스의 2018년 발언을 유념해야 한다. "사실, 언젠가 아마존도 무너질 것이다." 이 말이 모든 대기업에 '오늘의 좋은 시작점'이 되었으면 한다.

경직성에 대한 여담이 하나 있다. 조지 슐츠가 스탠퍼드의 동료 교수였을 때다. 그는 한때 시카고경영대학원 학장이었으며 벡텔Bechtel이라는 건설사의 사장이기도 했다. 또 미 국무장관을 역임한 바 있다. 그야말로 학계, 재계와 정부에서 굵직한 직책을 두루 거친 시대의 거물이었다.

어느 날 교수 라운지에서 한 동료 교수가 물었다. "조지, 당신은 학계, 재계와 정부에서 일한 경험이 있는데 이 셋을 어떻게 비교하겠소?" 잠시 생각한 후 슐츠가 답했다. "정부에서 일할 때는 '이건 꼭 해야겠다' 하는 게 있으면 내가 하라고 시킬 때까지 아무도 안 해요. 그야말로 관료주의의 약점이죠. 반면에 기업에서는 해야 할 것이 내 눈에 띌 때는 벌써 알아서들 하고 있어요. 그래서 이것저것 챙기며 시킬 필요가 없어요." 동료 교수가 계속 물었다. "학계는 어떻죠?" 그러자 슐츠가 곧 대답했다. "교수들요? 그들에게도 구태여 시킬 필요가 없어요." 곧이어 그가 이렇게 덧붙였다. "어차피 시켜도 안 하니까요." 라운지에서 큰 웃음이 터졌다. 슐츠의 말에 따르면 '꼴등'인 교수가 '일등'인 기업의 경직성에 관해 충고하다니 좀 머쓱해진다.

경영이라는 세계

15장

변화의 리듬이
기업의 생사를 좌우한다

조직의 존속 공식은 단 한 단어로 요약된다. 바로 '변화'다. 자발적으로 변화할 수 있는 조직만이 살아남는다.

스탠퍼드의 아미르 와이너는 나치 등 전체주의와 소련 등 공산주의를 연구하는 역사학자다. 그는 전체주의와 공산주의 같은 체제는 오래가지 못한다고 말한다. 자생적인 변화를 수용할 수 없기 때문이다. 기업도 마찬가지다. 기업은 자발적으로 변화할 줄 알아야 하며, 또 해내야 한다.

어떤 기업인은 이렇게 말할 것이다. "변화? 필요하면 우리도 할 수 있죠." 이런 자세로는 안 된다. 적극적으로 찾아서 변화를 '수행'해야 한다.

왜 변화해야 하는지 묻고
주기적으로 변화하라

변화란 다가오는 것을 잡는 게 아니라, 안 보이는 것을 지속적으로 찾아서 만드는 것이다. 이를 우리는 '변화의 리듬'이라 부른다. 음악의 리듬이 소리와 침묵의 연속이듯이, 변화의 리듬은 변화와 정착의 연속이다. 정착은 다음 변화의 준비 기간이다.

'변화 관리'는 기업의 핵심적인 경영 능력이 되어야 한다. 변화 관리란 조직으로 하여금 변화의 기회를 계속 찾고, 찾은 것을 분석하고, 채택할지 버릴지를 결정하고, 결정된 변화를 수행하는 능력을 일컫는다. '탐색Search-분석Analyze-선택Grab-수행Execute', 즉 'SAGE'로 요약할 수 있다.

왜 변화가 필요한가? '적자생존'과 '지속적 개선'에 그 답이 있다. 첫째, 세상은 계속 변화한다. 소비자 취향, 기술 기반 그리고 경제 사회의 요구나 제약 조건은 수시로 바뀐다. 조직 또한 이에 맞춰 변화해야 한다. 둘째, 조직이 자기 딴에는 아무리 잘한다고 하더라도 결국 로컬 옵티멈local optimum, 혹은 극대점極大點일 수밖에 없다. 이보다 더 나은 글로벌 옵티멈global optimum 혹은 최대점最大點이 있는지, 또 그것이 무엇인지는 아무도 모른다. 이를 찾기 위해서는 지속적인 개선과 변화가 필요하다. 올림픽 게임처럼 영원히 반복되는 노력 말이다. 올림픽의 아버지 피에르 쿠베르탱의 말을 빌리자면 이런 노력을 통해 서비스는 더 빠르게, 제품의 품질은

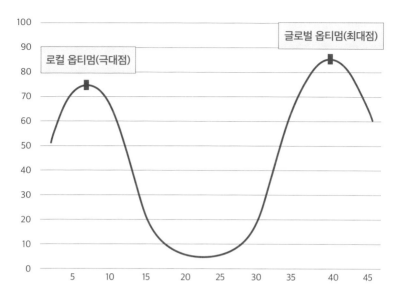

| 로컬 옵티멈과 글로벌 옵티멈 |

로컬 옵티멈(극대점)은 한 구역에서 최고치이며 글로벌 옵티멈(최대점)은 전 구역에서 최고치이다.

더 높게, 기업의 경쟁력은 더 강하게 만들어야 한다.

실리콘밸리의 VC 대부분은 기술보다 '사람'에 투자한다. 비즈니스 플랜보다는 창업가의 기본기를 더 중요하게 여긴다. 2년쯤 후에는 세상이 바뀌어 원래의 비즈니스 플랜이 어긋나게 될 테고, 이때는 창업가가 변화를 선도하고 대처해야 하기 때문이다.

아마존이 스타트업일 때를 상상해 보자. 그들의 도서 판매 비즈니스 플랜은 참으로 평범하고 지루했을 것이다. 지금의 핵심 능력인 물류는 안 하겠다고 큰소리치고, 캐시 카우가 된 클라우드

'AWS'는 생각도 못 했다. 다른 소매상의 물건까지 팔겠다는 마켓 플레이스 모델도 생각하지 못한 것 같다. 다만 큰 강의 이름을 딴 회사명으로 보아, 아마 책뿐만 아니라 세상만물을 팔겠다는 생각은 했던 것 같다.

제프 베이조스는 인터넷으로 책과 그 밖의 것을 팔겠다고 나섰는데, 누구나 생각할 수 있고 또 누구나 할 수 있는 'C급'의 계획이었다. 그렇다면 도대체 무엇을 보고 클라이너 같은 초일류 VC가 이 스타트업에 투자했을까? 클라이너의 전설적인 투자자 존 도어는 제프 베이조스의 경영 능력을 봤다고 한다. 즉 해도海圖에는 없는 아마존의 미래를 향해 떠나는 베이조스의 항해 능력에 베팅한 것이다. 베이조스는 결국 'A급' 기업을 만들었다.

그러면 '무엇을' 바꿔야 할 것인가? 변화는 제품, 절차, 인사, 사업과 전략 등 모든 면에 적용되어야 한다. 이건희 회장의 말대로다. "마누라, 자식 빼고 다 바꿔." 그것도 '지속적으로' 말이다.

수없이 많은 비인기 신제품이
출시되는 이유

기업은 제품을 통해 변화를 구현하고 '리듬'을 만들어낸다. 스마트폰이나 자동차 회사들은 메트로놈처럼 매해 기존 제품을 업그레이드한 새로운 제품을 시장에 출시한다. 소비자는 제품이 구체적으로 어떻게 업그레이드됐는지는 모르더라도 새 모델이 출시되었다는 사실에 열광한다. 만약 이 중 어느 기업이 "올해에는 새 모델을 출시하지 않겠다"라고 하면 그 회사는 머지않아 망할지도 모른다. 다소 냉소적으로 들리지만 변화는 생명줄이다.

언급했던 아이스크림 회사 드라이어스는 홈런 찬스가 희박하더라도 매해 새 제품들을 출시하며 변화의 리듬을 유지한다. 그들의 웹에는 다양성과 변화에 대한 의지가 쓰여 있다. "다시 발명하고, 다시 상상하고, 다시 섞어라Reinvent, reimagining, remix."[32] 맥도날드 역시 마찬가지다. 미국 맥도날드의 경우, 최근에 출시된 유일한 홈런 제품이자 스테디셀러 제품은 1983년에 나온 치킨 맥너겟이다. 맥디럭스, 스낵랩, 각종 샐러드 등 수많은 제품이 해마다 등장하지만 오래 지나지 않아 사라진다. 그러나 변화의 리듬은 멈추지 않는다. 이번 변화를 내놓으며 동시에 다음 변화를 준비한다.

변화의 리듬을 유지하기 위해 조직은 후방에서 많은 노력을 해야 한다. 소비자와 경쟁사의 동향을 주시하는 한편 새로운 기술의 변화를 좇아야 한다. 기업은 이렇게 내부 기강을 세우고, 직원 각자가 창의력을 발휘할 기회를 제공한다. '신나는 직장'이 만들어져 좋은 인재를 불러들인다. 이 모든 것은 변화의 부산물이다.

물론 박자 조정은 필요하다. P&G는 사소한 변화가 너무 자주 일어날까 우려하며, 최소한 N%(제품군마다 다르며 좋은 예는 15%)의 기능이나 비용 개선이 있어야 업그레이드의 자격이 있음을 내부에 명시한다고 한다.

프로세스는
지속적 개선이 관건이다

제조업이건 서비스업이건 기업은 각종 프로세스를 수행한다. 토요타의 지속적 개선continuous improvement은 주로 제조 관련 프로세스에서 일어난다. 재고관리, 설비 교체 시간 감축, 오류 방지, 작업량 평준화가 그 예다. 중요한 것은 이러한 개선 노력이 '지속적'이라는 것이다.

TSMC는 자기 제품 없이 고객이 주문한 반도체를 만드는 순수pure play 제조 회사다. 그러나 그들은 스스로 "서비스 회사"라 부르며, '성의, 소통 및 약속 이행'을 모토로 삼아 주문부터 배달까지 전 프로세스를 개선해 고객 서비스를 극대화한다. 창업자인 모리스 창에 따르면 더 빠르고 유연한 서비스를 향해 "(고객의 기대보다) 한 마일 더 가도록go an extra mile" 꾸준히 노력한다. 앞서 잠깐 언급했던 쿠베르탱 남작의 올림픽 표어("서비스는 더 빠르게, 제품의 품질은 더 높게, 기업의 경쟁력은 더 강하게")와 유사하다.

월마트는 대규모 유통망을 운영한 경험으로 크로스도킹cross docking(창고에 입고된 상품을 분류하고 재포장하여 곧바로 다시 배송하는 물류 시스템), VMIVendor Managed Inventory(구매자의 창고에서 납품자가 직접 재고를 관리하는 것), 배달 경로 최적화 등 공급망 관리 방식을 잇따라 개발해 전 산업에 퍼뜨렸다. 최근에는 IoT, AI나 로봇 등을 물류 관리에 도입하는 등 지속적으로 프로세스를 개선하고 있다.

아마존은 엄청난 물적·인적 투자를 통해 175개 창고에서의 물류 관리 과정을 실시간으로 최적화한다. 그들이 풀려는 문제는 너무나 크고 복잡해서 감히 글로벌 옵티멈, 즉 최상의 답은 생각할 수도 없다. 힘이 닿는 한 로컬 옵티멈, 즉 근사치 정도에서 멈춘다. 그러나 매일 더 가깝게 다가가고자 계속 노력한다.

일본의 다이소는 적은 이윤 때문인지 회사 전체가 검소하게 운영된다. 그러나 히로시마 본사의 주문 프로세스와 창고 시스템은 경험으로 쌓은 노하우와 과감한 투자를 통한 최신 기술로 무장했다. 크로스도크와 전통적 창고를 한 빌딩에 쓰며, 내부 배달 상자에는 눈으로 읽을 수 있는 RFID 태그를 붙였다. 나도 그곳에서 전부 처음 본 것들이었다. 그들은 이 시스템이 약 5년 정도 갈 것이라고 예상했다.

미국 자동차 시장에서 가장 충격적인 사건 중 하나는 1924년 GM의 '오토론auto loan'도입이었다. 이는 개인과 소상인에게 큰 인기를 끌어, 이를 부정한 포드의 시장을 대거 빼앗아 오는 결과를 낳았다. 특히 세계대전 동안 시장에 돈이 돌지 않았을 때 모두에게 큰 도움이 되었으며 포드의 독과점 시대를 종식하는 계기가 되었다.

이제 우리는 차를 구매할 때 대출을 받는 것을 당연하게 여기지만, 당시에는 채무불이행의 리스크 때문에 결코 쉽게 내놓을 금융상품이 아니었다. 제조사와 금융사 간에 많은 타협이 필요하고, 그 이전에 직원들이 창의력을 발휘해야만 가능한 일이었다.[33] 이러한 혁명적 개선은 일회성이 아니다. 변화의 리듬 중 '한 박자'에 해당된다. 그 이후에도 '새 차 5년 리스' 프로그램이라든지 '제조사 인증 중고차GM Certified Pre-owned Vehicle' 프로그램 등 자동차 시장에 비제조 분야의 개선이 연속적으로 도입되었다.

끝으로, 변화의 추진 자체도 프로세스화할 수 있다. 구글, 메타, GE, 3M이나 토요타는 사내 행동 프로그램으로 근무 시간 중 일부를 자신의 혁신 아이디어를 위해 쓸 수 있다. 혁신은 조직 하부에서 나온다는 믿음하에, 지속적 개선과 변화를 제도화하려는 노력이다.

변화를 원한다면
새로운 피를 수혈하라

결국 모든 변화는 사람에게서 시작되므로 변화를 이끌어갈 인재가 절대적으로 필요하다. 일본 최대 도시락 기업인 다마고야의 스가하라 사장에게 이런 질문을 한 적이 있다. "당신의 밤잠을 설치게 하는 가장 큰 걱정거리가 뭡니까?" 그는 이렇게 대답했다. "15년 전 우리가 급성장할 때 채용했던 젊은 직원들은 이제 30대 후반으로 가정을 이루고 안정된 삶을 살고 있으니 큰 모험을 피하려 하죠. 게다가 요새는 회사의 성장이 멈춰서 새로운 직원을 뽑지 않고 있으니 변화의 리듬이 끊어졌어요. 이게 가장 큰 걱정입니다."

새로운 인재는 기업의 기존 사업 형태를 새로운 눈으로 보며 새로운 방향을 제시하고 혁신을 이끌 수 있다. 어느 조직에나 젊은 피 혹은 새로운 피가 필요하다. 고려 시대에 중국 수隋나라에서 직수입한 '과거제도'는 기존 관료나 그 친인척으로 가득 찬 권력층에 젊고 새로운 인재를 주입하려는 의도였으리라 여겨진다. 이들은 처음에는 어설픈 훈련병 같지만 곧 '변화의 리더change agent'가 된다.

스탠퍼드경영대학원 출신의 석사 하나가 대기업에 들어가 처음 몇 년간 많은 변화를 시도했다. 물론 다 성공한 것은 아니었다. 그런데 어느 날 보스가 그를 부르더니 이렇게 말했다. "자네는 우리 부部에 새로운 방향성을 심어주고 있네. 언젠가는 자네가 내 보스가 되리라 믿네." 실화다. 사실 우리 스탠퍼드경영대학원의 웹사이트gsb.stanford.edu를 방문하면, 첫 페이지에 다음과 같은 사명 선언문이 나온다. "인생을 바꾸고, 조직을 바꾸고, 세상을 바꿔라 Change lives. Change organizations. Change the world."

해도에 없는
블루오션을 찾아서

기업은 기존의 사업을 개선하는 동시에 지금까지 생각지 못한 주변의 신사업 아이디어를 찾아 구현해야 한다. 소위 말하는 '블루오션'[34]을 찾아 개척하는 것이다. 이 신사업은 내부에서 진행할 수도, 외부에서 사 올 수도 있다. 디즈니는 픽사, 마블과의 합병을 통해 만화영화계에서 영토를 확장했다. 픽사는 만화영화를 디지털화하고, 마블은 만화책의 영웅들을 영화화하는 데 기여했다.

라우터router 전문 업체인 시스코 시스템즈Cisco Systems는 인수합병을 통해 스위치 사업으로까지 확장했다. 라우터는 서로 다른 네트워크를 연결하고, 스위치는 네트워크 내의 전산 기계를 연결한다. 전 CEO 존 챔버스에 따르면 고객의 요구에 따라 사업 영역을 확장한 것이었다.

시스코, 구글, MS, 오라클, 메타 등의 하이테크 기업은 1년에 수십 개의 기업을 상습적으로 인수하고 합병하는데, 이와 같은 M&A는 새로운 사업뿐만 아니라 새로운 인재를 얻을 기회가 되기도 한다. 일본의 구인구직 회사인 리크루트Recruit는 ISPInternet Service Provider 사업과 슈퍼컴퓨터 개발에까지 뛰어들었다가 몇 년 후 사업을 접었다. 하지만 덕분에 뛰어난 인재 몇 명을 건졌기에 후회는 하지 않는다고 한다. 실제로 리크루트의 창업자 에조에 히로마사는 10년마다 새로운 비즈니스 모델을 시도해 보는 것이 좋은 아이디어라고 하며, 변화를 제도화하는 데 애쓴 것으로 알려져 있다.

전략적으로 변신해야 하는
이유

지속적인 작은 개선에 치중해 시야가 좁아지면, 혁명적인 큰 변화를 놓치고 뒤통수를 맞을 수도 있다. 노키아는 2000년 중반까지 35%라는 엄청난 세계 시장 점유율을 누리며 작은 변화에 집중했다. 그러나 2007년에 등장한 아이폰 때문에 졸지에 휴대전화 시장에서 도망가는 수모를 겪어야 했다. 음성 중심의 휴대전화가 데이터와 음성을 겸비한 스마트폰에 의해 쫓겨난 것이다.

2003년경 헬싱키에 있는 노키아 본사를 방문한 적이 있다. 그때 들은 이야기다. 노키아가 전 세계에서 큰 위력을 떨치던 때였는데, 유독 일본에서는 매출이 형편없었다. 본사에서 계속 압력을 받은 일본 지사장은 결국 이런 제안을 했다. "그러지 말고 이곳에 한번 와보시죠?" 그리하여 10여 명의 노키아 본사 간부들이 일본을 방문했다. 그들은 현지의 소니, 파나소닉, NEC, 산요, 교세라 등 일본 기업의 제품을 보고 집으로 돌아갔고, 그 후로는 조용해졌다고 한다.

사실 그들을 놀라게 한 것은 세련되고 아름다운 휴대전화 디자인이 아니었다. 그 안에 들어 있는 이동통신 업체 NTT 도코모의 '아이모드i-mode'라는 서비스 기능이었다. 아이모드는 애플의 아이폰보다 9년 먼저 출시된 기능으로 휴대전화에서 인터넷 웹을 볼 수 있도록 지원하는 서비스였다. 내가 궁금했던 점은 일본 방문 후 아이폰이 탄생할 때까지 수년 동안 시장의 리더 격이었던 노키아는 무엇을 하고 있었는가다. 어쩌면 '이는 도코모 같은 통신사가 할 일이지, 우리 같은 휴대전화 제조사가 할 일은 아니'라고 생각하고 얌전히 기다렸는지도 모른다.

여하튼 눈앞에 나타난 시장의 요구와 시장의 제1주자 노키아의 공급 간에 갭gap이 장시간 존재했던 것이다(나는 노키아 방문 시 세미나 토크를 했다. 마침 그 세미나의 주제는 '공급망 관리에서의 기능 간 조정 실패'였다). 이 갭을 누군가가 메꿔야 했는데, 결론적으로 그 누군가가 된 것은 통신사가 아닌 휴대전화 제조사였다. 더욱이 이전에 휴대전화를 만들어본 적 없는 '신참내기' 애플이었다.

반면 전략적 변신에 크게 성공한 기업으로는 넷플릭스가 있다. 넷플릭스는 기존 DVD 대여 사업을 디지털 스트리밍 사업으로 변경하는 과정에서 회사를 통째로 바꿨다고 해도 과언이 아니다. 물류와 재고관리가 주된 능력이었던 회사가 하룻밤 사이에 통신-미디어 회사로 바뀌었다. 이런 전략적 변신은 흔치 않기 때문에 경제사에 길이 남을 사건이라고 할 수 있다.

사실 넷플릭스의 변신은 하룻밤 사이에 일어나지 않았다. 원래 이 회사는 묵직한 비디오에서 얄팍한 DVD로 영상 재생 기술이 바뀌던 2000년경, 인터넷과 값싼 미국의 우편 기본요금을 이용해 '온라인 주문, 오프라인 배달(혹은 클릭 앤드 모타르click and mortar. 온·오프라인 사업의 장점을 조화시킨 것)' 모델로 업계에 등장했다. 하지만 그러면서도 뒤로는 다음 세대의 배달 방식인 디지털 스트리

경영이라는 세계

밍에 대한 준비를 하고 있었다. 단지 클라우드, 유사 서버, 데이터 송신망과 와이파이의 기술이 안정되고 가정에 널리 보급되기를 기다리고 있었을 뿐이다.

결국 넷플릭스는 변천하는 기술에 맞춰 비디오 대여 시장의 제2세대와 제3세대를 제패하게 되었다. DVD 사업 모델을 유지하고 있었던 2002년부터 스트리밍 모델로 폭발적 성장을 이루었던 2019년 사이에 구독자는 200배, 매출은 100배 늘었다.[35] 반면 비디오 대여 시장의 제1세대를 제패한 블록버스터는 '비디오 대여 프랜차이즈'라는 비즈니스 모델에 갇혀 변신에 실패하며 역사 속으로 사라졌다.

'활용'과 '탐사'라는 변화의 게임

레스토랑이건 소매점이건 제조 공장이건 변화는 필수적이다. 핵심은 변화를 위해 지속적으로 노력하며 '변화의 리듬'을 타야 한다는 것이다. 새로운 제품, 프로세스, 광고, 사업 모델, 전략을 'SAGE'에 따라 꾸준히 변화시켜야 한다. 이것이 바로 경영진의 핵심 역량이자 짐 마치가 말하는 경영의 두 기능(활용과 탐사) 중 후자인 탐사로, 전자인 활용보다 더 어려운 것이다.

SEJSeven-Eleven Japan의 스즈키 도시후미 회장은 말한다. "우리 편의점 선반에 있는 1만 가지 상품의 관리는 쉽다. 판매 데이터가 있으니 이를 분석하면 된다. 그러나 우리 선반에 아직 없는 100만 가지의 상품 중 어느 것을 선반에 놓을지는 더 중요하고 더 힘든 문제다." 이렇게 보면 인텔의 앤드루 그로브의 말처럼 "편집증만이 기업을 살린다."

끝으로 우리 학자들은 한가하게 "변화하라"며 립서비스를 하지만, 현장에서 직접 변화를 실천하는 경영인은 많은 도전에 당면한다. 우선 노력, 용기와 인내가 필요하다. 수년 전, 스탠퍼드경영대학원에서 대형 약품 유통 기업의 운영 담당 부사장 J를 강사로 초대했다. 그는 풍부한 지식과 타고난 유머 감각으로 매우 훌륭한 연설을 했는데, 마지막에 이렇게 말했다. "지난주에 우리 사장과 이사회가 저에게 최후통첩을 했습니다. 1년 내 서비스율을 15% 올리고 재고를 20% 줄이면 큰 보너스를 받을 것이고, 실패하면 사표를 써야 한다고 했죠. 허허. 이를 이뤄내려면 많은 것을 바꿔야 하는데."

그로부터 2년 후, 그 회사의 다른 임원을 만나게 되었다. J의 성공 여부가 궁금해 물었다. "부사장 J는 잘 지냅니까?" 그러자 그 임원이 답했다. "J는 작년에 회사를 그만두었습니다." 나는 '목표가 너무 높아 달성할 수 없었나 보다'라고 생각했다. 그러나 나중에 한 동료 교수가 전해준 이야기는 달랐다. 사실 J는 그 목표를 달성해 보너스를 받았으며 회사에도 남을 수 있었다. 그러나 목표 달성 과정에서 너무 많은 사람을 힘들게 해 그들과 같이 일할 수

경영이라는 세계

없는 지경에 다다랐고, 그래서 그만둘 수밖에 없었다는 것이었다. 어차피 J에게는 이러나저러나 이길 수 없는 '변화의 게임'이었다. 그나마 다행히도 보너스는 위로가 되었을 듯하다.

16장

새 시대의 흐름,
조직에서의 ESG

한번은 동료 교수와 대만에 있는 필립스 공장을 방문했다. 그 공장은 컴퓨터 스크린 조립 공장으로 일본의 품질관리 상인 '데 밍 상'을 수상한 경력이 있었다. 비교적 작은 공장이었지만 깨끗한 환경에서 직원들이 열심히 일하는 모습이 여전히 기억에 남아 있다.

그때 우리를 안내하던 공장장이 말했다 "최근 필립스에서는 세계 여러 공장의 직원에게 여론조사를 했어요. 그런데 우리 대만 공장이 '행복 지수'에서 아시아 최하위권이지 뭡니까. 그게 큰 걱정이에요." 이에 우리가 물었다. "낮은 행복 지수가 품질에 영향을 미칩니까?" 그는 "아니죠. 품질 면에서는 세계 최상이죠"라고 답했다. "그러면 이직률이 높습니까?" "아니요. 이직률은 거의 제로예요." 결국 우리는 이렇게 물을 수밖에 없었다. "그런데 왜 신경을 씁니까?" 그의 대답은 매우 단호했다. "우리는 신경 씁니다 We do care."

　이 말은 내게 깊은 인상을 남겼다. 회사의 이윤이나 생산성과 무관한 직원의 복지를 그 자체로 챙기고 있었기 때문이다. 벌써 30여 년 전 일이다. 그 이후 '3중 목적triple bottom line'이라는 운동이 널리 퍼지게 되었다. 사회적 책임, 환경 보호 및 재정 성과를 동시에 추구한다는 새로운 패러다임이다. 온라인 사전을 조금 활용하자면, 연쇄 창업가이자 작가 존 엘킹턴이 1994년에 만든 표현으로, 다른 말로는 3PPeople, Planet, Profit가 있다. 최근에는 이윤profit이 빠지고, ESGEnvironmental, Social, Governance의 'G'가 더해졌다.

　ESG는 기업은 '주주의 이윤 추구' 이상의 의미를 가져야 하고, '이해관계자stakeholder' 역시 미래 세대를 포함해 더 넓게 정의해야 한다는 관점에서 시작됐다. 즉 환경오염, 자원 고갈, 부차적 사회 문제나 내부 고용 관계를 해결하는 데는 법과 시장이 제시하는 방안만으로는 부족하다는 것이다. 특히 기업마다 다른 비즈니스 환경을 일반적인 법 규정으로 커버하기에는 한계가 있었다. ESG는 기업의 자발적인 프로그램에 의해 계획되고 실천된다. 요새 ESG가 비즈니스 세계에서의 화두이긴 하나, 하나의 정답이 있는 건 아니다. 그 분야, 범위, 방법에서는 다양한 실천 사례가 있다. 일본, 싱가포르, 미국의 사례를 차례로 소개한다.

사회적 책임을 잊지 않는
다마고야의 경영 철학

일본의 다마고야는 도쿄에서 가장 큰 도시락 배달 업체다.[36] 코로나19 전까지만 해도 하루 6만~7만 개의 도시락을 제작해 회사에 배달했다. 회사는 예약이나 월별 구독을 따로 할 필요가 없다. 아침 9시에서 10시 반 사이에 점심 주문을 하면 당일 정오까지 배달해 주기 때문이다. 음식은 신선하고 거의 유기농이며 균형 잡힌 영양소를 갖춘 데다 결정적으로 맛있다. 게다가 불과 450엔으로 가격까지 저렴하다. 단일 메뉴지만 매일 바뀐다.

창업자 스가하라 회장은 일본식 ESG인 '산포요시三方よし'의 사업 신조를 실천한다. 산포요시는 특정 지역의 상인들이 개발한 개념으로, 세 가지 원칙을 지켜야 한다는 것이다. 나에게 좋고, 고객에게 좋고, 그리고 사회에 좋아야 한다. 가장 효율적인 공급망을 개발하고 관리하여 주문 충족률 100%를 달성하기 때문에 잉여 재고는 0.06%밖에 되지 않는다. 하루 평균 7만 개 주문을 받으면 약 42개가 남는다. 일별 수요 차이가 상당한데도 말이다. 놀라운 기록이다. 이는 고스란히 고객의 혜택으로 제공된다. 좋은 음식을 낮은 가격에 정시에 배달받을 수 있도록 해주기 때문이다.

고등학교 중퇴생을 배달 직원으로 대거 채용해 다른 회사보다 훨씬 후한 월급을 주며 사회에 기여하기도 한다. 다마고야는 많은 결정을 그들에게 일임한다. 그들이 가진 재고관리법은 세계 최고 수준인데, 전부 이들 배달 직원이 개발했다고 한다. 수요 예측, 배달 경로, 고객 모집, 월별 회계 관리 등 거의 모든 일을 이들이 주로 한다. 회장은 메뉴 결정에 집중한다. 내가 스가하라 회장의 아들이자 현 CEO인 스가하라 유이치로에게 물었다. "그러면 당신은 뭘 하죠?" 그의 답은 명쾌했다. "저는 배달 직원들을 보조합니다." 서번트 리더십을 실천하고 있는 것이었다.

또한 다마고야는 사용한 도시락 통을 재사용한다. 수거 및 세척 비용이 들지만 환경을 보존하고 고객과 하루에 두 번 만날 기회를 만들기 위해서다. 스가하라 회장은 회사가 지나치게 이윤을 취하면 탐욕에 빠질 수 있다는 이유로 이윤을 매출의 5%로 제한하고 있다. 그 이상 이윤이 남으면 시설에 투자하거나 직원 보너스로 분배한다.

사회를 대하는 그의 태도는 과거사와 관련이 있다. 그는 이렇다 할 교육을 받지 못하고 인생에서 방향을 잃었다. 결혼 후 작은 식료품 가게를 시작하여 지금의 다마고야를 만들었다. 그래서 길 잃은 젊은이가 인생에서 두 번째 찬스를 가져야 한다고 믿고 고등학교 중퇴생들을 고용하는 것이다.

한번은 음식에 대장균이 생겨 많은 고객이 아프게 되었다. 다마고야는 이때 거의 모든 고객을 잃고 처음부터 다시 시작해야 했다. 그래서 음식 장사에는 사회적 책임이 따른다는 신념 아래 좋은 음식, 좋은 서비스, 건전한 기업 정신 구현, 젊은이에 대한 배려를 스스로 약속했다. 나는 스가하라 회장에게 물었다. "IPO

는 언제쯤?" 그는 단호했다. "절대 안 합니다. 그러면 내 경영 신
조를 다 포기해야 하니까요."

싱가포르 삼수이 키친이 고용한
소외된 사람들

자본주의의 그늘에는 항상 여러 부류의 불우한 이웃이 존재한
다. 정부 보조 양로원에 머무는 노약한 어르신들이 한 예다. 그들
은 건강했던 젊은 날에 자식을 키우고 경제 활동을 마친 후, 이곳
에서 기본적인 생계를 유지하고 있다. 다른 예는 장애인이다. 그
들은 장애 때문에 근로의 기회를 잃고 평생 누군가의 도움에 의
존하게 되기도 한다. 마지막 예로는 전과자가 있다. 과거의 잘못
으로 판결에 따른 징벌을 받은 후에도 여러 취업의 기회로부터
배척당하며 어려운 삶을 사는 이들이 많다. 이러한 세 부류의 불
우한 이웃을 한꺼번에 돕는 조직이 바로 싱가포르의 '삼수이 키
친samsui kitchen'이다.

싱가포르에서 레스토랑 체인을 운영하는 수프 그룹Soup
Restaurant Group의 계열사인 삼수이 키친은 다국적 요식업체 소덱소
Sodexo와 계약하여 병원, 광산, 형무소, 양로원, 대학교 등에 준비
한 음식을 배달한다. 그 외에도 독립적으로 유치원이나 학교 같은
기관에 케이터링 서비스를 제공한다. 삼수이 키친의 ESG는 직원

'칸펜 앙'으로부터 시작되었다.

그는 우연히 방문한 정부 보조 양로원에서 노약자에게 제공하는 음식을 보고 실망했다. 적은 예산으로 마련한 음식은 영양이 부족하고, 그마저도 균형 잡힌 식단이 아니었다. 또한 시설 부족으로 조리하기 쉬운 핫도그나 튀김 음식이 주로 제공됐다. 노인들이 씹거나 소화하기 힘들고, 건강에도 좋지 않은 음식이었다. 정부 보건부 주관으로 독거노인에게 무료로 배달되는 음식 역시 마찬가지였다.

가난한 할머니 손에서 자란 앙은 무언가 바꿔보겠다는 신념으로 일을 벌렸다. 양로원이나 독거노인에게 제공되는 음식을 주어진 적은 예산 내에서 업그레이드하는 것이다. 삼수이 키친은 원가로 식재료를 제공하고, 외부의 식재료 회사들 또한 동참했다. 그룹 내의 셰프들을 설득해 아침 10시부터 12시까지의 휴식 시간을 양로원을 위한 요리를 하는 데 써달라고 했다. 그는 농담으로 "직업상 많은 동물을 살생했으니 착한 일로 속죄를 해야 한다"라는 말로 설득하기도 했다고 한다.

그러나 셰프의 무료 봉사는 지속가능한 모델이 아니었다. 지친 셰프는 정규 업무 시간에 피곤해했다. 앙은 그 대안으로 창이 형무소에 키친을 설치, 복역 중인 죄수 30여 명을 조리사로 스카우트했다. 윈-윈의 아이디어였다. 조리할 인력을 확보하는 한편 이들을 셰프로 훈련시켜 사회에서 전문인으로 취업할 기회를 제공하는 것이었으니 말이다. 수혜자와 혜택자의 역할이 서로 엉켜 있는 셈이었다.

　물론 이 아이디어를 실현하는 데는 많은 노력이 필요했다. 무기가 될 수 있는 칼은 철저한 관리가 필요했고, 화재 위험에 대비해 벽도 방화벽으로 강화해야 했다. 식품의 반입과 반출 또한 엄격한 감시하에 이루어졌다. 물론 정부의 협조가 있어 가능한 일이었다. 그럼에도 준비 기간이 2년이나 걸렸다.

　한 걸음 더 나아가, 앙은 장애인에게도 같은 기회를 마련해 주고자 했다. 수억 원을 투자해 장애인 셰프에게 특화된 조리장을 만들었다. 휠체어에서 조리할 수 있도록 한쪽 조리대의 높이를 낮추고, 인덕션이나 스팀오븐처럼 불이 직접 노출되지 않는 조리 기기를 설치한 조리장은 그들에게 직장과 교육장이 되었다. 이러한 자선단체에 작업실과 사무실을 헐값으로 대여해 주는 자선 몰 '능력 마을'이 공간을 제공했고, 스탠다드차타드 은행이 상당한 기부금을 내며 시설을 마련하는 데 도움을 주었다.

　세 곳의 중앙 키친에서 수백 군데의 양로원까지 배달할 때는 수프 그룹의 운송 자산과 운전자를 이용해 단가를 낮추었다. 독거 노인에게 배달하는 일은 실직한 그랩Grab 운전자가 맡았다. 그랩은 우버와 비슷한 택시 서비스 비즈니스인데, 실직자에게 약소하나마 취업의 기회를 주기 위함이었다. 이 사업은 2019년 이래 계속되고 있으며 요새는 매일 6000인분의 끼니를 제공한다.

　정리하자면 삼수이 키친은 정부, 창이 형무소, 능력 마을, 수프 그룹, 스탠다드차타드 은행을 포함한 여러 단체가 힘을 합쳐 조직적이고 지속적인 '불우 이웃 돕기' 운동을 하는 사업이라고 할 수 있다. 2022년 내가 그곳을 방문했을 때 삼수이 키친은 '소셜 기업가 대통령 상'을 비롯해 수많은 상을 받았다. 그러나 앙이 이런 수상보다도 자랑스러워했던 것은 바로 본사에 부담을 주지 않는 지속가능한 ESG를 실천하고 있다는 사실이었다.

스타벅스, 커피 농장과의 상생

스타벅스는 공급망 파트너에게 비전통적인 사업 방식을 적용했다. 2004년경 개발한 'C.A.F.E.'라는 프로그램이다.[37] 커피 원두는 길게는 3단계의 공급망을 거쳐 스타벅스에 도착한다. 먼저 세계에 흩어진 소규모 농장에서 열매를 수확한 후 처리업자에게 판매한다. 처리업자는 이 열매를 열처리해 초록색 원두로 만들어 배급업자에게 판매하고, 스타벅스는 배급업자로부터 원두를 구매한다. 농장과 처리업자에게서 직접 구입하기도 한다.

이 원두를 가지고 스타벅스만의 방식으로 고품질 원두를 생산하며, 카페에서 최종 제품인 커피로 제공한다. 스타벅스는 영세한 농장에 관심을 가지고 'C.A.F.E.'를 디자인했다. 해외 구매 담당인 덥 헤이가 말하길 커피나무는 고산에서 '땀'을 흘려가며 힘겹게 자랄 때 그 열매의 향이 가장 진하고 좋다 한다. 따라서 커피나무

농장은 남미, 동남아시아나 아프리카의 높고 깊은 산속에 있다.

그곳에서는 커피나무도 못지않게 일하는 사람도 같이 고생한다. 일꾼들은 세상으로부터 격리된 채로 살아간다. 결국 가족도 같이 힘들게 되며, 자녀 교육도 어려워진다. 법의 힘이 잘 닿지 않기 때문에 일부 농장주가 노동자를 착취하기도 한다. 도움이 필요했다. 바로 이것이 스타벅스가 'C.A.F.E.'를 디자인한 이유다.

'C.A.F.E.'에는 세 가지 목적이 있다. 첫째, 수익이다. 이를 위해 고품질 커피 원두를 안정적으로 확보한다. 둘째, 자연이다. 이 과정에서 자연 환경을 최대한 보존한다. 셋째, 사람이다. 농장이나 거래업자는 정당한 보수를 직원에게 지불해야 하고, 채용이나 해고를 투명하고 공정하게 해야 한다.

이 프로그램의 핵심은 제3자 평가 회사가 평가표를 작성한다는 데 있다. 수익, 자연, 사람 세 가지 분야에서 높은 평가 점수를 받은 농장에 특혜를 준다. 미리 고정된 가격에 스타벅스가 전량 구매를 약속하는 것이다. 구매가는 평가 결과에 따라 달라져 고득점자에게는 대금을 더 쳐준다. 필요하면 은행 부채를 저금리에 얻도록 도와준다. 기술과 운영에 대한 상담과 조언 또한 제공한다. 이렇게 스타벅스는 대기업의 힘을 이용해 지속가능한 공급망 구축을 이루었다.

하워드 슐츠가 이렇게까지 ESG에 집착하는 이유는 아버지 때문이었다. 그의 아버지는 건설장의 비전문직 인부나 트럭 운전사로 일했는데, 작업장에서 발목이 부서지는 사고를 당하고도 비정

규직 노동자라 의료 보험 없이 힘든 삶을 살게 되었던 것이다. 당시 슐츠는 일곱 살로, 아버지 옆에서 보고 느끼고 꿈꾼 것을 그의 사업 세계에 반영한 것이다.

이윤이 기업의 전부인 시대에 종말을 고하며

ESG에 대한 관심이 생겨난 것은 불과 몇 년 전부터다. 그래서 아직도 답이 없는 수많은 이슈가 있다. 월스트리트의 일부 전문가들은 ESG가 빈약한 재정 성과를 숨기기 위한 핑계로 쓰이지 않을까 염려한다. 목적이 여럿이면 당연히 생기는 문제다. 여러 목적의 트레이드오프tradeoff 또한 힘든 문제다. 이윤을 얼마큼 희생하면서까지 좋은 환경을 얻어야 할까?

몇 년 전 토요타 본사를 방문했을 때, 경영진은 하이브리드 차인 '프리우스'에 큰 자부심을 보였다. "프리우스는 자연 친화적인 제품이 상용화되어 성공할 수 있다는 것을 보여준 첫 사례일 겁니다." 그렇다면 테슬라는 '희생 없는' 환경 보호의 더 큰 사례일 것이다. 나는 앞으로도 수많은 사례가 더 나오리라 기대한다. 미래 세대에 대한 의무이자 예의이니 말이다.

ESG의 '책임 체인'의 길이도 불분명하다. 만약 애플의 '공급자'가 공정에서 생긴 노폐물을 불법적으로 하천에 버린다든지, 노

목적의 트레이드오프. 이제 기업은 이윤과 환경을 동시에 고려해야 한다.

동 착취를 한다든지, 비윤리적인 경영 활동에 개입되었다면 애플이 책임져야 할까? 애플의 공급자의 공급자가 저지른 일이라면? 그 답은 명확하지 않고 각 기업의 결정에 달린 듯하다.

이러한 논란에도 명백한 것은 사회의 기대 수준이 꾸준히 올라가고 있다는 것이다. 1970년대에는 위와 같은 상황에서 "알고는 있었지만 우리 회사의 일이 아니라 어쩔 수 없습니다"라고 말하며 안타까워하는 표정으로 빠져나갈 수 있었다. 그 후에는 그저 "몰랐다"라고 말하면 됐다. 그리고 모르도록 노력하면 됐다. 하지만 이제 이런 작전은 통하질 않는다. 아마도 1997년에 세계적으로 논란이 된 나이키의 베트남 노동 착취 사건이 이런 계기를 마련한 듯하다. 당시 《뉴욕타임스》 1면에 보도된 나이키 베트남 공장의 노동 환경 보고서는 소비자를 움직였다. 그 결과 나이키는 창사 처음으로 적자를 기록했고 주가도 반토막이 났다.

오늘날 대부분의 대기업은 적극적인 자세로 그들의 공급자와 그 공급자의 공급자가 자행하는 부정한 환경 파괴, 부당한 노동 행위나 비윤리적인 경영 활동을 방지하고 교정한다. 이제는 "몰랐다"라는 말은 핑계가 되지 않는다. 의류 브랜드 갭GAP의 경우 하청 업체의 ESG 관리에만 100여 명의 풀타임 직원이 일하고 있다고 한다. 공급망으로까지 확장된 ESG의 시대적 요구가 생겨난 것이다. 이제 기업이 고유의 목표인 이윤과 사회적 책임을 균형 있게 추구해야 한다는 사실은 어느 누구도 부정할 수 없다. 그러므로 자연인, 사회인 그리고 경제인으로서 책임을 다하는 기업이 될 필요가 있다.

3부

본능을 따라
움직이는 세계

소비자 심리와 사고파는 행위에 대하여

ORGANIZATION

'좋은 제품을 만들면 잘 팔릴 것이다. 그러니 기업은 물건만 잘 만들면 된다.' 공대생 시절 나는 이런 순진한 생각을 했다. 문제는 소비자에게 제품을 알리고 사도록 설득하는 게 쉽지 않다는 것이다. 핵심은 '정보'다. 소비자에게 나를 알려야 하고, 그 이전에 내가 소비자를 알아야 한다. 이 임무는 기업의 마케팅과 판매 부서가 담당한다.

마케팅에 대한 연구는 학문적으로 경제학과 심리학에 기반을 둔다. 한데 경제학과 심리학은 소비자를 이해하는 데 이견이 있다. 전자는 소비자가 합리적이라 믿고 최적화의 방향으로 접근한다. 반면 후자는 소비자의 편견을 주시하고 휴리스틱heuristics(직관적 판단)을 대안으로 제시한다. 이 둘 사이에서 균형을 잡기란 쉽지 않다. 그래서 기업에 엔지니어뿐만 아니라 마케터도 필요한 것이다.

17장

심리학은 어떻게
합리성에 반기를 드는가

경제학은 응용과학인 경영학의 기초 학문으로, 조직적으로 잘 발전해 온 학문이다. 경영학을 배우다 보면 재정학을 비롯해 회계학, 마케팅, 생산관리, 정보관리, 전략, 인사관리 등의 세부 분야마다 경제학이 얼마나 큰 영향을 미쳤는지 알 수 있다. 그러나 이 막강한 경제학이 다소 두려워하는 학문이 있으니, 바로 심리학이다.

경제학은 '인간은 매우 합리적이고, 주어진 한계 내에서 목적 함수를 극대화하려 한다'는 가정을 철석같이 믿고 이론을 전개한다. 경영학 역시 이 가정하에 최적의 투자 포트폴리오를 구상하고, 마케팅 계획을 세우고, 최상의 재고관리법을 만든다. 그런데 최근 심리학이 이 가정에 살금살금 금을 내고 있다. 이렇게 주장하면서 말이다. "인간은 그렇게 합리적이지 않고, 여러 가지 편견으로 행동한다. 또한 금전적 이익뿐만 아니라 권력, 명예 등 개인 감정을 포함한 다른 가치를 함께 추구한다." 심리학은 관찰과 실험의 결과를 들어 기존 경제학의 가정을 효과적으로 공격하고 있다.

이 때문에 심리학은 경영학에서 또 하나의 중요한 기초 학문으로서의 역할을 하게 되었다. 경영학자인 나와 동료들은 양쪽의 주장을 이해하고 필요에 따라 응용할 뿐이다. 이것이야말로 '슬기로운 학문 생활'인 듯하다. 이제 다양한 결정 과정에서 소비자나 경영자가 가질 수 있는 편견을 실용적인 관점에서 생각해 보자.

합리적 의사결정의 기본, 베이즈 추론 방식

새로운 제품이 시장에 출시되었을 때 소비자는 어떻게 제품에 대해 평가할까? 정설은 베이즈Bayes 추론 방식이다. 먼저 어떤 막연한 추측으로 시작한다. 이를 '사전事前 추측'이라 한다. 다음은 상품 리뷰 등의 데이터를 보고는 사전 추측을 수정해 '사후事後 추측'을 한다. 그다음은 또 친구의 평가 등 다른 데이터를 보고서 사후 추측을 수정해 새로운 사후 추측을 한다. 이런 방식으로 데이터를 누적해 가며 진실에 가까이 다가가는 것이다. 베이즈 추론은 통계학이나 경제학에서 우리의 행동을 설명하는 '합리적 의사결정'의 표준이 된다.

패션 업계에서 신제품을 소개할 때 여는 패션쇼를 예로 들어보자. 모델이 기장이 짧은, 조금은 과격한 옷을 입고 아주 심각한 표정으로 런웨이를 걷는다. 그 장면을 본 어느 관객은 이렇게 말한다. "와, 저 치마 길이 좀 봐. 저렇게 짧은 옷을 어떻게 입으라고. 말도 안 돼." 하지만 다음 날 그 관객은 옷장을 열고 외출복을 고르면서 이렇게 중얼거린다. "아니, 이 치마는 왜 이렇게 길고 촌스럽지?" 바로 어제까지 잘 입었던 옷을 두고 평가가 달라졌다. 베이즈 추론에 따르는 합리적 대처다. 패션쇼는 이렇게 사후 추측을 유도한다.

편향된 데이터는 어떻게
추측을 왜곡하는가

베이즈 추론에 따라 미래 사건을 추측할 때는 과거의 데이터 '내용'에 따라 편견이 생길 수 있다. 최근에 창업으로 쉽게 큰돈을 번 A가 있다고 하자. A는 일반적으로 사업 성공에 대한 사후 추측이 커져, 미래의 투자 기회를 지나치게 낙관적으로 평가하게 된다. 사업으로 쉽게 벌었으니 다른 사업도 쉽게 잘되리라고 믿는다. 그러나 쉽게 투자하면 쉽게 잃기 십상이다. 혹은 자기 자신의 사업 실력을 과대평가해, 하지 말아야 할 사업을 냉큼 시작할 확

경영이라는 세계

률이 크다.

비슷한 원리로 주변에 부유한 사람들이 많은 부자는 자기 자신이 부자라는 사실을 모른다. 최근 와튼경영대학원의 니나 스트로밍거 교수는 학생들에게 미국인의 평균 연 수입이 얼마인지 추측해 보라고 물었다.[1] 응답자의 25%는 "10만 달러 이상"이라고 답했다. 정답은 5만 달러 정도였다. 사립대 MBA 과정을 다니는 그들은 대부분 부유하든지 부유한 배경을 가졌을 것이다. 추론은 합리적이지만 입력 데이터가 편향되어 편견이 생기는 경우다. 이 논리를 응용하면 부동산 중개인은 고객에게 나쁜 집을 먼저 보여주고 두뇌 훈련을 시킨 후 가장 마지막에 최상의 컨디션인 집을 보여주는 것이 현명한 전략이다.[2]

어느 가을날 백화점에서 매우 아름다운 스카프를 찾았다. 그런데 다음 주부터 백화점 전체에 20% 세일 이벤트가 시작된다고 한다. 문제는 그때까지 기다리면 이 아름다운 스카프가 다른 사람에게 팔릴 수도 있다는 것이다. 점원은 물건이 하나밖에 남지 않았다고 말한다. 비싸지만 안전하게 지금 살까? 아니면 기다릴까? 이 상황에서 중요한 것은 그사이에 다른 사람에게 팔릴 확률이다. 이 물건이 다른 사람에게 얼마나 아름답게 보이느냐에 달렸다. 아름다움은 상대적인 것이지만 나는 이미 스카프의 아름다움에 매료되었기에 섣불리 다른 사람도 그러리라고 생각한다. 내가 추측한 '다른 사람이 내가 세일을 기다리는 사이에 스카프를 구매할 확률'은 과대평가되었을 가능성이 크다.[3]

부족한 데이터가 불러오는 선택의 함정

실리콘밸리에 있는 어느 스타트업에서 사외이사로 일할 때였다. 늦지 않게 도착했는데도 두 명의 사외이사 B와 C가 먼저 와서 대화 중이었다. 둘 다 상당히 큰 기업을 창업하고 성공시킨 거물이었다. "그래서 투자하실 건가요?" C가 묻자 B가 답했다. "아니요. 사실 주말마다 자전거로 그쪽 동네를 한번 도는데, 그 회사의 주차장은 항상 텅 비어 있더군요. 주말마다 논다는 이야기죠. 창업 정신이 식었다고 봅니다. IPO도 안 한 창업 기업이 이렇다면 미래가 없는 것이고요."

IPO 이야기라는 것을 곧 눈치챈 내가 물었다. "어느 회사의 이야기를 하는 거죠?" 그들이 말한 회사는 바로 '구글'이었다. 지금 조사해 보니 구글의 주가는 그동안 한 50배 정도 오른 것 같다. 적은 수의 데이터는 자연스럽게 편견을 만든다. '딱 봐도 안다'는 식의 추측이 매우 위험한 이유다.[4]

샘플 A를 B에 적용할 때 생기는 일

1995년 미국 프로 농구의 스타였던 매직 존슨이 미국 대도시의 도심에 영화관을 열었다. 타깃 고객은 교외의 일반 영화관에서 소외된 흑인 가족이었다. 개관 첫날, 존슨은 컨설턴트에게 물었다. "핫도그를 충분히 준비한 겁니까? 좀 모자란 것 같은데." 컨설턴트가 답했다. "물론이죠. 이 정도면 충분하고도 남아요. 영화관을 수십 개나 열었는데 그걸 모르겠습니까?"

경영이라는 세계

그러나 개장한 지 30분 만에 준비해 놓은 핫도그가 동이 나 버렸다. 존슨은 말했다. "백인 컨설턴트는 백인들의 생활 패턴으로 수요예측을 한 겁니다. 우리 흑인 가족들을 잘 이해하지 못했어요. 백인에게 핫도그는 간식이지만 우리 흑인에게는 주식이에요." 한 샘플의 결과를 다른 샘플에 섣불리 적용하면 이런 일이 벌어진다.

우리는 고정비용에 대한 집착을 놓지 못한다

경제학에서 볼 때 고정비용은 이미 들어간 돈이니 그 후 결정에 아무런 영향을 주지 않아야 한다. 그러나 심리적으로는 그리 쉽게 놓아주고 잊어버릴 문제가 아니다. 우리는 가끔 맛없는 음식을 먹으며 중얼거린다. "돈이 아까워서 먹는다." 이미 지불한 고정비용을 정당화하기 위해 육체적 고통을 감수하는 것이다. 이처럼 우리에게는 본전에 집착하는 본능이 있다.

필라델피아에 사는 어느 한국인은 이따금 뉴저지의 애틀랜틱 시티에 가곤 했다. 이 도시는 '동부의 라스베이거스'라고 불리는 도박의 도시다. 필라델피아에서 약 100km 떨어져 있으니 주말에 시외버스를 타고 갔다가 그날로 버스를 타고 돌아온다. 버스는 30분마다 오고, 운임도 편도 15달러 정도다. 집에서 나와 2시간이면 단골 카지노에 도착할 수 있다.

여러 번 가다 보니 어떤 경우에는 돈을 따기도 했다. 한번은 200달러까지 딴 적이 있다고 했다. 그런데 문득 이런 생각이 들었다. '이 정도면 차비도, 밥값도 뽑았다. 재미있게 놀았고 순이익은 150달러 정도니 집에 가면 되겠다.' 그러나 다시 생각해 보니 아쉬운 마음이 들었다. '아니, 내가 150달러를 벌려고 100km나 떨어진 여기까지 왔나? 한 500달러라면 모를까.' 그는 결국 새로운 목표인 500달러를 따고자 노력했으나 본전까지 잃고 빈손으로 집에 돌아와야 했다. 그는 '그 도박장이 바로 집 옆에 있었더라면 150달러를 땄을 때 그만 집에 왔을 텐데' 하고 탄식했다. 오고가는 시간이나 비용은 고정비용임에도 게임을 끝마칠 시점을 정하는 그의 결정은 이 고정비용에 따라 달라졌던 것이다.

비슷한 예로 수년 전 어느 창업가, VC와의 미팅에서 주고받은 이야기가 있다. 창업에 자문으로 참여해 달라는 부탁으로 참석한 미팅이었다. 음식점들이 식자재를 주문하는 데 쓰는 주문 앱 비즈니스였다. 이 앱 사용료는 사용자당 월 50달러였는데, 왜 이렇게 싸냐고 묻자 창업자가 말했다.

"사실 이게 주 수입원이 아닙니다. 이 주문 데이터를 수집·정리해 데이터베이스를 만들어 식자재 도매업자에게 파는 게 저희의 핵심 비즈니스 모델입니다. 그래서 사용료를 낮게 책정했습니다." 내가 물었다. "그러면 차라리 음식점에 앱을 공짜로 쓰게 해주면 안 됩니까?" 그러자 그가 명쾌하게 대답했다. "공짜면 안 쏠니다." 즉 이용자는 고정비 50달러를 지불한 다음에야 그 돈이 아까워서 이 앱을 쓴다는 것이다. 경제학엔 없는 논리다.

고정비에 대한 미련은 비즈니스 세계에서도 흔히 볼 수 있다. 대부분의 기업에서 중앙 전산 시스템의 고정비는 내부 사용자 부서에 할당하여 투자비를 회수한다.[5] 또한 결과가 불확실한 프로젝트에 앞으로 계속 투자할지 결정하는 것은 지금까지 얼마를 투자했느냐에 크게 좌우된다. 어느 주식을 처분할지 결정하는 것도 매수한 금액에 달렸다. 매수한 금액은 벌써 들어간 고정비다. 맛집으로 소문난 음식점 앞에서 20분을 기다렸는데도 줄이 줄어드는 기색이 없다. '그냥 다른 음식점으로 갈까?' 하는 생각이 들지만 내 뒤에 선 긴 줄을 본 순간, 계속 기다리기로 결정한다. 내 뒤의 줄은 내가 음식을 기다려야 하는 시간과는 관련이 없는 '0'이라는 고정비임에도 말이다.

우리는
작은 리스크를 즐긴다

우리는 수많은 불확실성을 안고 인생을 살아가며, 일반적으로 리스크를 피하려 한다. 특히 금전에 관한 '리스크 기피'는 누구나 알고 있다. 사람들은 좀 덜 받는 한이 있더라도 고정된 수입을 선호한다. 또한 보험을 들어 언제 얼마일지 모르는 불확실한 손해를 매달 확실한 '100달러' 손해로 대치한다. 그럼에도 때로는 리스크를 선호하는 경향을 보이기도 한다. 가장 간단한 예가 도박과 복권이다. 카드 게임에서 '하우스(도박장 주인)'가 이길 확률은 적게는 0.5%, 많게는 35% 정도 더 크다. 복권은 그보다 더 심하게 비대칭적이다. 그럼에도 많은 대중이 이에 적극적으로 가담한다. 아마도 작은 투자로 기회를 여는 재미 때문일 것이다.

한국의 어느 증권회사는 처음 계좌를 개설하는 고객에게 미국 주식 20개 종목 중에서 1개 종목을 무작위로 추첨해 공짜로 지급했다. 이벤트 증정에 불확실성을 고의로 삽입해 '리스크 있는 선물'로 만들었다. 왜 고객에게 직접 현금으로 지급하지 않았을까? 이 또한 작은 투자로 기회를 열어보는 재미 때문일 것이다. 결국 같은 돈으로 두 배의 재미, 즉 '공짜'와 '열어보는 재미'를 선물한 결과를 만들었다. 이처럼 우리는 작은 리스크를 즐긴다.

인포시스의 출근 시간 움직이기

인도의 IT 기업 인포시스Infosys Limited는 벵갈루루에 거대한 사옥이 있는데, 수만 명의 직원이 같은 시간에 출퇴근을 하기 때문에 주변 교통이 매우 혼잡했다. 회사에서 출퇴근 버스를 제공하지만 여전히 문제가 있었다. 아침 7시에 도착하는 버스는 텅 비고, 8시에 도착하는 버스는 매일 붐벼 일부는 타지 못하기도 했다. 직원들이 알아서 7시 도착 버스를 타면 좋으련만, 일찍 와서 일찍 가는 옵션을 선택하는 이들이 많지 않았다. 인포시스는 이 문제를 해결하기 위해 스탠퍼드의 발라지 프라바카르 교수에게 도움을 청했다.

프라바카르 교수가 제시한 해결책은 다음과 같았다. 우선 일찍 오는 직원에게 작은 보상금을 제공했다. 예산이 적어서 금액도 적었다. 한국 돈으로 치면 약 1000원 정도였다. 8시에서 7시로 출근 시간을 앞당기는 직원들이 있었지만 그리 많지는 않았다. 지불 방법을 바꿨다. 이제는 돈을 주는 대신 복권을 한 장씩 주었다. 그리고 당일 저녁 5시에 복권 당첨자를 발표했다. 당첨되면 10만 원을 받을 수 있는데, 당첨 확률은 100분의 1이었다. 회사로서는 전과 같은 예산이나 직원들은 이 이벤트를 반겨 큰 변화가 생겼다. 아침에 일찍 출근해 복권을 받는 일은 즐거운 '작은 게임'이 되었다. 많은 직원이 7시에 출근하기 시작했다.

그런데 불만이 생겼다. 직원들이 5시까지 당첨자 발표를 기다리고 싶어 하지 않았던 것이다. 그래서 발표 방식을 바꿨다. 이제 아침 7시 버스로 도착해 사옥 로비에 있는 스크린으로 가면 1번부터 100번까지 번호가 쓰여 있다. 그중에서 직접 하나를 선택하면 결과를 바로 알 수 있다. 휴대전화로도 당첨인지 아닌지 확인할 수 있다. 이렇게 '즉석 만족'을 얻게 된 것이다. 직원들은 각자가 직접 번호를 찍음으로써 '자신의 운명을 컨트롤한다'는 착각 속에 이른 아침 집을 나선다. 리스크 선호, 즉석 만족 및 자가 컨트롤 착각의 심리학적 요소를 기막히게 섞은 인센티브 디자인이다. 한데 프라바카르 교수는 심리학자가 아닌 전자공학 교수다.

편견은 평가를
얼마만큼 지배하는가

스탠퍼드의 사회학 교수인 클리퍼드 나스는 학생에게 다음과 같은 실험을 했다.[6]

실험에 참가한 학생은 컴퓨터로 똑같은 강의를 들었다. 강사가 미리 녹화해 둔 영상 강의였다. 강의가 끝난 후 학생들을 A와 B 그룹으로 나눠 A 그룹은 강의를 들은 컴퓨터로 강사를 평가하고, B 그룹은 자리를 옮겨 다른 컴퓨터로 평가했다. 그 결과, A 그룹의 강의 평가 점수는 B 그룹의 것보다 훨씬 높았다. 비록 녹화된 영상을 틀어놓은 컴퓨터일지라도 나를 가르친 강사의 면전에서 차마 낮은 점수를 줄 수 없었던 것이다. 다른 컴퓨터 앞에서는 훨씬 자유롭게 낮은 평점을 줄 수 있었다. 즉 학생들은 컴퓨터를 마치 감정이 있는 인간처럼 대했다.

다음에는 두 가지 강의 영상을 준비했다. 각각 여성 강사, 남성 강사의 강의로 내용은 똑같았다. 실험 결과 인문계 주제에서는 여성 강사가, 과학계 주제에서는 남성 강사가 더 높은 점수를 받았다. 사람에게 적용되는 편견이 컴퓨터 강사에게도 똑같이 적용된 것이다.

용감한 펭귄과 추종자 펭귄들

스탠퍼드경영대학원 기숙사에서 일어난 일이다. J라는 MBA

학생이 평소대로 TV를 틀어놓은 채 방문을 열어두고 잠시 빨래방에 갔다. 돌아와 보니 세 명의 친구들이 J의 방에서 〈오렌지 카운티〉라는 드라마를 보고 있었다. 이 드라마는 그저 그런 시간을 때우기에 적당한 작품이었다.

그런데 재미있는 일이 벌어졌다. 그다음 날에도 세 친구가 같은 시간에 나타났다. 거기에 네 명이 더 합류했다. 이렇게 학기가 끝날 때까지 여덟 명의 학생이 좁은 방에 몸을 구겨가며 그 범작을 같이 보는 이벤트가 계속된 것이다. 심리학, 경제학이나 동물학에서는 이런 군집 현상을 '군중 심리herd mentality', '레밍 신드롬lemming syndrome' 혹은 '펭귄 효과penguin effect'라 부른다. 펭귄 무리가 육지의 절벽에 서서 발아래 바다가 과연 안전한지 궁금해한다. 그때 한 용감한 펭귄이 바다로 뛰어들면 나머지 펭귄들도 전부 따라서 뛰어든다. 이것이 바로 펭귄 효과다.

이처럼 어떤 리더나 계기가 시작점이 되면 뒤이어 다른 이들이 따라 하면서 집단의 기본값이 된다. "흠, 이 드라마 재미있나 봐. 나도 한번 볼까?" 혹은 "저 친구 바다로 뛰어드네. 뭔가 믿는 구석이 있겠지. 나도 따라 들어가자." 흥미롭게도 이런 펭귄효과는 의미 없는 결정, 즉 '우연'으로 나타나기도 한다. 한 친구가 J에게 물었다. "넌 어떻게 저 드라마를 보기 시작했냐?" J가 답했다. "내가 보던 거 아니야. 다른 드라마를 보다가 빨래하러 갔는데, 그 드라마가 끝나고 〈오렌지 카운티〉가 시작했을 때 너희들이 와서 보게 된 거지."

우리는 용기 있는 한 마리 펭귄을 따라 바다로 뛰어들며, 이것을 '펭귄 효과'라 부른다.

마찬가지로 처음 바다에 뛰어든 펭귄은 정말 용감했거나 똑똑했던 게 아니라, 다른 펭귄에게 밀려 빠진 것일지도 모른다. 이처럼 신제품, 음식점, 게임, 노래나 영화가 때로는 우연한 시작점으로 대중의 집단 선택을 받을 수 있다. 심지어 실리콘밸리도 정부의 현명한 계획으로 시작된 것이 아니었다. 물리학자 윌리엄 쇼클리가 마침 그곳에서 반도체 기업을 시작하고, 스탠퍼드 공대 학장 프레더릭 터먼이 창업을 장려하고, 그의 제자 휼렛과 패커드HP가 그 말을 따랐던 덕택이었다.

집단 편견의 사례들

편견은 개인뿐 아니라 집단에도 생길 수 있다. 희귀한 경우이

경영이라는 세계

지만 집단적으로 정설이라 믿었던 사실이 편견일 수도 있다. 편견이란 영어로 'prejudice'로, '정당한 근거나 경험 없이 미리 형성한 의견'을 말한다. 집단 편견은 군집 효과로 생길 수 있다. 특히 우연히 일어난 역사적 선택이라면 최상의 선택이란 보장이 없다.

집단 편견은 일종의 로컬 옵티멈(극대점) 같은 것이다. 여러 명이 경쟁적으로 산을 올라 산봉우리에 서면 동서남북 아무리 둘러봐도 주위에서 이보다 높은 곳을 찾을 수 없다. 그래서 지금 선 곳이 제일 높다고 집단적으로 믿게 된다. 그러던 어느 날 갑자기 안개와 구름이 걷히며 저쪽에 다른 산봉우리가 보인다. 그런데 그 산봉우리가 지금 있는 산봉우리보다 더 높다. 이 경험으로 글로벌 옵티멈(최대점)은 딴 곳에 있음을 깨닫는다. 이 '코페르니쿠스적 새로운 경험'을 통해 그동안 우리가 편견에, 그중에서도 집단 편견에 사로잡혀 있었음을 깨닫고 진실에 눈을 뜬다. 몇 가지 예를 보자.

인류는 자동차에는 가솔린 같은 화석연료 엔진이 제일이라고 믿고 살았다. 약 150년 동안 수많은 개선을 통해 완벽에 가까운 엔진을 개발하며 그 믿음은 강화되었다. 그러던 어느 날 테슬라 같은 전기차가 등장했다. 그러자 갑자기 "아이쿠, 우리가 길을 잘못 들었나 보네" 하며 모두 배터리 쪽으로 몰려가고 있다. 하긴 가솔린 엔진을 장착한 자동차는 몸 위에 미니 화력발전소 하나씩을 얹고 다니는 것이나 마찬가지니 오염, 복잡성 그리고 가성비 면에서 뒤질 수밖에 없다. 전기차의 경우 테슬라의 모델 S가 출시된 지 10여 년밖에 되지 않았으니 앞으로 한참 더 개선될 것이다. 돌이켜 보면 우리 인류는 '집단 편견' 속에서 살았던 셈이다.

구글의 딥마인드DeepMind가 기계 학습으로 개발한 바둑 프로그램 알파제로AlphaZero는 먼저 태어난 형님인 알파고를 상대로 백전백승을 기록했다고 한다. 알파고는 이세돌에게 한 번 진 경험을 빼고는 모든 인간에게 이겼으니, 인간은 알파제로를 이기기 힘들듯하다.

그런데 알파제로의 바둑 기법을 풀어보니 지금까지 인간이 구사했던 기법과는 확연히 다른 경우의 수를 발견할 수 있었다. 알파고와 대국을 한 이세돌 또한 알파고가 자신 같은 프로기사는 전혀 생각지 못한 창의적 수를 몇 번 두었다고 밝힌 바 있다. 바둑기사들 또한 수천 년 동안 로컬 옵티멈 혹은 집단 편견에서 헤매었던 게 아닌가 하는 생각이 든다. 어쩌면 새로운 정석定石이 태어날 수도 있다. 아니나 다를까, 신세대 바둑기사들은 인공지능의 수들을 공부한다고 한다.

마지막 일화다. 20여 년 전 나이키의 창업자, CEO이자 회장인 필 나이트는 검은 정장에 넥타이를 매고 주주총회에 나타났다. 그러나 이 해에는 까맣고 광이 나는 구두가 아닌 나이키 운동화를 신고 있었다. 끈도 제대로 매지 않은 채였다. 주주들은 이 우스꽝스러운 패션에 폭소를 터뜨렸지만 이들의 공통 관심사인 나이키를 홍보하게 되었다는 명분으로 나이트의 '결례'는 조용히 용서되었다. 그로부터 20년이 지난 오늘, 운동화는 남녀노소를 막론하

경영이라는 세계

고 패션의 대세가 되었다. 과거 수백 년 동안 인류 집단은 비능률적이고 불편한 구두 패션에 얽매여 살았던 것이다.

우리는 모두 합리적인 듯
비합리적인 존재다

우리는 항상 합리적일까? 글쎄, 우리 인간은 평소에 참으로 이성적이고 합당한 결정을 내리지만 때로는 전혀 다른 행동을 보일 때가 있다. 매사 신중하고 날카로운 분석력을 지닌 내 지인은 다섯 살 난 자신의 딸 이야기만 나오면 완전히 '딸바보'처럼 행동한다. 캘리포니아 주민에게 "미래에 무엇이 가장 걱정되느냐?"라고 물으니 다수가 "에너지 자원의 고갈"이라 답한다. 조금 뒤에 "다음에 어떤 자동차를 사겠냐?"라고 물으니 "SUV"라 답한다. 자기 자신이 저지르는 일에 대해 걱정하는 것이다.

스탠퍼드경영대학원 출신 비노드 코슬라는 친구인 스콧 맥널리와 선마이크로시스템스를 창업한 후 나중에 VC가 되었다. 코슬라가 창업한 회사 코슬라 벤처스Khosla Ventures는 환경 보호를 위해 적극적으로 투자한다. 그러나 그의 개인 비행기는 걸프스트림Gulfstream의 비즈니스 제트기로, 오존층 파괴로 악명이 높다. 또한 판사들의 판결은 점심 시간 후나 전날 지역 축구팀이 이겼을 때 더 너그러워진다고 한다.[7] 많은 지력, 지식, 교육과 덕망에도 판사도 사람인지라 당시의 분위기가 판단에 영향을 준다. 우리는 모두 '파트타임 합리인슴睥人'인 듯하다.

그래서 경영에서 심리학은 경제학과 보완적 관계를 이룬다. 예를 들어 리더가 편견에 사로잡혀 결정을 내리고 있을지 모른다. 이때 편견의 존재를 인지하고 정정한 후 올바른 결정을 내려야 한다. 또한 심리학은 소비자의 심리를 더 잘 이해하게 해 성공적인 제품과 서비스를 출시할 수 있게 해준다. 이처럼 심리학은 경제학적 사고를 보완한다. 그러나 심리학은 이러한 편견 등 심리가 모든 상황에서 일어나는지, 아니면 어느 제한된 상황에서 일어나는지는 콕 집어서 답하지 못한다. 그래서 경영에서는 심리학이 경제학을 대체하는 대신 보완하는 역할을 담당하는 것이다.

경영이라는 세계

18장

비합리성을
행동경제학으로 해석하다

행동경제학은 심리적·인지적·감성적·문화적·사회적 요소가 개인이나 조직의 결정에 어떤 영향을 미치는지 연구한다.[8] 특히 경제적으로 비합리적인 행동과 현상을 찾아 그 이유를 해석하고 설명하는 학문이다.

이 분야의 대가로 프린스턴대학교의 대니얼 카너먼과 스탠퍼드대학교의 에이머스 트버스키라는 심리학자가 있다. 이들은 결정 과정에서의 편견과 일관성 없는 행동을 심리학적 관점에서 연구했다. 특히 불확실성이 있으면 그 정도가 심해진다는 점을 강조했다.[9]

그들의 연구는 심리학, 경제학 그리고 경영학에 큰 영향을 주었다. 2002년 카너먼은 심리학자이지만 노벨 경제학상을 수상했다. 트버스키도 공동으로 수상했어야 하나, 그보다 6년 전 사망했기에 그 영광을 나누지 못했다. 이번 장에서는 그들의 연구에서 흥미로운 몇 가지를 짧게 소개한다.

진실을 가리는 편견, 가용성 휴리스틱

캘리포니아에는 이따금 지진이 일어난다. 양초, 식수, 손전등, 상비약, 통조림, 크래커 등이 지진 시 필요한 비상 용품이다. 아예 키트로 팔기도 한다. 흥미롭게도 이들의 판매량은 지진 직후에 치솟았다가 시간이 갈수록 '0'에 수렴한다. 지진의 확률은 매년 비슷한데도 말이다.

우리의 평가와 행동은 기억의 생생함에 달렸다. 카너먼과 트버스키는 이를 '가용성 휴리스틱availability heuristic'이라 불렀다. 우리 주변에서 쉽게 접할 수 있는 '편리한 데이터'를 이용해 급히 평가를 내리면서 진실을 놓치는 편견을 일컫는다. 편리한 데이터에는 생생한 기억, 미디어 노출이나 접근이 쉬운 데이터가 포함되어 있다. 연예인들은 미디어에 쉽게 노출되므로 대중의 가용성 휴리스틱에 희생되기 쉽다. 예를 들어 대중은 연예인이 이혼할 확률을 과대평가한다. 연예인의 이혼율이 정말로 일반인보다 높을까? 연구와 분석이 필요한 문제이긴 하나 미디어에서 부각된 정보들이 우리의 판단을 흐리게 한다.

다른 예로는 대통령 선거가 있다. '어느 후보에게 한 표를 던질까'라는 결정에는 지도력, 성실성, 경험, 지능과 지력, 애국심, 과거 발언 등 중요한 고려 사항이 많다. 그러나 이런 데이터는 너무 많고 쉽게 찾아볼 수도 없다. 팀 샌더스란 컨설턴트의 주장에 따르면[10] 이러한 결정에서 제일 큰 결정 요인은 '호감도likeability'다. 대표적인 사례가 케네디와 닉슨의 대선이었다. 1960년 대선 토론에서 케네디는 호감도 높은 외모와 언쟁 스타일로 노련한 부통령 출신 닉슨을 이겼다. 호감도는 쉽게 얻을 수 있는 데이터이므로 그것이 옳건 그르건 선택에 결정적 역할을 한다. 샌더스는 대다수의 선거나 제품 광고에서도 호감도가 성패를 가른다고 주장한다. 문제는 호감도는 리더십이나 제품 성능에 가장 중요한 속성이 아니라는 것이다. 그저 편리한 데이터일 뿐이다.

관계 없는 데이터의 연결, 앵커링 효과

학생들로 가득 찬 어느 강의실에서 아무도 답하지 못할 황당한 질문을 한다. "UN의 가입국 가운데 몇 퍼센트가 아프리카 국가일까요? 만약 10%라 생각하면 금방 나눠 준 흰 종이에다 10이라 쓰시고 반을 접어서 제출하세요." 다음 강의실에 가서도 똑같은 질문을 하고, 이번에는 65%라 생각하면 65라 쓰고 반을 접어서 제출하라고 이야기한다.

사실 10과 65는 강의실 내의 모두가 보는 데서 룰렛을 돌려 뽑아낸 숫자다. 따라서 이 숫자는 정답을 찾는 데 전혀 도움이 되지 않아야 한다. 그럼에도 불구하고 첫 강의실에서는 25, 다음 강의실에서는 45라는 평균치가 나온다. 아무 정보도 포함되지 않은 임의의 수가 학생들의 결정에 큰 영향을 미친 것이다. 이를 '앵커링(닻) 효과anchoring effect'라 부른다. 임의로 주어진 숫자를 닻으로 삼고 여기서 약간 변형한 답을 도출한다. 그러나 닻에서는 멀리 벗어나지 못한다. 즉, 쓰레기 같은 정보가 결정의 근간이 될 수도 있다.

앞서 설명한 베이즈 추론과는 구분해야 한다. 베이즈에서는 각 데이터가 모종의 의미 있는 정보를 함유하고 있어 이를 최대한 활용하려는 것이다.

흥미롭게도 우리는 때때로 의미 없는 닻을 '찾아서' 의미 있는 결정에 적용한다. 동전을 던져 점심 메뉴를 정하고, 꿈을 마음대로 해석해 복권을 사고, 신의 계시를 듣고 남의 나라를 침략하고, 어떤 철학자의 말을 듣고 귀한 자식의 귀한 결혼 찬스를 망쳐버린다. 경제학도, 심리학도 잘 이해하지 못할 현상이다.

　　　　　　　경영이라는 세계

모든 것은
평균으로 회귀한다

어느 이스라엘 공군 장교가 다음과 같은 경험담을 카너먼과 공유했다.

낙하산 훈련 중 착지를 잘한 훈련병은 칭찬하고, 잘하지 못한 훈련병은 질책했다. 그런데 다음 착지 훈련에서 칭찬받은 훈련병은 전보다 못하고, 질책받은 훈련병은 더 잘했다. 이를 관찰한 장교의 결론은 '훈련할 때 질책은 실력 향상에 도움이 되나, 칭찬은 해롭다. 따라서 칭찬은 삼가고 질책만 해야겠다'였다.

잘못된 착시현상이다. 각 훈련 점수에는 운 혹은 불확실성이 끼어 있게 마련이다. 즉 착지 결과는 '실력 더하기 운'이다. 잘했다면 아마 당시에 운이 매우 좋았을 것이다. 이 좋은 운은 매번 반복될 수 없고, 다음에는 이전보다 운이 좋지 않을 확률이 크다. 반대로 점수가 낮아 질책받은 훈련병은 운이 매우 나빴던 것이고, 다음에는 이번보다 운이 더 나쁘기는 힘들다. 그러므로 나아질 확률이 더 크다. 확률적으로 좋은 것은 나빠지고 나쁜 것은 좋아진다. 따라서 중간으로 향한다. 이런 현상을 '평균으로의 회귀'라 부른다.

불확실성이 있는 곳에는 이런 현상이 항상 잠재한다. 부모의 키가 매우 크다면 자식은 덜 크고, 부모가 매우 작다면 자식은 그보다 더 크는 것이 확률적 현상이다. 이 분기의 실적이 유난히 좋으면 다음 분기는 좋지 못할 가능성이 크다. 이 분기가 매우 나쁘면, 다음은 좋아지기 쉽다. 이는 뚜렷한 추세가 없을 경우를 가정할 때다. 결과에 불확실성과 실력의 영향이 엉켜 있다면 해석할 때 항상 조심해야 한다.

우리는 얻기보다 잃지 않기를 원한다

누구나 투자로 돈을 벌면 기뻐하고 잃으면 슬퍼한다. 그러나 같은 금액이라도 돈을 잃은 슬픔이 돈을 번 기쁨보다 더 크다. 약 2배 정도? 이를 '손실 회피loss aversion 현상'이라 한다. 돈을 100원 잃는 것은 100원 덜 버는 것보다 훨씬 슬프다. 주식 투자자는 손해를 보고 파는 것, 소위 손절매損切賣를 싫어해 악착같이 기피한다. 최소한 본전치기는 해야 한다고 생각한다. 누가 100원을 주었다가 이틀 후에 빼앗으면 애당초 안 받는 것만 못하다.

투자를 결정할 때 손실 가능성이 유난히 부각되어 좋은 기회를 기피하는 경우가 있다. 예를 들어 동전을 던져 앞이 나오면 100원, 뒤가 나오면 0원을 받는다고 하자. 평균 수익이 50원이니 기꺼이 해야 하는 게임이다. 이제 룰을 바꿔서 앞이 나오면 200원을 받고 뒤가 나오면 50원을 내줘야 한다고 생각해 보자. 평균 수익이 75원이니 더 좋은 게임이지만 어째 50원 손해를 볼 수 있다

경영이라는 세계

는 가능성 때문에 조금 께름칙하다. 두 게임 가운데 어느 하나를 선택하라면, 나는 첫 번째 게임을 택하겠다. 이런 선택을 하는 것이 비단 나뿐일까?

유머러스한 에세이 작가인 데이브 배리는 심리학자도 아닌데 다음과 같은 유머러스한 관찰을 했다.[11] 사나이들은 '실패'를 싫어하며, 이를 '인정'하기는 더 싫어한다. 운전 도중에 길을 잘못 들었을 때 유턴해 오던 길로 되돌아가길 싫어한다. 악착같이 유턴을 피해 앞으로 더 가서 오던 길을 피해 돌아서 가는 길을 택한다. '사나이로 태어나서 할 일도 많은데' 이리도 시간을 낭비한다. 유턴은 실패를 인정하는 행위이기 때문이다. 심지어 보는 사람이 없는데도 이 태도를 굳건히 지킨다. 또한 사나이는 길을 가다가 남에게 길을 물어보는 것도 싫어한다. 실패를 인정하는 비겁한 행위이기 때문이다.

한 술 더 떠 그는 모세가 출애굽 때 이스라엘 백성을 이끌어 가나안 땅으로 가는 데 4년이나 걸린 게 모세가 사나이였기 때문이 아닐까 하는 터무니없는 의심을 하기도 한다. 카너먼과 트버스키가 말하는 '손실'은 배리가 말하는 '실패'다. 두 심리학자의 손실 회피 개념은 배리의 '사나이 행동 강령'에 부합한다. 그러나 이런 '실패 인정 기피증'이 사나이가 아닌 여성에게도 적용되는지는 불분명하다.

불확실한 선택의 해독제,
대조

윌리엄스-소노마Williams-Sonoma는 가정용 주방 용품을 파는 미국의 소매상 체인이다. 어느 해 처음으로 빵 굽는 기계를 275달러라는 가격으로 출시했는데 몇 대 팔기는 했지만 결코 성공작은 아니었다. 그리고 몇 달 뒤, 고급형 모델을 429달러에 출시해 두 모델이 진열대에 나란히 놓이게 됐다. 고급 모델의 판매는 좋지 않았다. 그러나 원래의 275달러짜리 기계의 판매량은 두 배로 뛰었다.

소비자들은 왜 그때까지 구매를 하지 않았을까? 두 스탠퍼드의 심리학자 이타마르 시몬슨과 트버스키[12]는 이를 '대조 효과 contrast effect'라 명명했다. 소비자는 물건을 선택할 때 대조 대상이 있어야 한다. 메뉴에 있는 여러 개의 아이템들은 서로에게 대조 대상이 되어 경쟁하는 것이다. 새로운 제품이 등장했을 때에야 소비자는 이 제품과 먼저 출시되었던 제품을 대조하고, 이전 제품이 더 좋다고 느낀 것이다. 대조 대상이 없다면 소비자는 불확실 속에서 선택을 포기했을 것이다.

듀크대 심리학자 댄 애리얼리는 윌리엄스-소노마의 터무니없이 비싼 고급형 모델을 '대조를 위한 미끼decoy'라고 부른다.[13] 다른 제품을 팔기 위해 삽입한 루저loser 제품인 것이다. 말하자면 일종의 음모론이다. 여하튼 대조와 선택권은 판매를 촉진한다. 오픈

경영이라는 세계

테이블OpenTable이라는 미국 온라인 음식점 예약 사이트에서는 A라는 음식점을 찾으면 비슷한 종류의 음식을 파는 B 음식점도 같이 소개한다. 아마존이나 다른 온라인 판매 사이트도 비슷한 전략을 쓰고 있다. 이렇게 보면 삼성과 LG는 서로 경쟁하면서 서로의 판매를 촉진하고 있는지도 모른다.

소비자의 비합리성을 이해할 때 새로운 방향이 보인다

경제생활의 비합리성에는 여러 가지 요인이 있다. 두뇌의 한계, 계산 실수, 편견, 인지 불일치,[14] 무지, 제품의 다른 속성이나 용도, 숨겨진 관련 요소, 감정 개입과 변화하는 목적함수가 그 예다. 이를 연구하는 학문이 '행동경제학'으로, 경제학과 심리학의 교차로가 되어 서로의 취약점을 보완한다.

행동경제학자들은 '조직적으로' 일어나는 심리적 편견 현상을 연구하는데, 더 깊고 많은 정보를 얻고자 한다면 카너먼의 『생각에 관한 생각』과 리처드 탈러, 캐스 선스타인의 『넛지』 그리고 댄 애리얼리의 『상식 밖의 경제학』을 읽어보기를 권한다.

경영에서 행동경제학의 제일 큰 용도는 기업이 소비자를 이해하고 그에 맞는 제품과 서비스를 개발하고 개선하게 도와주는 것이다. 몇 가지 사례를 소개한다.

우버의 확정 요금

우버는 예약할 때 운임을 확정해 줌으로써 소비자의 큰 호응을 얻었다. 소비자에게는 불확실한 요금에 대한 리스크를 제거해 주는 큰 혜택으로, 기존 택시에는 없던 기능이다. 덕분에 소비자는 '혹시 기사가 요금을 더 받으려고 우회하는 거 아니야?' 혹은 '길이 막혀 요금이 많이 나오면 어쩌지?' 같은 '사소한' 걱정을 하지 않게 되었다.

우버 입장에서도 실제 미터기 요금이나 확정 요금이나 '평균적으로' 같기 때문에 손해를 볼 일이 없어 경제적 부담 없이 소비자에게 심리적 혜택을 제공해 줄 수 있다. 실제로 우버에는 여러 명의 심리학자가 일하고 있다고 한다.

레스토랑의 두 번째로 싼 와인

고급 레스토랑에서는 메뉴에서 두 번째로 싼 와인이 가장 많이 팔린다. 가장 싼 와인을 선택하면 '없어 보이니' 한 단계 업그레이드해 불명예를 피하는 것이다. 애당초 와인이 저렴하지 않은 제품인 데다 레스토랑의 이윤까지 없으면 가치에 비해 가격이 높을 것이라는 선입견이 작용하는 듯하다. 경제학에서는 가치에서 가격을 뺀 '순가치'가 선택의 지수라고 가르치지만 이 예시와는 다른 이야기다.

아무튼 소비자들의 심리가 그러하니 레스토랑은 이 인기 있는 와인의 재고를 넉넉히 준비해 두어야 한다. 이참에 가격까지 올려

바가지를 씌우면 어떨까? 얼핏 가능해 보이는 주장이지만, 어느 경영학자의 연구에 따르면 실제로는 또 그렇지 않다고 한다.

맥주와 기저귀 판매량의 상관관계

식료품 가게에서 판매되는 물건들 사이에는 서로 상관관계가 있는 것들이 많다. 소위 '보완재'라고 한다. 예로는 핫도그에 끼우는 소시지와 핫도그 빵이 있다. 하나를 살 때 다른 것도 살 확률이 크다. 따라서 가게는 이 두 제품의 재고를 비슷한 양으로 준비해야 한다. 상식적인 추론이다. 그런데 이해가 되지 않는 예시도 있다. 유아용 기저귀와 맥주의 상관관계다. 소비 패턴으로는 이해가 되지 않지만, '구매 패턴'으로는 설명이 된다. 기저귀를 사려고 가게에 들른 아빠가 이왕 간 김에 맥주까지 사는 것이다.

장기 투자를 기피하는 펀드 매니저

많은 뮤추얼 펀드나 헤지펀드는 '개방형'으로 투자가가 임의로 중도 해지할 수 있도록 설계되어 있다. 하버드대 행동경제학자 제러미 스타인 교수에 따르면, 이 경우 펀드 매니저는 단기 성과에 치중해 장기 투자를 기피하게 된다. 펀드의 중도 해지 가능성이 투자가의 단기 투자 습성을 키워 관리자의 비효율적 투자 전략을 낳는 것이다.

1kg에 5달러, 1.5kg에 4달러

어느 날 슈퍼마켓에서 1kg짜리 요리용 기름을 5달러에 판매하는 것을 보았다. 그런데 바로 같은 매대에 놓인 동일한 브랜드의 1.5kg짜리 기름은 4달였다. 경제 상식을 벗어난 현상이었다. 아무래도 큰 병의 재고가 많아 '땡처리'를 하고 있는 듯했다.

다른 해석도 가능하다. 더 비싸고 양이 적은 1kg짜리 기름은 '애리얼리의 미끼'일지도 모른다. 그런데 놀라운 일이 있다. 그럼에도 1kg짜리 기름을 사는 소비자가 가끔 있다는 것이다. 무슨 사연인지 모르겠으나, 내가 생각할 수 있는 시나리오는 그 소비자가 '의심 많은 경제학자'이리라는 것이다. 세상에 공짜 점심은 없다고 믿으며 공짜 비슷한 것은 이유 불문하고 피하는 사람 말이다.

광고와 감성

장사꾼이 매장에 물건을 쌓아놓고 그 필요성을 설명하며 자신의 물건을 사라고 광고하는 것은 당연히 시장주의에서 '페어 게임fair game'이다. 하지만 지나친 상업주의commercialism에 소비자는 피로해지기도, 식상해하기도 한다. 이에 대처하기 위해 감성에 호소해 '호감도'를 올리는 것도 행동경제학 관점에서는 일리 있는 전술이다.

미국 위스콘신주의 우편 주문(지금은 이커머스) 회사인 랜즈엔드Lands' End는 어느 해 제품 카탈로그의 중간에 시, 수필이나 단편소설 같은 문학작품을 게재했다가 놀랍도록 좋은 반응을 얻었다. 강

남의 코엑스몰에 가면 물건을 전혀 팔지 않는 850평짜리 무료 도서관이 자리 잡고 있는데, 이 또한 고객에게 좋은 반응을 얻고 있다.[15] 피곤해진 쇼핑객에게 '광고 자유 구역'으로 잠시 앉아 음악을 듣고 책을 뒤적이며 휴식할 공간을 제공한 것이다.

같은 맥락으로 애플의 독특한 광고 전략이 있다. 애플의 TV 광고 대부분은 스토리, 특히 감성적인 스토리를 보여준다. 등장인물은 유명 배우가 아닌 아인슈타인, 간디, 스티브 잡스, 피카소, 마틴 루서 킹, 넬슨 만델라, 밥 딜런 등 혁신, 창조, 도전이라는 테마의 스토리를 가진 역사적 인물들이다. 크리스마스 시즌에는 훈훈한 가족 이야기로 감동을 주기도 한다. 결국 애플은 감성을 통해 회사와 제품의 호감도를 높였다. '당장 많이 팔자'와는 다른 목적함수를 가진 스토리텔링이었다.

여하튼 결론은 이것이다. 이 세상에는 일반적인 경제 상식만으로는 해석하기 힘든 현상이 많다. 이 공백을 일부나마 행동경제학이 채우고 있다.

19장

제품과 서비스에 숨은
제2의 속성

때때로 한 제품에 몰랐던 제2의 속성이 있거나, 소비자가 원래 용도가 아닌 제2의 용도로 이용하고 있음을 발견하게 된다. 예를 들어 1860년대 미국의 가정용품회사 P&G는 '아이보리'라는 비누 제품이 물에 뜨는 특성 때문에 어린아이들의 장난감으로 사용되고 있음을 발견했다.

사실 이 특성은 제조 공정에서의 실수로 생겨났지만 비누의 제2의 용도를 깨닫게 된 P&G는 공정을 수정하지 않고 유지하기로 했다. 물에 뜨는 속성을 마케팅에 활용하기도 했다. 그리하여 이 비누는 현재까지 P&G의 인기 제품 중 하나로 남게 되었다. 사실 물에 뜨는 비누는 좋은 비누라고 할 수 없다. 그러나 장난감으로서의 용도가 이 비누를 발군의 제품으로 만들었다. 강아지 꼬리가 강아지를 흔드는 모양새가 된 것이다.[16]

우리 주변에서 볼 수 있는 제2의 속성들

본래의 의도와 다르게 소비되는 제품과 서비스는 무수히 많다. 계획된 제품이나 제도가 엉뚱하게 이용되는 일도 쉽게 관찰할 수 있다. 그러나 우리는 나이가 들면서(5세 이상) 이런 가능성을 간과하며 한 제품에는 하나의 용도만 있다는 고정관념을 갖게 된다. 심리학에서 '기능적 고착화functional fixedness'라 부르는 일종의 '편견'이다. 몇 가지 예시를 살펴보자.

학생 운동이 격앙되는 이유

나는 운동권과는 거리가 멀지만 시대의 흐름을 따르다 보니 시위에 참가하는 일이 가끔 생겼다. 시위의 명목은 '3선 개헌 반대' 같은 심각한 국가적 사안이었는데, 경찰의 제지가 시작되어 최루탄이 날아오자 시위의 명목이 경찰을 향한 분노와 앙갚음으로 바뀌었다. 과격 시위의 주원인이 정치적 이견이 아닌 진압 경찰과의 감정싸움으로 변모한 것이다. 비슷한 예로 최근 방송에서 한국전쟁 참전 용사가 이렇게 말한 일이 있다. "왜 목숨 걸고 싸

였냐고요? 그때는 나라를 지킨다는 고귀한 임무보다는 당장 옆에
있는 전우를 지키겠다는 신념으로 싸웠죠."

살충제로 충족되는 욕구

바퀴벌레는 동서고금을 막론하고 혐오와 공포의 대상으로, 바
퀴벌레를 박멸하는 다양한 살충제 제품들이 있다. 이들은 대략 두
종류로 나뉜다. 하나는 바닥에 짜두는 방식이고, 하나는 캔에 담
긴 가스를 살포하는 분사噴射식이다. 우리가 흔히 '에프킬라' 하면
떠올리는 제품이 바로 분사식이다. 다른 하나는 가루 혹은 액체를
바닥에 넓게 뿌리는 제품이다. 며칠만 기다리면 바퀴벌레가 떼로
죽어 있는 것을 볼 수 있다.

효율만 따지고 보면 후자가 단연 우월하다. 바퀴벌레 한 마리
가 목격되었다면 수십 마리가 근처에 있다는 뜻이기 때문이다. 따
라서 오염 구역을 화학적으로 집단 소탕하는 것이 바람직하다. 하
지만 소비자들은 분사식 제품을 선호한다. 왜일까? 여기에서 제2
의 용도를 찾을 수 있다. 바로 바퀴벌레라는 나쁜 놈을 한 방에 쏘
아 죽이는 쾌감이다. 미국의 살충제 캔에 쓰여 있는 화끈한 문구
가 이를 증명한다. "접촉 시 즉사."

질 것이 뻔한 후보자를 찍는 심리

선거에서 투표를 하는 데에도 제2의 용도가 있다면 믿겠는가?
나의 한 표가 선거 결과에 결정적 영향을 미칠 확률은 '0'에 수렴

한다. 대통령 선거를 예로 들어보자. 내 표를 제외한 수천만 명의 유효표가 두 명의 최고 득표자에게 똑같이 분배되고, 바로 그 순간 내 한 표가 승부를 결정한다? 불가능에 가깝다. 이런 경우를 기대하며 귀찮게 투표하는 것은 합리적이지 않은 행동이다.

무엇보다 당선 가능성이 전혀 없는 후보를 지지한다면? 왜 귀한 표를 낭비하는가? 비슷한 성향의, 가능성이 더 큰 다른 후보에게 표를 던지든지 아니면 투표를 하지 않음으로써 시간을 아끼든지 둘 중 하나를 해야 맞지 않나? 여기에는 여러 가설이 있는데, 나의 가설은 다음과 같다.

우리가 투표하는 이유는 원하는 선거 결과의 확보보다는 카타르시스, 즉 감정의 표출이다. 내가 좋아하거나 싫어하는 후보자에게 그 감정을 표출하여 해소하고자 투표하는 것이다. 물론 결과가 좋다면 더욱 좋겠지만 말이다.

재산은 돈이자 '기쁨'이다

재화에 관한 유명 이야기가 있다. 어느 구두쇠가 큼직한 금덩어리를 사서 자기 집 뒷마당에 깊이 묻어놓고 가끔 꺼내서 보며 즐거워했다. 그런데 어느 날 누군가 금덩어리를 훔쳐가 버렸다. 슬퍼하는 구두쇠를 보고 친구가 위로했다. "그냥 그 금덩어리가 땅속에 아직 있다고 생각하게. 어차피 자네는 돈도 많지 않나? 그것이 있나 없나 무슨 차이가 있겠는가?" 그러나 여기에는 내재된 사실이 있다. 재화는 '소비의 수단(A)'뿐 아니라 '소유의 즐거움(B)'을 준다는 것이다. 우리는 두 번째 속성을 더 기쁘게 여기는 사람을 구두쇠라 부른다. 이 이야기로만 보면 B형 재산가에게 A형 충고를 했으니, 과연 효과가 있을지 의문이다.

이렇듯 단순히 제품이나 서비스뿐만 아니라 사회 현상에도 제2의 속성이 숨어 있다. 사람들은 대개 보편적인 생각을 하고 보편적인 행동을 하는 듯 보이지만 실상은 그렇지 않다. 같은 문제더라도 어떤 이들은 완전히 다른 접근 방식을 취한다. 그리고 때로는 그 접근 방식이 뉴노멀New Normal이 되기도 한다.

제2의 속성을 관리하는 다양한 사례

그래서 비즈니스를 할 때 기업은 제2의 용도나 속성을 적극적으로 관리할 필요가 있다. 제품과 서비스에 어떤 제2의 속성이 있으며 또 고객에게 어떤 제2의 용도가 있는지 미리 파악하고 대응해야 한다. 이에 맞춰 제품과 서비스를 디자인하고 마케팅 전략을 수립하고, 때로는 제2의 용도를 새로 만들 수도 있어야 한다. 몇 가지 '제2의 속성 관리'의 예를 한번 살펴보자.

쇼핑몰에 쇼핑하러 가지 않는 사람들

쇼핑몰이 무엇인가? 누군가 이렇게 물으면 "도시 교외에 여러 상점이 모여 있어 쇼핑하기 편리한 곳"이라고 답하는 것이 제일 무난할 것이다. 하지만 고객들에게 "왜 쇼핑몰에 갑니까?" 하고 물으면 흔히 이런 대답을 듣게 된다. "좋은 동네에서 걷기 위해서요." 고객들은 반려동물과 산책을 하고, 점심을 먹고, 사람을 만나고, 물건을 구경하며 혹 마음에 들 경우 지갑을 연다.

여기에서 쇼핑은 방문의 주목적이 아니라 단지 우연한 사건에 지나지 않는다. 대부분의 쇼핑몰은 이 사실을 잘 알기 때문에 보다 나은 환경을 만들기 위해 애쓴다. 쾌적한 빌딩 내부, 넓은 주차장, 잘 가꾼 정원, 시즌마다 개최하는 이벤트, 깨끗한 화장실, 철저한 보안과 맥도날드를 통해서 말이다.

라스베이거스는 카지노이자 놀이동산이다

이제 라스베이거스는 도박장이라고 보기 어렵다. 가족의 엔터테인먼트 장소로 자리 잡았기 때문이다. 제1의 속성인 '도박'과 제2의 속성인 '엔터테인먼트'를 뒤바꾼 것이다. "'돈'을 따려 하기보다는 '서비스'를 즐겨라. 마치 영화관이나 놀이동산에서 두 시간을 보내는 것처럼." 라스베이거스의 호텔 시저스 팰리스Caesars Palace 그룹의 CMO인 데이비드 노튼의 충고다.

실제로 나 또한 수년 전 라스베이거스에서 잭팟을 터뜨렸다. 25센트 쿼터 1개를 넣었는데 500개의 쿼터가 쏟아진 것이다. 지금 생각해 보니 그때 번 125달러는 어디로 갔는지 모르겠다. 그래도 잭팟을 터뜨린 순간의 기억만은 아직 생생하다. 노튼의 말에 공감하게 되는 경험이다.

OST가 주인공이 될 때

같은 맥락으로 2013년에 디즈니가 출시한 만화영화 〈겨울왕국〉은 주제곡 '렛 잇 고Let it go'의 폭발적 인기를 깨닫고는 마케팅 전략을 다시 수립했다. 노래와 뮤직비디오를 유튜브에 공개하고 싱글 앨범을 발매했다. 이렇게 영화와 음악의 판매를 서로 부추겨 교차수분cross pollination을 이뤘다. 그리하여 많은 어린이가 영화를 본 뒤 싱글 앨범을 구매하고, 노래를 듣고 따라 부르기 위해 여러 번 영화관을 찾았다. 보통 주제곡이라 하면 영화의 들러리쯤으로 생각하게 되는데, '다 잊어'는 거의 주인공급이라고 봐도 무방하지 않았다.

스타벅스 커피의 맛과 향 그리고 매장 분위기

하워드 슐츠는 커피라는 제품과 더불어 커피숍의 '분위기'를 중요하게 여겼다. 엄격한 매장 관리를 통해 방문한 고객이 오감으로 최상의 분위기ambience를 경험할 수 있도록 했다. 그는 고객이 들어올 때 커피의 향, 커피콩이 떨어지는 소리, 고전적인 음악, 스팀 기계의 소리, 계산대와 선반의 진열 상태, 가게 바닥, 의자나 컵의 디자인, 바리스타의 존재감 등을 통해 이탈리아 에스프레소

바의 분위기를 느낄 수 있기를 바랐다.

이 목표하에 많은 세부 운영 지침이 내려졌다. 실내 금연을 일찍부터 시행했고, 직원이 향수를 사용하지 못하게 했다. 수프 같은 냄새가 나는 음식물도 매장에 들이지 않았다. 이렇게 스타벅스의 브랜드는 커피라는 제1의 속성뿐 아니라 분위기라는 제2의 속성에 의해서 탄생하고 유지되었다.

디자인 주스 판매점이 간과한 제2의 속성

스탠퍼드에서 차로 30분 정도 떨어진 곳에 벌링게임이라는 도시가 있다. 그곳에는 작은 주스 가게가 있는데, 많은 종류의 과일 주스가 주문과 동시에 즉석에서 제조된다. 사과와 파인애플을 반반 섞어 단백질, 아사이, 부스터 등의 가루를 추가해 달라고 요청하면 그대로 만들어주는 식으로, 말하자면 '디자인 주스design juice'인 셈이다. 비싼 가격에 긴 제조 시간에도 손님이 꽤 많다.

어느 주말 옷을 사려고 벌링게임으로 향했다. 더운 날인 데다가 마침 도심에서 페스티벌이 열리고 있었다. 말 그대로 가는 날이 장날이었다. 그 주스 가게를 찾았는데 25명 정도가 줄을 서 있었다. 각 주문에 맞춰 주스를 만들자니 시간이 많이 걸리는 듯했다. 캘리포니아의 여름 햇볕 아래서 땀을 뻘뻘 흘리며 기다리는데 문득 이런 생각이 들었다. '이 사람들 중에 진정으로 이 주스의 독창적인 맛을 원해서 기다리는 사람이 몇이나 될까?'

아마 대부분은 나처럼 목이 말라 시원한 음료를 찾는 사람들이었을 것이다. 하지만 그 가게는 '갈증 해소'가 주스의 제2의 속성임을 잊었던 것 같다. 내가 그 가게의 직원이었다면 페스티벌에 대비해 많은 양의 오렌지주스(혹은 가장 인기 있는 주스)를 미리 만들어두고 갈증 해소가 주목적인 고객들을 위해 별도의 대기 줄을 세웠을 것이다.

맥도날드 해피밀의 진짜 주인공

맥도날드는 어린이용 햄버거 세트인 '해피밀'에 특정 테마의 장난감을 끼워줌으로써 제2의 속성을 만들었다. 주로 스타워즈, 라이언킹, 미니언즈, 마리오 형제, 겨울왕국 같은 어린이들이 좋아하는 콘텐츠를 테마로 삼는다. 각 테마에는 여러 개의 장난감이 있는지라 모든 장난감을 모아서 학교 친구들에게 자랑하는 게 어린이들의 큰 기쁨이고, 부모는 이를 위해 필요한 모든 지원을 하는 것이 역사적 사명이 된다.

내 주변에도 이런 부모가 있었다. 한 동료 교수는 재정 지원뿐만 아니라 여러 지점을 순회하기 위한 차량 지원까지 해야 했다. 지점마다 한 어린이에게 장난감을 두 개씩만 팔기 때문이다. 이렇게 되면 해피밀의 주인공은 장난감이지 햄버거가 아니다. 장난감을 사는데 햄버거를 덤으로 주는 것뿐이다.

그렇기에 연달아 4~5개 지점을 방문하다 보면 햄버거가 쌓이게 마련이다. 가족들이 아무리 노력해도 소비할 수 없고, 버리는 것은 양심의 가책으로 남을 것이다. 그래서 장난감만 받고 햄버

경영이라는 세계

거는 안 받겠다고 하니 그건 또 규정에 어긋나기 때문에 안 된다고 한다. 이때 기가 막힌 해결책이 떠오른다. 그 지점 앞의 노숙자에게 기증하는 것이다. 잉여 물자를 더 간절한 수요처로 보내니, 윈-윈 전략 아닌가? 그러나 유감스럽게도 그 노숙자는 손사래를 친다. "해피밀은 안 받아. 나도 너무 많아."

이 사례들처럼 때로는 쉽게 납득하기 어려운 소비자의 선택과 행동을 제2의 속성을 통해 이해할 수도 있다. 제2의 속성은 단순히 판매량을 좌우할 뿐만 아니라 제품과 서비스의 정체성까지 바꿔버릴 수 있다. 그렇기에 제품과 서비스의 초기 디자인과 공급 목적에 얽매이지 않고 다양한 제2의 속성을 맞이할 준비가 되어 있어야 한다. 이렇게 유연하게 사고한다면 반응이 좋지 않았던 제품과 서비스도 시장성이 더 큰 제2의 속성과 용도에 따라 피보팅 Pivoting이 가능해질 것이다.

모두가 세상을 같은 시선으로 해석하는 것은 아니다

소비자는 제품이나 서비스를 어떤 시선으로 보고 구매하는가? 이 간단한 질문에는 복잡하고 놀라운 답이 있다. 이를 이해해야 더 나은 제품과 서비스를 제공할 수 있는 것이다. 만약 제품의 본래 속성, 그리고 제2의 속성이 이미 알려진 것이라면 다속성 분석conjoint analysis 같은 방법으로 평가할 수 있다. 그러나 평가 이전에 선행되어야 할 것은 숨겨진 속성들을 깊이 이해하고 관리하는 것이다.

이는 우리 삶에도 적용되는 이야기다. 많은 사람이 세상을 '나의 시선'이라는 단 하나의 관점으로만 해석한다. 어떤 현상을 타인은 나와는 완전히 다르게 볼 수 있다는 사실을 간과하는 것이다. 이처럼 세상을 단편적으로 바라보면 당연하게도 어떤 일에든 이해의 폭이 좁아지고 오해와 갈등이 생겨난다. 그러므로 우리는 모든 현상에는 다른 관점, 즉 제2의 속성이 있음을 깨달아야 한다. 그리고 이 제2의 속성을 관리하여 내 삶에 적용한다면 더 너른 시야로 세상을 바라보고, 내 방식과 태도를 재정비할 수 있을 것이다. 그래야만 성장과 발전이 따라올 테고 말이다.

마지막으로 제2의 속성과 관련된 재미있는 일화를 소개한다. 한 외국인 동료와 한국 음식에 대해 대화할 일이 있었다. 그는 "나는 한국 음식을 좋아해"라고 말했고, 나는 물었다. "어떤 음식을 좋아하는데? 갈비나 불고기? 아니면 비빔밥?" 그런데 동료의 대답은 예상과 달랐다. "그런 메뉴보다는 공짜로 나오는 반찬들이 재미있고 맛있어서 좋아." 바로 밑반찬 이야기였다. 어쩌면 이 밑반찬이야말로 한국인이 간과하기 쉬운 한국 음식의 제2의 속성 아닐까?

경영이라는 세계

20장

사람들은
여전히 '감성'에 매료된다

미래학자 존 나이스비트는 저서인 『메가트렌드Megatrends』[17]에서 산업 시대에서 정보와 서비스 시대로 가는 기로에서 나타날 10가지 '변화'를 예측해 큰 반향을 일으켰다. 『메가트렌드』는 2년 동안 《뉴욕타임스》 베스트셀러였으며, 전 세계적으로 1400만 부 이상 판매되었다.

개인적으로 그 책에서 기억에 남는 주제는 '하이테크-하이터 치High Tech-High Touch'다. 세상이 '하이테크화'되면서 이에 대한 저항으로 인간 친화적인 '하이터치'가 계속 추세로 남을 것이라는 주장이다. 하이터치란 하이테크의 반대 개념으로 고도의 기술에 기대지 않고 인간의 손길로만 행해지는 로테크low tech 활동이다.

나이스비트가 1982년에 쓴 이 글이 40년이 지난 지금도 적용되고 있다. 이를 내 나름대로 정리해 보았다.

왜 도시인은 자연으로의 회귀를 꿈꾸나

신은 자연을 만들었고 인간은 그 안에 도시를 만들었다. 그리고 도시 안에 자연을 흉내 낸 공원을 만든다. 러시아 인형 같다. 도시는 하이테크의 산실이자 주요 소비처이지만, 자신의 고향인 자연으로 부분이나마 회귀하고 싶어 하는 듯하다.

도시의 집을 생각해 보자. 잘 가꾼 정원이 있고, 창문이 많아 정원의 풍경을 즐길 수 있다. 자연 친화적 디자인이다. 단독 주택이 아니라 아파트라면 베란다까지 동원하여 자연과의 친화를 추구한다. 빌딩에서는 옥상이 정원 역할을 맡는다. 이 모두는 건조한 현대 도시의 모습으로부터 벗어나겠다는 자연스러운 회귀본능에 기인한다. 하버드대 생물학자 에드워드 윌슨은 우리 인간에게 이처럼 '자연 친화'를 자극하는 유전인자, 이름하여 녹색갈증 biophilia이 있으리라는 가설을 세우기도 했다.[18]

미국인 동료 교수들은 나이가 들어 생활에 여유가 생기면 별장 개념으로 두 번째 집을 산다. 대부분 몬태나, 뉴햄프셔, 오리건, 타호 호수 등 먼 산골에 있는 집이다. 그곳에서 말 타고 장작

패고 등산하고 사냥하고 낚시하며 한 계절을 보낸다. 타호 호수에 있는 가까운 동료의 집에는 전기조차 들어오지 않는단다. 21세기 미국에서 말이다. 사람들은 이와 같은 고생을 무릅쓰면서도 잃어버린 가치를 되찾으려는 듯하다. 데이비드 린치 감독 말을 빌리자면 발전된 문명, 고도의 기술과 풍요로운 문화생활에도 우리는 "속은 야생이고 겉은 기묘한 모습으로wild at heart, weird on top" 남아 있다.

'스위트 홈'에 대한
서로 다른 정의

집 안을 들여다보자. 원시시대부터 인간의 친구였던 개와 고양이가 집에서 함께 동거하며 소파를 차지하고 있다. 중앙난방, 증기난방, 레이디언트 난방radiant heating[19] 등 그 좋은 현대식 난방 장치를 갖추고도 벽난로라는 원시 기구를 집 안에, 그것도 한복판에 보란 듯 설치한다. 그러고는 현대식 주택이라 우기며 조금의 모순도 느끼지 못한다.

수년 전, 빌 게이츠가 새 집을 지었을 때였다. 음악이 움직이는 사람을 따라가는 등 최첨단 하이테크 설계라는 기사를 보고 누군가 이런 말을 한 적이 있다. "'참 부럽다'보다는 '참 안됐다'라는 생각이 든다." 실리콘밸리에서 선배 한 분은 '로스앨토스힐스'라는 부유한 동네에 궁궐 같은 현대식 집을 지었다. 요새는 '가정 자동화'가 발전해 루트론Lutron 같은 곳의 제품은 보안, 커튼, 음악, 조명, 냉난방을 구글 홈이나 핸드폰으로 원격 조작할 수 있다. 하지만 선배는 그런 거 안 했단다. 괜히 복잡하고 고장 나면 골치 아프다는 이유였다. 커튼은 손으로 걷으면 된다고도 했다. 신기술이 무섭기 때문은 아니었다. 전자공학 박사로 반도체 회사를 두 번이나 창업해 매각한 사람이었으니까. 단지 집은 '엣지edgy'보다는 '스위트sweet'해야 한다고 생각하는 듯하다.

커서 집게로 파일을 쓰레기통에 넣는 하이터치 컴퓨터

옛날 IBM 대형 컴퓨터나 DOS 시절의 PC는 숫자 계산용이었다. 문자 그대로 '컴퓨터compute+r'로 그 임무에 충실했다. 프로그래밍, 메일, 글 편집, 세금 계산이나 로터스 1-2-3Lotus 1-2-3 등으로 주로 '디지털' 응용에 사용했다. 지금은 어떤가? 사진, 비디오, 영화, 게임, 영상통화나 음악과 같은 '아날로그' 데이터 처리를 위해 쓴다. 심지어 파일을 지울 때 'delete'란 영어 단어를 입력하기가 힘들어서인지 마우스 커서cursor를 집게 삼아 파일을 잡아서 쓰레기통에 넣는다. 하이테크가 로테크를 흉내 내고 있다.

최신 기술의 집약체인 스마트폰 또한 원시적 가죽 케이스로 감싸고, 고급 자동차의 내부 역시 가죽 시트로 덧씌운다. 이렇게 하이테크 제품마다 겉은 아날로그, 속은 디지털화되어 있다. 하이테크란 결국 '가짜fake 아날로그'인 셈인데, 우리는 이를 '디지털 혁명'이라 부른다.

왜 스타워즈의 시그니처는 레이저 '검'인가

최근 영화의 주제는 로봇이나 AI가 아니라 공룡, 해적, 잠긴 배, 정글, 사자, 아기 상어나 좀비다. 예외로는 〈스타워즈〉가 있다. 그러나 이 영화는 하이테크를 가장한 로테크 하이터치의 결정판이다. '광선검light-saber'이라 불리는 레이저 칼을 보라. 레이저라는 최첨단 기술을 원시 무기인 칼에 접목한 말도 안 되는 발명품이지만 관객들은 그 모양새에 깊은 감명을 받은 듯하다. 게다가 움직일 때마다 이상한 소음을 내는 무기라니, 덜 완성된 기술일 가능성이 크다. 그 칼로 남을 해치기 전에 칼을 쥔 내가 먼저 감전되어 목숨을 잃을 수 있다.

이처럼 〈스타워즈〉는 불량에 가까운 첨단 제품으로 원초적 청각미를 도출했다. 여하튼 참 로맨틱한 인명 살상 무기임에 틀림없다. 〈스타워즈〉뿐 아니라 〈레이더스〉나 〈쥬라기 공원〉 같은 영화 역시 고대의 신비로운 하이터치를 첨단 과학의 현대적 배경에서 그려낸다. 〈배트맨〉은 침울한 배경의 로테크 분위기에 하이테크 자동차 하나를 끼워 넣은 것이다. 우리 삶은 여전히 로테크 하이 터치가 주류인 듯하다.

과학자조차도
예술가가 되기를 꿈꾼다

컴퓨터 과학Computer Science, CS계의 노벨상이라 불리는 튜링상을 수상한 앨런 케이는 사물형 OS의 아버지다. 제록스Xerox의 연구소 인 제록스 파크Palo Alto Research Center, PARC에서 객체 지향 프로그래 밍 언어인 스몰토크Smalltalk를, 애플에서 컴퓨터 리사Lisa를, 마이크 로소프트에서 윈도우를 만드는 데 큰 영향을 준 CS의 거물이다.

그는 유타대에서 박사학위를 받기 전까지 프로 기타리스트로 활동했다. 평생 과학과 예술을 같이 추구했으며, 컴퓨터와 기타 로 꿈을 이루었다. 어느 잡지에서 그의 사진을 보았다. 그랜드 피 아노 앞에서 포즈를 취하고 있었다. 같은 맥락으로 많은 의사가 음악을 부전공으로 선택해 의대 내 음악단에서 활동한다. 언제인 가 IBM의 데이터 저장 기기 담당 부사장은 인터뷰 중 취미가 뭐 냐는 질문에 "정원을 가꾸는 일"이라 대답했다. 수억 원의 연봉을 받으며 그렇지 않은 직업을 탐내고 있다. 물론, 농담이다.

경영이라는 세계

미래를 살며 과거를 그리워하는
모순의 시대

한편으로는 과거와의 로맨스를, 다른 한편으로는 디지털의 편의성을 즐기지만 우리는 어떠한 모순도 느끼지 않은 채 살아가고 있다. 그야말로 하이테크-하이터치의 시대다. 기업의 입장에서는 무조건 미래 지향적인 제품이나 서비스만 고집하는 것도 패착이 될 수 있다. 일종의 '택뽕'이랄까. 때로는 마음 깊이 잠재된 하이터치가 첨단 기술의 하이테크보다 소비자에게 더 어필할 수 있다.

스탠퍼드의 환경생물학 교수 그레천 데일리에게서 한 실험 이야기를 들은 적이 있다. 30명의 학생에게 몇 시간이 걸리는 힘든 일을 하게 했다. 그러다가 중간에 일을 멈추고 30분가량의 휴식 시간을 주었다. 휴식 시간 동안, 30명 중 반은 차가 많이 다니는 길을 따라 걷게 하고 나머지 반은 잡초와 도토리나무가 만들어낸 풍경이 시원하게 펼쳐진 스탠퍼드의 언덕을 걷게 했다.

이 휴식 후 일을 계속하게 했는데, 일의 결과는 현저히 달랐다. 언덕을 걸은 팀이 훨씬 생산적이었다. 자연 친화적 환경이 실제로 인간의 생산성에 직접적인 영향을 준다는 구체적 증거를 제시한 것이다. 물론 이 실험이 얼마나 일반적인가에는 의문이 있다. 그렇다고 이를 믿어서 크게 손해 날 일은 없다. 단지 도움이 될 수도 있는 하이터치 행동 방식을 하나 배울 뿐이다. "힘들 때는 자연과 접촉하라."

21장

판매라는
기업 기능에 대하여

우리는 살아가며 많은 거래를 한다. 그러나 대부분의 거래에서 사는 쪽이지, 파는 쪽은 아니다. 판매는 아무나 하는 일이 아니기 때문이다. 내가 보기에 판매를 하는 데는 특정한 성격과 능력이 필요한 듯하다. 우선 적극성과 참을성, 설득력이 있어야 한다. 갭의 부사장에게 매장의 판매 직원을 어떤 기준으로 뽑느냐고 물은 적이 있다. 그가 답했다. "간단합니다. 여러 명의 지원자를 모아놓고 한 주제에 대해 토론하게 한 후 제일 공격적인 사람을 선택해요. 우리 매장에서는 고객이 들어오면 10초 내에 말을 걸어야 하거든요."

판매의 진수는 자동차, 부동산, 무역 등에서 볼 수 있다. 이들

업계에서는 협상으로 가격이 결정되기 때문에 그 치열함이 이루 말할 수 없다. 극한의 판매 능력이 요구된다.

판매원 경험과
판매의 다른 역할

흥미롭게도 미국 국민 여덟 명 중 한 명이 맥도날드에서 일한 경험이 있다고 한다. 다른 패스트푸드 체인까지 고려하면 상당수의 국민이 판매 경험을 가지고 있는 셈이다. 게다가 보이스카우트나 걸스카우트도 쿠키, 레몬주스, 세차 서비스 등을 내걸고 판매 경험을 한다.

나는 가능한 한 많은 젊은이가 잠시라도 이처럼 판매라는 경험을 해야 한다고 생각한다. 먼저 대인관계 면에서 좋은 교육이 된다. 손님을 유치하기 위한 치열한 경쟁, 이기기 위한 전략, 설득력의 전개, 고객 만족을 향한 노력 등 그야말로 '삶의 현장'이다. 더군다나 '을'의 위치에 서서 '갑'을 보는 기회를 얻을 수 있다. 갑질이 을에게 어떻게 보일지, 어떤 행동을 해야 하고 하지 말아야 할지를 배우기 때문이다. 이 과정을 통해 스스로 판매직 체질인지 아닌지도 파악할 수 있다.

판매는 기업의 입장에서 '길바닥에 닿는 타이어'와 같다. 무엇보다도 판매는 자금이 들어오는 유일한 창구다. 그 외에도 판매는 다음과 같은 면에서 중요한 의미를 지닌다.

- 고객과의 접촉점: 판매 팀은 A/SAfter-Sale service와 더불어 소비자와 직접 마주치는 유일한 조직이다. 과거에는 마케팅이 판매를 이끌었지만, 요즘은 판매 역시 마케팅을 이끈다.
- 주요 데이터의 원천: 그저 '이번 주에 얼마나 팔았는지' 같은 통계자료 수준을 넘어, 판매 시점 관리 시스템Point Of Sales, POS으로 각 거래를 실시간으로 추적할 기초 능력이 생겼다. 이는 기업을 날렵하게 만드는 데 기여한다.

각각의 의미를 조금 더 구체적으로 생각해 보자.

판매는 곧 고객과의 접촉점이다

몇 년 전이었다. 미국의 한 은행 지점에 고객이 현금 다발을 들고 와 입금하려 했다. 은행원은 친절하게 현금을 받고 열심히 돈을 셌다. 긴장의 순간이었을 것이다. 집중해서 돈을 정확하게 세어야 했다. 알다시피 틀리면 큰일이기 때문이다. 고객도 이를 알고 말을 시키지 않았다. 드디어 입금을 확인한 고객은 은행을 떠나 집으로 향했다. 그런데 며칠 후 그 은행에서 편지가 왔다. 마케팅 팀이 보낸 새로 나온 신용카드 광고였다.

웰스파고 은행Wells Fargo Bank은 이런 통상적인 업무처리 과정이 난센스라 결론지었다. 고객이 자기 발로 걸어 들어와 접촉 기회를 만들었는데도 이 기회를 전혀 활용하지 못하고 고객이 집에 돌아간 후에야 우편으로 간접 접촉을 시도하다니?

이런 '무작정 우편 광고'를 조롱 삼아 'Spray and Pray', 즉 '뿌리고 기도한다'고 이야기한다. 우편 광고의 판매 성공률은 1%, 대면 접촉 시 성공률은 30%다. 웰스파고는 작전을 바꿨다. 미완성의 지폐 계산 기계를 도입해 돈을 세는 일은 기계에 맡기고 은행원은 다른 금융상품 판매나 고객과의 질의응답에 집중하게 했다. 교훈은 간단하다. 판매는 중요한 고객과의 접촉 시간이다. 최대한 활용하라. 내 동료 교수 허기 라오의 충고다.

또 다른 예로 델Dell 같은 '직접 판매 회사'의 이점은 소비자의 목소리를 직접 들을 수 있다는 것이다. 대조적으로 HP 같은 제조-도매-소매 3단계 공급망은 소비자와 직접 접촉할 기회가 없다. 델은 이런 이점을 충분히 이용하려고 다음과 같은 '소비자 목소리 청취 시간'을 가진다.

큰 사무실 한가운데 전화가 놓여 있고, 통화 내용은 스피커폰으로 사무실 전체가 들을 수 있다. 전화 앞에는 AS 담당자 한 명이 앉아서 고객의 전화 문의에 답한다. 대부분 델에서 산 컴퓨터에 무언가 문제가 있다는 내용이다. 담당자는 질문에 답한다. 질의응답이 진행되는 동안 그 사무실에는 20여 명의 내부자들이 앉아서 대화를 듣는다. 제조 부문 임원, 판매 부문 임원, 여러 부품 공급자들, 때로는 CEO인 마이클 델이 앉아 있을 때도 있다. 이렇게 모든 조직 구성원이 소비자의 목소리, 특히 나쁜 이야기를 듣는다. 일부 참석자는 종이에 무언가를 받아 적는다. 이따금 델까지 대화에 참여한다고 한다.

나는 이 장면을 묘사해 준 임원에게 물었다. "공급자로 거기 앉아 있다면 심적 부담이 크지 않나요?" 그는 답했다. "전혀 아닙니다. 화기애애한 분위기예요. 다들 배워서 더 잘하겠다는 건데요, 뭐." 이러한 '열린 대화'는 가끔 판매 과정에도 적용한다. 요약하자면 이렇다. 판매와 A/S는 고객과의 중요한 접촉 시간이다. 최대한 활용하라.

판매는 곧
주요 데이터의 원천이다

POS 판매 데이터의 활용은 운영 면에서 놀라운 개선 효과를 낼 수 있다. 대표적 예가 일본의 SEJ다. SEJ는 세븐일레븐의 지역 프랜차이즈로 일본 내에서 미국 본사와 전혀 다른 길을 걸었다. 1991년 본사가 파산 위기에 이르자 SEJ는 본사를 사버렸다. SEJ는 2만 1000여 개 일본 내 점포, 본사와 공급처를 정보망으로 연결하여 정교한 정보 흐름을 디자인했다.

일반적으로 주문 충족 프로세스는 정보, 사물 그리고 자금이라는 세 가지 흐름으로 구성되어 있다. 이 흐름의 이상적 디자인을 대표하는 예가 자판기다. 투명한 유리를 통해 메뉴, 가격 및 재고 상황을 보여준다. 정보의 흐름을 보여주는 것이다. 현금 또는 신용카드로 자금이 흐르면 마지막으로 물건이 출구로 떨어진다. 이 세 단계의 흐름이 단 5초 만에 이루어진다. SEJ의 주문 처리 디자인도 복잡한 자판기 같다. 자세히 살펴보자.

1. 판매 데이터

SEJ에서 공급망 관리의 시작은 POS 판매 데이터다. 각 계산대에서 점원이 물건을 스캔하면서 판매 정보가 수집되는데, 이때 금액을 계산하는 것 이상의 정보가 수집된다. 점원은 손님의 성별과 예상 나이를 계산대 키보드에 입력한 후에야 바코드 스캔을 시작한다. 입력한 데이터는 SEJ 본사의 데이터 센터로 자동으로 전송된다. 즉, 이 판매 데이터는 거래 데이터이자 경영 데이터다.

2. 데이터 규합

SEJ 데이터 센터에서는 이 모든 점포의 판매 데이터를 통합하여 '데이터 마트data mart'를 만들어, 다음 날 아침 전 점포에 뿌린다. 데이터 마트는 수백만 혹은 수천만 거래 데이터를 제품, 카테고리, 시간, 점포, 지역, 성별, 나이별로 정리해 분석하기 쉽게 만들어놓은 데이터베이스다.

3. 데이터 분석

각 점포의 관리자는 전날의 판매 성과를 점포의 컴퓨터를 통해 확인하고 여러 각도에서 데이터 마트를 분석한다. 어제 판매한 '연어 도시락'을 보자. 시간, 지역, 성별, 나이별 판매량을 차트로 보여준다. 이를 참치 도시락의 판매 데이터와 비교하여 볼 수 있다. 제품 카테고리별로도 가능하다. 무엇보다 내 점포뿐 아니라 전국 혹은 지역별로 비교해 볼 수 있다. 그러다 보면 다음과 같은 결론을 내릴 수 있는 것이다. '우리 오사카 북쪽에서는 목요일 저녁 7시와 10시 사이에 50대 남성 고객이 많이 방문해 맥주와 오징어를 사 간다.' 각 점포 관리인은 데이터 과학자가 된다.

4. 주문

이 데이터에 기초해 각 점포 관리인은 본사에 주문을 한다. 주문은 하루 한 번 아침에 하지만 배달은 세 번에 걸쳐 이루어진다. 소량을 자주, 빨리 배달함으로써 재고량을 줄이고, 비좁은 점포 선반을 효과적으로 활용한다.

5. 배달

아침 8시에 주문한 도시락은 먼저 12시 이전에 점심용으로 배달된다. 주문을 한 지 네 시간이 채 되지 않아 도착하는 것이다. 거의 자판기 수준이다. 다음 주문은 오후 5시 이전에 저녁용으로 배달되고, 마지막으로는 다음 날 아침에 배달된다.

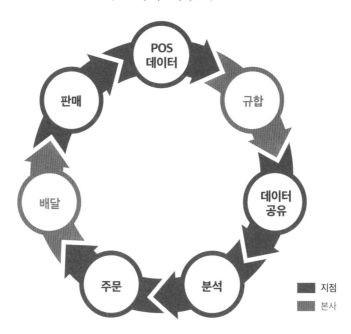

SEJ의 매출은 5조 엔 정도이며 점포당 재고 회전율(연 매출/재고 가치)은 50에 가깝다. 해석하자면 재고를 일주일 만에 다 팔아치운다는 이야기다. 월마트가 9 정도이니, 타의 추종을 불허하는 성적이다. '동네 냉장고'라는 SEJ의 별명이 이해가 되는 순간이다. 이는 전부 판매 데이터를 활용한 덕이다. 사실 SEJ는 판매 데이터를 앞서 설명한 주문관리뿐 아니라 재고관리, 제품 믹스 결정, 신상품 개발, 점포 선정에도 이용하고 있다.

나는 1997년과 2006년 두 번에 걸쳐 SEJ 비즈니스 사례에 대해 썼다. 이는 베스트셀러가 되어 전 세계 MBA 강의실에서 토론

되었는데, 졸지에 SEJ 전문가가 되어 많은 문의 전화와 이메일을 받았다. 한번은 옆 동네 HP에서 전화가 왔다. 몇몇 임원들이 SEJ를 방문하고자 하니, SEJ의 연락처를 좀 가르쳐달라고 했다. 기꺼이 가르쳐주며 이런 농담을 했다. "드디어 컴퓨터 회사도 컴퓨터 쓰는 법을 배우는가 봅니다."

또 한번은 홍콩에 본사를 둔 어느 재벌 기업에서 나를 홍콩까지 초대했다. 상해 일대에 소매 체인을 만들 계획이라고 했다. 마침 서울에 갈 일도 있어서, 기꺼이 방문해 SEJ의 공급망 관리에 대해 강의를 했다. 몇 년 후 그 기업의 부회장을 만날 기회가 있었다. 이전의 방문을 기억하고 감사했다며, 본인들이 SEJ 정보 시스템을 더 발전시켰다고 주장했다. 점원에게 손님의 성별과 나이 외에도 '관광객'인지를 입력하게 했다는 것이다. 관광객들이 TV나 신문 광고에 전혀 반응하지 않아 데이터 분석을 흐리게 하기 때문이라고 했다. 그래서 "점원이 관광객인지 어떻게 아느냐"라고 물었는데, "그냥 보면 알죠"라는 답을 받았다.

판매라는 기능을
완벽히 이해하고 수행하고 있는가

판매라는 기능은 아주 중요하며 역량이 있는 직원을 필요로 한다. 그들은 적극적이고, 참을성 있고, 설득력을 갖춰야 한다. 또한 판매는 기업의 주된 자금줄일 뿐만 아니라 고객과 접촉할 기회를 만들고, 판매 과정에서 얻은 데이터는 기업의 공급망 관리에 요긴하게 쓸 수 있다. 게다가 판매를 통해 접하는 고객은 기존 제품의 품질과 기능 향상, 혹은 새로운 발명의 원천이 될 수도 있다.

인텔은 1980년대 초에 메모리 칩 사업에서 마이크로 칩 사업으로 전환해 기업의 변곡점을 만들었다. 마이크로 칩 아이디어는 그들의 고객이었던 비지컴Busicom이라는 일본 계산기 회사에서 시작된 것으로, 이 회사는 인텔의 메모리 칩에다 데이터뿐 아니라 명령 세트까지 함께 넣어 계산기 속도를 높이고 있었다. 인텔은 그 기발한 아이디어의 IP를 산 후, 주요한 비즈니스 라인으로 키웠다. 이 고객의 아이디어와 인텔의 적극적인 고객관리가 없었더라면 지금의 인텔은 없었을 것이다. 만약 다른 회사가 이 아이디어를 '주웠더라면' 현재 반도체 비즈니스의 판도 또한 완전히 달라졌을 것이다. 여러모로 기업은 고객 덕에 먹고산다. 잊지 말아야 할 교훈이다. 자, 이제 스스로 질문해 보자. "지금 우리는 판매라는 기능을 최대한 활용하고 있는가?"

22장

다양성과 불확실성에 지갑을 여는 사람들

할리우드 영화 〈포레스트 검프〉의 첫 장면에는 유명한 독백이 등장한다. "인생은 초콜릿 상자와 같다. 무엇을 집게 될지 모른다 Life is like a box of chocolates. You never know what you are going to get."

초콜릿 상자를 이야기하고 있으니 어렸을 적 보았던 노란색 초콜릿 상자가 생각난다. 이 신비로운 보물 상자에는 '위트맨 샘 플러Whitman's Sampler'라고 쓰여 있었다. 각각 다른 맛을 지닌 다양한 초콜릿에, 단단한 박스는 바느질 통으로도 쓸 수 있어 버릴 게 하나도 없었다. 검프가 보는 것과는 다른 면의 초콜릿 상자에 대한 추억이다.

초콜릿, 오마카세
그리고 야구카드

사실 초콜릿 상자에는 우리가 좋아하는 세 가지 속성이 섞여 있다. 첫째, 초콜릿이라는 맛있는 음식이 담겨 있다. 둘째, 다양한 종류의 초콜릿이 있다. 어떤 것에는 아몬드가 들어 있고, 어떤 것에는 위스키가 들어 있기도 하다. 우리는 본능적으로 다양성을 좋아하는데, 이를 '다양성 추구 행위variety seeking behavior'라 부른다. 셋째, 뚜껑을 열어서 볼 때까지 그 상자에 어떤 초콜릿들이 들어 있는지는 비밀이다. 초콜릿의 맛과 그 안에 들어 있는 재료는 한번 깨물어 본 다음에야 알 수 있다. 검프의 불확실성 인생 철학은 이 속성과 연관이 있다. 초콜릿 상자의 구매자는 불확실성을 기꺼이 수락할 뿐만 아니라 오히려 즐기는 것이다. 요약하자면 초콜릿 상자는 가치와 다양성과 불확실성이라는 모험으로 가득 찬 '종합 선물 세트'다.

여기에 투영된 일반적 소비자 심리를 들여다보자. 다양성을 좋아하는 우리는 음식을 이것저것 먹어보는 것을 좋아하며, 옷도 자주 갈아입는다. 여행도 여기저기 행선지를 바꿔서 간다. 일부 술꾼은 하룻밤에도 여러 술집을 방문해 다양성을 극대화한다. 얼마나 흔한 현상인지 '2차'라는 전문용어까지 있다. 지금 타고 다니는 차가 좋다고 여기면서도 다음 자동차는 다른 모델을 사려한다. 물론 모든 서비스나 물건에 적용되는 심리는 아니다. 이발

우리가 초콜릿 상자를 좋아하는 이유는 '불확실성'을 즐길 수 있기 때문이다.

소, 식료품점, 담배 판매점, 목욕탕 등에서는 이러한 성향을 보이지 않는다.

　판매자가 다양성을 세트 혹은 패키지로 제공하려 할 때, 개인 아이템을 선택하는 절차가 필요하다. 구매자가 일일이 이것저것을 주문하고, 판매자가 이를 취합해서 제공하는 '당기는pull' 방식은 절차상 소비자에게 부담이 된다. 이 경우 '미는push' 방식이 더 편리하고 효과적일 수 있다. 판매자가 알아서 다양한 수요 욕구를 감안한 패키지를 만들어 제공하는 것이다. 그러면 공급의 제한 조건도 반영할 수 있다.

　이 방식은 소비자에게 불확실성을 자연스럽게 전달한다. 오마카세가 대표적 예다. 셰프가 알아서 한 접시 만들어준다. 비전통적인 거래 방식이지만, 소비자는 불확실한 다양성을 선택의 고민 없이 즐길 수 있다. 옛날에는 기차역에서 파는 도시락이 오마카세와 비슷했다. 한 종류의 도시락으로 선택의 여지가 없었고, 불투명한 뚜껑으로 닫은 후 포장까지 해놓아서 미리 볼 수도 없었다. 그냥 믿고 사 먹으라는 것이었다. 요새는 세상이 많이 바뀌었다. 편의점에 간 고객들은 투명한 뚜껑 덕분에 원하는 도시락을 골라 살 수 있다. 더 좋은 방법임에 틀림없지만, 나는 옛날 방식에 약간의 향수를 느낀다.

또 다른 미는 방식의 판매 예시는 '야구 카드'다. 톱스Topps란 브랜드에서 판매하는 상자에는 14장의 야구 카드가 들어 있다. 카드마다 다른 메이저 리그 선수의 사진이 있는데, 어떤 선수의 카드가 들어 있는지는 상자를 열어봐야 안다.

사실 여기에 적용되는 속성은 다양성 추구보다는 '보물찾기' 혹은 '복권 게임'이다. '이 상자에 보물처럼 희귀하고 값진 카드가 들어 있을까'가 수집가들의 큰 관심사다. 예로 어떤 한국인 수집가의 경우 '류현진' 카드를 찾을 것이고, 일본인이라면 '오타니' 카드를 찾을 것이다. 선수마다 수요와 값어치가 달라서, 어떤 옛날 선수의 카드는 300만 달러 이상의 가격에 거래되고 있다고도 한다.

정리하자면 이렇다. 소비자는 제품의 고유한 가치 외에도, 다양성, 불확실성, 그리고 보물찾기를 즐긴다. 지금부터 이러한 속성을 이용한 두 기업의 전략을 소개해 보려고 한다.

마텔 핫휠의 믹스 전략

마텔Mattel은 세계 2위의 장난감 제조 업체다. 주요 제품은 핫휠Hot Wheel인데, 실제 자동차를 64분의 1 크기로 축소한 장난감 자동차로 지금까지 60억 대가 넘게 팔렸다.

마텔은 소매상이 배정한 작은 매대의 면적을 충분히 활용하기 위해 자신만의 '변동 믹스 전략'을 개발했다. 마텔은 우선 소매상에 핫휠 72개가 들어 있는 버라이어티 팩을 판다. 수백 개의 자동차 종류 중 72개만 포함된 것으로, 어떻게 섞을지는mix 마텔이 결정해 소매상 쪽에 '민다push'. 소매상은 이 팩을 열어 매대에 놓고, 소비자들은 그중에서 살 제품을 고른다. 버라이어티 팩의 자동차 종류 중 7~8%는 2주마다 바뀌고, 1년에 2회 정도는 완전히 바뀌는 시스템이다.

이 전략의 목적은 다양성을 제공하는 데 있다. 수많은 고객이 이번에는 어떤 자동차가 나올까 궁금해하며 가게를 자주 방문한다. 그리고 일단 방문하면 대부분 무언가 구매한다. 이 밖에도 고객이 가게를 자주 방문하는 또 다른 이유가 있다. 보물찾기 프로그램 때문이다. 달마다 한두 개의 특별 모델을 출시해 한정판으로 만들어 팩에 임의로 삽입한 것이다. 우연히 집은 제품이 보물일 확률은 0.01%도 되지 않기 때문에 가게에 자주 들러야 한다.

'변동 믹스 전략'은 글로벌 공급망을 빠른 속도로 관리하는 능력을 요한다. 물건이 장난감이다 보니 가격 제한이 크다. 현재 아마존에서 72개 팩이 110달러에 팔리고 있다. 개당 1.52달러다. 개

소매점에서 판매하는 마텔의 핫휠. 소비자들은 다양한 핫휠을 수집하려 한다.

당 제조 비용이 운송비를 포함하여 1달러 이하여야 한다. 하지만 핫휠의 제조 공장은 미국이 아닌 중국이나 동남아시아에 있다. 따라서 운송 시간이 길고, 제품별 수요예측이 힘들다. 그러나 변동 믹스 전략은 '밀기push'를 통해 수요예측을 불필요하게 한다. 따라서 생산과 마케팅의 합동 작전이라고 할 수 있다.

라스베이거스의 하라스 호텔

나의 동료 교수 B는 어느 해 학술대회에 참가하려고 라스베이거스를 방문했다. 럭셔리 호텔이 아닌 호텔 체인 하라스Harrah's에 머물렀다. 그곳에 방문한 지 석 달 후, B는 프로모션 엽서를 하나 받았다. 타호 호수에 있는 하비스Harveys란 호텔 카지노에서 숙박

비를 50% 깎아준다는 내용이었다. B는 의아해했다. '어떻게 우리 집을 알았지?' 간단했다. 하라스와 하비스는 '하라스 그룹'이라는 기업에 함께 속해 있는 브랜드였던 것이다.

그런데 왜 B가 머물렀던 하라스가 아닌 하비스의 프로모션 소식을 보냈을까? 첫째, 스탠퍼드에서 타호 호수까지 4시간이 걸리고, 라스베이거스까지는 8시간 반이 걸린다. 그래서 B가 방문하기 편하다. 둘째, 그들은 다양성을 '밀기'로 제공한 것이다.

라스베이거스의 호텔들은 다양성 추구 구매 행동의 대표적 예다. 라스베이거스에 가보지 않은 미국인은 꽤 있어도, 딱 한 번만 가본 미국인은 거의 없다. 갈 때마다 같은 호텔에만 머무는 사람도 거의 없다. 늘 내가 머무는 호텔보다 앞이나 옆에 있는 호텔이 더 재미있어 보인다. 만약 B에게 이미 방문한 하라스의 프로모션을 보냈다면 응할 확률은 작았을 것이다. 참고로 B는 바빠서 초대받은 타호 호수에도 갈 수 없었다.

사실 하라스 그룹 내 여러 호텔의 정보를 통합해 승객 명단을 공유하고 응용 프로그램을 개발하는 것은 간단한 일이 아니었다. 특히 이 그룹은 여러 호텔을 기업 인수하면서 성장했기 때문에 호텔마다 정보 시스템이 따로 놀았다. CEO와 COO는 이 시스템들을 연결하여 하나의 실시간 시스템으로 운용할 것을 지시했다. 1997년 당시에는 기술적으로 불가능하다고 여겨지는 일이었다. 그러나 당시 CMO와 CIO의 지휘로 여러 마일리지 프로그램을 연결해 단일 프로그램처럼 만들면서, 호텔 간의 다양성 제공을 가능케 했다. 또한 각 호텔의 지휘권을 본부로 가져왔다. 호텔의 지역 이기심이 통합에 방해가 되기 때문이었다.

어느 수요일 저녁 6시쯤, 게임 중인 고객에게 느닷없이 다음 같은 메시지가 전달된다. "우리 하라스 그룹의 카지노 시설을 이용해 주셔서 감사합니다. 길 건너 하라스 호텔 3층에 있는 아시아 레스토랑에 자리를 예약해 두었으니 30분 뒤쯤 방문하시면 기다릴 필요 없이 저녁 식사를 하실 수 있습니다. 계산은 해놓았습니다." 얼마나 즐거운 서프라이즈 이벤트인가. 사실 카지노는 다 계획이 있다. 이 붐비는 시간에 일부 고객을 밖으로 내보낸 후 새로운 고객을 유입케 하려는 것이다. 고객이 식사를 마치고 돌아올 때쯤에는 카지노 내부가 조금은 한산해질 것이다.

보유 브랜드가 많아진 지금 하라스 그룹은 고객으로 하여금 파리스 호텔에서 머물고, 하라스 카지노에서 게임하고, 시저스 호텔에서 쇼핑하고, 플라밍고 호텔에서 쇼를 보고 저녁 식사를 하도록 유도한다. 그리고 하라스 호텔에서 머물렀다면 다음은 리오 호텔에 방문할 것을 권유한다. 전부 하라스 네트워크에 속해 있는 곳이다.

다양성을 '밀기'로 제공하는 전략 덕분에 호텔 이용률은 96%에 달했고, 추가 매출이 20억 달러를 넘었다고 한다. 그 결과 자신보다 큰 규모였던 시저스 그룹을 인수하고 지금은 '시저스 엔터테인먼트Caesars Entertainment'로 사명을 바꿨다. 시저스는 현재 라스베이거스에서만 시저스 팰리스Caesars Palace, 홀스쇼어Horseshoe, 노부

Nobu, 파리스Paris, 하라스, 플라밍고Flamingo, 크롬웰The Cromwell 등의
호텔과 카지노를 소유하고 있다.

다양성과 불확실성
그리고 보물찾기가 주는 재미

좋은 논문은 일단 읽고 나면 주장하는 바가 간단하고도 당연
한 아이디어로 느껴진다. 자세히 보면 그 밑에는 훌륭한 논리와
근거가 전개와 결론을 뒷받침하고 있다. 비즈니스도 마찬가지다.
마텔이나 하라스의 다양성 작전은 단순하고 당연하게 보인다. 그
러나 그 밑에는 제품이나 서비스라는 고유한 가치 외에도, 다양
성, 불확실성, 그리고 보물찾기 같은 부차적인 속성을 감안해 그
려낸 큰 그림이 있다. 스마트한 리더십이다.

마지막으로 두뇌 훈련 삼아 퀴즈를 하나 풀어보자. 초콜릿 상
자와 비슷한 '모험 종합 선물 세트'는 또 무엇이 있을까?

내 답은 '크루즈 여행'이다. 여행, 풍족한 음식, 오락 및 사교
행사는 저마다 가치가 충분하다. 또 많은 다양성과 불확실성을 포
함한다. 매일 일방적으로 제공하는 다양하고 색다른, '불확실한'
저녁 메뉴는 기대감을 선물한다. 게다가 여행 자체가 '무지로의
탐닉'이라 불릴 만큼 불확실성 덩어리다. 다음 정박지는 어떨까?
세상은 넓고 새롭다. 마지막으로 크루즈 여행에서는 다양한 사람

과 만나게 되니 일종의 보물찾기 게임이라고 할 수 있다. 어떤 새로운 친구를 만날지 모른다. 참, 매일 밤 실제로 빙고나 슬롯 같은 게임을 하니 진짜 보물찾기이기도 하다.

4부

변화와 모방, 창조의 세계

실리콘밸리의 혁신 메커니즘에 대하여

INNOVATION

멘로파크시의 샌드힐 로드는 스탠퍼드 쇼핑센터에서 280번 고속도로로 나가는 왕복 4차선 도로다. 양쪽에 3~5층짜리 낮은 빌딩이 띄엄띄엄 들어선 이 조용한 길은 세계 벤처 투자의 중심지다. 불과 1마일(1.6km) 정도밖에 안 되는 길이지만 50여 개의 VC가 있다. 그 가운데에는 전설적인 VC인 클라이너 퍼킨스KP, 세쿼이아 캐피털Sequoia Capital과 앤드리슨 호로위츠Andreessen Horowitz가 있다.

어느 가구 회사의 광고에 따르면, 미국의 역사는 소파에서 시작되었다. 로맨스가 소파에서 피어나 가정으로 발전한다는 19금 유머다. 그렇다면 미국의 경제사는 이 1마일에서 시작되었다고 할 수 있다. 물론 둘 다 논쟁의 여지가 있는 주장이지만, 전혀 근거 없는 소리는 아니다.

이곳에서 야망 넘치는 기업가들이 투자를 받아 창업하고 회사를 키워 상장을 위해 월스트리트로 진출한다. 실리콘밸리의 심장부인 이 '첫 마일'은 창업뿐만 아니라 기술, 혁신과 신경영의 본산이다. 그들의 존재와 결정은 실리콘밸리와 오늘의 미국 경제를 만들었고, 지금까지도 미국의 미래를 예고하고 있다. 세쿼이아의 주장에 따르면, 그들이 투자한 스타트업들이 3조 3000억 달러의 시장가치를 창출했다고 한다. 좀 더 일반적인 통계를 말해보자면, 지난 50년간 미국에서 상장된 회사의 숫자 중 절반, 가치로는 4분의 3 정도가 VC가 투자한 회사였다.[1] 이처럼 VC-창업 생태계는 한 국가 경제에 결정적인 역할을 한다.

23장

실리콘밸리의
성공을 가능하게 한 것들

경제학자 대런 아세모글루와 정치학자 제임스 로빈슨은 저서 『국가는 왜 실패하는가』에서 '신新국부론'을 제시했다. 『총 균 쇠』의 저자인 재레드 다이아몬드 교수가 제창한 '지리적 환경론'을 반격하는 것으로, '국가의 제도'가 국가의 성패를 결정한다는 주장이었다.

이 책에 따르면 제도 이상으로, 착취 없는 포용적인 시장을 만들고, 법질서와 재산권을 확립하고, 창조적인 파괴를 통한 변화를 허락하고, 기술과학의 발전을 격려하며 교육에 힘쓰고, 많은 국민의 재능을 활용하는 국가가 지속 가능한 발전을 이룰 수 있다. 즉, 문화, 제도, 기술과 시장이 얽히며 한 국가의 성공을 만든다는 것이다.

그들은 17~18세기 영국을 예시로 든다. 1666년 흑사병의 재발은 농노의 수를 줄여버렸다. 이는 노동력 부족으로 이어져 땅의 주인인 영주에게 압력으로 작용했다. 이에 영주 측은 의회의 힘을 빌려 국왕에 저항해 1689년 명예혁명을 성공으로 이끌었다.

명예혁명이 깔아놓은 주단인 개인 자유의 확장, 징세권 제한, 지적재산권 제도 위에서 1760년대부터 산업혁명이 일어났다. 세 가지 천연자원(면, 석탄, 증기)에 대한 과학 지식을 쌓고 이를 공학화해 에너지와 공장 시스템, 자동화를 얻은 사람들은 '할 수 있다'는 문화에 감화되기 시작했다. 특히 글래스고대학교의 엔지니어 제임스 와트가 증기기관을 완성하며 다른 발명을 독려하고 산업혁명이란 '대잔치'에 합류하자 이 문화의 기세는 더욱 거세졌다.

실리콘밸리 역시 비슷한 배경을 가지고 있다. 먼 훗날, 아마 100년쯤 후에는 실리콘밸리가 또 하나의 산업혁명의 현장으로 기억될 것이다. 이 말은 곧 우리는 지금 현재 진행형인 산업혁명을 보고 있다는 뜻이다. 실제로 경제학자 제러미 리프킨은 신생 에너지와 통신 기술을 중심으로 하는 기술 혁명을 '3차 산업혁명'이라 일컫는다.[2]

그러나 내가 보기에는 너무 편협한 정의로, 역사학자 아널드 토인비가 정의한 '산업혁명'에 비해 격이 떨어진다. 그래서 나는 '1960년 이래 실리콘밸리를 중심으로 발생해 현재 진행형인 반도체, 컴퓨터, 인터넷, 무선통신, 소프트웨어 및 바이오테크에서의 일련의 기술 발전'을 3차 산업혁명의 정의로 제시한다.

모든 국가의 관심은 산업혁명의 진원지인 실리콘밸리로 쏠아지고 있다. 국가마다 자신들의 실리콘밸리를 만들려 하나, 아직까지 큰 성공은 거두지 못한 듯 보인다. 무엇이 실리콘밸리 같은 VC-창업 생태계를 만들었는가? 이 질문에 대해 아세모글루와 로빈슨이 암시한 네 가지 요소, 즉 진취적인 문화, 선진 기술 기반, 시장 접근성 그리고 기업에 우호적인 제도적 환경을 밸리에 적용해 답을 찾아보자.

진취적인 문화, 창업가들을 불러모으다

1850년 미합중국에 합병된 캘리포니아는 경제 및 인프라 면에서 뒤처져 있었다. 전통은 아예 없거나 있어도 그에 덜 얽매여 있었고, 기존 세력 또한 없거나 약했다. 그리고 스페인, 멕시코, 중국, 인도, 한국, 아프리카 등에서 이주한 다양한 민족이 모여 있어 인종차별이 덜했다. 이들 집단이 함께 진보적이고 자유로운 문화를 형성했다.

이 문화는 모험심 강한 예비 창업자들을 실리콘밸리로 끌어들였다. 일부는 유학생으로 와서 과학 계통 학위를 받고 남은 이들이었다. 또 일부는 잘나가던 직장인으로, 회사에서의 밝은 미래와 가족과의 시간을 포기하고 불확실한 길을 택한 모험가였다.

이 모험가에게 무담보로 투자를 하고 협상된 가격으로 주식을 양도받는 벤처 투자가 생겨났다. 저당권을 확보하고 나서야 돈을 빌려주는 제도권 은행에서는 할 수 없는 위험한 투자였다. 일반 증권회사들에도 가치 없는 투자였다. 수익도 매출도 제품도 없는 스타트업은 가치 평가 0점짜리 투자 대상이었다. 그리하여 은행, 보험사, 증권사가 아닌 아닌 새로운 형태의 금융권이 탄생한 것이다. 즉 벤처 투자는 모험가 사업가와 모험가 투자자, 두 막가파의 '계산된 만남'이었으며 지역적 문화, 즉 '진취적인 문화의 유산'이었다.

실리콘밸리의 경우, 1970년대에 들어서 멘로파크시에 '첫 마일'이 생겨났다. 물론 VC 산업은 동부 보스턴의 '루트 128'에서도 발달되었으나 실리콘밸리가 세 배가량 큰 규모였다. 버클리 대학교의 애너리 색스니언 교수가 그의 책『지역적 이점Regional Advantage』[3]에 보스턴과 실리콘밸리를 비교해 잘 분석해 놓았다.

실리콘밸리의 HP가 'HP 방식'이라며 이윤 분배와 후한 육아 휴가 제도를 도입한 것이 하나의 예다. 이 밖에도 실리콘밸리에서는 직장 내의 격식이 별로 없다. 복장은 캐주얼하고, 대부분의 임원은 개방적인 근무 환경을 추구한다며 따로 사무실을 두지 않는다. 회사 차, 운전기사, 지정된 주차장도 없다. 직급은 나이나 경력이 아닌 능력과 기여도에 따라 결정되며, 직급보다 스톡옵션이 더 의미 있는 듯하다. 기회가 많아서인지 이직률도 높다.

멘로파크 시의 첫 마일 샌드힐로드의 풍경. 50여 개 VC가 밀집되어 있다.

스탠퍼드 MBA 출신인 한 재미교포가 실리콘밸리에 나와 있는 한국 대기업에 경력직으로 지원해 면접을 보았다고 했다. 면접관인 현지 대표가 물었다. "자네 이력서를 보니 졸업 후 6년 동안 5개 회사를 다녔더군. 거참 기이하네weird. 나는 이 회사에서 30년이나 일했는데 말이지." 이 말에 그 지원자는 이렇게 답했다. "그것 또한 참 기이하네요."

대학교에서 찍어내는
선진 기술이라는 판돈

실리콘밸리 같은 기술 단지를 형성하려면 '기술'이란 판돈이

경영이라는 세계

필요하다. 그리고 고급 기술을 개발하고 확산시키기 위해서는 연구 중심 대학이 필요하다. 실리콘밸리에는 스탠퍼드와 UCSF, 버클리가 있고 보스턴에는 MIT와 하버드가 있다. 2012년 뉴욕시의 시장 마이클 블룸버그는 VC 산업을 키우려고 코넬대학교의 뉴욕 캠퍼스인 '코넬 테크'를 세웠다. 이곳의 졸업생 14%는 창업과 관련된 일에 종사한다고 한다.

기술은 개발과 보급 둘 다 중요하다. 스탠퍼드, UCSF, 버클리는 밸리에서 첨단 기술을 연구할 뿐 아니라 그 결과를 보급하는 역할을 한다. 교수가 직접 창업을 하고, 연구 논문을 발표하고, 석박사를 배출하고, 자문 혹은 사외이사로 기업에 공헌한다. 나 역시 20여 개의 기업에서 사외이사, 자문단이나 외부 컨설턴트로 일한 경력이 있다.

사람들은 노벨상 수상자의 수로 대학을 평가하곤 하지만 사실 진정한 평가 기준은 사회에의 공헌이다. 노벨상은 이러한 활동 중에 부차적으로 생긴 결과물이다. MIT나 스탠퍼드, 버클리 등 연구 중심 대학의 가치는 노벨상 수상 이력이 아니라 사회경제적 영향력에 달렸다. 물론 이 둘은 긴밀하게 연결되어 있다. 실리콘밸리는 이러한 연구 대학뿐 아니라 산호세주립대학교, 산타클라라대학교, 풋힐컬리지 등에서 고급 인력을 공급받으며 돌아간다.

물론 과학과 공학만 필요한 것은 아니다. 경영학, 법학, 경제학, 심리학, 사회학 등 문과 계열 학문의 도움이 필요하다. 솔직히 말해서, 좋은 대학의 졸업생만이 훌륭한 회사를 만드는 것도 아니

스탠퍼드대학교. 실리콘밸리의 중심에는 스탠퍼드대가 있었다.

다. 창업에는 과학 지식과 좋은 성적 외에 지도력, 배짱, 친화력, 인내심, 순발력, 팀워크나 인적 네트워크 등 여러 자질이 필요하기 때문이다.

하이테크 분야에서 크게 성공한 창업자 중 많은 수가 대학 중퇴자이기도 하다. 빌 게이츠, 래리 엘리슨, 마이클 델, 스티브 잡스, 마크 저커버그가 그 예다. 오라클Oracle의 창업자인 엘리슨은 자신이 중퇴한 시카고대학교에서 졸업 축사를 하게 되었다. 축사를 하던 중 그는 이렇게 말했다고 한다. "자, 졸업생 여러분, 각자 옆에 앉아 있는 루저loser에게 축하의 말을 전하죠." 참고로 대학을 졸업한 이들 중에도 성공한 사람은 많다.

대학의 기술 연구 뒤에는 미 정부의 막대한 지원이 있었다. 미

경영이라는 세계

국이 기술에서 세계를 제패하는 데는 국립과학재단National Science Foundation, NSF, 국립보건원National Institutes of Health, NIH, 방위고등연구계획국Defense Advanced Research Projects Agency, DARPA 등의 성공적인 연구 투자가 한몫했다.

이들의 투자 규모도 엄청났지만 투자 선택 역시 훌륭했다. 이런 연구 투자 기관은 행정부 명령 체계로부터 독립적이며 실권은 여러 명에게 분산된다. 정치 권력의 개입을 원천 봉쇄하기 위함이다. 그래서 하원의원이 지역구 대학을 도와달라고 압력을 넣는 일이 생기지 않는다. 또 '지역별로 나눠 먹기'도 없다.

대학에서의 대다수 순수 과학 연구는 연구 투자 기관의 재정적 보조를 받는다. 연구 결과는 공공의 소유가 되어 누구나 사용할 수 있다. 그다음에는 기업이나 개인이 이어받아 상용화한다. 묵시적으로 정부와 기업은 기술 투자의 영역을 나눈다. 30년 후의 기술은 정부의 몫이고, 더 가까운 기술은 기업의 몫이다. 30년 후에도 기업이 살아 있을지 알 수 없기 때문이다.

반도체, 게놈genome, 인터넷과 무선통신 기술이 이 길을 따랐다. 인터넷의 경우 처음에는 고등연구계획국Advanced Research Project Agency, ARPA 프로젝트로 태어나 다음은 NSF 프로젝트였다가, 1995년 민간인에게로 통제권을 넘겼다. 1995년 이전에는 정부, 대학 및 연구 기관만이 인터넷망을 쓸 수 있었다.

성공률을 극대화하는
시장 접근성

큰 시장은 당연히 장사꾼에게 큰 축복이다. 따라서 미국, 중국이나 일본의 스타트업은 점수를 미리 따고 게임을 시작한다. 흔히 기술에는 국경이 없다 하나, 사실은 그렇지 않다. 누군가는 기술은 10%, 문화가 90%라고 말한다. 특히 신제품은 저절로 시장에서 소비되지 않는다. 적극적 마케팅을 해야 한다. 내가 사외이사로 있었던 실리콘밸리의 하이테크 기업(반도체 디자인 관련 소프트웨어를 만들었다)에서는 마케팅과 판매 비용이 개발 비용보다 30%가량 더 컸다.

자국이 아닌 외국에서의 마케팅은 더더욱 비싸고 힘든 싸움이다. 현지 문화에 적응하기가 쉽지 않아서인지, 한국에서 성공한 스타트업이 세계로 진출한 예는 많지 않다. 온라인게임 회사 컴투스Com2uS나 'PUBG'를 만든 크래프톤, 소셜 서비스 하이퍼커넥트Hyperconnect 정도가 생각난다. 성공적인 세계 진출은 한국 VC 업계의 숙제로 남아 있다. 이스라엘이나 대만의 스타트업은 자국 시장을 뛰어넘어 애초부터 미국 시장을 겨냥해 시작한다. 이들은 대체로 보안 소프트웨어나 반도체 같은 기업용 제품을 생산하고 있어 상대적으로 진출이 쉽다.

실리콘밸리의 스타트업은 큰 미국 시장에서 태어났으니 운이 좋다고 할 수 있다. 그러나 모두 다 성공하진 않는다. 성공률, 특히 홈런을 치는 확률은 2% 미만이라고 한다. 그것도 VC의 투자를 받은 경우다. 실패의 이유는 대부분 시장의 반응이 크지 않아서다. 기술이 실패하는 경우도 있지만 많지 않다. 재미있는 점은 이런 제품이 시장에 나가자마자 실패하는 게 아니라는 것이다. 마케팅 전문가 제프리 무어의 베스트셀러 『제프리 무어의 캐즘 마케팅』[4]에 따르면 스타트업 중에는 처음에는 제품이 꽤 잘 팔리다가 후속으로 대량 판매가 뒷받침되지 않아 실패하는 예가 많다. 제품의 초기 개척자와 후기 사용자는 다른 고객이기 때문에 이 '계곡chasm'을 넘는 다른 전략이 필요하다는 이야기다.

기업에 우호적인
제도적 환경

제도란 '정치, 경제 및 사회적 상호작용을 결정하는 인위적인 공식적·비공식적 규제'라 한다.[5] 법, 세제, 관례나 정부 정책은 기술 단지 발전에 큰 영향을 줄 수 있다. 한 예로 미국 내 스타트업의 60%가 델라웨어주에 사업체 등록을 한다. 델라웨어는 인구 100만의, 미국 50개 주에서 제일 작은 주인 데다 경제적으로도 별 특이점이 없다. 다만 법과 세금 제도가 기업에 유리하게 되어 있다. 해외 기업 또한 이곳에 등록을 하곤 하는데, 구태여 방문할 필요도 없다. 온라인 혹은 우편으로 가능하다. 사무실이 없어도 괜찮다. 델라웨어는 이처럼 거래비용을 낮춰 사업하기 쉬운 환경을 만들었다. 지금은 정부끼리도 '제도'로 경쟁하는 시대다.[6]

실리콘밸리의 법적 환경은 그 지역의 요구에 맞춰(때로는 우연히) 디자인되었다. 첨단 기술을 다루는 기업들은 흔히 '경쟁 금지' 조항을 고용 계약서에 넣어 사인하게 한다. 이런 조항이다. "이 회사를 퇴사하고 나면 1년 동안 우리 경쟁사나 같은 분야의 새 회사에서 일할 수 없다." 스탠퍼드의 법학자 로널드 길슨[7]에 따르면 캘리포니아주의 법원은 이런 조항을 무시한다. 다음과 같은 캘리포니아 법에 어긋나기 때문이다. "법원은 직원의 이동성을 제한하는 계약을 부정할 수 있다." 직원이 당장 내일부터라도 새로운 회사에서 일하거나 창업할 수 있다는 의미다. 물론 기존 회사의 지적재산은 존중해야 한다. 예를 들어 회사의 컴퓨터 프로그램 일부를 훔친다면 이는 큰 범죄이며 본인은 물론이고 사장이나 담당 임원까지 실형을 받을 수 있다. 그러나 직원이 떠날 때 회사에서 얻은 특허 없는 자질구레한 정보는 가져갈 수 있다.

하지만 이는 캘리포니아의 이야기이고, 다른 대부분의 주는 다르다. 메사추세츠를 포함한 40여 개 주에서는 '경쟁 금지' 조항을 인정한다. 이 작은 차이가 창업률에 큰 차이를 만들었다. 캘리포니아에 있는 실리콘밸리에서는 많은 스타트업이 생겨났으나, 보스턴의 벤처 단지 루트 128는 빠르게 축소되었다. 길슨 교수는 이 점이 실리콘밸리가 보스턴을 이긴 이유 중 하나라고 말한다.

실리콘밸리에서 제도의 중요성을 보여주는 다른 예로, 페이스북이나 X(전 트위터) 같은 SNS가 있다. 이런 SNS의 쟁점은 이들이 과연 출판자인가 플랫폼인가 하는 것이다.[8] 만약 출판자라면 비록 제삼자가 썼더라도 그 게시 내용에 대해 SNS가 책임져야 한다. 이런 책임을 부여한다면 SNS는 살아남지 못하거나 그 기능이 크게 축소되었을 것이다. 그러나 그들에게는 다행히도 미국 통신법 '섹션 230Section 230'(미국의 통신품위법에서 규정된 조항)이 있었다. 섹션 230은 SNS가 플랫폼임을 명시하고 있다. 사실 이 법 조항은 1996년 인터넷이 상용화되기 시작할 즈음 만들어진 것으로 SNS 같은 서비스는 전혀 예상하지 못할 때였다. SNS는 그들이 규정한 '컴퓨터 대화형 서비스 제공자'에 끼어 들어가 플랫폼으로서의 혜택을 얻게 된 것이다. 그러나 허위 뉴스가 창궐하는 근래에는 이를 수정하자는 의견이 있다.

어떻게 실리콘밸리를
우리나라에 복사할 것인가

이번 장에서는 실리콘밸리의 발전을 산업혁명에 빗대고 문화, 기술, 시장, 제도라는 네 개의 성공 요인으로 분석했다. 이 요인들은 서로 교차하며 지속 가능한 경제적 성공을 낳는다. 만약 18세기 영국에서 지적재산권이 인정되지 않았다면,[9] 또 왕권에 서민의 재산을 임의로 착취할 징수 권리가 계속 있었다면, 제임스 와트가 발명한 증기기관의 핵심 기술 '콘덴서condenser'(복수기)의 특허는 팔 곳을 찾지 못했을 것이다. 왕이 판매를 금지했거나 표절하려는 이들에게 탈탈 털렸거나 어쩌면 애당초 세상에 태어나지도 않았을 것이다.

기술은 법과 시장이란 제도하에서만 그 빛을 발할 수 있다. 세상이 참 좁다더니, 와트가 일하던 글래스고대학교에는 시장주의 경제학자 애덤 스미스도 일하고 있었으며, 심지어 몇 번 만난 사이였다고 한다. 그때에도 기술과 시장은 서로 멀지 않은 곳에 있었던 것이다.

국가마다 그리고 지역마다 이 네 개의 요인 중 상대적으로 강한 것과 약한 것이 있다. 이 모든 것을 골고루 갖춘 미국, 특히 실리콘밸리가 VC 산업의 메카가 된 것은 놀라운 일이 아니다. 여기에는 약간의 역사적 우연성도 역할을 했다.

우리나라는 어떤가? 네 개의 요인을 국내에 적용해 보자. 문화 면에서 우리나라 사람은 매사에 서두르고 밀어붙이는 기질이 있다. '한강의 기적'에는 무언가 다른 국가에는 없는 비결이 있었을 텐데, 아마 이 정신이 그중 하나일 것이다. 문제도 많지만 창업에는 큰 도움이 되는 문화다. K-문화를 보면 창의력이 상당하다는 사실도 이제는 명백해졌다. 추진력과 창의력을 다 갖춘 별난 국민이다.

그러나 제도 면에서는 약간 뒤떨어진다. 국가가 혁신을 격려하기보다는 방해하는 예가 보인다. 원격 의료 서비스나 우버형 공유 차량의 사례가 그렇다. 다행히 고칠 수 있다. 국가가 당면한 여러 문제를 고려해 더 공격적인 자세를 취할 수 있다.

시장 면에서는 다행히 국내 시장이 꽤 크다. 물론 미국, 중국이나 일본보다는 작지만, 그 밖의 나라에 비하면 괜찮은 편이다. 국내에서 성공해 해외로 진출하는 공식을 개발할 수 있다.

마지막으로 기술력도 어느 정도 갖추고 있다. 과학 기술의 세계적 수준에 서서히 다가가고 있다. 특히 반도체, 배터리, 무선통신, 자동차와 디스플레이에서는 세계를 선도한다. 알다시피 미래 산업으로의 파급 효과가 큰 분야다. 이러한 준비 조건이라면 충분히 'VC 산업과 창업 대국'으로의 가능성을 가졌다고 할 수 있다. 그러나 노력이 필요하다. 다음 장에서 생각해 보기로 하자.

끝으로 이런 생각을 해본다. 우리 세대가 다음 세대에 물려줄 경제적 자산에는 삼성전자나 현대차 같은 세계적인 대기업도 포함된다. 그러나 이보다 더 가치 있는 유산은 활성화된 VC-창업 생태계일 것이다. '황금 알'이나 '황금 거위'보다는 '황금 알을 낳는 거위'를 만들어 물려주는 것이다.

24장

어떻게 모험가들을
양성할 것인가

□

    한국의 청년 취업률을 다룬 뉴스를 볼 때마다 안타까움을 느낀다. 대학을 졸업해도 취업이 되지 않는다는 것이다. 스탠퍼드의 경우, 명성 때문인지 학생들이 취업에 별걱정이 없다. 특히 경영대학원의 경우는 1인당 평균 세 개의 잡 오퍼job offer를 받는다.

    하지만 이 통계에는 '창업'이 고려되지 않았다. 대학 동기들과 함께 스타트업을 만드는 것이 제일 선호도가 높은 선택이라고 한다. 한국도 마찬가지로 청년 취업난의 해결책 중 하나로 친구나 선후배가 함께 창업하도록 격려하는 것을 생각할 수 있다. 이제 이 문제에 대해 창업 투자의 공급자 입장, 사용자 입장에서 순차적으로 생각해 보자.

취업 문제를 해결하는
청년 창업 펀드

　정부는 직접 혹은 시장 기능을 이용해 청년 창업 펀드를 만들 수 있다. 청년에게 취업 기회를 줄 뿐만 아니라, 안정된 생활과 미래에 대한 희망을 주어 저출산 문제와 운둔 청년 문제까지 해결하는 방안이다. 1석 3조다.

　물론 상당수의 창업이 실패할 테지만 그들의 경험은 자부심과 경력, 미래 성공의 밑거름이 될 것이다. 사실 많은 청년이 창업은 커녕 창업의 종잣돈을 마련하기도 힘들 것이다. 설익거나 실현 가능성이 적은 아이디어인 경우가 많기 때문이다. 그러나 여러 번의 펀딩 시도는 그 아이디어를 갈고닦아서 훌륭하고 획기적인 기회로 변화시킬 수 있다.

　시카고 학파에 속한 로체스터대학교에서 교육을 받은 내가 볼 때, 정부가 VC에 개입하는 것은 바람직하지 않지만 현재의 청년 문제 해결을 위해서 '조심스레' 개입하는 것은 썩 일리가 있는 방안이다. 경제적 문제를 넘어 '사회적 문제'가 됐기 때문이다. 그러면 기금은 어디서 나오며, 또 기금 운용은 누가 할 것인가? 기금 마련의 세 가지 선례(MBDA, 그라민 은행, 서치펀드)를 통해 생각해 볼 수 있다.

1. MBDA로 보는 정부 펀드 모델

미 정부는 기초 연구에 투자하며 원칙적으로는 벤처 생태계에 개입하지 않는다. 국부 펀드를 가진 싱가포르 정부와는 달리 펀드나 일반 기업에 대한 벤처 투자를 삼가는 것이다. 일반적인 VC와 공무원인 VC가 같은 인센티브를 받을 수 없으니 인력이나 동기부여 면에서 합치되지 않아서이며 시장 경쟁을 왜곡하지 않기 위해서다. 다만 예외가 있는데, 남성과 백인에 편향된 시장의 투자 행태를 보완하기 위해 정부 투자 기관 MBDAMinority Business Development Agency(소수민족기업개발청)[10]을 통해 여성 및 소수 인종에게 투자해 창업할 기회를 준다.

예를 들어 펀드가 정부 기금으로 새로운 조직을 만들어 운용할 수 있다. 듣기에는 그럴싸하지만 실행하기에는 힘든 아이디어다. 학연·지연에 얽매여 올바른 투자가 이뤄지지 않을 가능성이 있으며, 이를 방지하기 위해 창업 생태계에 관료주의를 들여오는 재앙을 만들 수 있다. 싱가포르의 버텍스Vertex Holdings, GICGovernment of Singapore Investment Corporation(싱가포르투자청)나 테마섹 Temasek Holdings 등 성공적인 국부 펀드로부터 한 수 배워야 할 것이다. 대한민국에도 이 일에 앞장설 인재가 분명 있을 것이다. 없으면 키워야만 한다.

기존 VC에게 위탁 운용하는 것도 생각해 볼 만하다. 20여 년 전 스탠퍼드는 유명 VC에서 일하는 몇 명의 졸업생에게 이런 부탁을 했다. "우리 학교 기금 중 일부를 자네들이 좀 투자 운용해

주게." 그 결과 많은 수익을 낼 수 있었다. 기업 투자와 학교 투자는 수익을 올리는 같은 목표를 가졌으니 기존 밥상에 숟가락 하나만 얹는 셈이다. 다만 청년 창업은 VC 투자와 목표가 달라 함께 운용하기는 힘들 것이다. 정부의 돈만으로는 규모 면에서 제한이 있기도 하다.

2. 낮은 이율로 자금을 지원하는 유누스 모델

2006년 노벨 평화상을 수상한 방글라데시의 무함마드 유누스와 그가 창립한 그라민 은행Grameen Bank이 또 다른 롤 모델이 될 수 있다. 그라민 은행의 '소액 대출microfinancing'은 가난한 사람에게 적은 금액을 대출해 주어 생업을 보조하는 것이 목표다. 은행의 입장에서는 무담보, 낮은 이율에다가 원금을 잃을 확률이 커서 위험 부담이 크다. 그러나 실제로는 매우 높은 비율의 채무자가 원금을 상환했다고 한다.

한국 정부가 이 모델을 청년 창업에 적용한다고 생각해 보자. 창업 대출은 생계유지 목적의 대출보다 단위가 큰 데다 위험 부담도 훨씬 크다. 자칫하면 펀드의 자금을 다 잃고 단기 프로그램으로 끝나거나 정부가 계속 자금을 충전해야 하는 사태가 발생할 수 있다. 일단 돈을 받아놓고 '창업하는 척하는' 도덕적 해이가 일어날 수도 있다. 반대로 정부가 유능하지만 무자비한 고리대금업자가 될 수도 있다. 유누스 또한 최근 여러 가지 범법 혐의로 재판을 받고 있으니 이 모델이 지속 가능할지는 현재로서 불투명하다. 이 방법이 정부 펀드 모델과 다른 점은 건네는 돈이 '투자'냐 '빚'이냐다. 전자는 투자라서 기금이 돈을 주고 주식을 받는 반면, 후자는 원금과 이자를 받는다.

3. 투자자의 니즈까지 충족하는 서치펀드 모델

청년 창업은 정부 기금뿐만 아니라 시장 기능으로도 지원할 수 있다. 어빙 그라우스벡은 케이블 TV 회사로 성공한 억만장자다. 보스턴 셀틱스 농구단의 소유주이기도 하다. 스탠퍼드경영대학원에서 컨설팅 교수로 기업가 정신에 대해 가르치는데, 그의 수업은 제일 인기 있는 선택 과목 중 하나다. 그는 '서치펀드search fund'라는 새로운 투자 비즈니스 모델을 개발했다.

서치펀드는 돈도, 아이디어도, 팀도 없지만 유망한 졸업생에게 일정 금액을 주는 것이다. 예를 들어 1억 원이라 하자. 졸업생은 1년 동안 그 돈으로 자기가 할 수 있는 비즈니스 아이디어를 찾아다닌다. 아이디어 개발 후, 창업을 위해 VC의 투자를 받으려 한다. 투자 유치에 성공하면 그라우스벡이 투자한 1억 원을 10배인 10억 원으로 불려서 자사 주식으로 돌려준다. 실패하면 없던 일이 된다. 즉 학생은 창업 기회를 얻고, 그라우스벡은 투자 기회를 얻는다. 이런 방식으로 창업으로의 발판을 만들어주는 것이다.

서치펀드는 '사람'에게 투자해 아이디어를 개발하게 하고, 벤처 펀드는 그 '아이디어'에 투자해 사업을 개발하도록 한다. 서치펀드가 제도로서 장기간 유지되고 외부에서도 널리 사용되는 것으로 보아, 잘만 하면 성공적인 모델이 될 수 있다. 특히 VC 투자의 '종잣돈' 개념이니 단위 투자액이 작아 규모 면에서 유리하다. 일반 투자자가 서치펀드를 운영하고 정부 역시 여기에 참여할 수 있다. 정부가 본보기로 시작하여 산업계에 퍼뜨릴 수도 있다.

정부가 할 수 있는 일이 또 있다. 세금 면제다. 미 정부가 벤처 산업을 보조하는 방법도 투자 이익에 감세를 해주는 것이다. 오바마 정부는 QSBSQualified Small Business Stock[11]라는 프로그램을 만들어 미국 내 스타트업의 초기 투자자에게는 투자 이익에 대해 연방세 상당 부분을 면제해 주었다. 성공의 세후 순이익률을 올려 투자자들의 기술 투자를 간접적으로 장려한다. 사실 이것 하나만으로도 창업 투자를 현격하게 촉진할 수 있다.

세 가지 모델 가운데 무엇을 택해야 할까? 이 질문에 대한 답은 심도 있는 연구 조사에 달렸다. 내 의견을 간략하게 말하자면, 세 번째 서치펀드 모델이 적합해 보인다. 여러 청년에게 많은 기회를 주면서도 정부의 개입이 적고, 성공 사례가 있고, 규모를 키울 수 있고, 기존 생태계와 잘 어우러진다. 마침 한국도 청년들을 위한 소기업 창업 기금을 운용하고 있으니[12] 그 개념과 실행을 개조할 수 있다. MBDA처럼 정부가 특혜로 도와주는 개념보다는 일반 투자가가 자발적으로 참여할 만큼 매력적인 투자 생태계로 재설계함이 바람직하다. 결국에는 독립적으로 돌아가며 '완전한 사이클full-cycle'을 이루어야 한다. 돈이 들어오고 회전되고 나가며,

정부의 보조금이 필요하지 않게끔 노력해야 한다. 그라우스벡의 서치펀드도 정부의 보조금이 없이 운영된다.

그렇다고 해서 이 모델이 '슬램덩크'라는 것은 아니다. 현재 창업 생태계는 순차적으로 초기 벤처, 후기 벤처 그리고 상장이라는 체인chain으로 구성되어 있다. 여기에 다량의 서치펀드가 비집고 들어갈 여유가 있겠느냐는 것이다. 더 깊은 토론은 이 '에세이'의 취지와 범위를 벗어나니 여기까지만 이야기하겠다.

어떻게 창업 생태계를 만들 것인가

청년들에게 창업을 장려하려면 자금을 공급해야 할 뿐만 아니라 기술 교육의 기회를 넓혀야 한다. 지금부터는 다음 세 가지 사항을 논의해 보자. 첫째, 우리나라는 안보 면에서 이스라엘과 비슷한 처지에 있다. 그들처럼 이 부담을 역이용해 IT 기술의 교육장으로 이용할 수 있다. 둘째, 고등교육을 보완해야 한다. 폐교 절차를 밟는 4년제 대학교들을 평생교육의 장으로 전환할 수 있다. 끝으로 투자 분야를 넓게 볼 필요가 있다. 모든 창업과 투자가 반드시 기술집약적이지는 않다. 최근에는 특히 먹거리에 대한 관심도가 높으니, 이 분야의 스타트업을 생각해 볼 수 있다. 요즈음 유행하는 '먹거리'에 대한 투자가 한 예다.

이스라엘의 전산 특수부대

이스라엘 정부는 기술 발전에 독특한 역할을 한다. 징집제도를 이용해 가장 유망한 청년들을 선별해 전산 특수부대 'IDF 8200단'에서 근무하게 한다. 이 젊은이들은 최신 통신 및 정보처리 장비를 접하며, 많은 결정권을 지닌 채로 최상급 교육을 받는 3년을 보낸다. 특히 사이버 안전관리 분야에서 발군이라고 한다. 이들은 국방에 기여할 뿐 아니라 퇴역 후 학자나 창업자가 되어 경제 발전에 기여하기도 한다. 국가나 개인에게 윈-윈 전략일 듯하다. 슬기로운 정부 정책 덕에 이스라엘은 인구당 창업가의 수가 가장 많은 나라가 되었다. 준전시라는 불리한 나라의 상황을 역이용해 '스타트업 국가'로 변신한 것이다.[13]

우크라이나-러시아 전쟁으로 확인할 수 있는 사실은 현대전은 온전히 IT 기술 싸움이라는 것이다. 2015년 영화 〈아이 인 더 스카이〉를 추천한다. 현대전의 양상을 살펴볼 수 있다. 어쨌든 인류 역사상 처음으로 전쟁의 핵심 기술이 비즈니스 핵심 기술과 일치하게 되었다. 화이트햇White Hat이라는 IT 소프트웨어 보안 업체의 상임 부사장은 다음과 같이 말한다.

"제3차 세계대전은 사이버 공간에서 일어날 겁니다. 그리고 그 전쟁은 벌써 시작되었습니다." 이래저래 군에서 IT 전문가를 양성한다는 것은 우리에게 의무이자 기회다. 10년 전 어느 힘 있는 정치인에게 제안했으나 소식이 없다. 바쁘신 모양이다.

2년제 지역 대학

한국은 고등교육으로의 진입 장벽이 높다. 입학이라는 과정이 대학 교육에서 너무 큰 비중을 차지하고 있다. 배움보다 입학이 더 큰 성취로 여겨지는 것이다. 미국에는 2년제 지역 대학community college이 있다. 실리콘밸리의 '풋힐컬리지Foothill College'와 '디앤자컬리지De Anza College'가 그 예다. 지역 대학은 공식적으로 입학한 학생 외에도 일반인에게 일부 강의를 공개한다. 선착순으로 강의에 등록하면 된다.

스탠퍼드에서 일하던 어느 비서는 저녁에 풋힐컬리지에서 반도체 회로 디자인을 배운 후 시스코Cisco에서 일하게 되었다. 창업을 계획하는 젊은이들은 필요한 과목을 낮은 등록금으로 입학하지 않고도 들을 수 있다. 예를 들어 '창업하는 법'이나 '기계학습 기초' 같은 강의를 듣는 것이다. 이렇게 지역 대학은 직업 전환에 필요한 재교육 기관으로서의 역할을 하고 있다.

또 한 예로 내 동료 교수 중 하나는 풋힐컬리지에서 한 학기 동안 부부 동반으로 저녁에 세익스피어 강의를 수강했다. 매해 여름 포틀랜드에서 열리는 세익스피어 연극제에 참가하기 위한 필수 과정이었기 때문이다. 지역 대학은 평생 대학으로 일반 시민의 학구열을 저렴한 값에 충족시켜 준다. 즉, 대학 교육을 민주화한다. 풋힐컬리지에 등록한 학생의 수는 1만 4000명이나 된다. 정원이 1만 7000명인 스탠퍼드보다 조금 작은 수준이다.

경영이라는 세계

다양한 투자 분야

전자공학과나 컴퓨터공학과 출신만 창업하는 것은 아니다. 실리콘밸리라고 꼭 하이테크에만 투자하는 것도 아니다. 실리콘밸리의 투자 분야는 유행에 따라 변한다. 반도체, 인터넷 장비와 서비스, 와이파이, 기업용 소프트웨어, 소셜 네트워크, 공용 플랫폼, 바이오테크, 메타버스 등으로 계속 움직인다. 최근 몇 년 동안에는 흥미롭게도 '먹거리'에 관한 투자가 두드러져 몇 가지 투자 사례를 소개하고자 한다.

2019년도 CES의 '최고 중 최고' 상은 인공 소고기로 만든 햄버거인 임파서블 버거 2.0impossible burger 2.0에 돌아갔다. 출품된 4400개 하이테크 제품 가운데 1등을 차지한 것이다. 스탠퍼드의 팻 브라운 교수가 구글 벤처스, 코슬라 벤처스 그리고 빌 게이츠의 투자로 창업한 이 회사의 시장 가치는 현재 70억 달러로 예상된다. 최근에는 인공 돼지고기 소시지도 출시했다. 동물을 사냥하던 인류가 사육을 하더니, 이제는 직접 제조까지 하게 된 것이다. 풀을 먹어 몸집을 키우는 소의 고유한 합성 작업을 인간이 가로채버렸다.

임파서블 버거는 브라운 교수의 생화학 지식에 IT를 병합한 현대 기술의 결정체다. 소프트웨어를 통해 10만여 가지 식물의 조합에서 식감과 맛이 햄버거 패티와 가장 가까운 것을 찾은 것이다. 고기에 잠깐 보이는 붉은 육즙까지 식물 요소로 재현했다. 나처럼 무엇이든지 맛있어하는 미각이 좀 둔한 사람은 진짜와 구분할 수 없을 정도다. 일부 종교인이나 동물애호가에게 매력적인 메뉴다. 공급 면에서도 많은 혜택이 있다. 땅 사용을 무려 96%나 줄이고, 물 소비는 87%, 탄산가스 오염도 89% 줄인다.[14] 부차적으로 자연 오염과 삼림 파괴를 줄여 인간에게 큰 도움을 준다. 또한 코로나19처럼 동물로부터 발생되는 질병도 예방할 수 있다.

혹시 창업을 꿈꾸는 이가 '나는 이런 전문 지식이 없는데'라고 걱정한다면 기우에 불과하다고 말할 수 있다. 이보다 먼저 탄생한 비욘드 미트Beyond Meat 창업자 이선 브라운은 이 분야의 전문가는 아니지만 인공육을 연구하는 미주리대학교의 두 교수에게 기술을 사 와서 회사를 만들었다. 창업자가 모든 기술을 가지고 있을 필요는 없다. 찾아서 사면 된다. 돈이 없으면 주식으로 사면 된다. '열린 개혁'의 예다.

하이테크가 아니더라도 먹거리는 실리콘밸리의 투자 대상이 되곤 한다. 이탈리아 레스토랑 체인인 일 포르나이오Il Fornaio나 차이니즈 레스토랑 체인인 피에프창P.F.Chang이 그 예다. 일 포르나이오의 투자자 중에는 실리콘밸리의 탑 VC인 세쿼이아와 메이필드가 있다. 이 레스토랑은 이탈리아 레스토랑이 비교적 적은 캘리포니아에 많은 체인점을 열었다. 피에프창은 센터브리지 파트너스Centerbridge Partners가 투자해, 2019년 다른 투자 펀드에 11억 달러에 매각했다. 이 레스토랑은 중국 음식에 익숙하지 않은 백인을 겨냥한다. 그래서 애리조나처럼 아시아계보다 백인이 많은 도시에 집중한다.

경영이라는 세계

트리니티 벤처Trinity Ventures도 먹거리 관련 투자로 유명한 VC
다. 그들의 '홈런' 투자로는 스타벅스와 잠바주스Jamba Juice가 있다.
이처럼 로테크도 실리콘밸리에서는 매력 있는 투자처가 될 수 있
다. 주의할 점은 이런 사업은 모두 음식점 '체인'으로 확장성이 있
어야 한다는 것이다. 따라서 사업 계획과 경영 능력을 성공적으로
펼치려면 '복사력'을 갖춰야 한다.

에어로팜AeroFarm, 에코피아Ecopia 혹은 웨스트빌리지West Village
같은 '수직 농업vertical farming' 혹은 '식물 공장' 스타트업 역시 많은
투자자의 관심을 받고 있다. 우리나라에도 여러 스타트업이 있다
고 한다. 지금까지 채소는 시골의 땅속 반지하에서 햇볕을 직배로
받고 비와 스프링클러로 샤워를 하며, 질소 충만한 비료를 받고
해충과 농약에 시달리며 자랐다. 최근 스타트업들은 이러한 자연
의 농업 환경을 인위적 환경으로 바꾸려 한다. 이제 식물은 그린
하우스나 도시의 빌딩 안에서 수직으로 놓인 여러 선반에 뿌리를
훤히 내보인 채 고정된 온도에서 정확한 양의 물과 영양분 그리
고 자외선을 정해진 시간만큼 공급받으며 자란다. 과정은 채소 종
류에 따라 다르다. 해충은 들어올 수 없으니 농약이 필요 없다. 먼
지나 흙은 물론이고 사람 손도 타지 않고 자라므로 씻을 필요도
없다. 또 2모작 3모작이 아니라 '365일 작'이다. 물은 일반 농법의
3%만 있으면 되고, 땅도 일반 농지의 4% 정도만 사용한다. 이를
일반적으로 CEAControlled Environment Agriculture(환경 제어식 농업)라 부
르며 여러 가지 형태로 농사에 대한 새로운 접근법을 제시한다.

우리가 아는 농사가 아니다. 어느 스타트업은 개인 주택이나 아파트에서도 식물을 재배할 수 있는 '가정용 농사 세트'를 팔기도 한다. 이를 통해 우리 모두 파트타임 농부가 될 수 있다.

이와 같이 VC 업계는 세상에서 가장 오래된 농업으로도 투자의 영역을 넓히고 있다. 물론 농업 또한 한 예일 뿐이다. 많은 로테크·하이테크 분야가 줄 서서 혁신과 투자를 기다리고 있다. 따라서 공학뿐만 아닌 여러 분야의 전문 인재가 필요하다.

청년의 미래는
관망해도 되는 문제가 아니다

청년 실업은 '경제적 사건' 이상의 사건이다. 16년이라는 긴 교육 기간 후 구직에 실패한다면 그 좌절감은 이루 말할 수 없을 것이다. 무수입의 기회비용은 이 좌절 중 작은 일부다. 더 큰 좌절은 생산 활동을 하는 경제인으로서의 긍지와 다른 사람과 동료가 되는 사회인으로서의 기회를 놓치는 것이다. 이는 교육에 투자한 과거에 대해 회의감을 느끼게 만든다. 그러면 이를 지켜본 더 어린 세대는 교육에 대한 기대를 접고 체념에 빠지기 시작한다. 연쇄 교육과 취업의 인센티브 체인이 무너지며, 국가적으로는 한강의 기적으로 이끈 사다리를 차버리게 된다. 저출산과 은둔 청년 문제 또한 더욱 악화된다. 그래서 청년 실업 문제를 경제적·사회적 문제로 보고, 적극적인 해결책을 국가 차원에서 추구해야 하는 것이다. 단호하게 말하자면 돈을 쓰더라도 해결해야 한다. 청년들의 삶의 질을 높이고 희망의 폭을 넓혀야 한다.

경제적이고 사회적인 청년 실업 문제에서, 창업 지원은 효과적인 해결책이다. 펀딩에서는 서치펀드를 고려해 볼 수 있다. 사실 서치펀드의 원조는 실리콘밸리의 태생과 인연이 있다. 1936년경 스탠퍼드 공대의 학장 프레더릭 터먼은 연구계약비로 500달러(현재 가치로는 1만 달러 정도)의 장학금을 마련해 제자 데이비드 패커드와 윌리엄 휼렛을 스탠퍼드로 데려와 석사과정을 거치게 한 뒤 스탠퍼드 산업 단지에 HP를 창업하도록 했다. 이것이 기폭제가 되어 실리콘밸리가 형성된 것이다. 이런 연고로 터먼은 '쇼클리 반도체'를 창업한 윌리엄 쇼클리와 더불어 '실리콘밸리의 아버지'라고 불린다. 그는 나중에 HP의 사외이사가 되어 그가 투자한 500달러의 10배 이상을 벌어들인다. 미국의 현대사에서 가장 가치 있는 500달러짜리 투자이지 않을까?

25장

실리콘밸리의 돈 버는 방식, 비즈니스 모델

알렉산더 오스터왈더와 이브 피그뉴어[15]에 따르면 비즈니스 모델Business Model, BM이란 비즈니스의 모든 면에 대한 기술이며, 아홉 가지 요소로 구성되어 있다. 파트너, 활동, 자원, 가치, 고객 관계, 채널, 고객 분야, 수입원, 비용이다.

그러나 실리콘밸리에서 BM이 무엇이냐고 물으면 그냥 '돈 버는 방식'이라고 답할 것이다. 지금부터는 흥미로운 BM들을 소개해 보고자 한다.

왜 우리는 노래를 부르고
값을 지불할까

가라오케 혹은 노래방은 기발한 BM이다. 공연장에서 가수는 돈을 받고 노래를 하며, 고객은 돈을 내고 그 노래를 듣는다. 그러나 노래방은 이 공식이 뒤집힌다. 고객에게 노래를 부르게 하고 돈까지 내라고 한다. 이 BM이 놀라운 이유는 사람에게 대중 앞에서 노래하고 싶어 하는 본능이 있으며, 이를 위해 돈까지 낼 준비가 되어 있다는 데서 착안되었다는 것이다. 또 하나 흥미로운 점은 이것이 하나의 '산업'으로 발전했다는 것이다. 노래방, 기계, 마이크, 책자, 온라인 노래방, 광고, 인기 랭킹 등으로 수많은 사업 기회, 고용 기회, 그리고 국민 노래 실력 향상 기회를 만들었다. 시스코의 전 회장 존 모그리지는 "훌륭한 기업은 한 산업을 창조한다"라고 말했다. 시스코를 두고 하는 말일 것이다. 하지만 이를 약간 바꿔서, "훌륭한 BM은 한 산업을 창조한다"라고도 말할 수 있겠다. 또 어떤 노래방급 BM이 발견될지 궁금한 지점이다.

구글 애드워즈와 애드센스의
놀라운 BM

래리 페이지와 세르게이 브린, 두 명의 스탠퍼드 박사과정생은 온 세상의 웹페이지들이 링크로 서로 얽혀 있다는 점을 이용해 새로운 방식의 검색 엔진을 개발했다. 이것이 바로 구글의 시작이다. 이 엔진은 기존의 엔진들보다 더 우월했는데, 문제는 BM이었다.

과거에는 검색 엔진이 큰 포털 회사(예를 들어 야후)의 하청 업체로 일하며 뒤에서 검색 서비스를 해주었으며, 결국 3억~5억 달러 정도에 매각되곤 했다. 구글 또한 야후의 하청 업체로 잠시 일한 적이 있다. 그러나 구글은 작전을 바꿔서 소비자를 직접 대면하는 독립된 검색 사이트로 변모해 새로운 BM '애드워즈AdWords'와 '애드센스AdSense'를 개발했다.

애드워즈는 경매를 통해 영어 단어를 파는 것이다. 예를 들어 '피아노'라는 단어를 경매에 올리면 스폰서들이 각자의 입찰가를 제출한다. 최고가 순서로 등수를 매겨 가격이 정해진다. 만약 구글에서 어느 소비자가 '피아노'란 단어를 검색할 경우, 스폰서들의 이름URL이 등수대로 나열된다. 소비자가 이를 클릭할 때마다 스폰서는 경매로 결정된 가격을 구글에 지불한다. 세상에 영어 단어를 팔아먹다니 실리콘밸리판 '봉이 김선달'이라고 부를 만하다. 그러나 인정컨대 기가 막힌 BM이다. 게다가 경매까지 적용해 이익을 극대화했다. 구글의 수석 경제학자 할 배리언 박사 팀의 작품이다.

애드센스는 내 광고를 다른 사이트에 게시하거나 다른 기업의 광고를 내 사이트에 게시하는 모든 광고 활동을 구글에 맡기는 '통 큰 아웃소싱' 프로그램이다. 구글은 강력한 검색 엔진을 이 BM과 연결해 세계에서 가장 가치 있는 기업 중 하나가 되었다. 이를 위해 웹 브라우저 크롬과 휴대전화 OS인 안드로이드를 만들어 '공짜로 뿌렸다'. 구글 검색 엔진을 심을 '트로이 목마'로 사용한 것이다.

그러나 이 작전은 애플에는 먹히지 않는다. 애플은 이미 오래 전에 OS도, 브라우저도 자체적으로 개발했기 때문이다. 할 수 없이 구글은 애플에 매년 150억 달러라는 거금을 주면서 자기들의 검색 엔진을 'iOS-사파리'에 기본으로 깔아놓는다. 도대체 검색으로 얼마나 많이 벌기에 이렇게 큰 비용을 감수하고 있는지는 모르겠으나, 어쨌든 이 검색 엔진은 기술과 BM을 절묘하게 엮어 만든 비즈니스 세계의 명작이라 할 수 있다. 구글이 현재 개발 중인 AI 자동 주행 프로젝트인 웨이모Waymo의 BM은 무엇일지 궁금해지는 순간이다.

제품과 서비스가
파이프를 타고 고객에게 흐른다

이런 상상을 해보자. 주방 싱크대에 세 개의 수도꼭지가 있는데, 각각 찬물, 더운물 그리고 맥주가 나온다.

어떤가? 분명 맥주 회사의 꿈같은 BM일 것이다. 매출이 꾸준

고객이 맥주를 사러 가지 않아도 되게 하는 것이 바로 '파이프화'다.

히 일어나는 데다 다른 맥주로 갈아타기도 어려울 테니 '스티키 sticky'한 사업이기도 하다. 제품은 계속해서 '준비 상태'라 고객은 필요할 때마다 꼭지를 틀어 맥주를 따라 마시면 된다. 제품 혹은 서비스가 '파이프화'되어 판매가 '흐른다'. 편의점에 가서 병맥주를 사는 것과는 '편의'의 급이 다르다.

실제로 전기, 유·무선 전화, 가스, 와이파이, 넷플릭스, 케이블 등이 이 사업의 예다. 확장하면 요구르트, 우유, 종이 신문 등 정기 구독 배달 서비스도 이 사업에 해당된다. 또 한 번 확장하면 아마존이나 쿠팡이 추구하는 BM이다. 고객의 주문을 하루 내에 배달할 수 있다면 '가상 파이프'가 된다. 누구든 20m 내에서 자사의 제품을 보고 구매할 수 있도록 하는 코카콜라의 노력도 여기에 해당한다.

솔렉트론(지금은 플렉스트로닉스Flextronics에 합병되었다)은 실리콘밸리에 위치한 EMSElectronic Manufacturing Services(전자 제품 하청 제조) 업체로 시스코나 선마이크로 같은 회사가 주 고객이다. 실리콘밸리에서 하이테크 기업들은 개발 판매에 집중하며 제조는 대부분 EMS에 맡긴다.

전 CEO였던 니시무라 고이치는 "고객이 자신의 뒷마당에 솔렉트론이 있다고 느끼게 하는 것이 목표"라고 즐겨 말하곤 했다. 즉 '뒷마당 공장'이 이 회사의 BM이다. 이 같은 가상 파이프 모델은 지리적 거리를 최소화하여 최종적으로는 고객의 수도꼭지가 되려는 BM이다.

롤스로이스가 '서비스화'로
얻은 것들

파이프화와 상통하는 서비스 개념으로 서비스화servitization가 있다. 서비스를 '결과에 따라 보상하는' BM이다. 대표적인 예로 영국 롤스로이스가 있다. 롤스로이스는 고급 자동차 제조사로 유명하지만, 항공기 엔진도 제작한다. GE 그리고 프랫 앤드 휘트니Pratt Whitney와 함께 해당 업계의 트로이카다.

항공기 엔진은 현대 과학의 집약체로 매우 복잡하고 극한의 공정이 뒤따른다. 따라서 지속적인 관리와 수리가 필요하다. 관리와 수리 시간을 제외한 업타임uptime(사용 가능 시간)이 과거에는 82% 정도였는데, 이를 늘리는 것이 관건이었다. 사용자가 업타임을 중요하게 생각하기 때문에 제조사도 엔진 판매만큼 서비스를 중요한 사업으로 인식하고 있었다. 최근에는 설계 기술과 재료 과학이 발달해 기계 성능이 크게 향상됨에 따라 상대적으로 서비스 사업은 크게 줄어들고 있다.

기계제품과 서비스의 악연은 엘리베이터와 같은 중장비 제조업이 직면하는 전통적인 딜레마다. 극단적인 예로 기계를 자주 고장 나게 만들면 서비스 사업으로 돈을 더 벌게 되는 것이다. 이런 불편한 상황을 만드는 것은 TMTime Material(시간과 재료)이라는 서비스 계약 형태다. 고객은 기계에 문제가 생기면 제조사를 부른다. 그러면 제조사는 이를 수리하는 데 소요된 시간과 재료비에 마진을 더해 고객에게 청구한다. 결국 '다운'이 된 시간만큼 돈을 더 버는 셈이다.

이 문제를 해결하기 위해 롤스로이스는 '업'이 된 시간에 따라 보상받는 PBHPay By The Hour(시간당 지불)를 내놨다. 롤스로이스는 아마 고객에게 가서 이렇게 말할 것이다. "당신은 지난 10년 동안 수리 비용, 즉 서비스 비용으로만 연평균 82% 업타임 실적에 평균 100원을 쓰셨습니다. PBH 계약을 체결하면 똑같이 100원을 확정 금액으로 받고 업타임 85%를 보장하겠습니다. 그러지 못하면 우리가 보상하겠습니다."

경영이라는 세계

그러면 롤스로이스는 어디에서 업타임 3%를 뽑아낼까? 답은 '고장 예방'과 '주치의적 관심'에 있다. 롤스로이스는 엔진에 수많은 센서를 부착한 후 비행기가 뜰 때마다 그 데이터를 실시간으로 수집한다. 이를 위해 영국 더비시에 거대한 데이터 센터를 세웠다. 만약 사용 중인 엔진에 이상 징후가 나타나면 원격 진단 후 비행기가 도착지 공항에 도착할 때쯤에는 필요한 부품을 준비한 수리 팀이 기다리고 있을 것이다.

여기에 더해 이상 징후가 나타나기 전부터 정기적 진단을 통해 노후 부품은 교체하고 기름을 쳐놓는다. 수집된 많은 데이터는 정리해 클라우드에 저장해 각 엔진의 기록으로 남기고 기계 디자인에 참고한다.

이 BM의 변화로 고객은 보다 효과적으로 기계를 사용할 수 있게 되었고, 제조사는 서비스와 기계 판매 실적이 좋아졌다. 특히 인센티브가 부합됨으로써 불신과 불만의 양자 관계가 믿고 맡기는 협조의 관계로 바뀌었다. 제조사 측에서는 서비스 수익이 고정되고, 고객은 엔진의 성능이 보장되니 윈-윈이었다. 제조사 내부에서도 기계 팀은 서비스 팀의 눈치를 보지 않고 최고의 디자인을 추구할 수 있게 되었다. 기발하고 합리적인 BM이다. 경쟁자도, 다른 산업의 기업들도 이와 비슷한 BM을 채택했다. 그러나 PBH라는 용어는 롤스로이스가 저작권으로 보호하고 있다.

로블록스의 새 BM이
전 세계에 미친 영향

로블록스Roblox는 2006년 데이비드 바수츠키와 에릭 카셀이 시작했다. 처음에는 학생들에게 물리학을 그래픽과 동영상으로 가르치고자 시작했으나, 곧 UGCUser-Generated Content(사용자 제작 콘텐츠)로 화력을 집중했다. 로블록스는 '루아lua'라는 코딩 언어를 제공해 사용자가 직접 게임을 만들어 모든 방문 고객이 공짜로 게임을 할 수 있게 했다.

로블록스 플랫폼은 '로블록스-개발자-사용자' 3층으로 구성되어 있다. 1층 사용자는 주로 4~16세 어린아이들로, 웹을 방문하여 게임이나 경험(역할 분담 게임)에 참여한다. 이들이 자라면 천천히 게임을 만들며 2층으로 올라가 개발자 집단에 합류한다. 예를 들어 어느 팀은 여러 명이 힘을 합쳐 피자 가게를 만들고 이를 운영하는 게임을 만들었다. 손님으로 방문할 수도 있고, 점원으로 주문을 받을 수도 있다. 요리사가 되어 피자를 굽거나 배달을 할 수도 있다. 이렇게 게임 내에서 돈을 벌어 주방의 장비를 구입하는 것도 가능하다. 이처럼 각자의 역할을 하는 게임에 전 세계 여러 명이 참여하기도 한다.

3층에 해당되는 로블록스는 이 집단 사회의 주인으로, 게임을 만들지는 않는다. 단지 클라우드를 관리하고, 개발에 필요한 소프트웨어 도구 혹은 자문을 제공한다. 로블록스의 BM은 원래 세 가

경영이라는 세계

지였다. 회원권 판매, 개발용 도구 판매 그리고 광고 수입이다. 이를 통해 로블록스가 받는 현금을 제외하고 이 사회 내에서의 모든 거래는 내부 화폐인 '로벅스'로 이루어졌으며, 일단 발행된 로벅스는 현금으로 환전할 수 없었다.

그러나 2013년 로블록스는 위기를 맞았다. 공동창업자 카셀이 암으로 사망한 것이다. 여기에 사용자당 수익이 최고점일 때보다 33% 감소하며 재정적 압력이 가중되었다. 사용자 수가 연 30% 증가한 것은 불행 중 다행이었다. 이때 로블록스는 BM을 수정했다. 무엇보다 로벅스를 현금화할 수 있게 했다. 개발자가 사용자에게서 벌어들인 로벅스를 로블록스에서 정한 환율로 팔 수 있게 한 것이었다. 로블록스는 환차익으로 수익을 냈다.

이 변화로 로블록스는 큰 전환점을 맞이했다. 1~2년 후 사용자당 수익은 최저점보다 40% 늘었고, 사용자 수 역시 폭발적으로 증가했다. 2013년 300만 명이었던 월별 사용자가 2016년에는 2800만 명으로 급격하게 늘어났다. 많은 개발자가 수익을 기대하며 수백만 개의 창의적인 게임을 개발하게 되었다. 이를 통해 UGC를 처음으로 현금화monetization하는 새로운 BM이 탄생했다. 문구점에서 마켓플레이스 혹은 플랫폼으로 재탄생한 것이다.

몇 년 전 바수츠키에게 직접 물은 적이 있다. "로블록스는 결국 디지털 시대에 적응한 '레고'의 연장선이라 할 수 있겠네요. 블록을 쌓아 형체를 만든 후 모션을 주고 거기에 스토리를 입히는 거죠." 바수츠키가 대답했다. "로블록스의 핵심이 빠졌네요. '소셜 네트워킹'이죠. 레고는 혼자 하는 게임이지만 로블록스는 여럿, 전 세계에 흩어진 여럿이 같이 하는 게임입니다."

이러한 BM 덕분에 로블록스는 2020년 당시 미국의 16세 이하 어린이 과반수를 포함해서 1억 6400만 명의 월별 사용자를 자랑할 수 있게 되었다. 최근에는 한 술 더 떠서 이런 로블록스의 복합 세계는 '메타버스'라 불리며 기존 대기업들의 부러움과 모방의 대상이 되고 있다. 한 스타트업의 창의적 BM이 그 산업을 뒤흔든 것이다.

소셜커머스 기업이었던 쿠팡의 변신 이유

2010년 하버드 MBA 학생이었던 김범석은 한국에 돌아와 쿠팡을 창업했다. 지금은 뉴욕 증시에 상장해 300억 달러의 시장가치를 인정받은 기업이다. 사실 이 기업 역시 BM을 한 번 바꿔서 지금의 성공에 이르렀다. 김범석의 원래 목표는 미국 기업인 그루폰Groupon의 BM을 한국에 복사하는 것이었다. 그루폰은 제품을 선택해 구매자를 모집하고, 총 판매량이 정해진 숫자 이상일 경우 큰 할인을 제공하는 소셜커머스 기업이다. 예를 들어 이런 것이다. "산호세 지역의 회원이 새로 나온 다이슨 청소기를 200대 이상 구매할 시 30% 할인함."

나는 김범석 의장이 쿠팡을 창업하고 나서 수년 후에 그를 만나게 되었는데, 그때 쿠팡은 벌써 BM을 바꿔 아마존의 BM과 비슷한 e-커머스 모델로 운영하고 있었다. 기존 모델도 계속 운영하고 있었는데, 10% 정도의 매출을 이루고 있다고 했다. "아니, 왜 BM을 바꿨나요?" 하고 물었더니 그가 다음과 같이 대답했다.

"품질관리 문제 때문입니다. 그루폰 모델은 지역별로 운영하기 때문에 기업의 QC가 관리할 수 없죠. 예를 들어 연평도 조기 세트를 부산 북부에서 판매한다고 하면, 회사가 정품인지 아닌지 확인하기 힘들죠. 만약 아니라면 나쁜 평판만 초래할 테고요."

현명한 BM 전환이었던 것 같다. 소셜커머스의 원조 그루폰의 현재 시장가치는 쿠팡의 50분의 1 정도다.

결국 어떻게 돈을 버느냐가
모든 것을 결정한다

앞서 소개한 사례들은 BM이 기업의 성공에 얼마나 중요한지 보여준다. BM은 새로운 산업을 만들 수도, 기존 산업을 바꿀 수도 있다. 신생 기업은 여러 가지 BM을 비교·분석해 최적의 BM을 선택할 수 있다. 기존 기업은 원래 BM의 효용성을 의심해 보고 창의적인 새 BM을 꿈꿀 수 있다. 이 모두 기업가의 기회다.

로블록스, 쿠팡, 구글이나 아마존은 자발적으로 기존의 BM을 바꿔 더 나은 성과를 만들었다. 그러나 때로는 외부의 변화 때문에 어쩔 수 없이 BM을 바꾸어야 할 때도 있다. 대표적으로 정보 산업을 예로 들 수 있다. 예정에 없던 인터넷의 등장으로 신문, 음악, 도서 산업은 새로운 BM을 찾느라 고생해야 했다. 몇몇 산업은 아직도 숲속에서 방황하고 있는 듯하다.

또 다른 예는 택시 산업이다. 인터넷은 집카zipcars, 리프트나 우버 같은 공유 사회 BM을 가능케 해 안정된 택시 산업을 한 차례 발칵 뒤집었다. 실리콘밸리의 어느 억만장자가 이렇게 말한 적이 있다. "사실 우리 집에 있는 운전기사를 불러 차를 대기시키는 것보다 우버를 부르는 게 더 빨라요."

어쩌면 인터넷이 마지막 충격이 아닐지도 모른다. 특히 자율주행 기능이 상용화되면 어느 날 우리는 '차'에 대고 이렇게 말하게 될지도 모른다. "헤이, 테슬라. 오늘은 나를 회사에 데려다주고, 제일 가까운 백화점 지하 식료품점에서 직원이 준비해 둔 쇼핑백을 받아서 집에 내려놓은 다음에, 우버 서비스로 돈을 좀 벌다가 3시에 큰 애를 학교에서 픽업해 대치동 학원에 데려다줘. 그리고 6시에 회사로 돌아와." '차=운전기사=우버'다. 나의 손자나 증손자에게나 가능한 BM일 듯하다.

26장

비즈니스 전략이
경쟁의 판도를 결정한다

"비즈니스에서 평범은 제로 이윤이다."

경영학의 시작점과 같은 말이다. 누구나 할 수 있는 평범한 비즈니스라면 그저 재료비, 인건비, 금리와 월세나 겨우 건질 것이다. 그렇기에 남들과 뭔가 다르고, 또 남들보다 나아야 한다. 그리고 경쟁에서 이겨야 한다. 기존 기업이건 스타트업이건 '승리의 공식'을 찾아야 한다.

이를 조직적으로 연구하는 경영학의 분야가 '전략'이다. 중요하고 흥미로운 분야인데, 몇 가지 재미있는 사례로 간단하게 설명해 보려고 한다.

코카콜라와 닥터페퍼,
자판기의 결투

자판기에 여러 기업의 음료들이 나란히 놓여 있다. 가격은 모두 똑같이 1달러 10센트다. 그중에 경쟁자인 코카콜라와 닥터페퍼가 있다. 어느 날 닥터페퍼가 1달러로 가격을 내린다. 코카콜라는 어떻게 해야 할까? 가만히 두면 콜라 판매가 뚝 떨어질 것이다. 그렇다고 같이 가격을 낮추면 엄청난 수익을 놓치게 될 것이다. 판매량이 크니 손실도 클 것이다. 코카콜라는 이러지도 저러지도 못하게 되었다. 물론 닥터페퍼도 이 사실을 알았다. 다만 개당 수익은 줄어들더라도 판매량 증가로 총 이익을 만회하고 늘릴 수 있다고 판단한 것이다.

이때 코카콜라는 기발한 전략을 선택했다. 닥터페퍼와 비슷한 맛의 음료인 '미스터 피브'를 개발한 것이다. 이름도 비슷하고, 공장도 같은 도시 텍사스 웨이코에 세웠다. 그리고 자판기에서 닥터페퍼 옆에 나란히 배치되도록 했다. 닥터페퍼에 대한 경고였다. "그쪽이 가격을 내리면 우리는 미스터 피브로 대응할 것이다. 그러니 꿈도 꾸지 마라." 상황이 달라졌다. 자판기에는 평화가 돌아왔고 모든 음료의 가격은 다시 1달러 10센트가 되었다.

두 기업 A와 B의 경쟁 구도에서 A가 B의 구역을 침범한다고 하자. 이때 B는 A의 구역을 침범하는 것으로 공격을 되받아친다. 이를 펜싱 용어로 '카운터 패리counter parry'라 부른다. '되받아 치

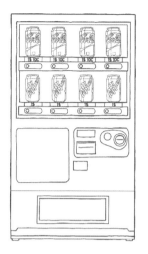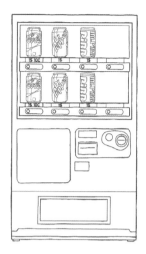

자판기의 결투. 결국 닥터페퍼는 1달러 10센트로 가격을 재조정하게 된다.

기' 혹은 '역공'이라 번역할 수 있겠다. 자판기의 결투는 약간 변형된 카운터 패리 사례다. 닥터페퍼가 가격을 내리면 미스터 피브가 이를 인지하고 가격을 더 내릴 수도 있다.

흥미로운 점은 실제로는 카운터 패리가 일어나지 않았다는 것이다. 그저 일어날 수 있다는 '가능성' 때문에 각자 행동을 조심하게 되었다. 코카콜라의 전략은 바로 그 가능성을 '반가시화'하는 것이었다. 완전한 가시화는 너 죽고 나 죽는 결과를 내고, 비가시화는 너 살고 나 죽는 꼴이 난다. '반가시화'만이 둘 다 사는 길이었다.

세멕스가 알박기 투자로 보낸
경고 메시지

멕시코에 본사를 둔 세멕스Cemex는 전 세계 시멘트 업계의 스타 기업 중 하나다. 2000년대 초까지 세멕스의 주 무대는 북남미였고, 경쟁자인 프랑스의 라파지Lafarge는 유럽에서 주로 활동하고 있었다.

당시 세멕스는 프랑스 북부의 해안에 큰 토지를 소유했는데, 달리 활용하지 않고 빈 땅으로 내버려두고 있었다. 그러나 사실 세멕스는 이 땅을 라파지를 향한 경고 메시지로 사용하고 있었다. "라파지가 북남미로 진출하면 우리는 내일이라도 저 땅을 통해 유럽 진출을 감행하겠다." 여기서도 실제로 카운터 패리는 일어나지 않았다. 경고 덕분에 발생 전에 멈추었다. 작은 알박기 투자가 큰 싸움을 막은 것이다. 결과적으로 세멕스는 북남미에, 라파지는 유럽에 그대로 머물렀다. 이번에도 마찬가지로 가능성을 반가시화하는 것이 세멕스의 전략이었다.

앞서가며 뒤를 견제하는
추격자 추격 전략

몇 년 전 시애틀의 워싱턴대학교에 세미나 일정으로 방문하던 중, 몇몇 교수들과 요트 경기 중계 방송을 함께 보게 되었다. 그때 같이 보던 교수가 재미있는 말을 했다. "이런 전략은 어떨까? 먼저 앞서 나간 다음에 나를 가장 가까이 쫓아오는 배를 보고 그대로 흉내를 내는 거야. 그쪽이 왼쪽으로 움직이면 나도 같이 왼쪽으로 움직이고, 오른쪽으로 움직이면 똑같이 오른쪽으로 움직이는 거지."

물론 말처럼 쉬운 일은 아닐 것이다. 그러나 전략으로 고려할 만한 아이디어였다. 실제로 시장에서 1위인 코카콜라는 2위인 펩시콜라와 맛이 비슷한 '뉴코크'를 출시했다. 맥도날드는 버거킹의 '와퍼'와 비슷한 '맥D.L.TMcD.L.T.'를 출시했다. 또한 미 자동차 업계의 1, 2위인 GM과 포드는 3위인 크라이슬러의 수많은 발명을 부지런히 따라 했다. 키 점화 시스템, 전기식 와이퍼, 전륜구동, 미니밴 등이다. 요새는 너도나도 후발주자인 테슬라를 따라 전기차를 출시하느라고 바쁘다. '컬리'와 '오아시스'가 시작한 새벽 배송은 기존의 쿠팡, SSG, 코스트코 등 대기업 소매 체인들이 따라가고 있다.

실로 대부분의 가격 경쟁과 혁신 경쟁은 이러한 형태로 일어난다. 추격자가 가격을 낮추거나 혁신을 내놓으면, 선행자가 이에 대응하며 경쟁이 진행된다. 결론적으로, 앞선 자가 추격자를 추격하는 전략이다. 이렇게 말할 수 있겠다. "추격자를 추격한다follow your follower."

혼다와 야마하 사이의
속도전

1981년 일본 오토바이 시장에서 만년 2등이었던 야마하는 새로운 공장을 세우기로 했다. 완공 후에는 세계 제1의 오토바이 회사가 되어, 만년 1위인 혼다를 따라잡을 계획이었다. 마침 혼다는 자동차 시장에 진출하느라 제일 능력 있는 엔지니어를 해당 분야에 투입하고 있었다. 야마하로서는 절호의 찬스였다. 그러나 혼다는 앉아서 당할 수는 없다며 더 공격적으로 나왔다. "우리는 야마하를 짓뭉개 버리겠다!" 그리하여 'H-Y 전쟁'이 시작되었다.

18개월간의 전쟁 중에 혼다는 가격을 낮추고 공격적으로 광고를 했다. 무엇보다 새 모델을 숨 막히는 속도로 내놓았다. 전쟁이 시작될 당시에는 혼다와 야마하 둘 다 각각 60개 정도의 모델을 가지고 있었다. 그러나 혼다는 18개월 동안 113개의 모델을 새로 내놓았고, 야마하는 37개로 한참 뒤처졌다. 혼다의 새로운 모델은 기술과 디자인 면에서 큰 변화를 보였으나 그럼에도 혼다의 조직은 흔들리지 않았다. 반면 야마하의 모델은 유행에 뒤떨어진 모양에 가격도 낮지 않았다. 제품이 팔리지 않자 딜러들은 1년 어치의 재고를 떠안을 수밖에 없었고, 회사와 공급망은 무너지기 시작했다. 야마하는 자금이 돌지 않아 재정적으로 심각한 위치에 서게 되었다.

결국 야마하는 항복했다. 이 전쟁을 야기한 것을 사과하며 이

경영이라는 세계

후에는 자신들의 주제를 파악하고 경쟁에 임하겠다고 공언함으로써 H-Y 전쟁을 종식시켰다. 조지 스톡과 토머스 하우트의 책 『시간에서의 경쟁Competing Against Time』[16]에 등장하는 사례로, 기업 경쟁에서 '속도'의 중요성을 보여주는 영화 같은 실화다.

아헤그룹은 어떻게
코카콜라의 파이를 가져왔나

세계에서 1인당 탄산음료를 가장 많이 소비하는 나라는 멕시코다. 2위인 미국보다 2.5% 많고, 3위인 브라질과 비교하면 거의 2배다. 당연히 이곳에는 코카콜라와 펩시콜라가 1, 2위로 막강한 경쟁 구도를 형성하고 있다. 그런데 이 험난한 시장에 입성해 성공적으로 시장 점유율을 빼앗은 제3국적 기업이 있다. 바로 아헤 AJE다. 아헤는 가난한 나라 페루 출신의 기업으로, 이들의 전략은 피라미드의 최하층 인구Bottom of the Pyramid, BOP를 겨냥해 소프트음료를 '민주화'하는 것이었다. 이는 비용을 낮춤으로써 가능했다. 아헤의 제품은 기존 제품들보다 25% 정도 저렴하다.

그들은 여러 가지 비용 절감 정책을 사용했다. 첫째, 주력 상품을 '2.6L짜리 큰 플라스틱 페트에 담은 콜라'로 정했다. 그들의 브랜드인 '빅 콜라Big Cola'는 많은 양을 낮은 가격에 제공할 수 있었다. 가정용 사이즈였기에 캔 음료가 그러하듯 소매상에게 냉장고를 비치해 줄 필요도 없었다. 둘째, 밤낮으로 주력 상품만 생산했다. 그래서 생산량에 비해 공장 운용비가 낮았다. 셋째, 광고를 거의 하지 않았다. 광고 없이도 확보할 수 있는 시장 점유율까지 성장하고 이를 유지했다. 국가별로 10~20%가 그들이 가질 수 있는 최대 시장 점유율이었다. 넷째, 코카콜라 같은 대리점 체제나 3단계 공급이 아닌, '공장에서 소매로의 직배 방식'을 택했다. 다섯째, 콜라의 원액은 독자 개발했다. 다른 곳에서 사 오지 않았다.

마지막으로 독특한 소매 유통 체계를 구축했다. 아헤의 한 물류 기지에 아침부터 많은 차들이 줄지어 있다. 바로 배송 기사들이다. 제대로 달리는 차만 있으면 아무나 이곳으로 와 일감을 받아 간다. 창고는 배송할 가게들의 주소와 수량을 적은 목록을 준다. 기사들은 돈을 지불하고 물건을 받은 후, 가게에 넘길 때 더 높은 가격을 받는다. 이 가격은 아헤에서 정하는 것으로 배송 기사는 정해진 이윤을 번다. 원하면 물건을 더 받아 가 독립 소매상 역할을 할 수도 있다. 이를 통해 졸지에 수천 명의 자영업자가 탄생한 것이다.

가만히 보면 B2B형 우버나 다름없다. 2002년에 창립된 기업이니 2009년에 시작한 우버의 대선배라고 할 수 있다. 다만 우버와 달리 손님이라고는 아헤의 37개 물류 기지뿐이다. 이런 배달 모델로 아헤는 고정 투자비를 지출할 필요가 없고, 운영비도 들지 않는다. 더욱이 배송 기사는 빅 콜라를 선전해 준다. 동네방네 돌아다니며 아헤의 마케팅 파트너 역할을 하는 것이다. 이 시스템은

경영이라는 세계

종합적으로 '저가 공세'라는 아헤의 전략을 완성한다.

아헤는 같은 전략으로 남미, 동남아, 아프리카 등 전 세계로 진출해 시장을 확장했다. 그 성공의 정도는 나라마다 달랐다. 흥미롭게도 인도네시아가 빼어난 성공을 거둔 국가가 되었는데, 이 나라가 1만 7000여 개의 섬으로 구성된 나라라는 점이 큰 역할을 했다. 전통적인 중앙 관리형 물류 시스템으로는 성공하기 힘들었던 것이다. 반면 아헤의 '우버 스타일'은 각 섬의 자영업자들의 참여를 유도했다. 전국에 흩어진 시장에 조직적으로 그리고 효과적으로 침투함으로써 아헤는 큰 시장 점유율을 차지할 수 있었다. 그들의 주장에 따르면 한때는 30%에 이르렀다고 한다.

비즈니스도, 인생도
일등만이 승자인 것은 아니다

동료 교수인 로버트 버겔만[17]에 따르면 전략은 기업의 운명이다. 기업의 경쟁은 때로 전쟁에 비유되지만 이 둘 사이에는 근본적 차이가 있다. 비즈니스에는 다수의 승자가 존재할 수 있다. 여러 설렁탕집이, 수많은 카페가 서울에 공존할 수 있는 것은 '차별화' 덕택이다. 두 기업이 같은 장소에 있지 않고 똑같은 제품이나 서비스를 제공하지 않으니, 경쟁자들이 공존할 수 있는 여지가 생긴다.

우리 삶도 마찬가지다. 고등학교까지는 그저 '전교 120등' 같은 1차원적 비교가 가능했으나, 대학교부터는 2차원, 3차원적 혹은 N차원적 비교가 불가피해진다. 결국 비교가 불가능해져 각자가 자기 잘난 맛에 살아가게 된다. 인생은 '벡터'다. 기업도 마찬가지다. 계속 새로운 제품에 새로운 부가기능을 새롭게 첨가하며 정면충돌을 피하고 최적의 위치를 찾아간다. 성공한 기업들은 경쟁 상대의 전략에 대응해 가격, 가치, 품질, 속도, 혁신, 고객 서비스나 기술에서 우월한 위치를 차지하며 승리의 공식을 만들었다.

경영이라는 세계

27장

열린 혁신,
모든 가능성의 재검토

1980년 HP는 첫 레이저 프린터 '2680A'를 10만 달러에 출시했다. 10만 달러 맞다. HP 마이크로프로세서를 사용하고, HP 소프트웨어를 돌리고, HP 미니컴퓨터를 위해 HP가 디자인하고 HP가 제조했다.

당시 HP의 주변기기 부문의 총책임자 리처드 헤크번 부사장에게는 이 새롭고 비싼 레이저 프린터 기술에 대해 다른 계획이 있었다. PC용 프린터를 만들어 수천 달러의 가격대에 제공하는 것이었다. 문제는 HP에는 레이저 프린터를 제조하기 위한 핵심 기술이 없었다는 점이다. 특히 '레이저 엔진'이 없었다. 헤크번은 개의치 않았다. 엔진은 캐논에서, 마이크로프로세서는 모토로라에서, 소프트웨어의 상당 부분은 마이크로소프트에서 구해 HP의 PC용 레이저 프린터 '2685A'를 3495달러에 출시했다. 그리고 1983년 컴덱스 쇼COMputer Distributors' EXpo, COMDEX에서 이 프린터를 HP의 PC가 아닌 IBM PC에 연결해 시범을 보였다.

HP 내부는 헤크번의 의리 없는 행적에 쇼크를 받았으나, 시장은 2685A에 열광적인 반응을 보였다. HP를 프린터의 왕국으로 만든 '별의 순간'이었다. 동시에 기술 혁신의 새로운 패러다임이 열린 순간이었다. 혁신을 위하여 꼭 소유한 기술만 사용해야 한다는 기존 개념에서 벗어나는 것이었다. 이는 HP의 새로운 경영 지침이 되어 HP의 미래를 이끌었다. 헤크번은 CEO 자리를 제안받았으나 거절하고 HP의 이사회에서 킹메이커로 활약했다.

내부 기술에 집착할수록 좁아지는 혁신의 문

그로부터 20년 뒤인 2003년, UC버클리의 헨리 체스브로 교수는 이러한 전략을 '열린 혁신open innovation'이라 부르며 기술 혁신에서의 주요 전략이자 산업 추세라고 기록한다.[18] 체스브로가 든 열린 혁신의 대표적 예는 코네티컷주의 본사에서 멀리 떨어진 팰로앨토에 위치한 연구소인 제록스 파크PARC다. 이곳은 실리콘밸리의 지적 동력원으로 수많은 신기술을 발명해 냈다. 개인용 컴퓨터, 이더넷ethernet, 레이저 프린터, 사물형 OS, GUIGraphical User Interface, 마우스는 몇 가지 예일 뿐이다.

그런데 본사인 제록스는 왜 이런 첨단 기술들을 자기들의 비즈니스에 활용하지 못했을까? 체스브로는 회사를 떠난 창업가들이 종종 PARC 기술들을 성공적으로 활용했다는 점에 주목했다. 제록스 본사가 내부 기술과 내부 응용에만 집착했기 때문이다. 반면 창업가들은 이 신기술에 다른 이의 기술 라이선스를 활용해 완전한 제품을 구현했다. 창업가들은 이 신기술 외에는 가진 게 없으니 세상 모든 기술을 순백의 캔버스에 이리저리 배치하며 큰 그림을 그릴 수 있었던 것이다.

재미있게도 제록스 본사 역시 똑같은 옵션을 가지고 있었다. 다만 그 옵션이 기업의 문화나 관습에 어긋나 차마 행사할 수 없었을 뿐이다. 열린 혁신은 이런 장애물을 제거하는 역할을 한다는 점에서도 그 의의가 있다.

PARC의 유리블록

1990년경으로 기억한다. PARC의 한 연구원이 내 사무실을 찾아왔다. 뭔가를 보여주겠다며 가방 안에서 주방에서 쓰는 도마같이 생긴 것을 꺼냈다. 유리처럼 투명한 블록 속으로 복잡한 전기 회로가 보였다. 이게 뭐냐고 묻자 "컴퓨터"라고 대답했다. "여기에 스크린과 키보드를 연결하면 컴퓨터가 된다는 말이냐"라고 묻자, 그는 답답하다는 듯한 표정으로 반복했다. "이게 컴퓨터"라는

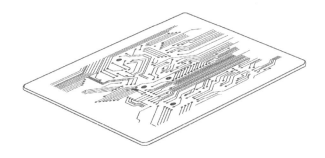

제록스의 유리블록 스케치. 제록스는 모든 기술을 가지고도 애플이 되지 못했다.

것이다. PC는 CPU, 메모리와 데이터 저장기를 포함한 본체, 스크린과 키보드 이 세 부분으로 이루어지는 것인데 이를 하나의 유리블록에 전부 집어넣었다고 했다. 스크린은 터치스크린 LCD이고, 키보드는 이미지virtual로 대치될 것이라고도 했다. 거기에다가 마우스와 이더넷 와이파이도 연결될 것이란다. 한번 '런run'을 해보라고 하니까 이건 콘셉트 디자인으로 아직 기능을 완전히 갖춘 게 아니라는 대답이 돌아왔다.

당시에는 겉모습에만 매료되어 몰랐으나 나중에 생각해 보니 그 유리블록은 PC, 랩톱, 터치스크린 LCD, 마우스와 이더넷을 포함해 거의 PARC의 발명품으로 이루어져 있었다. 아마 20년 후에 출시될 애플 아이패드의 전신이었던 것 같다. 아이러니한 것은 이 기술 중 아무것도 개발하지 못한 애플은 아이패드를 내놓았는데 제록스는 내놓지 못했다는 점이다. 참고로 제록스의 첫 소형 컴퓨

터 모델인 '제록스 알토Xerox Alto'는 애플의 첫 컴퓨터 모델인 애플
1 보다 3년 빠른 1973년에 출시되었다. 그러나 시장의 반응이 미
지근해 결국 사업을 접었다.

발명과 발견,
IBM과 애플의 차이

IBM과 애플은 각각 세대를 대표하는 IT 기업으로, 기술 개발
에 전혀 다르게 접근한다. IBM은 거의 모든 기술을 직접 개발하
고 발전시킨다. 내부에서 발명한 기술이 아니면 사용하지 않고,
남에게 빌려주지도 않는다. 이를 'NIHNot Invented Here 증후군'이라
부른다.

반면 애플은 열린 혁신으로 기술 발전을 추구한다. 필요에 따
라 공동 투자, 위탁 생산, 특허 공유, 기업 인수 등 외부의 힘을 닥
치는 대로 이용해 더 많은 옵션으로 완성품을 만든다. 스티브 잡
스를 내쫓았다는 평을 듣는 전 애플 CEO 존 스컬리는 잡스에
대해 다음과 같이 말했다. "잡스는 위대한 발명가라기보다는, 위
대한 발견자다." 발명이냐 발견이냐가 이 두 접근법의 핵심적
차이다.

끊임없는 M&A도
열린 혁신을 위함이다

최근 몇 년 동안 GM이나 포드 같은 디트로이트 자동차 회사들이 실리콘밸리에 연구소를 세웠다. 어느 신문 인터뷰에서 왜 이곳으로 왔는지 묻자, GM의 현지 연구소장은 "기술 발전을 정탐하고 필요하면 빌려서 쓰기 위해서"라고 대답했다. 지금까지 알고 있던 '연구소'의 임무가 아니었다. 내 연구를 하는 게 아니라, 남의 연구를 보는 게 자신들의 임무라고 하니 말이다. 즉 발명이 아닌 발견이다. 그래서 이들을 '가상 연구소virtual lab'라는 새로운 카테고리로 분류하기도 한다.

열린 혁신에서의 중요한 성공 요소는 필요한 기술과 협력자를 찾는 것이다. 연구소의 과학자와 엔지니어뿐만 아니라 비즈니스 분야의 협약과 M&A 전문가도 필요하다. 그래서 누가 어떤 기술을 가졌으며 무엇을 개발하고 있는지를 파악하기 위해 VC나 증권사와 항상 접촉한다. 인텔이나 구글은 아예 VC를 가지고 있어 신기술을 추적한다. 실리콘밸리의 대기업에는 M&A 담당 부사장이 있어 이런 활동을 조정하고 지휘한다.

M&A가 다 성공하는 것은 아니다. 성사된 M&A 가운데 반 정도는 인수한 기업에 후회를 남긴다. M&A에서는 기술만 콕 집어 빼 가는 것이 아니기 때문이다. 인수된 회사의 주요 인력이 본사와 융합해 일할 수 있는가에 대한 숙고가 필요하다. 이에 인력

경영이라는 세계

관리 부서HR가 개입된다. 따라서 열린 혁신에는 재정, 전략, 기술 개발, 제품 개발, HR을 포함해 전사적 노력과 협력이 필요하다.

열린 혁신에서의 또 다른 중요한 성공 요소는 "내부 연구와 외부 옵션을 어떻게 잘 배합하느냐"다. 시스코는 내부 연구와 외부 옵션을 경쟁시켜 더 좋은 기술을 선택한다. 가상 연구소와 진짜 연구소의 경쟁 구도를 이용하는 것이다. 인텔이나 길리어드, 아마도 거의 모든 실리콘밸리 기업들이 비슷한 정책을 쓰고 있을 것이다.

열린 혁신은
성공의 옵션을 늘린다

열린 혁신이란 기업이 선택할 수 있는 하나의 옵션이지만 기존의 관행이나 조직 구조의 한계로, 쓸 수 없는 옵션으로 어디엔가 갇혀 있는 경우가 많다. 이를 찾아서 실행하는 데는 새로운 비즈니스 안목과 조직상의 변화가 필요하다.

이 옵션은 기업의 운신할 수 있는 폭을 넓혀 많은 혁신과 성장의 가능성을 열어준다. HP는 주요 기술 없이도 레이저 프린터 시장을 장악한 반면, 제록스는 주요 기술을 갖고도 태블릿 PC 시장을 놓쳤다. 열린 혁신이란 간발의 차이가 이처럼 큰 격차로 나타난 것이다.

끝으로, 열린 혁신은 내부 연구 개발에만 집착하지 말라는 것이지, 이를 포기하라는 뜻은 결코 아니다.

경영이라는 세계

28장

생존의 필요조건으로서
혁신에 대하여

혁신은 기업이 생존하고 성장하는 데 필수 요소다. 혁신이란 '새로운 제품의 발명이나 운영 방식의 개선으로 기업의 성과에 현저한 개선을 이룸'을 뜻한다. 이 장에서는 혁신에 대해 이야기할 텐데, 먼저 일러둘 것이 있다. 첫째, 인간은 다소의 창의력을 갖고 태어나며, 이를 실행하기를 즐긴다. 둘째, 제품 발명의 한 형태 혹은 모델을 소개한다. '조합과 조리'로 요약되는 이 모델은 열린 혁신을 이해하는 바탕이 된다. 셋째, 혁신은 제품product의 발명만으로 이루어지는 게 아니라, 과정process의 개선에서도 일어난다. 프로세스가 제품 설계와 연계되거나 그 자체만으로도 중요할 수 있다. 마지막으로, 대기업의 경우라면 혁신 엔진이 꺼지지 않도록 조직에 적극적으로 개입해야 한다. 이런 역할을 하는 '행동 프로그램'의 예를 소개하고 분석해 보겠다.[19]

우리는 모두
창의력을 발휘하도록 태어났다

어느 중국인 기업인에게 평소 직원에게 어느 정도로 혁신을 요구하느냐고 물은 적이 있다. "우리 애들은 게을러서 그런 거 안 좋아하고, 나도 기대를 안 한다"라는 답을 들었다. 틀린 생각이다. 우리 모두는 창의력을 가지고 태어나, 이 능력을 행사하는 것을 본능적으로 즐긴다.

어느 창업가에게는 이렇게 물었다. "직장에서 많이 벌면서 편히 살았을 텐데 왜 창업을 해서 고생합니까?" 대부분 답은 이렇다. "돈은 동기가 아닙니다. 나는 좋은 아이디어라고 생각해 제안했으나 윗사람이 들어주지 않아서 시작했어요." 실제로 줌Zoom의 창업자 에릭 유안은 전 직장 시스코에서 내놓은 몇 가지 제안이 거절되자 자기 사업을 시작했다. 창의력을 행사하려는 것은 역시나 인간의 본능적 욕구다.

몇 년 전 미국의 큰 식료품 체인인 세이프웨이Safeway 앞에서 30여 명이 피켓을 들고 데모하는 것을 목격했다. 모두가 여성 점원이었다. 피켓에는 "여성 차별을 멈춰라"라고 쓰여 있었다. 알고

경영이라는 세계

보니 사정은 이랬다. 식료품 점원에게는 두 가지 임무가 있다. 하나는 계산대 일이고, 다른 하나는 창고 일이다. 후자는 크고 무거운 상자를 뒤쪽 창고에서 매장으로 옮긴 후, 상자에 담긴 내용물을 선반에 얹는 일로 남자에게도 힘든 일이다. 나는 생각했다. '그 힘든 일을 여성 점원에게 시키니 저런 반발이 생기지.'

하지만 사실은 그 반대였다. 이 가게의 점장은 일부러 힘든 창고 일을 남성 점원에게 시켰는데, 여성 점원이 이에 반발한 것이다. 계산대 일은 육체적으론 덜 힘들지만 참 단조로운 일인 반면 창고에서의 일은 창의적 아이디어를 실험하고 점장에게 제안할 수 있었다. 몸이 힘들더라도 머리로 생각하고 '혁신'할 수 있기에 여성 점원들도 선호하는 일이었던 것이다.

발명의 공식은 '조합'더하기'조리'다

발명은 어떻게 하는 것일까? PARC를 떠난 창업가들처럼 스타트업은 자신이 지닌 한두 가지의 기술에 수많은 외부의 기술을 얹은 후 적절하게 묶어 유일무이한 제품을 창조할 수 있다. 이것이 발명이며, 혁신의 기반이다. 경제학자 조지프 슘페터에 따르면 "일반적으로 세상의 많은 발명품은 몇 개의 빌딩 블록을 섞은 '콤비네이션combination'(조합)에서 나온다."[20]

조합의 가능성은 거의 무한하다. 예를 들어 100개의 자연 재료(계란, 시금치, 햄 등) 중 세 가지만 써도 16만 1700가지의 요리를 만들 수 있다. 서로 다른 조리법의 선택까지 고려하면 실로 수백만 가지의 요리가 가능한 것이다. 불과 세 개의 기본 재료로 말이다. 정리하자면 발명은 '조합+조리'다.[21] 꼭 레고 블록으로 사물을 만드는 것과 같다.

이 발명 모델에서는 '표준화'가 필수적이다. 흔히들 제품의 표준화는 창조성과 제품 다양화를 저해하고 결국 소비자가 이 때문에 손해를 볼 것이라 생각할 수 있으나, 단편적인 견해다. 부품이나 재료의 표준화는 믹스 앤드 매치mix and match, 즉 조합을 가능케하기 때문이다. 미국의 국립표준기술연구소National Institute of Standards and Technology, NIST는 자신들의 미션을 "측량, 표준화와 기술을 통해 혁신과 산업의 경쟁력을 증강한다"라고 명시한다.

또한 '조리 방식', 즉 묶어서 연결하는 방식은 그 자체만으로도 엄청난 다양성을 창출한다. 다이아몬드와 흑연은 둘 다 탄소라는 재료로 이루어져 있으나 결합 방식의 차이로 엄청나게 다른 제품이 된다. 음악도 마찬가지다. 2~3옥타브의 7음계에 장단조 몇 개를 끼워 무한히 많은 곡을 작곡한다. 사람의 얼굴 또한 눈, 코, 입 등 기본 요소는 정해져 있는데도 이유 없이 똑같이 생긴 두 사람이 태어난 적이 없다. 우리가 사는 지구는 단 118개의 원소로 이루어져 있다. 이 중에서 몇 가지를 뽑아 이리저리 꿰어 묶음으로써 자연은 셀 수 없이 다양한 물체와 생물체를 '발명'한 것이다.

경영이라는 세계

레고 블록으로 성을 쌓듯 발명도 조합과 조리의 결과다.

이러한 발명의 정의를 생각하면 열린 혁신을 더 잘 이해할 수 있다. 만약 HP가 자신의 기술만으로 레이저 프린터를 만들고자 했다면 결코 3000달러대의 제품을 출시하지 못했을 것이고, 오늘날의 프린터 왕국 또한 없을 것이다. 헤크번은 회사 내의 묵시적 금기를 깨고 외부 기술과 내부 기술을 섞고 꿰고 묶음으로써 열린 혁신을 이뤄냈다.

일반적으로 열린 혁신은 더 많은 조합을 선택할 수 있게 한다. 새로운 조리로 다른 제품을 만들 수 있고, 기존 제품을 더 낮은 비용으로 생산할 수도 있다. 무엇보다 넓은 생각을 가능하게 한다. 온통 하얀 캔버스에서 시작할 수 있다. 따라서 믹스 앤드 매치와 열린 혁신을 '발명의 정석'이라 할 수 있다.

제품과 과정에서의
복합 혁신

발명이나 혁신은 제품에서만 일어나는 것이 아니다. 과정에서도 일어날 수 있다. 팰로앨토에 위치한 아이디오IDEO는 아마 세계에서 가장 권위 있는 디자인 회사 중 하나일 것이다. 애플 최초의 마우스나 시대에 앞서 날씬하고 세련되었던 팜Palm 5 PDA도 이들이 디자인했다. 전 세계 주요 디자인상은 휩쓸고 다니는 기업이다. 초기에는 제품 디자인을 주로 했으나, 언제부터인지 프로세스 디자인까지 섞어 복합적 디자인을 선보인다. 제품 디자인에서 그 사용 배경context을 고려하다 보니 이런 방향을 취하게 된 모양이다. 말하자면 '혁신 디자인' 회사다.

미국의 방송국 ABC의 뉴스 프로그램인 〈나이트라인〉에서 아이디오가 식료품 쇼핑용 카트를 디자인하는 과정을 보여준 적이 있다.[22] 4일간의 디자인을 통해 나온 결과물에는 새로운 카트뿐 아니라 이를 이용해 쇼핑하는 과정까지 포함되었다. 고객은 카트에 몇 개의 바구니를 싣고 다니다가 좁은 곳에서는 카트를 구석에 세운 뒤 바구니를 들고 다니며 물건을 채우고, 카트 위에 다시 실었다.

아이디오의 창업자는 데이비드 켈리로 스탠퍼드 기계과 교수다. 훗날 스탠퍼드에 디자인 스쿨을 세웠는데, 흔히 'D 학교D School'라 일컫는다. 나는 우연히 켈리 교수의 집에 들른 적이 있는

아이디오가 디자인한 애플 최초의 마우스.

데, 벽에 큰 돌고래 모형이 걸려 있었다. 내가 쳐다보고 있으니까 그가 설명했다. 영화 〈프리 윌리〉에 등장하는 돌고래로, CGI(컴퓨터로 제작한 이미지)로 윌리의 움직이는 장면들, 특히 윌리가 방파제를 넘는 극적인 장면을 포함해 제작했다고 했다. 하드웨어-소프트웨어의 콤비로 제품-프로세스 콤비를 만들었다.

프로세스는 제품 디자인의 들러리가 아니라 그 자체로도 혁신의 수단이 될 수 있다. 이제부터 프로세스 혁신을 통한 비즈니스 개선의 예를 하나씩 살펴보자.

맥도날드의 드라이브 스루

1940년에 설립된 맥도날드의 가장 획기적인 혁신은 제품이 아니라 '드라이브-스루drive-through'라는 주문 방식이었다. 차에서 내리지 않고 스피커와 마이크로 주문을 하고 창구에서 음식을 받아 가는 이 방식은 빌딩과 드라이브 웨이 구조뿐 아니라 주문 충족order fulfillment 프로세스를 큰 폭으로 '리디자인re-design'함으로써 가능했다. 1975년에 도입된 이 프로세스는 현재 맥도날드 총 매출의 70%를 차지하고 있다.

하디즈의 주문 스크린

미국의 다른 햄버거 체인인 하디즈Hardee's는 드라이브-스루 주문 중 5% 정도의 음식이 버려지고 있다는 사실을 알게 됐다. 스피커와 마이크를 통해 주고받는 부정확한 대화로 잘못된 메뉴를 제공하자 고객이 거부한 음식이 버려지는 경우가 많았던 것이다. 치즈버거가 치킨버거로 오인된다든지, 양파를 빼달라고 주문했으나 더 넣은 걸 받게 된다든지 하는 경우였다. 모두가 바쁜 아침에 이런 문제가 자주 생겼다. 하디즈는 프로세스를 바꿔 직원의 주문 입력 데이터를 창구 옆에 새로 설치한 작은 LED 스크린에 보여주기로 했다. "이 주문 맞으신가요?" "치킨버거 말고 치즈버거요." 이 작은 프로세스 변화가 주문 오류를 거의 없애버렸다.

사전 허가를 받은 주택 대출

미국에서 주택융자home loan로 집을 사기 위해서는 '집 찾기'와 '대출받기'를 순차적으로 진행한다. 먼저 마음에 들고 재정적으

경영이라는 세계

로 감당할 수 있는 집을 찾는다. 그리고 집주인과 조건부 계약서에 사인한다. 은행에서 대출을 받게 된다는 조건이다. 다음으로는 은행 혹은 대출을 받는 데 도움을 주는 브로커와 약속을 잡고 내 신용 기록과 계약한 집에 대한 각종 서류를 제출하고 답을 기다린다. 허가를 받을 때까지 기다리며 피가 마른다. 때로는 거절되는데, 그럴 경우 처음부터 다시 시작한다. 소비자에게 친화적user friendly이지 않은 프로세스다.

고객의 편의를 위해 은행들은 새로운 혁신을 내놓았다. 이름하여 '사전 허가를 받은 주택 대출pre-approved home loan'이다. 기존의 순서를 뒤바꾼 것으로, 집을 찾아 나서기 전에 은행에서 먼저 조건부 대출을 받는 것이다. 이때는 신용 데이터를 제출하고, 며칠 후 은행에서는 어느 이율에 얼마까지 대출해 주겠다고 약속을 한다. 이것이 사전 허가를 받은 주택 대출이다. 다만 조건이 있다. 매입할 집의 가격이 시장가격에서 크게 벗어나지 않아야 한다. 사기성 대출 신청을 방지하기 위한 것으로 일반인에게는 그다지 까다로운 조건이 아니다. 이 대출을 들고 마음에 드는 집을 찾아다닌다. 허가받은 가격 내의 집을 계약하고 은행에 연락하면 거의 즉석에서 대출을 해준다. 고객에게 스트레스를 훨씬 덜 주는 프로세스다.

캐피털 원의 대금 이전 허가서

지금은 미국의 10대 은행 중 하나인 캐피털 원Capital One은

1987년 신용카드 업계에 혁신을 도입하며 시작되었다. 스탠퍼드 경영대학원 졸업생인 리처드 페어뱅크Richard Fairbank는 당시 모든 신용카드가 19.8% 이자율에 20달러의 연회비를 어느 고객에게나 똑같이 적용한다는 사실에 주목했다. 그는 이런 시장의 비효율을 아비트라지arbitrage(차익 실현) 기회로 보고, 신용도에 따라 차등적으로 이율을 결정해야 한다고 생각했다. 신용도가 높은 소비자가 매월 성실하게 카드값을 납부하다 몇 달 동안 일시적으로 납부를 멈춘다면, 그 이자율은 10% 정도면 충분하다고 믿었다. 10%면 시중 금리였던 5%에 비해 높은 것이니 고객만 많이 확보한다면 좋은 사업일 것이라는 결론을 내렸다.

캐피털 원은 고객의 신용도를 결정할 여러 데이터를 수집하여 업계에서 유일하게 데이터베이스를 구축했다. 이를 이용해 평가한 고객의 신용도에 따라 이자율에 차등을 두었다. 즉 '고객마다 차별화된 금융상품'을 제공한 것이다. 그러나 제품에서의 혁신만으로는 충분치 않았다. '이미 다른 신용카드에 묶여 있는 고객을 어떻게 설득해 그 카드의 대금을 갚아버리고 우리 카드로 오게 할까?' 다른 신용카드로 갈아타는 것은 고객에게는 참으로 귀찮은 일이다. 무엇보다 그렇게 한 번에 갚을 돈이 있으면 애당초 대금 납부를 미루지 않았을 것이다. 이때 캐피털 원은 결정적인 프로세스 혁신을 도입한다. "이 '대금 이전 허가서'에 사인만 하면 나머지는 우리가 다 알아서 해결하겠습니다." 이 프로세스 혁신은 다른 카드사들로부터 수많은 고객, 특히 알짜 고객을 훔쳐 현재의 캐피탈 원의 기반이 되었다. 상식적인 제품-프로세스 동반 혁신이 미국의 4100개 은행 중 톱 10 내로 도약한 계기가 된 것이다.

행동 프로그램 없이는
창의력도 발휘되지 않는다

"민들레가 잡초입니까?"라는 질문에 오하이오주의 한 학자는 "잡초의 정의는 '옳지 않은 곳에 자라는 식물'이라며, 장미도 잡초일 수 있다"라고 답한다. 마찬가지로 "김 대리는 창의적인가?"라는 질문에 대한 답도 근무 환경에 의존한다. 직원들은 근무 환경과 주어진 책무에 따라 다른 정도의 창의력을 발휘한다. 아무리 창의적인 인재라도 적소에 배치하지 않거나 분위기로 뒷받침해 주지 않으면 재능을 잃고 잡초로 전락할 수 있다. 분위기를 잘 만들어주어야 창조적인 조직이 형성된다. '행동 프로그램'이 바로 이 역할을 한다.

이제는 벌써 중년이 된 아마존, 구글이나 메타는 스타트업의 초심을 갖고 혁신의 횃불을 유지하는 방법을 강구했다. 과거 3M, GE나 토요타가 개발한 현장 위주의 혁신을 실리콘밸리 스타일로 변형해 행동 프로그램을 개발했다. 혁신은 조직의 핵심부가 아닌 가장자리에서 일어난다. 기업의 직원은 시키는 대로 움직이는 일꾼이 아니라 사내 창업자가 된다.

구글의 경우 '20% 프로젝트'(혹은 '부틀렉')라는 프로그램이 있어, 엔지니어가 업무 시간의 20%를 자신이 정한 프로젝트에 사용할 수 있다. 구글을 위한 프로젝트여야 하며 이로써 탄생한 IP는 구글의 소유다. 대신 이 프로젝트의 내용은 끝날 때까지 상부에 보고할 필요가 없다. 주제를 자유롭게 선택해, 자유롭게 개발을 진행할 수 있다.[23] 각 프로젝트는 짧은 기간 동안(예를 들어 6개 정도) 몰입하여 개념적으로 완성하도록 권장한다. 그다음에는 정규 프로젝트로 넘어가든지 폐기한다. '지메일'이나 '에드센스'도 이 프로그램의 산물이다. 현재 구글의 먹거리 반 이상이 이 프로그램에서 유래했다고 한다.

메타 또한 핵카톤hackathon이라 부르는 비슷한 프로그램이 있다. 차이점은 프로젝트를 혼자가 아니라 복수의 직원이 해야 한다는 것이다. 때로는 당사 직원이 아니라 거래처 직원과도 팀이 될 수 있다. 개인이 팀으로 일할 때 창조의 효과는 증폭된다.

과학저술가 매트 리들리 역시 혁신은 '팀 스포츠'라 일컫는다. 아이디오는 다른 배경을 가진 5~6명이 팀을 이뤄 하나의 프로젝트를 진행한다. 팀이 함께 일하는 방식이 성공의 열쇠가 된다는 것이 'D 학교'의 핵심 가르침이다. 앞서 말한 〈나이트라인〉에서 보여준 쇼핑 카트와 프로세스 또한 팀의 작품이었다. 이 모든 것이 메타가 핵카톤으로 팀워크를 강조하는 이유다. 이들 행동 프로그램들의 공통점은 혁신, 자발성, 자유, 몰입 그리고 팀워크다. 창

경영이라는 세계

업가 정신을 대기업 환경에 주입해 스타트업을 모방하며 혁신을 유도하는 것이다.

만약 이런 프로그램이 너무 무겁게 느껴진다면 '아이디어 경진 대회'를 고려해 볼 수 있다. 일본의 구인구직 회사인 리크루트는 해마다 사내 논문 경진 대회를 열었다. 전 직원이 회사의 모든 면에서 필요한 혁신이나 개선의 아이디어를 짧은 논문 형태로 제출하도록 한 것이다. 리크루트는 우승한 논문에 10만 엔을 부상으로 주었다.

논문 경진 대회를 통해 모여든 혁신안 중에는 실행된 것이 많다. 하나를 예로 들자면 1990년대에는 구인구직이 종이책이나 CD의 정보를 통해 이루어지고 있었다. 1994년 수상작인 '후지나미 논문'은 "2020년까지는 세상의 모든 정보물이 CD 같은 물리적 저장 용기 없이 디지털 형태로 교환될 것"을 예언했다. 이 디지털화가 '어떻게' 이루어지리라는 것은 예상하지 못했다. 마침 그해 넷스케이프Netscape가 초대 브라우저 모자이크 내비게이터 Mosaic Navigator를 출시해 인터넷 시대를 본격적으로 열었다. 리크루트는 이 논문을 기반으로 e-미디어부를 신설, 인터넷 위주의 새로운 비즈니스 모델을 개발했다.

누구나 언제나
혁신의 시작이 될 수 있다

혁신을 지속적으로 이루어내려면 먼저 창조적인 조직을 만들어야 한다. 제품의 발명은 조합과 조리의 결합이다. 제품뿐 아니라 프로세스 또한 혁신의 대상이다. 인간은 본성적으로 새로운 것을 찾고 만들기를 좋아한다. 이러한 욕구를 만족시키도록 조직을 쇄신하려면 기업의 적극적인 개입이 필요하다. 바로 행동 프로그램이다.

하지만 아직 대답하지 못한 질문이 있다. "어떤 특성을 가진 사람이 창의적일까?" 우리는 공부 잘하고, 시험 성적이 좋고, 논리정연하고, 뭔가 많이 알고, 용모가 단정한 응시자는 얼른 알아보지만 그들이 우리 기업에서 혁신을 이끌 창의적 인물일지는 쉽게 예상하지 못한다. 높은 지능이나 지력이 창의력과 직결된다는 법은 없다. 아마도 창의력은 별도의 능력인 듯하다. 심리학자들에 따르면 삐딱함, 호기심, 자신감과 집착이 지력보다 창의력과 더 상관있다고 한다.

또 다른 힌트가 있다. 넓은 견문이 도움이 된다. 당연하다. 여기에서 본 걸 저기에 적용하는 '아비트라지'가 가능하기 때문이다. 조합과 조리라는 발명 과정에서 사용할 수 있는 더 많은 조합 요소를 접하게 된다. 한 건축가는 흰개미 집의 통풍 시스템을 보고 아프리카 짐바브웨에 냉방 시설 없는 쇼핑몰을 설계했다.[24] 넓은 견문에 대해서는 SF 소설의 대가인 아이작 아시모프가 또 하나의 힌트를 제시한다. "무언가에 깊은 지식을 갖추고 이를 다른 영역에 적용할 때 힘 있는 창조가 이루어진다." 아이작 아시모프는 생화학 박사였다. 더 넓게 해석하자면 근대적인 영어사전을 만든 새뮤얼 존슨의 말과 상응한다. "모든 것에 관해 무엇something on everything을 알고, 무엇에 관해 모든 것everything on something을 알도록 노력하라."

5부

예측과 대응이
만들어가는 세계

운영과 관리, 단순성에 대하여

OPERATION

초대형 기업 아마존, 월마트, 토요타를 보며 그들은 도대체 무엇을 잘하는지 물어보자. 이렇다 할 기술이 있는 것도 아니고, 남들에게 없는 특별한 제품을 파는 것도 아니다. 그렇다고 고객에게 유난히 친절하거나 남달리 잘해주는 것도 아니다. 그러나 '운영의 효율'을 통해 월마트는 낮은 가격, 아마존은 빠른 배달, 토요타는 좋은 품질을 제공한다.

그렇다. 운영의 효율은 강력한 기업의 무기가 된다. 한 땀 한 땀 꾸준한 개선으로 만드는 무기이기 때문에 쉽게 흉내 내기도 힘들어 약발이 오래간다.

게다가 얼마 전부터 기업은 이런 효율이 '나 혼자' 잘한다고 되는 게 아니라, '내 파트너까지' 잘해야 한다는 사실을 깨달았다. 내 공급자가 가격이 높고, 배달이 늦고, 품질이 낮으면 내 노력은 효력이 떨어진다. 고객에게 이는 내 잘못이 아니라 내 파트너 잘못이라 설명할 수도 없는 노릇이다. 그저 다 잘해야 한다. 시장 경쟁의 단위는 기업 대 기업이 아니라, 공급망 대 공급망인 것이다. 이런 인식이 '공급망 관리Supply Chain Management'라는 연구 분야를 낳았다.

29장

단순함은
복잡함을 이긴다

기업 경영에서 가장 인정받지 못하는 덕목은 '단순성simplicity'일 것이다. 제품 디자인, 업무 처리 과정, 부품 종류와 제품 카탈로그에서의 단순성은 생산관리, 재고관리 그리고 조직관리에 효과적이다. 그러나 이 효과가 숫자로 쉽게 계산되지 않아서인지, 기업은 흔히 이를 간과하곤 한다.

단순성은 중요한 덕목이고, 필요시 규율로 만들어 제도화되어야 한다. 단순성의 수혜자는 기업뿐 아니라, 흔히 사용자도 포함된다. 조직에서의 여러 단순성을 구체적으로 생각해 보자.

경영이라는 세계

제품 디자인에서의
단순성

애플의 귀환은 음악 재생 기기인 아이팟ipod으로부터 시작되었다. 얼마나 단순하고 아름다운 디자인이었나! 파스텔색의 배경, 날렵한 모양, 매뉴얼이 필요 없는 GUIGraphical User Interface, 바퀴 형태의 컨트롤 그리고 금속성 촉감으로 '소유'와 '사용'의 즐거움을 주었다.

이 단순성은 노력을 '덜' 한 게 아니라 '더' 한 결과다. 단순성을 위해 상당수의 기능은 소프트웨어 안에 숨겨져 있다. 한 매니저의 말처럼 애플은 '하드웨어를 가장한 소프트웨어 회사'다. 또한 아이팟에는 어떤 기능, 특히 무선통신 기능이 빠져 있었다. 나중에 아이폰을 내놓은 것으로 보아 하지 못한 게 아니라 안 한 것이었다. 단순성에는 내공이 필요한 것 같다.

실로 세상에는 '단순'으로 먹고사는 제품이 많다. 라면은 세상에서 가장 조리가 간단하면서 끼니가 되는 식품이다. 나도 끓일 줄 안다. 그래서 그토록 인기다. 전자레인지는 손가락 하나로 조작이 가능하다. 많은 경우 '30초' 클릭 하나로 해결된다. 슬리퍼는 구태여 허리를 굽히지 않아도, 구둣주걱 없이도 신을 수 있다. 축구는 즐기는 데 장벽이 없어 세상에서 제일 인기 있는 스포츠다. 적당한 크기의 공 하나와 공터만 있으면 된다. 규칙이 간단해 심판도 필요 없다. 그래서 빈국이든 부국이든 누구나 곧잘 한다. 바나나는 씻지 않아도 되고 과도도 필요하지 않아 게으름을 즐기는 전 인류에게 소중한 과일이다. 이처럼 단순성은 그 자체로 가치를 창출한다.

미국에는 『바보들을 위한 블록체인Blockchain for Dummies』이라는 책이 있다. 문외한에게 블록체인을 쉽게 풀어 설명한 책이다. 사실 이는 여러 주제(예를 들어 와인, 세금, 골프, 섹스 등)를 다루는 '바보들을 위한' 시리즈 중 하나다. 노골적으로 독자를 모독하지만 제목에서 약속한 '단순성' 덕택에 매우 인기가 높다. 세상의 모든 가전제품 업체들이 보고 배워야 할 점이다. '사용자는 바보다'라는 명제로부터 제품 설계를 시작해야 한다. 기업 딴에는 최첨단 기능을 넣는다고 하면서 형편없이 복잡한 제품을 만드는 경우가 많다. 거기에 복잡한 설명서는 문제를 악화시킨다.

그렇다고 최첨단을 버릴 필요는 없다. 실리콘밸리에서는 이렇게 충고한다. "간단한 기능은 간단히 되게 하라. 복잡한 기능은 되게 하라." 즉 복잡성은 소프트웨어 등을 통해 '잠복근무'를 해야 한다. 옷, 전자제품, 건축물, 절차, 서식, 웹사이트, 설명서, 연설이나 스토리 그 어느 것이든 단순성으로 골격을 만들고 복잡한 디테일을 숨기듯 삽입하는 것이 최상의 타협안이다.

어떤 디자이너는 자신의 평범성을 덮기 위해 복잡한 디자인을 선택하기도 한다. 그러나 오히려 평범성과 복잡성은 최악의 결탁이 되기 쉽다. 서울의 몇 아파트 외벽 도색을 보며 느끼는 바다.

애플의 아이팟. 단순한 디자인으로 전 세계 소비자에게 큰 사랑을 받았다.

제품 포트폴리오에서의
단순성

제조 기업은 제품 범람의 유혹을 자제하고 적절히 적은 수의 제품을 제공해야 한다. 즉, 제품 포트폴리오를 간단히 해야 한다. 제조 기업에서 신제품을 출시하는 것은 NPINew Product Introduction라 부르는 프로세스로, 기업에는 큰 이벤트다. 시장 분석과 재무 분석 등 여러 단계의 타당성 조사를 거치고, 제품의 포지션을 결정하고, 수많은 체크포인트를 확인하고, 시뮬레이션을 돌리고, 최적의 변수를 찾고, 여러 부서가 의견을 조정하고, 상부의 결재를 받고, 그리고 밤새 디테일을 챙기면서 성공적인 출시까지 힘차게 달린다.

그러나 같은 기업에 기존 제품의 '퇴출' 절차는 어떤지 물으면 대답이 없다. 왜냐면 그런 건 없기 때문이다. 기존 제품은 조용히 노병처럼 사라질 뿐이다. 이 비대칭적인 취급의 결과는 비대한 제품 카탈로그로 나타난다. 기업들은 제품을 몇 년마다, 그것도 때로는 외부 컨설팅의 도움으로 한꺼번에 몰아 폐기한다. 항상 단순성을 챙기는 최고 단순화 임원Chief Simplification Officer, CSO이라도 필요할 듯하다.

그런 CSO 임원 혹은 컨설턴트가 할 일은 제품 포트폴리오 합리화rationalize, 즉 제품 수를 가능한 한 줄이는 데 MBA식 '분석의 기강'을 도입하는 것이다. 한국의 어느 물류 회사는 70%의 매출이 대기업 고객에서, 나머지는 중소기업에서 일어나고 있었다. 중소기업 고객은 규모가 작아도 미래에 커질 가능성을 고려해 고객 관계를 유지했다. 대만의 UMC, TSMC와 비슷한 '고객 믹스' 전략이다.

이 물류 회사는 어느 해 새로운 기업정보시스템을 도입해 '고객별 손익계산'을 할 수 있게 되었다. 결과는 놀라웠다. 다수의 대기업 고객으로부터 큰 적자를 보고 있었으며, 오히려 중소기업 대부분에게서 적지 않은 수익이 나고 있었다. 중소기업은 대부분 물류 활동이 대도시로 제한되어 있는 터라 물류관리에 비용이 적게 들었던 것이다. 돈 잃는 계좌들을 다 유지할 필요는 없었다. 회사

경영이라는 세계

는 가격을 새롭게 흥정하든지 관계를 끊기로 했다. 동시에 중소기업 고객은 더 적극적으로 유치하기로 했다.

이처럼 미국의 일부 회사는 자신들의 제품 각각에 대한 순현재가치Net Present Value를 계산해 포트폴리오 구성을 최적화한다. 어느 제품을 단종하고 어느 제품을 계속해서 판매할지 결정하는 것이다.

일부 할리우드 스튜디오 역시 비슷한 경험을 했다. 인기가 있어 돈을 많이 번다고 생각한 TV 시리즈는 배우 출연료와 제작 비용을 빼고 나니 손해가 나는 장사로 밝혀졌다. 시리즈가 끝난 후, 방송국과의 계약금, 비디오 판매 수익을 포함한 모든 수익과 관련된 부대비용을 계산해 나온 결과였다. 더욱 흥미로운 건 그 스튜디오가 일반적으로 코미디 시리즈에서는 돈을 벌었지만 액션 시리즈에서는 적자를 보고 있었다는 것이다. 스튜디오는 결국 코미디에 집중적으로 투자하기로 했다. 포트폴리오를 줄여 더 큰 수익을 도모한 것이다.

부품 포트폴리오에서의
단순성

부품에서도 비대한 카탈로그 문제가 발생한다. 닛산의 사장인 카를로스 곤을 스탠퍼드에서 만난 적이 있다. 10년 동안 돈을 벌어본 적 없는 닛산을 사서 1~2년 만에 흑자로 전환한 비결이 무엇이냐고 묻자 바로 두 가지를 꼽았다. 그중 하나는 '부품의 합리화', 즉 부품 종류를 줄인 것이었다. 그는 생각했다. '한 차종(알티마)에 왜 세 종류의 문손잡이가 필요할까?' 그래서 손잡이 제조 협력사에 알티마의 손잡이를 하나로 통일하면 어떻겠느냐고 물었다. 협력사는 아주 반가워하며 가격까지 내려주었고, 덕분에 비용을 절감할 수 있었다. 그리고 닛산 모든 차종에 같은 손잡이를 쓰기로 했다. 본사 르노의 차종들도 같은 과정을 거쳤다. 결과적으로 재고관리가 쉬워지고 구매가가 낮아졌다. 다른 부품도 비슷했다. 나는 루센트Lucent와 삼성전자에서도 비슷한 성공 사례를 들었다.

한 제품은 여러 원자재와 부품으로 구성된다. 이를 '직접재료'라 부른다. '간접재료'도 있다. 간접재료는 생산 활동을 '보조'하기 위해 필요한 물자를 일컫는다.

의류회사인 갭은 간접재료의 구매를 단순화했다. 지점의 가구, 업무용 전화, 여행 준비, 변호사나 회계사 서비스 등과 관련된 구매에서, 과거에는 각 지점이 알아서 관리하던 것을 이제는 한두 공급자에게서 집중 구매하기로 했다. 공급자는 본부에서 선택하고, 구매는 각 지점에서 실행하기로 했다. 과거에 겪은 비효율, 즉 고르지 못한 품질, 공급자 자격 검증에 드는 불필요한 시간 낭비, 되풀이되는 가격 흥정을 크게 줄이고 프로세스를 단순화한 것이다. 그 결과 매년 30% 정도의 간접재료 비용을 줄일 수 있었다.

경영이라는 세계

프로세스 디자인에서의
단순성

단순성의 필요는 제품만 아니라 비즈니스 프로세스에도 해당된다. 뷔페에 가면 내가 체크해야 할 금액은 입장료 하나뿐이다. 여러 메뉴의 가성비를 비교할 필요가 없다. 일단 들어가서는 돈 걱정 없이 음식을 즐길 수 있다. 웨이터나 웨이트리스에게 주문할 필요도 없다. 그저 덥석 집어서 접시에 놓기만 하면 된다. 정보 전달, 주문과 배달이 동시에 이루어진다. 세상에서 가장 효율적인 주문 충족 프로세스다. 계산과 절차에서 벗어나 일종의 해방감을 즐길 수 있다. 그래서인지 나는 뷔페에서 웃는 얼굴을 가장 많이 본다.

공급자 또한 간단한 비즈니스 프로세스로 혜택을 받는다. 관리가 쉽고, 실수의 여지가 별로 없고, 거래의 투명성이 증가한다. 다른 비슷한 예로 여행 패키지를 들 수 있다. 교통, 숙박, 식사 등 모든 것이 다 포함되어 있어 '번들bundle'로 제공된다. 이렇게 구매하면 비용이 다소 덜 들기도 하지만, '뷔페의 해방감'을 덤으로 얻을 수 있다. 넷플릭스 같은 OTT 서비스 제품을 포함한 대부분의 번들에도 적용되는 이야기다.

최근에 아마존의 본사에 초대되어 방문한 적이 있다. 컴퓨터 과학CS과 공급망 관리SCM 연구 학자 10여 명과 함께였다. 우리가 방문한 한 부서는 거대한 수학 방정식을 실시간으로 풀어 어느 주문 제품을 어느 창고에서 어느 트럭에 실어 어디로 배달할지 결정하는 최적화 전문 그룹이었다. 그들은 계량 분석에 의거해 수많은 프로젝트를 기획하고, 이를 비즈니스 프로세스로 구성해 실천했다.

우리가 그 부서의 프로젝트 성공률을 묻자 이렇게 답했다. "우리도 자주 실패합니다. 왜냐고요? 제일 흔한 이유는 복잡성이죠." 아마존 같은 거인도 복잡성 앞에서는 힘을 쓰지 못하는 듯하다. 최적화를 조금 포기하더라도 단순성을 유지하라는 충고로 들리지 않는가?

정책과 절차 또한
단순해질 필요가 있다

비즈니스 프로세스 단순화의 연장선에서, 회사의 내부와 외부의 '정책과 절차policy and procedure' 역시 단순화할 필요가 있다. 우리는 출장에서 사용한 영수증을 모아두었다가 회사로 돌아오면 총경비를 돌려받는다. 이 때문에 영수증을 챙기느라고 스트레스가 쌓인다. 게다가 한 장이라도 잃어버리면, 그 걱정 탓에 출장을 다 망치게 된다. 이를 대체하는 제도가 '퍼디엠per diem'이다. 예를 들어 이런 식이다. "샌프란시스코 출장은 일당 숙식비 350달러." 정해진 대로, 영수증 없이 돌려받는 것이다. 영수증 스트레스에서 벗어날 수 있는 방법이다. 다른 예도 있다. 24시간 영업을 하거나 연중무휴인 가게는 고객에게 서비스 편의뿐 아니라 단순한 '메시지'를 전한다. '이 가게 지금 열었나?'라는 질문에 간단하고 기억하기 쉬운 답을 주는 것이다.

비슷한 맥락으로 일본의 소매점 체인 '다이소'에서는 거의 모든 제품이 100엔이다. 공짜를 제외하곤 이보다 더 단순한 가격 정책은 없다. 창업자 야노 히로다케는 처음 '만물상 트럭'으로 비즈니스를 시작했다. 도시의 공터로 다양한 물건을 싣고 와서 트럭 위에서 팔곤 했다. 이것저것 많은 종류의 물건을 팔다 보니, 가격을 정하고 가격표를 달고 잔돈을 거슬러 주는 과정이 너무 복잡해 모든 제품을 100엔으로 통일한 것이다. 숫자 '100' 역시 단순 그 자체다. 이 가격의 단순성은 다이소가 트럭에서 점포로 이전한 후에도 40년간 계속, 최근까지 유지되었다. 즉 다이소의 비즈니스 모델은 단순성에서 시작한 것이다.

단순한 기업 메시지가 고객을 움직인다

마지막으로 단순성은 조직의 메시지에도 적용된다. 특히 지도자의 공식 메시지는 간단명료해야 한다. 1994년 공화당을 이끈 인물은 뉴튼 깅그리치 의원이었다. 그는 '미국과의 계약'이라는 제목의 여덟 가지 공약(각각 8~18개 단어로 구성되었다)을 이용해 하원 54석, 상원 9석을 늘려 40년 만에 공화당이 상하원을 장악하게 만들었다. 공약 내용도 물론 중요한 역할을 했겠지만 간단명료한 메시지로 포장한 방식 또한 성공에 기여했을 것이다.

소비자를 향한 기업의 메시지 또한 짧고 명료해야 한다. 마케팅 전문가인 알 리스와 잭 트라우트의 책『포지셔닝』[1]에 따르면, 소비자의 두뇌는 회사나 제품을 기억하는 데 많은 메모리를 할애하지 않는다. 따라서 광고에는 짧고 효과적인 표현을 써야 한다. 미국에 처음 진출할 때 현대자동차의 광고 문구는 "일리 있는 차 Car that makes sense"였다. 물론 속으로는 "우리가 한국이란 작은 나라에서 온 회사인데, 우리 차의 품질은 최고지만 매우 저렴하니까 그저 많이들 사주십시오"라고 말하고 싶었겠지만 크게 절제해 이런 짧고 센스 있는 메시지를 채택한 듯하다.

IBM은 20세기 말쯤 시종일관 푸른색 글자로 "생각하라 THINK"라는 다소 철학적인 메시지를 전달했다. 이보다 단순할 수 없다. 그러나 한 단어는 너무 짧아 그 뜻은 각자 해석해야 할 듯하다. 어느 회사의 전산 부서 임원은 이 말이 다소 위협적으로 들린다고 고백했다. "잘 생각해서 우리 제품을 사십시오. 우리 제품을 사서 해고된 전산 부서 임원은 없으니까." 경쟁 업체인 프라임 컴퓨터 Prime Computer는 IBM의 모토를 이용한 "다시 생각하라 RETHINK"라는 재치 있는 메시지를 선택했다. 애플 역시 "달리 생각하라 Think Different"라며 IBM을 올라탄 광고 메시지를 쓰곤 했다.

물론 지금은 그 IBM도, 그 애플도 아니니 애플이 이 메시지를 쓰는 일은 없다. 다른 메시지도 쓰고 있지 않다. '애플' 그 자체를 메시지로 쓰는 듯하다. 더 단순하다.

단순한 비즈니스 그리고 단순한 삶

단순성은 제품 디자인, 비즈니스 프로세스 디자인, 정책과 절차, 제품 및 부품 목록과 소비자에 대한 기업 메시지 등에 적용할 수 있다. 단순성의 혜택은 여러 형태로 발생하며 결과적으로 단순한 조직구조를 만든다. 물론 복잡성이나 다양성에도 많은 혜택이 있으나, 단순성의 혜택과 비교한 후에 절제하며 사용해야 한다. 많은 경우를 관찰한 결과 대개 이와 같은 손익계산이 제대로 되지 않고 있다는 생각이 든다.

단순성은 우리의 생활에도 적용할 수 있다. 항상 단순성과 복잡성을 비교하고 선택하는 버릇을 키워야 한다. 말은 요점만 짧고 효과적으로 할 수 있도록 훈련하고, 글도 헤밍웨이 스타일로 간명하게 써라. 처음 미국에서 영어로 글을 쓰기 시작하며 힘들어했던 기억이 있다. 특히 원어민은 짧게 쓸 내용을 나는 지지부진하게 길게 쓰는 경향이 있었다. 지도교수의 도움으로 한 논문을 100번 정도 수정한 후 제출할 수 있었다. 영어로 작문하는 일은 참 힘들다고 생각했다. 그러나 문제는 영어가 아니었다. 언어와 관계없이 글 쓰는 법을 배우지 않았기 때문이었다. 배웠다면 간단명료한 생각과 문체를 터득했을 것이다.

단순성은 인생의 관심사를 선택할 때도 적용된다. 세상만사에 오지랖 넓게 끼어들지 말자. 집중과 몰입은 우리가 예상치 못한 힘을 낼 수 있게 도와준다.[2] 나 또한 박사과정에서 한 연구 문제에 몰두하며 인생의 3년을 보냈더니 그 주제에 관해서는 전문가가 되어버렸다. 이 주제를 더 발전시키고 그 주변 주제로 지식의 기반을 넓힐 수 있었다. 단순성을 '부트스트랩bootstrap'[3]하여 복잡성을 소화한 것이다.

경영이라는 세계

30장

품질은 무엇이며
어떻게 관리해야 하는가

좋은 품질은 기업의 브랜드 평판을 바로 세우고 시장에서의 장기적인 성공을 보장한다. 따라서 품질관리에는 전사적이고 장기적인 관심이 필요하다. 최근에는 'ESG 경영'에 대한 개념이 널리 퍼지면서 제품과 서비스품질을 넘어, 탄소 배출량, 방출된 공업 용수의 수질, 제품의 재활용도, 노동자의 안전사고 횟수까지 '품질'에 포함하곤 한다.

대량생산이 시작된 이후 200년, 그동안 우리는 QC에 대해 무엇을 배웠는가? 이번 장에서는 이를 정리해 보도록 하자.

소비자는 품질이 나쁘면
배로 불쾌해한다

우리는 좋은 품질의 브랜드에는 호감을, 나쁜 품질의 브랜드에는 비호감을 느낀다. 그러나 좋은 품질에 대한 호감도와 나쁜 품질에 대한 비호감도의 크기는 비대칭적이다. 호감도가 '+1'이라면 비호감도는 '-2'이거나 더 나쁘다. 더욱이 나쁜 경험은 기억에 계속 남는다. 나쁜 경험 이후에는 더 이상 만나는 일이 없기 때문이다. 나쁜 경험은 마지막 경험이 되어 영원히 남는다.

최근 미국 기업의 자동차를 렌트해서 타보았다. 모든 면에서 내가 평소에 타는 일제나 독일제 자동차에 비해 손색이 없었다. 그러나 예전에 생긴 나쁜 평판은 쉽게 지워지지 않는다. 나만의 생각이 아니다. 이곳 캘리포니아에서는 미제 자동차를 많이 보지 못한다. 다만 최근에는 테슬라가 이런 상황을 뒤집고 있다. 좋은 평판은 한번 잃으면 되찾기 힘들다. 교훈인즉 "있을 때 잘해"다.

품질은
전사적인 문제다

델 컴퓨터는 마이클 델이 1984년 텍사스대학교 재학 중에 '전화 주문'에 '주문생산'을 더한 비즈니스 모델로 시작했다. 처음

경영이라는 세계

8~9년은 비즈니스 역사 기록에 남을 정도로 잘나갔다. 심지어 어느 기업인은 이렇게 말하기도 했다. "요새는 모든 기업이 델처럼 되길 원하는 것 같아요. 델을 포함해서요." 그러나 1993년에 델은 재고관리 실패와 품질 문제 등으로 적자로 전환했다. 위기에 처한 델은 모토로라의 제품관리 담당 임원이었던 모턴 토퍼를 부회장이자 공동 CEO로 세웠다.

1995년 나는 동료 교수들과 함께 오스틴 본사에서 두 CEO를 만났다. 그때 델은 빠르게 위기를 극복하고 재성장의 길에 들어선 상태였다. 우리는 직매 모델의 장점에 대해 긴 대화를 나눴는데, 결례가 될 것 같아서 피한 질문이 있다. "제품 품질이나 재고관리에 문제가 생겼는데 왜 공장에서 일할 산업공학 전문가가 아니라 새 CEO를 영입했습니까?"

나중에 생각하니 답을 알 것 같았다. 품질은 공장의 문제가 아니라 '회사 전체'의 문제이기 때문이다. 이를 TQC(토털 품질관리)라 한다. 품질은 톱top의 확실한 약속에서 시작한다. 즉 QC 담당은 CEO인 것이다. 립서비스가 아니라 명확한 약속과 솔선수범이 필요하다. 몸을 떼어주지 않고 수동적으로 참가하는 '계란'이 아니라, 몸의 일부를 떼어주는 '햄'이어야 한다(계란과 햄은 스탠퍼드 전 총장 헤네시 교수의 비유다).[6]

톱의 확실한 약속을 보여주는 가장 극적인 예는 포항제철의 박태준 회장이다. 포항제철이 첫 공장을 건설할 때 박 회장은 콘크리트 벽 일부가 제대로 세워지지 않았다는 것을 알았다. 건물

골격이 80% 정도 진행된 후였다. 그는 이를 고치는 대신 폭파해 버리고 다시 짓기로 했다. 그리고 귀빈과 직원 및 협력 업체를 모두 초대하여 성대한 '폭파식'을 거행했다. 파편이 튀거나 먼지가 나지 않도록 거적을 씌운 채였다. 박 회장은 헬멧에 흰 장갑 차림으로 핸들을 눌러 빌딩 구조물을 폭파했다. 촬영기사를 불러와 영상 촬영도 했다. 참석한 모두가 그 장면을 평생 잊지 못할 것이다.

이 폭파식은 모든 관련자에게 전하는 박 회장의 '품질에 관한 약속' 메시지였다. "우리가 한 번도 해본 적 없는 이 거대하고 위험한 철강 사업에서 '적당히'는 용납되지 않는다." 당시 첫 공장을 건설했던 회사는 아직도 포항제철과 같이 일하고 있다고 한다. 어느 임원이 이렇게 말한 적이 있다. "얼마나 공들여 키운 파트너인데." 이 화끈하고 '낭비'적인 폭파식이 훗날 포항제철을 세계 최고로 만드는 초석이 되었는지도 모른다.

품질관리에는
눈치가 필요하지 않다

한국의 A 기업은 제조 및 무역 회사다. 어느 날 미국의 큰 고객으로부터 사장실 직속으로 품질관리 부서를 만들라는 압박이 들어왔다. 회사는 마지못해 '김 부장(가명)'을 품질관리 부장으로 임명했다. 김 부장은 사장실의 깊은 뜻을 이해하지 못하고 눈치

경영이라는 세계

없게 임무를 무지막지하게 효과적으로 수행했다. 작은 흠집도 적당히 넘어가지 않고 꼼꼼히 품질을 챙겼다. 제조 부서에서는 이 '저승사자'에 반발해서 "김 부장, 도대체 너는 어느 회사 직원이냐?"라고 공격하곤 했다.

시간이 흐르자 품질에 대한 의식이 전사에 자리 잡았다. "김 부장한테 당하느니 잘하고 말겠다." 그 결과 품질 향상에 감복한 미국 고객사는 A 기업을 신뢰할 수 있는 사업 파트너로 여기고 계속 일을 맡기게 되었다. 김 부장은 결국 나중에 사장 자리에까지 올랐다. 사장이 되어서도 일을 잘했다는 소문을 들었다. 이 사례에서 고객사, A 기업, 김 부장 그리고 제조 부서 중 누가 손해를 보았는가? 미국 제조 회사 ITT 코퍼레이션의 이사이자 품질 경영의 대가인 필립 크로스비는 이와 비슷한 경험을 책으로 냈다. 그 제목은 『품질은 공짜Quality is Free』[7]다.

실질품질과 인지품질, 무엇이 다른가

품질에는 두 종류가 있다. 하나는 공장에서 측정한 '실질품질'이고, 다른 하나는 공장 밖에서 느낀 '인지품질'이다. 이 둘은 때로 다르게 인식된다.

수년 전 고베에 위치한 일본 P&G를 방문했다. 임원들은 재일 미국 회사로서 겪는 애로사항을 우리 교수들에게 토로했다. 한번은 일본 주부들 간에 P&G의 아기 기저귀에는 나쁜 냄새가 나서 구매하지 않는다는 이야기가 돌았다고 했다. 이상하게 여긴 P&G는 일본인 직원들을 모아놓고 눈을 가린 채 자사의 제품과 경쟁사의 제품 두 가지를 놓고 냄새 테스트를 했다. 그러나 아무도 자사와 타사의 제품을 구분하지 못했다.

이처럼 인지품질과 실질품질 사이의 괴리를 인식했다면 바로 조치를 해야 한다. 그러나 유감스럽게도 그들도 우리도 이런 냄새에 대한 인식 차이를 메꿀 방법을 찾지 못했다. TV 광고라도 해야 하지 않을까. "절대 냄새나지 않는 기저귀, 사용 전까지는." 이것도 어색하다. 아무래도 마케팅 전문가가 필요할 것 같다.

새턴Saturn이라는 GM의 계열사에도 수년 전 어느 차종을 리콜해 중요 부품을 교체할 필요가 생겼다. 고객에게 죄송해야 할, 창피한 일이다. 그러나 새턴은 이를 핑계로 자동차 판매점에서 작은 파티를 열어 감사와 리콜의 기회로 만들었다. 바비큐 그릴에 소시지를 구워 만든 핫도그를 음료수와 함께 무료로 제공하고, 광대가 풍선을 불어 부모를 따라온 어린이에게 선물하는 등 즐거운 시간을 만들었다. 그리고 신형 모델을 구경하거나 시험 운전을 할 기회도 마련했다. 나중에 정규 서비스를 받으러 온 어느 고객이 이렇게 물을 정도였다. "혹시 다음 리콜 계획은 없나요? 우리 애들이 자꾸 물어봐서요." 부정적 실질품질이 긍정적 인지품질 평가를 받은 것이다.

적은 비용으로 만족도를 높이는
서비스품질

품질은 공장의 제품에만 적용되는 게 아니다. 비즈니스의 모든 면에 적용된다. 서비스업에도 품질 기준을 적용할 수 있다. 직원은 매장에 들어온 고객에게 10초 내에 인사하는가?(갭) 주문한 물건의 배달이 늦어질 것 같으면 가능한 한 빨리 고객에게 알려주는가?(솔렉트론) 사무실 빌딩 로비의 엘리베이터에서 방문 고객은 평균 몇 초나 기다리는가?(오티스 엘리베이터) 도시락의 반찬 중 어느 것이 손대지 않은 채 버려졌는가?(다마고야) 고객이 매장에 도착해 음식을 받기까지 몇 분이나 걸리는가?(타코벨) 이 모두가 서비스품질의 예다.

어느 대형 호텔에서의 일이다. 고객들 사이에 로비의 엘리베이터에 대한 불만이 자주 제기됐다. 고객들은 엘리베이터를 너무 오래 기다렸다. 특히 인지된 대기 시간이 실제 대기 시간보다 훨씬 길었다. 기계를 추가적으로 설치하는 데는 너무나 많은 비용이 들었다. 그 대안으로 호텔은 엘리베이터 옆 벽에 큰 거울을 걸어놓았다. 그 결과 고객들은 거울에 비친 자신의 모습을 보며 시간 가는 줄을 모르고 기다리게 되었다. 불만이 상당히 줄고, 인지 대기 시간도 크게 줄어들었다. 물론 실질품질은 변한 게 없었다. 여기서 한 걸음 더 나아가, 요즘은 로비뿐만 아니라 엘리베이터 내부에까지 동영상 스크린을 설치해 뉴스와 광고를 보여주는 제삼

엘리베이터 옆 거울 사례는 서비스품질을 어떻게 올려야 하는지 보여준다.

자 서비스까지 생겼다. 고객, 건물주, 서비스 회사까지 모두 윈-윈-윈인 듯하다.

제조업의 판도를 바꾼
토요타의 품질 혁명

토요타는 세계 제조업의 QC에 큰 획을 그었다. 토요타는 자동차 업계의 후발자로 미국과는 다른 독자적인 공장 운영 방식을 개발해 업계에서 가장 높은 시장가치를 이루었다. 물론 최근 테슬라에 밀리긴 했지만, 아직도 생산성과 품질 면에서는 최정상이라는 데 이견이 없다. 테슬라의 제조 담당 이사 역시 이를 인정한다고 하며, 테슬라는 토요타에 비해 약 80%의 생산성에 머물고 있다고 고백했다.

또한 토요타는 자동차라는 품목을 넘어 '메이드 인 재팬'을 고품질의 상징이 되게끔 만든 장본인이다. MIT의 교수들인 제임스 워맥, 대니얼 존스, 그리고 댄 루스의 『린 생산 The Machine That Changed the World』[8]이라는 저서에서 토요타의 기본 제조 방식을 '날렵한lean' 방식이라 불렀고, 이는 세계적으로 연구와 응용의 대상이 되었다. 실로 모든 제조 업체가 토요타로부터 '한두 수' 배울 수 있었다.

토요타는 먼저 품질관리를 다시 정의했다. 단순한 공장에서의 '불량품 제거'에서 벗어나, 영업 전반의 '가이젠改善(개선)'으로 격상시켰다. 비효율과 낭비를 제거함으로써 생산, 재고관리, 주문관리 및 제품 디자인 과정에서 완벽에 가까이 다가갔다. 그 개선 방법은 '품질 서클'을 통해 현장 팀에 맡겼다. 소위 '지속적 개선 continuous improvement'을 통해 작은 발전을 연속적으로 실행했다. 결국 '간반kanban' 'SMEDSingle Minute Exchange of Die' '포카요케poka-yoke' '헤이준카heijunka' '중복 구매선dual sourcing' '지연 작전'과 '딜러 데일리dealer daily' 등 수많은 개선을 이루었다.

간반은 매우 적은 재고로 공장 라인을 운영하는 데 쓰이는 신호용 팻말이고, SMED는 10분 내에 금형을 교체하는 것이다. 포카요케는 실수를 원천 봉쇄하기 위한 제품 디자인을 뜻하며, 헤이준카는 시간별 생산량의 평준화를 의미한다. 중복 구매선은 각 부품마다 둘 이상의 구매선을 확보하고 유지하는 것이며, 지연 작전은 설명했듯 제품의 일부 부품을 나중에 삽입해 여러 완제품을 만들 수 있는 옵션을 확보하는 것이다. 딜러 데일리는 토요타와 전국 딜러들이 정보를 교환하고 거래하는 정보망이다. 전 세계의 자동차 업계가 이들을 부분적으로 채택했다.

그러나 이처럼 작게, 연속적으로 개선하는 방식은 혁명적 발전을 놓칠 수 있다. 최근 전기차나 자율주행 면에서 토요타의 공적功績은 빈약했다. 몇 년 전 나고야 근처의 토요타 본사를 방문했을 때, 그들은 '미라이'라는 수소차를 보여주었다. 외형이나 내부 공간이 테슬라보다 덜 매력적이었다. 나는 전기차의 중요성을 강조했지만 잘 먹히지 않았던 것 같다.

품질은 기본이며, 매 순간 정직해야 한다

품질관리의 중요 요점을 다음과 같이 요약해 볼 수 있다. 첫째, 품질은 조직 전체의 관심사여야 한다. 품질은 결코 '공장'만의 전유물이 아니다. 예로 '디자인'이 품질에 더 큰 영향을 줄 수 있다. 또한 '최고 경영진'이 취한 태도는 품질의 수준을 결정한다. 즉,

온 마을이 힘을 합쳐 품질을 만든다.

둘째, 품질은 공짜로 얻을 수 있다. 품질에 규율이 잡힌 조직은 적은 비용으로도 큰 성과를 낼 수 있다. 셋째, 실질품질과 인지품질이 다른 상황이 자주 발생한다. 기업은 이를 둘 다 추적하고 상응하는 조치를 취해야만 한다. 공장에서 품질 검사를 통과한 제품인데 소비자가 자주 반품을 한다면 당연히 그 이유를 파악해야 한다. 넷째, 토요타의 경우 현장 위주의 품질관리를 통해 불량률을 줄일 뿐만 아니라 영업 전반의 개선을 이루었다.

어느 날 빌 게이츠가 트럭에 치여 염라대왕 앞에 세워졌다. 염라대왕이 물었다. "자네는 살아생전 업적이 컸으니 천당과 지옥 중 하나를 선택하는 특혜를 주겠네. 무엇을 택하겠나?" 게이츠가 답했다. "한 번 본 후 결정하고 싶은데요." "그러게나. 마침 비디오가 준비됐네." 염라대왕이 먼저 천당을 보여주었다. 사람들이 모두 부지런히 일하고 있었다. 집을 짓고, 요리를 하고, 물건을 나르며 말이다. 다음 비디오는 지옥을 보여주었다. 많은 사람이 바닷가에 누워서 맥주를 마시며 일광욕을 즐기고 있었다. 게이츠는 더 생각할 필요 없이 지옥을 택했다.

그런데 막상 지옥문이 등 뒤에서 닫히자, 예상치 못한 상황이 펼쳐졌다. 사람들은 병든 채 누워서 신음하고 채찍을 맞고 있었다. 서로 소리를 지르고, 맨주먹으로 싸우기도 했다. 게이츠는 즉각 돌아서서 지옥문의 작은 창문을 통해 염라대왕에게 항의했다. "아니, 이야기가 다르지 않습니까?" 염라대왕은 창문을 닫으며 답했다. "아까 본 것은 '데모'였네. 쯧쯧, 잘 알 만한 사람이."

이 이야기에 마지막 교훈이 있다. 품질은 시종일관 정직해야
한다.

경영이라는 세계

31장

품질관리는
기업의 미래를 어떻게 바꾸는가

품질관리 사례는 제품과 산업에 따라 여러 형태로 나타난다. 다른 기업의 품질관리 기법을 내 회사에 직접 대입해 쓰기는 힘들다. 그러나 여러 사례에서 일반화할 수 있는 교훈을 도출한다면, 이를 적절하게 적용할 수는 있을 것이다.

이 장에서는 기업이 겪은 일곱 가지 품질관리 사례를 소개할 것이다. 이 사례에서 품질관리의 성패가 기업의 미래에 어떤 영향을 미쳤는지 알아보고, 어떻게 내 회사에 도입할 수 있을지 고민해 보도록 하자.

금지 없는 만두장사의
품질관리[4]

1981년 내가 미국 로체스터로 유학을 갔을 때였다. 미국 생활에서 무엇보다 급한 것이 자동차였기에 미국에 오래 산 친구에게 자문을 구했더니 '대가족'(나와 아내 그리고 두 딸)이 박사과정 5년을 버티려면 목돈을 써서라도 새 차를 구입해야 한다는 조언을 해주었다. 새 차는 고장 날 염려가 없으니 학문에 전념할 수 있다는 생각에 미국 A사의 가장 싼 소형차를 샀다.

그러나 예상과 달리 3년 동안 3만 2000km를 달린 새 차의 부품이 하나하나 고장 나기 시작했다. 마치 유학생의 형편을 아는 듯 일제히 고장 나는 게 아니라 기어박스, 쿨링 시스템 등이 달마다 하나씩 차근차근 고장 나며 나의 애간장을 태우곤 했다.

그로부터 한 10년쯤 지난 어느 날 A사 임원들이 스탠퍼드를 방문하게 됐다. 대화 중 품질 이야기가 나왔다. 그들은 예나 지금이나 A사의 품질은 좋은데, 매스컴으로 생긴 오해 때문에 소비자들이 기존 편견에서 못 벗어나고 있다고 불만을 토로했다.

나는 반론을 제기하며 앞서 말한 A사 자동차에 대한 경험을 이야기했다. 그러자 임원 하나가 이렇게 말했다. "그 모델은 우리 제품 중 가장 저가인 제품입니다. 갑자기 생겨난 소형차 니즈에 부응하기 위해 의무적으로 급히 만든 것이죠. 어떤 면에서는 우리 회사 차라고 부를 수도 없어요." 함께 온 임원들도 그 발언을 듣

· 경영이라는 세계

고는 고개를 끄덕였다. 소비자로서 배신감이 들었다. 그리고 곧바로 다음과 같은 이야기가 생각이 났다.

중국의 어느 마을 장터에 수십 명의 행상들이 줄지어 앉아 만두를 팔고 있었다. 저마다 목청이 터져라 외치며 자신들의 만두를 소개했다. 그런데 어떤 노인만 "만두 사시오" 하며 얌전히 중얼거리고 있는 것이다. 이를 이상하게 여긴 손님이 그에게 다가가 물었다. "영감님은 왜 다른 행상처럼 큰 목소리로 손님을 부르지 않습니까?" 이에 그가 머쓱한 표정을 지으며 답했다. "사실 이 만두는 어제 팔다 남은 것인데 오늘 아침에 맛을 보니 먹을 만해. 그래서 적당히 팔고 있는 참이오."

물론 이 이야기를 멀리서 방문한 손님에게 할 수는 없었다. 그러나 결론은 간단하다. 제대로 된 제품을 제값을 받고 긍지를 가지고 팔아라. 참고로 벤츠의 모토는 이렇다. "최고, 아니면 없음 The Best or Nothing."

타일레놀의 치명적 품질 사건

1982년 9월, 시카고 일대에서 해열진통제 타이레놀을 복용한 일곱 명이 생명을 잃는 끔찍한 일이 발생했다. 이 일은 미국 역사상 가장 많은 언론의 관심을 받은 사건 중 하나가 되었다. 제조사인 존슨앤드존슨Johnson&Johnson은 즉시 타이레놀 생산을 멈추고 온 국민에게 사용을 멈출 것을 권했다. 그리고 바로 당국과 조사에 착수했다.

경찰 조사에 따르면 누군가 문제의 약통을 몇몇 소매점에서 구매한 후 캡슐 안에 청산가리를 넣은 뒤 다시 일부 소매점의 판매대에 얹어놓은 것이었다. 병을 고치려 만든 약이 살상 무기가 되었으니 약 주고 병 준 격이다. 이 청산가리 사건은 시카고 일대에 국한되어 있어서, 그 지역의 소매점에 비치된 약통을 전량 회수함으로써 살인 행진은 멈추었다. 그러나 존슨앤드존슨은 여기에서 멈추지 않았다. 전국에 배포된 3100만 통의 약을 전량 회수하고 폐기한 것이다. 회사는 수억 달러의 반품대금을 지급하고, 수거 비용까지 감수했다.

이 치명적 품질 사건을 통해 우리는 두 가지 교훈을 얻을 수 있다. 언뜻 보면 '사실 전국의 물량을 전부 폐기할 필요까지는 없었다. 오염과 피해의 형태와 범위가 밝혀졌으니, 시카고의 물량만 잘 처리하면 충분했다. 오버다'라는 생각이 들기도 한다.

그러나 달리 볼 필요가 있다. 사건은 시카고에서 일어났지만, 뉴스를 접한 모든 국민은 정신적 쇼크를 받았다. '나도 그 약 어제 먹었는데 어쩌지?' 혹은 '이 타이레놀, 작년에 산 것 아니야?' 같은 의심을 품은 국민에게 무언가 '안심할 구실'을 제공해야 했다. 그들에게 "당신네는 괜찮으니, 평소처럼 지내시오"라며 빈손으로 보내는 것은 모두에게 찜찜한 뒷맛을 남길 것이다. 전량 폐

경영이라는 세계

기는 제조사가 무언가 노력했음을 보여주는, 충분히 합당한 '오버 액션'이었다.

존슨앤드존슨은 심지어 곧바로 개봉하지 않은 것처럼 꾸밀 수 없는 새로운 디자인의 약통에 타이레놀을 담기 시작했다. 이를 소매에 출시하고, 기존 제품과 무료로 교환해 주었다. 문제가 있었던 과거의 제품을 완전히 시장에서 도려낸 것이다. 이 100% 물갈이로 실질품질과 인지품질을 동시에 회복했다. 그야말로 '신의 한수'였다. 이 사례는 많은 MBA 강의에서 리더십의 표본으로 소개되곤 한다.

타이레놀 공급망의 '호스트'(집주인)으로서 존슨앤드존슨의 역할도 주목할 만하다. 일반적으로 제조사는 제조 후 물건을 다음 단계인 분배 파트에 넘기고 나중에 AS를 처리한다. 타이레놀의 품질 파괴는 생산이 아닌 소매 단계에서 일어났으므로 매장 관리를 제대로 하지 못한 소매 쪽에서 책임져야 할 일이다. 그러나 제약회사인 존슨앤드존슨은 이 제품의 호스트로서 설계, 제조, 분배, 처분 및 재활용까지 사회적 책임을 진다. 즉 호스트는 그의 제품을 '자궁에서 무덤까지womb to tomb' 관리해야 한다. 개념적으로 호스트는 이 모든 과정을 '소유'하되 일부 과정을 제삼자에게 잠시 위탁한다고 보면 된다. 즉, 제품에는 주인이 있어 '공급망 전체'를 관리해야 한다는 사실을 배울 수 있다.

잭인더박스의
대장균 사건

이와 비슷한 비극적 사례가 잭인더박스Jack in the box에서도 일어났다. 간단히 '잭'이라 불리는 이 브랜드는 미국 서부의 햄버거 레스토랑 체인으로, 1992년에 1000여 개 점포를 거느리며 맥도날드나 버거킹과 경쟁하고 있었다. 그때 대장균으로 오염된 잭의 햄버거를 먹고 네 명의 어린아이가 급사하는 사건이 발생했다. 쇠고기 공급 업체로부터 들어온 대장균이 불충분한 조리로 죽지 않고 살아남아 어린아이들에게 전달된 것으로 추측된다. 마침 특별세일이 있는 날이라 레스토랑이 무척 바쁜 가운데 직원이 패티를 충분히 익히지 않은 것이 사건의 원인으로 지목됐다. 더욱이 잭은 워싱턴 주 정부가 추천한 조리 온도 65도가 아닌, 연방 정부의 60도를 따랐다.

이렇게 느슨한 회사 정책은 품질관리 시스템에서의 '쿠션'을 없앴고, 그 결과 공급망에서 원료와 조리의 이중 방어벽이 함께 무너졌다. 여러 자연현상이 조합되어 악화되는 현상인 '퍼펙트 스톰perfect storm'이었다. 비관론자 머피의 표현을 빌리자. "사고란 일어날 수만 있다면 일어날 것이다." 잭은 사고의 가능성에 활짝 열려 있었고, 결국 사고가 터진 것이다. 사건이 수습된 후, 잭의 작업 담당 부사장을 스탠퍼드에 연사로 초대해 만난 적이 있다. 그는 HP를 가리키며 말했다.

경영이라는 세계

"대기업인 HP에는 공장이 몇 개나 있습니까? 50개? 우리는 1000개나 가지고 있습니다. 분산시켜 배치한 1000개의 공장을 이직률이 연 300%나 되는 임시 직원으로 운영하는 데는 애로가 있습니다. 그리고 품질관리의 결정판인 '6시그마 품질 운동'은 100만 개 중 3.4개의 불량률만을 허락합니다. 우리는 이를 과다한 표준이라 생각하곤 했습니다. 그러나 우리 잭이 만든 연 1억 개의 버거 중 단 네 개가 회사를 파산 직전의 벼랑으로 내몰았습니다. 더욱이 귀중한 생명을 넷이나 잃었습니다."

그의 경험과 발표는 참으로 설득력 있었다. 그래서 HP는 그를 스카우트해 자사 제품의 '품질관리 전도사'로 만들었다. 여기서 이 패스트푸드 체인 업계가 직면한 도전을 엿볼 수 있다. 취약한 공급 체제로 높은 품질 요구에 대처해야 하는 것이다. 그러나 이 품질 갭을 극복하는 자만이 시장 경쟁에서 살아남고, 또 그래야 한다.

룰루레몬의 안일한 품질관리

룰루레몬은 요가 의류품을 파는 캐나다의 세계적 브랜드다. 한국에도 이태원을 비롯해 여러 곳에 매장이 있다. 성능과 디자인이 큰 인기를 끌면서 단시간에 급성장을 이루어냈다. 그렇지만 룰루레몬도 한국에 진출하기 2년 전인 2013년 3월에 북미에서 품질 문제로 크게 곤욕을 치렀다. 요가 바지 일부가 평상시에는 멀쩡한데, 입은 채로 몸을 앞으로 굽히면 바지 뒷면이 늘어나며 얇아져 속옷이 비치는 것이었다. 요가라는 운동의 특성상 자주 몸을 굽히게 되고, 뒤에는 주로 다른 사람이 같은 동작을 하고 있게 마련이다. 따라서 뒤에 있는 사람이 앞사람의 다소 보기 민망한 뒤태를 마주한 채로 운동을 하게 된다.

이 당황스러운 상황이 언론을 통해 공개되자 주가가 6% 하락했다. 소비자들의 불만이 온 SNS에 들끓었다. 룰루레몬은 이에 대응해 4월에 '불량 제품'을 모두 회수했고, 제품 담당 이사는 사직서를 냈다. 6월에는 CEO까지 퇴직하며 상황이 겨우 수습되었다. 그러나 두 사람의 빈자리 때문에 룰루레몬의 주가는 또다시 12% 하락했다. CEO와 제품 담당 이사 모두 룰루레몬의 성공에 크게 기여한 일등공신들이었기 때문이다.

이 사례의 핵심은 따로 있다. 시스루see-through 현상은 언론에 공개되기 3개월 전부터 페이스북과 트위터를 통해 소비자들 사이에서 널리 알려져 있었다. 심지어 매장에서 일하는 직원까지도 이를 들어서 알고 있었다고 한다. 이 사실을 반드시 알아야 하는 본사 제품 팀만 모르고 있었던 것이다. 회사 내에 소통 채널이 부재했기 때문이었다. 룰루레몬은 사내 소통 창구를 만들어 좋은 소식이든 나쁜 소식이든 공유해야 했고, 페이스북과 트위터를 매일 확인하며 소비자가 자신들의 제품에 대해 무어라 말하는지 추적해

경영이라는 세계

야 했다. 시중에는 이를 도와주는 '소셜 청취social listening'라는 부류의 소프트웨어 제품[5]이 있다. 외부 정보를 내부에 신속히 공유하는 이런 시스템 또한 필요하다. 현대의 QC에는 IT 기술의 도움이 필수적이다.

품질관리를 극적으로 보여준
포항제철의 잉어 연못

부교수 시절에 포항제철을 방문한 적이 있다. 세 명의 동료 교수와 함께였다. 기차를 타고 저녁쯤 포항에 도착해 회사의 게스트하우스에서 하룻밤을 지냈다. 그리고 다음 날, 아침 8시도 되지 않은 시각에 제일 먼저 게스트하우스 로비로 나갔다. 그곳 로비에는 우리 집 침실 정도 크기의 실내 연못이 있었다. 가만히 보니 커다란 비단잉어 20여 마리가 헤엄치며 물소리를 내거나 살짝 튀어오르기까지 했다. 마음이 평온해지는 참으로 아름다운 아침이었다. '왜 세상의 다른 호텔들은 이런 생각을 하지 못했지?' 이런 생각을 하고 있는데, 우리를 안내한 담당자가 어느새 옆에 다가와 있었다. "참 좋네요." 그렇게 말하자 그가 이렇게 대답했다. "이 연못의 주인공은 잉어가 아니라 물입니다."

이게 무슨 말인가 싶었으나 사연을 듣고 이해할 수 있었다. 연못의 물이 제철 공정에 사용하고 재활용한 물이라는 것이었다. 잉

포항제철의 연못. 수질에 민감한 잉어가 제철 공정에 사용한 물에서 헤엄치고 있었다.

어는 수질에 매우 민감해 오염된 물에서는 그냥 죽어버린다고 한다. 연못은 포항제철이 환경 보전을 위해 노력하고, 그에 걸맞은 능력을 갖추고 있음을 보여주는 전시관이었던 것이다(물론 밤에 어떤 작업을 하는지는 볼 기회가 없었다). 퍽 기발하고 재미있는 아이디어였다.

그런데 차를 타고 공장으로 이동하던 중에 이런 의문이 생겼다. '아니, 더 정확한 공학적 측정 수치가 있을 텐데, 왜 이런 방법으로 환경 보전의 성과를 보여주나?' 그 답은 '인지품질'에 있었다. 인지품질을 보여주기 위해서였던 것이다. 만약 숫자로 보여주었다면 날이 가기 전에 잊었을 텐데, 그 연못의 기억만은 28년이 지난 지금도 생생하다. 동료 교수도 마찬가지라고 했다.

경영이라는 세계

새 시대의 방식,
시스코의 원격 품질관리법

시스코는 실리콘밸리에 위치한 인터넷 통신 장비를 만드는 대기업이다. 인터넷 붐을 타고 급속도로 성장했기 때문에 자체 제조 능력을 갖추지 못했다. 그래서 폭스콘Foxconn이나 플렉스트로닉스 같은 EMS에 외주를 준다. 전체 주문 중 80% 이상이 시스코의 손을 거치지 않고 고객에게 배달된다. 그러다 보니 품질관리가 힘들다는 문제가 있었다.

그래서 시스코는 '원격 품질관리법AutoTest'을 개발했다. 중국 선전시의 폭스콘 공장에서 제조를 마치면 제품을 별도의 테스트 룸에 넣고 전원과 네트워크를 연결한다. 네트워크는 시스코 QC 본부의 시스템으로 연결된다. 제품에 맞는 테스트 프로그램을 내려받은 후 몇 시간 동안 프로그램을 돌려 자체 테스트를 하고, 결과 데이터는 시스코의 클라우드에 저장해 놓는다. 여기에서 무언가 이상이 발견되면 필요한 조치를 취한다. 이로써 제품의 품질 상태와 특성을 전부 시스코의 소유하에 둔다. 물리적인 관리가 아니라 8000km나 떨어진 곳에서 데이터로 공장과 품질을 관리하는 것이다. 새 시대의 QC다.

창이공항의 KPI가
알려주는 것

인천공항과 더불어 세계에서 가장 훌륭하다는 평을 듣는 공항
으로는 싱가포르의 창이공항이 있다. 깨끗하고, 탑승 수속이 신
속하고, 직원은 유능하며 친절하다. 비상사태에는 빠르게 대응하
고, 공항 쇼핑몰도 거대하며 터미널의 장식과 전시 또한 웅장하고
재미있다. 여러모로 최상의 서비스품질을 자랑한다. 이 성공적인
'품질'의 주요 요인은 무엇일까?

이를 궁금해하던 중에 창이공항 CEO의 인터뷰를 읽게 되었
다. 인터뷰에서 그는 가장 큰 성공 요인으로 KPI, 즉 '핵심 성과
지표'의 사용을 꼽았다. 그중 가장 주된 KPI는 '통과 시간throughput
time'이다. 임의로 선택한 여행객 몇 명이 타고 온 비행기에서 발
을 떼면서부터 입국 수속을 마치고 짐을 찾은 후 세관을 통과하
고 공항 빌딩을 나가서 택시나 마중 나온 친지의 차를 타고 떠날
때까지 걸린 시간이다. 일반적인 KPI로 느껴질 수 있지만, 잘 보
면 흥미로운 지점이 하나 있다. 왜 공항 밖으로 나가 차를 탈 때까
지의 시간을 포함했을까?

KPI 디자인의 원리 중 하나는 '통제가 있는 곳에 책임이 있고,
책임이 있는 곳에 측정이 있다'는 것이다. 다르게 말하자면 통제
가 없으면 책임도, 측정도 없다는 말이다. 이를 흔히 '책임 원리'
라고 부르기도 한다. 이 원리를 창이공항에 적용하면 그들의 KPI

경영이라는 세계

는 여행객이 공항 밖으로 나가는 순간 멈춰야 한다. 택시는 공항의 통제하에 있지 않기 때문이다. 그러나 만약 여행객이 입국 수속을 빨리 끝낸다고 하더라도 택시를 기다리며 오랜 시간을 보내게 된다면 공항이나 싱가포르의 첫인상 점수는 크게 떨어질 것이다. 이를 생각한다면 공항 밖에서 차를 타는 경험까지 측정에 포함하는 데는 일리가 있다.

여기서 발견할 수 있는 것이 있다. KPI 디자인 원리와 여행객의 인지품질 사이의 간극이다. 이를 중재하려면 프로세스에 대한 두 종류의 KPI를 이해해야 한다. 하나는 '내부적 KPI'고, 다른 하나는 '외부적 KPI'다. 전자는 기업 내 여러 부서의 효과적 임무 수행도를 측정하는 것이고, 후자는 소비자 입장에서 겪은 경험을 측정하는 것이다.

창이공항은 외부적 KPI를 선택했다. 이 경우 상기한 책임 원리는 거꾸로 작동한다. 측정은 책임을 부여하고, 이는 통제로 연결된다. 다수의 여행객이 택시를 기다리는 데 지나치게 많은 시간을 쓴다면, 공항 대표는 택시 회사나 담당 정부 기관을 찾아가 적극적으로 해결책을 찾을 것이다. 공항 셔틀을 운영할 수도 있다. 즉 책임을 맡은 공항은 통제를 만들어 KPI를 개선할 것이다. 예로 택시가 빈 차로 공항으로 올 인센티브를 제도적으로 마련하도록 정부를 설득할 수도 있다. 실제로 싱가포르에서는 밤늦게 공항에 오는 택시는 야간 운행요금을 더 받는다. 이 개념은 호스트 기업이 공급망 단위의 품질을 책임져야 한다는 개념과 상통한다.

품질을 간과하고
끝까지 생존하는 기업은 없다

품질은 기업을 정의한다. 그리고 기업의 운명을 결정한다. 존슨앤드존슨, 잭인더박스, 룰루레몬은 품질 문제로 비틀거렸고, 잠시나마 존폐 위기에 놓였다. 품질 문제가 발생했을 때는 기업 차원에서 적극적으로 대응하는 자세가 필요하다. 그러나 더 중요한 것이 있다. 이를 사전에 예방하는 것이다. KPI로 실질품질과 인지품질을 추적하며, 이때 IT 기술을 활용할 수 있다. 위기 예방과 위기관리는 동일한 경영 신조에서 비롯된다. 기업은 만두 장사 수준의 경영 신조를 가져서는 안 된다. 우수한 기업은 법규로 주어진 표준치보다 훨씬 더 까다로운 내부 기준치를 정해 이를 실천한다. 실수를 흡수할 쿠션이 있어야 하고, 고객을 '긍정적으로' 놀라게 할 수 있어야 한다. 단기적으로는 낭비인 듯하지만 장기적으로는 사업 전략이고 포지셔닝이다.

만두 장사가 깨닫지 못한 것은 품질은 장기전이라는 점이다. 운 좋게 오늘 잘 팔았다고 하더라도, 내일이 되면 그 손님은 전날의 품질을 기억할 것이다. '그 집 만두는 좀 그래.' 이런 경험이 쌓여 평판이 되고, 이는 회사의 장기적 운명을 결정짓는다. 그래서 소비자에게 기업은 품질로 정의되는 것이다. 결론을 내리자면 만두 장사꾼 자신을 위해서라도 그 만두는 시장에 가지고 오지 말았어야 했다.

경영이라는 세계

품질은 우리 삶에도 적용된다. 시카고대학교에서 품질관리를 가르치는 로버트 홀 교수는 다음과 같은 룰을 만들어 실천한다. 전화는 벨이 세 번 울리기 전에 받는다. 전화 메시지는 24시간 내에 답한다. 학생의 추천장은 요청 후 24시간 내에 준비한다. 과제는 이틀 내에 채점을 끝낸다. 비록 나는 이를 가르치는 데에 만족하지만, 이 책을 읽는 독자들은 자신만의 삶의 품질 원칙을 만들어 실천할 수 있을 것이다.

32장

지연 작전과 대량맞춤, 복잡성의 해독제

기업 내에서 생산조직과 판매조직은 여러 면에서 충돌하며 각자의 임무를 수행한다. 충돌의 대표적인 예가 '제품 다양성variety'이다. 판매조직은 세분화된 여러 시장마다 다른 제품을 제공하기를 원한다. 그 결과는 복잡, 비효율과 혼란이며 이는 모두 생산조직이 떠안는다. 다양성의 혜택은 판매조직이 누리는데 비용은 생산조직이 부담하니 싸움이 난다. 서로 잘해보겠다는 것이라 CEO도 누구를 탓할 수가 없다.

해결책이 하나 있다. 먼저, 다양성에는 두 가지 뜻이 있다. 하나는 '외부에서 보는 많은 선택권', 즉 '외부적 다양성'으로 판매조직이 이야기하는 다양성이다. 다른 하나는 '내부적 다양성'으로 생산조직이 보는 다양성으로 제조를 복잡하게 만든다. 이 둘은 같지 않다. 그렇기 때문에 외부적 다양성을 극대화하는 동시에 내부적 다양성을 극소화할 수 있다. 이것이 바로 '지연 작전'이다. 지연 작전을 통해 다양성을 쉽게 관리할 수만 있다면, 다음 단계인 '대량맞춤 생산'을 효과적으로 해낼 수 있다. 그렇다면 지연 작전이란 무엇인가?

HP 데스크젯 프린터의 디자인 변경

1990년 HP는 데스크젯 프린터로 전 세계 소형 프린터 시장을 장악하고 있었다.[9] 데스크젯은 1988년 시장에 소개된 잉크젯 프린터 종류로, 과거의 도트-매트릭스 프린터보다 품질이 월등한데다 1000달러 미만의 가격으로 현재까지 인기를 유지하고 있다. 당시 HP는 유럽 시장을 위해 독일 슈투트가르트에 지역물류센터 Regional Distribution Center, RDC를 두고 미국 워싱턴주의 밴쿠버 공장으로부터 물건을 받아 유럽의 30여 개국에 국가별 제품을 공급하고 있었다. 당연히 많은 매출과 이익을 내는 중이었다.

그러나 RDC 직원들은 밴쿠버 쪽 생산 부서 때문에 더 좋은 결과를 내지 못한다고 생각하고 있었다. 이야기인즉 유럽 모든 시장이 항상 똑같이 잘되는 게 아니어서, 프랑스 시장에서는 잘나가는데 독일 시장에서는 정체되는 경우가 있다는 것이었다. 따라서 프랑스 제품은 물량이 부족해 못 팔고, 독일 제품은 많이 남아 재고 비용이 생기는 이중고를 겪게 되었다. 이때 프랑스 프린터를 밴쿠버에 주문하면 되는데, 공급 기간이 길게는 6개월이라 그동안 수요를 경쟁사에 다 빼앗기게 된다는 주장이었다. 이에 생산 부서도 RDC 쪽 수요예측대로 공급했는데 왜 자기들 탓을 하냐며 항변했다. RDC의 수요예측이나 개선하라고 충고까지 하면서 말이다.

본사는 특별 위원회를 구성해 현장에 파견하여 대책을 마련하도록 했다. 조사 후 위원회는 다음과 같은 결론을 내렸다. "생산 부서 측의 잘못도, RDC의 잘못도 아니다." 그러면 무엇이 문제란 말인가?

답은 '제품 디자인'에서 찾을 수 있었다. 위원회는 조사를 시작하며 왜 한 데스크젯 프린터에 30여 개의 국가별 지역판이 있어야 하는지를 물었다. 답은 전원 공급 장치 때문이었다. EU 통합 이전이어서 국가마다 다른 전기 표준 규정이 있었고, HP의 전원 세트는 각 규정에 맞춰 만들어졌다. 전원 세트 외에는 전부 동일한 제품이었다. 더욱이 이 전원 세트는 크고 무거워서 프린터 박스 한가운데에 깊숙이 놓이게끔 설계되어 있었다. 그래서 독일용 프린터를 분해해서 프랑스용으로 재조립하기가 힘들었다.

그해에 《비즈니스 위크》의 '올해의 최고 디자인 상'을 탄 작품임에도, HP 디자인 팀은 데스크젯 디자인을 변경하라는 지시를 받았다. 그 결과, 새로운 디자인이 탄생했다. 디자인 팀은 전원 세트를 박스 안에서 아예 빼버리고, 그 대신 박스 옆에 큰 구멍을 남겨두었다. 이 구멍에 전원 세트를 간단히 밀어 넣게 만든 것이다. 박스는 국적에 관계없이 전부 동일한데, 일반적으로 이를 '바닐라 박스'라 부른다. 향이나 색이 없다는 의미다. 바닐라 박스 구멍에 어떤 전원 세트를 넣느냐에 따라 프린터의 국적이 정해진다.

이러한 국적 결정은 밴쿠버가 아닌 독일의 RDC에서 수요 및 재고 상황에 따라 일별로 행한다. 이제는 RDC가 공장에 주문할 때 국적별로 주문할 필요가 없어진 것이다. 그저 '총 몇 대'인지만 이야기하면 되었다. 전원 세트는 부피가 작으니 항공편으로 운송했고, 나중에는 유럽 내에서 공급원을 찾았다. 이 혁신은 HP에 수천만 달러의 이익을 가져다주었다.

더욱 값진 결과는 새로운 '제품 디자인'과 '제조 프로세스' 원칙을 발견했다는 것이다. HP는 이 원칙을 '지연 작전postponement' 이라 명명하고 전 제품 디자인에 적용하기로 했다. 즉 바닐라 박스를 먼저 예측해 재고로 가지고 있다가 제품의 국적은 '나중에' 수요에 따라 결정하는 것이다. 편의상 우리는 두 순차적 단계를 '박스box'와 '옵션option'이라 부른다.

사실 지연 작전을 사용하는 기업은 HP 외에도 많다. GE, 자라, 베네통, 노키아, 토요타, 시스코, 델, TSMC, IBM 등 외려 쓰지 않는 기업이 거의 없는 듯하다. 제조, 운송, 건설, 식품업, 소프트웨어 개발, 심지어 금융에서도 예를 찾을 수 있다. 다른 사례로 베네통의 지연 작전을 소개한다.

새로운 염색 프로세스로
수요와 공급의 오차를 줄이다

베네통은 이탈리아의 의류 회사로 밝은색 스웨터로 유명하다. 전통적인 편직(뜨개질) 방법은 원하는 색으로 실을 먼저 염색하고 이 실로 스웨터를 짜는 것이다. 그런데 이 방식을 사용할 경우 베네통은 두 가지 난관에 봉착하게 된다. 첫째, 스웨터는 한 장씩 짜기 때문에 일반 천을 겹겹이 놓고 한꺼번에 재단해 만드는 방직 의류보다 많은 시간이 소요된다. 둘째, 수개월 후 유행할 색을 현재 시점에서 예측하기 힘들고, 잘못 짚은 색은 고치기가 힘들다. 또한 아무리 훌륭한 세일즈 팀이라도 푸른색이 유행일 때 빨간색을 들고 와서는 비슷하다고 우길 수가 없다.

이 문제를 해결하기 위해 베네통은 일의 순서를 바꿨다. 색 없는 실로 스웨터를 먼저 짜놓고 기다렸다가, 어떤 색이 유행할지 예측 가능해졌을 때 그 스웨터를 염색한다. 염색 작업은 여러 장의 스웨터를 한꺼번에 할 수 있으므로 스웨터를 짜는 작업보다 훨씬 빠르다. 이처럼 색깔이라는 옵션을 '나중에' 행사함으로써 수요예측의 오차를 현저히 줄일 수 있었다.

경영이라는 세계

베네통은 스웨터를 짜놓은 후에 염색하는 방식으로 수요와 공급의 오차를 줄였다.

    HP와 베네통, 두 사례에서 알 수 있듯 지연 작전에서는 긴 작업을 먼저 하고, 짧고 결정적인 옵션 작업은 나중에 한다. HP는 긴 시간이 필요한 박스 제조를 먼저, 전원 세트 삽입은 나중에 한다. 베네통은 긴 시간이 필요한 스웨터 뜨개질을 먼저, 염색은 나중에 한다. 지연 작전의 액션은 HP처럼 제품 디자인일 수도 있지만 베네통처럼 제조 과정일 수도 있다. 토요타나 시스코는 둘 다 활용했다. 박스는 예측생산push, 옵션은 주문생산pull이다. 따라서 지연 작전이란 예측생산push과 주문생산pull의 연합이다. 'push'는 복사를 뜻하며, 지연 작전은 '부분적 복사 작전'이라 할 수 있다.

지연 작전으로 가능해진
대량맞춤의 시대

'대량맞춤mass customization'은 '대량생산mass production'에서 일보 발전한 것으로, 개별 소비자에게 각각 다른 제품을 빠르게 제공한다. 과거에는 '대량'과 '맞춤'이 반대 개념이라고 생각하곤 했다. 그러나 장인 시대匠人時代로 일컬어지는 '소량맞춤'에서, 헨리 포드 시대인 '대량생산'을 거쳐 '대량맞춤'에 다다른 것이다.

그렇다면 어떻게 대량맞춤을 성취해 낼까? 대량맞춤의 성공 공식은 바로 '모듈화'와 '지연 작전'이다. 기본 박스를 미리 만든 후, 옵션들을 나중에 끼워 넣는 방식이다. 예로는 델 컴퓨터, 파나소닉 자전거와 토요타를 들 수 있다. 다음 몇 가지 힌트들을 살펴보자.

- 제품 및 공정 디자인에 지연 작전을 적용해 고객이 신경을 쓰는 기능과 선택은 가능한 한 나중에 옵션으로 조립한다. 차의 경우 차체의 색과 카시트다. 통신장비 같은 산업 제품의 경우에는 반도체나 소프트웨어를 옵션으로 삼는 게 효과적이다.
- 가능하다면 궁극적인 옵션의 행사는 '소프트웨어'를 이용하는 것이다. 소프트웨어는 유무선 통신으로 통제할 수 있어 설치 후에도 옵션을 공급, 추가 혹은 변경할 수 있다. 컴퓨터나 휴대전화의 OS 업데이트가 한 예다. 자일링스Xilinx

의 FPGAField-Programmable Gate Array(소프트웨어를 통제 가능한 직접
회로 반도체)는 하늘에 이미 떠 있는 위성을 지구에서 업데이
트하고 통제한다.

- 최종 제품의 종류가 많은 경우, 둘 이상의 바닐라 박스를
사용한다. 하나로는 선택이 너무 제한되기 때문이다. 노키
아 휴대전화나 GE의 전기 차단기는 4~6종류의 박스를 사
용한다.

- 더 일반적으로 큰 박스는 N개의 작은 박스로 나뉘고, 각 작
은 박스는 특정한 옵션 혹은 모듈로 채워진다. 이것이 바로
모듈화다. 델의 PC는 N개의 모듈로 구성되어 주문마다 큰
박스를 N개의 다른 모듈로 채운다.

- 대량맞춤에는 선택 주문에 제한을 둘 필요가 있다. 제조 과
정의 제약이나 일관성 유지 때문이다. 예를 들어 고속 CPU
는 열을 많이 발산하니 큰 선풍기가 필요하므로 큰 박스를
사용해야 한다. 고속 CPU를 작은 박스에 넣는 디자인이 용
납되어서는 안 된다. 따라서 이를 검수하는 소프트웨어가
필요하다.

- 나이키 같은 기업은 주문생산과 계획 생산을 병행한다. 이
때 주문생산의 주문 데이터는 계획 생산에 요긴하게 쓸 수
있다. 최근에 빨간 운동화의 주문이 많으면 같은 색 재고를
늘리는 식이다. 즉, 주문생산의 주문은 계획 생산에 수요예
측을 제공한다.

지연 작전으로
소비자 다수의 니즈를 충족한다

지연 작전이란 한 종류의 기본 박스와 N가지의 차별화된 옵션으로 구성된 투 스텝 제조 과정을 뜻한다. 내부적으로는 제조 과정을 단순화하고, 외부적으로는 다양한 제품을 단시간에 소비자에게 제공한다.

지연 작전은 제조업 외에도 많은 분야에서 그 응용 사례를 찾을 수 있다. HP가 사용하는 '지연 작전'이란 표현 대신, GE나 자라 등의 기업은 '마지막 차별화'라든지 '지연된 차별화'라는 표현을 쓰며 조직적으로 적용한다. 대다수 기업은 특별한 명명 없이 닥치는 기회에 사용한다. 나는 '옵션 작전'이라는 표현을 제안한다. '옵션'을 먼저 준비하고, 그다음에 적용하는 2단계 작전을 의미한다. HP의 데스크젯은 바닐라 박스를 통해 30여 개 옵션을 준비한다. 베네통은 무색 스웨터를 통해 수많은 색상의 옵션을 준비한다. 그리고 수요가 나타날 때 옵션을 적용한다.

가장 흥미롭고 놀라운 옵션 작전의 예는 줄기세포다. 배아줄기세포나 골수 같은 몸에서 얻은 줄기세포는 심은 곳에 따라 그 주변의 세포(신경세포, 간세포, 혈액세포, 심장 근세포 등)로 자란다. 심은 후에야 세포의 정체가 결정된다. 어쩌면 우리에게 새로운 속담이 필요할지도 모르겠다. 같은 씨앗이라도 콩밭에 심으면 콩이 나고, 팥밭에 심으면 팥이 난다. 우리 경영학 용어로 보면 줄기세포

경영이라는 세계

는 박스이고, 심은 장소는 옵션이 된다. 내가 궁금한 것은 전지전능한 신이 도대체 무슨 혜택을 보자고 이런 메커니즘을 사용하느냐다. 이 질문은 경영학의 영역을 벗어난 듯하지만 말이다.

최근 경제 활동이 더욱 복잡해지고 소비자의 요구가 더욱 다양해지면서 지연 작전은 다양성을 관리하는 효과적인 방법이 되었다. 각 기업이 제품, 생산 공정 혹은 서비스 과정을 원점에 놓고 다시 생각해 보았으면 한다. 나는 스탠퍼드경영대학원의 최고경영자 과정에서 농담 반 진담 반으로 이렇게 말하곤 한다. "회사에 돌아가면 지연 작전의 새로운 응용을 찾아보세요. 만약 찾지 못한다면 게으르든지 둔하든지 둘 중 하나입니다."

33장

불확실성은
분산으로 보완하라

1945년 한반도가 해방될 당시 김 옹은 선조로부터 땅을 물려받은 엄청난 재력가였다. 대부분 농지였다. 그런데 이 격동의 시대에 김 옹을 고민하게 하는 일이 있었다. 땅을 그냥 가지고 있다가 토지개혁이라도 하면 다 잃을 수 있다. 물론 땅을 팔아 현금화할 수도 있다. 그런데 화폐개혁이 일어나지는 않을까 걱정이 됐다. 아니면 땅을 팔아 방직 회사 하나를 살 수도 있다. 그러나 김 옹은 일본에서 교육을 받을 때 공산주의에 대해 들어본 적이 있었다. 만약 공산주의가 득세하면 회사는 국유화될 것이었다. 어떻게 해야 할까?

결국 김 옹은 땅을 계속 가지고 있기로 결정했다. 만약 땅을

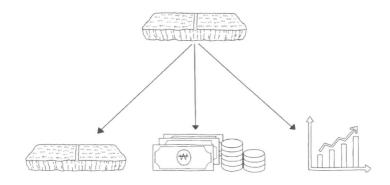

이처럼 재산을 삼분하면 위험을 분산해 '몽땅 다 잃을' 염려가 없다.

팔았다가 잃게 되면 조상이 "아니, 저 녀석은 왜 저런 짓을 해서 집안을 말아먹었느냐"라며 꾸짖을 것 같았기 때문이다. 반면에 땅을 계속 가지고 있다면 문제가 생기더라도 조상이 "녀석, 참 운이 없군" 하며 봐줄 것이라고 생각했다. 그러나 결국 토지개혁이 일어나 김 옹은 가진 재산을 거의 잃었다고 한다. 사실 김 옹은 나의 먼 할아버지뻘 되는 분이고, 이 이야기는 삼촌에게 들었다. 먼 손자뻘인 내가 무료 상담을 해드릴 기회가 있었더라면 답은 간단했을 것이다. "삼분하십시오."

좀 유식한 표현을 쓰자면 '다양화된 포트폴리오'를 만드는 것이다. 토지, 현금, 주식을 3분의 1씩 가지고 있으면 이 중 하나에 집중투자하는 것에 비해 평균치는 동일하다. 그러나 (한 예로) '표준편차'는 58% 정도로 떨어진다.

'표준편차(시그마)'의 개념, 혹은 그의 제곱인 '분산'의 개념은 경영학에서 매우 중요한 역할을 차지한다. 불확실성이 있는 곳마다 '평균'과 '분산'이 나란히 따라간다. 우리는 태어날 때부터 평균의 개념을 알고 있지만, 분산의 개념은 후천적으로 배우고 습득해야 한다. 그래서 MBA 교육의 큰 축을 이룬다. 통계학에서 평균은 1차 모멘트, 분산은 2차 모멘트라고도 부른다. 이제 이 개념이 사용되는 예들을 보자.

수요에 적시에 대응하는 통합관리

어느 VC에게 다섯 개의 스타트업에 투자할 기회가 있다고 하자. 각 스타트업에서는 투자액의 200%를 회수할 것으로 예상된다. 그러나 확실하지는 않다. 잘 풀리면 200% 이상도 가능하지만, 잘못되면 200% 미만일 수도, 심지어는 0%일 수도 있다. 수학적으로 각 스타트업의 수익률은 평균 200%, 표준편차 100%로 표현된다. VC에게 100원의 자본이 있다고 가정할 때, 그는 두 가지 투자 전략을 고려할 것이다.

첫 번째 전략은 '하나의' 스타트업에 집중투자하는 것이다. 이 경우 회수하는 돈은 평균 200원, 표준편차 100원이 된다. 두 번째 전략은 20원씩 다섯 개 스타트업에 분산투자하는 것이다. 이 경우, 돌려받는 돈은 평균 200원, 표준편차 100/√5, 즉 44.8원이다. 분산투자 결과 평균 수익은 변하지 않았으나, 표준편차는 집중투자의 1/√5로 줄었다. 이를 풀링pooling(통합관리)이라 부른다. 독립적인 N개의 기회에 분산투자 시 1/√N만큼 표준편차가 줄어든다. 여러 개의 투자 가운데 크게 번 것도 있고 잃은 것도 있을 테니, 서로 상쇄되어 비교적 안정된 값을 얻는다. N이 무한정 커지면 표준편차가 평균에 비해 거의 0%가 된다.

풀링을 이용한 사례는 많이 있다. 여러 개의 점포를 가진 백화점 체인이 온라인으로 전환하면 '통합관리'가 가능해진다. 즉 모든 주문이 중앙으로 도착하고, 중앙 재고로 주문을 충족한다. 풀pool이란 단어는 명사로는 수영장이나 서양식 당구를 뜻하지만, 동사로는 '모으다'를 뜻한다. 따라서 온라인화된 백화점은 '모은 수요'를 '모은 공급'으로 채운다. 이런 '중앙판매-통합관리'가 훨씬 효율적이다. 수요의 표준편차가 평균에 비해 상대적으로 줄어들어 수요예측이 쉬워진다. 따라서 풀링은 두 가지 혜택을 제공한다. 첫째, 지점에 재고가 없어 수요를 놓칠 확률을 낮춘다. 둘째, 재고량을 줄인다. N개가 확률적으로 상관관계가 없다는 가정하에서다.

비록 통합관리는 재고관리에 효과적이지만 단점도 있다. 운송하는 데 시간과 비용이 든다. 이를 보상하기 위해 '가상으로' 수요를 모을 수 있다. 25년 전 넷플릭스가 우편으로 DVD를 빌려주던 시절의 이야기다. 넷플릭스는 미국 내에 100여 개의 지역별 창고를 보유하고 있었다. 각 지역의 주문은 가능한 한 그 지역 창고에서 해결했다. DVD를 주문한 고객에게는 담당 창고에서 보내주고, 다 본 후에는 그 창고로 돌려받는 방식이었다. 만약 원하는 DVD가 창고에 없으면 컴퓨터가 근처의 다른 창고를 뒤져 그 DVD를 보유한 가까운 창고에서 고객에게 보냈다. 온라인 '중앙' 관리가 아닌데도, 거의 비슷한 재고관리 효율에 배달 시간도 빨라졌다. '가상' 통합 온라인 관리였다.

넷플릭스는 이제 DVD 같은 물리적 제품을 취급하지 않기에 이런 배송 방식을 쓰지는 않지만, 미국의 소매 체인 대부분은 이런 방식을 사용한다. 새 시즌이 되면 N개의 점포가 각자 10개의 재고를 가지고 판매를 시작한다. 시즌 중반쯤 되면 재고가 떨어지는 점포와 남아도는 점포가 생긴다. 이때부터는 교차 판매로 재고의 풀링을 이룬다. 팰로앨토 지점에 들어온 주문을 댈러스 지점에서 UPS(특송 서비스)를 통해 고객의 집으로 배송한다. 이 방식이 가능한 것은 정보시스템으로 각 점포의 재고 상황을 서로 볼 수 있기 때문이다. 오프라인 판매를 온라인 배달로 보완한 것이다.

이와 같은 풀링은 한 조직 내에서만 적용할 수 있는 것이 아니다. HP는 한때 'eHITEX'라는 정보시스템을 이용해 HP 딜러끼리 재고를 서로 교환하는 '2차 시장'을 운영했다. 미국의 자동차 딜러들도 각자 다른 조직에 속해 있어도 재고를 교환하며 비슷한 풀링 효과를 이룬다.

다른 풀링의 예를 살펴보자. 갭이나 루이비통 같은 의류 회사는 같은 천으로 여러 제품을 만든다. 제한된 양의 천을 준비했다가 만약 스커트가 잘 팔리고, 재킷이 잘 팔리지 않으면 천을 스커트 제작으로 돌려 효과적으로 사용할 수 있다. 스커트와 재킷 중 무엇이 더 잘 팔릴지는 미리 알지 못하니 풀링이 도움이 되는 것이다. 이때 재킷과 스커트에 각각 다른 천이 사용되면 풀링의 혜택을 누릴 수 없다.

샌프란시스코에 있는 팀벅2Timbuk2는 여러 종류의 맞춤형 숄더백을 판매하는 의류 회사다. 언젠가 내 학생들이 수업 중 프로젝트로 모든 지퍼를 검정색 하나로 통일하는 것이 어떻냐고 제안한 적이 있다. 그들은 이를 흔쾌히 받아들였다. 그 전에는 여러 색의 지퍼를 사용해 재고관리가 힘들었던 것이다. 이 때문에 적합한 지퍼가 없어 주문 가방을 만들지 못하는 경우가 많았다. 물론 가방의 색에 맞는 지퍼가 더 예쁘기는 하지만, 단순화의 혜택을 능가하지는 못한다는 결론이었다. 풀링 덕택에 재고관리는 훨씬 쉬워졌다. 이처럼 단순히 부품의 종류를 줄이기만 해도 풀링의 효과를 얻을 수 있다.

내가 5년간 제조 자문단으로 일했던 길리어드Gilead는 전 세계에서 가장 큰 바이오테크 기업 중 하나다. 이 기업의 특이점은 제조의 상당 부분을 여러 제삼자 제조 기업에 아웃소싱한다는 것이다. 문제는 법적 규제와 안전관리 때문에 의약품 제조를 시작하는 데만 수개월씩 걸린다는 것이다. 게다가 공장을 사용하려면 이보다 1년도 더 전에 예약을 잡아두어야 한다. 수요 또한 심히 불확실하다. '어느 제품 몇 개를 언제 어느 공장에서 만들까'를 2년 전에 결정하는 것은 매우 힘든 일이다. 그리고 많은 오류를 낳는다. '어이쿠, 이 제품 대신 저 제품을 만들걸' 하기가 쉽다.

이를 다소 상쇄하는 방법은 '제품 계약'을 하는 대신 '생산 능력capacity 계약'을 하는 것이다. 즉, '제품 A를 100만 개'라고 계약하는 대신 '공장 라인 1을 5000시간'으로 계약한다. 이 라인에서 어느 제품을 만들지는 1년 후에 결정함으로써 수요의 불확실을 다소 완화하고 공급 능력의 풀링을 이룬다. 같은 천을 여러 옷에 쓰는 것과 같은 원리다. 제품별 계약으로는 못 이룰 유연성이다. 게다가 여러 계약을 시간에 따라 넓게 벌려 놓음으로써, 줄줄이 오는 수요를 줄줄이 대기시켜 놓은 공급으로 유연하게 매치한다. '유연하고 꾸준히 흐르는 생산 능력'을 준비하는 것이다. 제약업이나 봉제업에서 널리 쓰는 기법이다.

포트폴리오 투자로 보는 분산 개념

포트폴리오 투자에서는 두 모멘트를 응용할 수 있다. 여러 개의 주식을 담은 포트폴리오에서 수익 평균은 높을수록, 분산은 작을수록 좋다. 포트폴리오의 분산은 다소 복잡하다. 주식과 주식간의 '양陽의 상관관계' 때문이다. 두 주식이 양의 상관관계가 크다는 것은 같이 오르거나 같이 내리기 십상이라는 것이다. 대부분 주식은 이런 상관관계의 성향을 보인다. 예를 들어 경기지수가 좋거나 나쁠 때 모든 주가가 같이 올라가고 같이 떨어진다.

포트폴리오의 분산은 개별 주식의 분산을 다 합친 것에다가 두 주식 간의 상호관계항들을 합쳐 만든다. 최상의 포트폴리오는 '주어진 평균하에 최소의 분산'을 이루든지, 혹은 '주어진 분산하에 최대의 평균'을 이룬다. 최대나 최소를 실제로 찾는 데는 수학적 분석이 필요하다. MBA 학생들도 학교에서 배웠다가 졸업하면 잊어버린다. 또 데이터도 구하고, 파이선 코딩도 하고, 최적화 프로그램도 사야 한다.

대신 약식으로 N개의 주식을 비슷한 비율로 포트폴리오에 넣고 있으면 우리가 싫어하는 분산을 어느 정도 낮출 수 있다. 상관관계로 N이 커도 우리가 바라는 만큼 분산이 빨리 떨어지지 않는다. N이 아무리 커도 평균 대비 표준편차가 0에 다가가지 않는다. 그래도 큰 N은 도움이 된다. 일반적인 충고는 N을 12 정도 혹은 그 이상으로 잡는 것이다. 12개를 선택할 때도 눈감고 무작위로 뽑는 게 편중된 포트폴리오를 피할 수 있다. 다변화diversification는 내가 챙기고, 나머지는 시장의 흐름에 맡기자는 계산이다.

이미 다양화한 뮤추얼 펀드에 투자하는 것도 현명한 방법이다. 금이나 코인 같은 증시와 따로 혹은 반대로 움직이는 투자 상품도 분산을 낮추는 데 유용하다. 예로, 이전에 코닥은 은 광산 회사의 주식을 대량 소유했다. 필름 생산에 필요한 은의 값이 오를 때, 구매 비용 증가를 은 회사의 주가 상승으로 상쇄하기 위함이었다. 이런 '역상관된' 위치를 취하는 조치를 '헤지hedge'라 부른다. 홍수나 지진 보험도 헤지의 예다.

정리하자면 포트폴리오는 불확실성에 대항하는, 즉 분산을 최소화하는 강력한 도구다. 재산을 삼분하라는 충고도 이런 개념의 약식 이론이다.

투자 원칙 하나, 많이 얻는다면 많이 잃을 수도 있다

2006년 4월 헤지펀드인 애머런스 투자자문사Amaranth Advisors는 1년 만에 60억 달러에서 87억 달러로 기업의 가치를 45%나 불렸다. 이는 전적으로 브라이언 헌터라는 한 명의 거래 전문가 덕택이었다.

캐나다 출신인 헌터는 천연가스 전문으로 이 분야에서 경험, 지력과 대담성을 모두 갖춘 이름난 선물거래 전문가였다. 그는 그해에만 1억 달러 정도의 개인 수익을 올렸고, 다음 해인 2007년에 천연가스 선물 시장을 압도할 작전을 준비 중이었다. 그러나 기후가 예상치 못한 방향으로 바뀌어 엄청난 거래 손실을 초래하게 되었다. 애머런스는 1개월 만에 10억 달러를 잃었다. 그리고 이를 만회하려 했던 작전 또한 실패로 돌아가 결국 66억 달러라는 거대한 손실을 내고 타 은행에 넘어가 청산되었다.

재미있는 이야기가 하나 있다. 애머런스에 투자한 B라는 투자 펀드의 이야기다. 2006년 4월 애머런스의 45%라는 놀라운 성과를 보자마자 B 투자펀드의 매니저는 애머런스를 방문했다. 그리고 그 높은 이익률에 대해 '불만'을 토로했다. "애머런스의 투자 설명서에는 펀드의 위험부담이 중간이라 했는데, 약속과 틀리지 않습니까?" 애머런스의 CEO는 놀라 대답했다. "세상에, 펀드가 너무 잘한 것도 잘못입니까?" "계약 위반이니 투자를 회수하겠습니다." "기꺼이. 들어오려는 투자자가 줄을 섰습니다."

결국 B는 펀드에서 큰 이익을 챙기고 지분을 청산함으로써, 다음 해에 일어난 재앙을 피했다. B가 본 것은 1차 모멘트가 아닌 2차 모멘트였다. 한 해에 45%나 이익을 낼 수 있다면, 그만큼의 손해도 감수해야 한다. B 투자펀드는 그럴 준비가 되어 있지 않았다. 참으로 투자 원칙에 단련된 프로 투자자인 듯하다.

리스크 성향과
투자자와 창업자의 마찰

우리는 모두 리스크를 싫어한다. 그러나 사람마다 싫어하는 정도의 차이가 있다. 감당할 능력이나 성향이 다르기 때문이다. 대기업이나 억만장자는 리스크를 감당할 능력이 있으니 거의 리스크 중립에 가깝다. 억대의 손해를 보아도 눈 하나 깜짝 않는다. 반면 평범한 우리 개인은 10만 원만 잃어도 크게 반응한다. 이처럼 재산의 규모에 따라 리스크 성향이 다르다.

나이 또한 리스크 성향에 영향을 준다. 젊은이는 리스크를 기꺼이 감당하며, 리스크는 크지만 평균 수익이 높은 '주식'이나 '코인'에 투자하기를 선호한다. 이번에 실패하면 나중에 복구할 시간적 옵션이 있기 때문이다. 그러나 나이가 들어 은퇴가 가까워지면 작은 시그마에 작은 평균 수익을 주는 '국채'나 '회사채'를 선호한다. 나의 퇴직연금은 퇴직 당시 채권 60%, 주식 40%로 구성되어 있었다. 나의 재산, 나이, 리스크 성향을 반영한 결정이었다.

이처럼 리스크 성향이 다른 사람들이 함께 일하면 마찰이 생기게 마련이다. 다음은 스타트업의 이사회에서 흔히 볼 수 있는 장면이다.

벤처투자자 입장에서 보면 펀드의 분산투자 덕택에 리스크를 감당할 능력이 생긴다. 판마다 크게 벌려 크게 이기려 한다. 그러나 포트폴리오 기업의 창업가에게는 이러한 여유가 없다. 이 기업이 그가 가진 모든 것이니 리스크를 가능한 한 피하려 한다. 그 결과 "모 아니면 도"라며 덤벼드는 투자자와 "'걸'이나 심지어 '개'도 괜찮다"라는 창업가 간에 마찰이 생기곤 한다. 만약 어느 대기업에서 "1억 달러를 줄 테니 너희 회사를 팔아라"라는 제안이 들어오면, 전자는 "요새 1억이 돈이냐?"라면서 거절하자고 주장하지만 후자는 "1억이 웬 떡이냐?"라면서 받자고 주장하므로 충돌

경영이라는 세계

이 생기는 것이다. 최종 결정은 이사회가 내리니, 결국 이사회의 구성이 중요하다.

시그마 개념으로 완성되는 수요예측과 재고관리

수요예측에서 시그마는 그 신뢰성을 표현한다. 흔히 예측은 '평균 플러스마이너스 2시그마(m±2σ)'로 표현하기도 한다. 여기서 2시그마는 오차 범위를 뜻한다. 시그마값이 크면 신뢰성이 떨어진다. 시그마가 매우 크면 "나는 도대체 모르겠다"라는 말이다. 반대로 시그마가 0이면, 정확히 안다는 뜻이다. 여기서 평균이나 시그마는 과거의 실적으로 계산한다. 모집단이 정규분포라면 95%의 점들이 이 구간에 속한다. 실험 삼아, 우리 회사의 판매 기록이나 우리 집 살림의 지출 기록에서 이러한 구간을 계산해 보면 정규분포라는 가정과 관계없이 95% 룰이 놀랍게 잘 들어맞는 것을 알 수 있다.

여론조사 역시 비슷한 개념으로 움직인다. "후보 갑의 당선 확률이 40%에 5% 오차 범위"라는 표현에는 표준편차를 반영하는 오차 범위가 포함되어 있다. 오차 범위란 작은 샘플 크기에 비롯한 오차의 가능성을 보여주는 과학적 표현이다. 만약 똑같은 방식의 여론조사가 세 번 별도로 행해졌다면, 이들을 통합해 더 유용한 결과를 유도할 수 있다. 예를 들어 세 번의 여론조사가 '40%에 5%', '41%에 5%' 그리고 '42%에 5%'라 하면, 통합된 결과는 '41%에 5/√3%'가 된다. 41은 세 평균값의 평균이고 오차범위는 약 √3분의 1로 줄어든다. 샘플 크기가 3배로 늘어나면 오차 범위가 √3배로 줄어든다.

품질관리에서도 시그마는 큰 역할을 한다. 주요 수치가 이상理想 수치에서 2시그마 범위 내에 있으면 제조 과정이 정상으로 움직이고 있다는 말이다. 그 범위에서 벗어나면 주의가 필요하다. '6시그마 품질 운동'은 불량품의 발생률이 6시그마 밖에 있게 해야 한다는 이른바 '철저주의'다. 6시그마는 제품 100만 개 중 3.4개의 불량품만을 용납한다.

끝으로, 재고관리에서 계산되는 적절 안전 재고량은 시그마 단위로 결정한다. 안전 재고란 평균 예상치 이상으로 수요가 많을 경우를 대비해 준비하는 재고량이다. 2시그마의 안전 재고는 97.5% 정도의 서비스율을 주고, 3시그마는 거의 100%에 이른다. 후자는 마진이 큰 제품의 경우에 적용한다. HP 프린터 잉크의 경우, 재고가 떨어져 판매를 놓치면 프린터 이익뿐만 아니라 잉크나 종이 판매까지 놓치게 되니 3시그마의 안전 재고, 100% 서비스율을 유지하는 것에 일리가 있다.

어떻게 불확실성을
상쇄할 것인가

현대 기업은 불확실성의 부담을 안고 있다. 남이 준 '수요 불확실성'에다가 내가 만든 '제품 확산'을 곱한 덕택이다. 다행히도 이에 대응하는 여러 경영 기법(풀링, 헤지, 포트폴리오와 옵션 등) 또한 발달했으며, 이러한 '도전과 대응'을 보여준 대표적 사례가 토요타다. 토요타는 일본에서 주문생산으로 고객이 원하는 바에 맞춰 자동차를 만들어 팔고자 한다. 미국의 딜러처럼 자신이 가지고 있는 재고에 고객의 취향을 맞추고자 하는, '타협'하는 판매를 거부한다.

하지만 두 가지 어려움이 따른다. 첫째, 종류가 너무 많다. 차종 중 하나인 캠리CAMRY의 경우만 10억 가지에 이르는 디자인이 있어 수요예측이 불가능하다. 둘째, 주문에 따라 만드는 데 4주 정도 걸린다. 그래서 토요타는 딜러와 힘을 합쳐 새로운 생산관리 시스템을 개발했다. 각 딜러는 고객의 주문에 따라, 혹은 자신의 수요예측으로 토요타에 주문을 보낸다. 소량의 재고로 사업하니 운영 비용도 자본비용도 낮다.

고객이 토요타의 자동차를 구매하고자 방문할 때, 원하는 차를 찾는 두 가지 시나리오가 있다. 먼저 재고를 둘러보고 자신이 만족할 만한 물건이 있으면 산다. 없으면 새로 주문을 보내고 기다린다. 토요타는 이 시나리오를 둘 다 개선했다. 첫 번째 시나리오에서 방문한 딜러가 가지고 있는 재고가 적어서 원하는 차가 완제품으로 있을 확률도 크지 않다. 이에 대응하기 위해 '토요타 로케이터Toyota Locator'라는 2차 시장을 운영해 딜러들이 보유한 모든 재고를 풀pool로 만들어 운영한다. 내가 방문한 딜러에게 없으면 다른 딜러에게서 받는다. 이는 다른 자동차 회사와 비슷하다.

그러나 토요타의 특별한 점은 두 번째 시나리오의 개선 방식에서 드러난다. 간단하게 이야기하자면, 토요타는 주문 차를 '반제품'과 '완제품' 두 단계로 나누어 조립한다. 여기에 지연 작전을 적용해 차체의 색상이나 카시트 같은 소비자의 취향에 따라 차별화가 필요한 부품의 조립은 후반으로 미뤘다. 그 전까지는 반제품을 만든다. 즉 하나의 반제품으로 여러 가지 완제품을 만들 수 있다. 자동차를 주문할 때 딜러는 내 차를 만들 수 있는 반제품을 토요타 생산라인에 가지고 있기가 쉽다. 이 경우 반제품을 완성해 2주 만에 원하는 차를 만들 수 있다. 하지만 딜러에게 그 반제품이 없다면 4주가 걸린다. 이를 방지하기 위해 토요타는 2차 시장에서 완제품뿐만 아니라 반제품도 교환하게 했다.

이 결과 300여 딜러 중 하나가 내가 원하는 차를 만들 수 있는 반제품을 가지고 있을 확률이 매우 커졌다. 정리하면, 딜러는 다음의 다섯 단계를 거친다.

1. 자신(담당 딜러)의 완제품 확인 → 2. 완제품 풀 확인 → 3. 자신의 반제품 확인 → 4. 반제품 풀 확인 → 5. 공장 주문

경영이라는 세계

보통은 네 번째 단계에서 재고를 찾기 때문에 대부분 주문은 2주 내에 해결된다. 마지막 단계까지 가서 생산에 4주가 걸릴 확률은 매우 낮다. 지연 작전과 풀링을 정교하게 엮은 경영의 명품이다.

15년 전쯤으로 기억한다. 토요타는 놀라운 발표를 했다. '3일차3-Day Car'라는 프로그램을 소개한 것이다. 일본 내에서 어느 디자인의 자동차든 3일 내에 만들어내겠다는 것이다. 기가 막힌 뉴스였다. 자동차는 소비자 제품 가운데 가장 복잡한 제품으로 3만여 개의 부품을 조립해야 한다. 물론 상당수는 모듈화되어 있지만, 그 조립의 복잡성에서 다른 소비자 제품과는 급이 다르다. 이 악명 높은 제품을 디자인 제한 없이 3일 만에 주문생산하는 능력은 '제조업의 성배holy grail'라 부를 만하다.

그러나 유감스럽게도 이 프로그램은 시작 직전에 취소됐다. 무엇 때문에 취소됐는지는 아무도 알 수 없다. 그러나 중요한 것은 토요타가 잠시나마 이런 대응이 가능하리라고 생각했다는 사실이다. 궁금한 것은 '어떻게'다. 나는 지연 작전과 풀링의 '최적화'가 아닐까 추측해 본다.

토요타는 불확실성과 복잡성이 뒤엉킨 자동차 주문생산이란 극한 작업을 훌륭한 프로세스로 대응했다. 딜러는 작은 야드yard(재고를 보관하는 공간)와 적은 재고, 소비자는 원하는 제품의 빠른 배달이라는 혜택을 즐겼다. 참고로 그때는 미국에서 차를 주문하면 석 달씩 걸려 받았다. 그러니 웬만하면 소비자는 딜러의 야드

에 있는 재고에서 골라 구매하곤 했다. 그것도 불확실성을 다루는
한 방법이기는 하다.

인정하건대, 수없이 많은 형태의 불확실성을 분산이나 표준편
차 한 숫자로 표현하는 데는 무리가 있다. 예를 들어, '어느 자동
차 회사가 다음 분기에 몇 대나 팔까'는 한 형태의 불확실성이다.
이 불확실한 총수익을 X라 부른다고 가정해 보자. X에는 0부터
10억 달러까지 수많은 숫자가 들어갈 수 있다. 이는 정규분포로
표현할 수 있다.

다른 형태의 불확실성의 예로, 어느 건설회사가 큰 건설 프로젝
트를 수주하려 한다. 수주에 성공하면 회사는 수익 10억 달러를
취할 것이고, 아니면 0일 것이다. 이 불확실한 값을 Y라 부르면,
이 값은 10억이나 0 두 값만 가능하다. 이는 0.3 대 0.7 같은 이항
확률분포로 표현할 수 있다.

비록 X와 Y는 같은 평균과 분산치를 가질 수 있을지라도, 그
불확실성의 형태는 판이하다. 분석 방법도 다르다. 그러나 월
가의 전문가들은 구분 없이 고전적인 분석 방법을 쓰고 있었
다. 마이클 루이스는 저서 『빅 쇼트The Big Short』[10]에서 이 차이
를 이용해 2007~2008년 서브프라임 위기 가운데 큰돈을 번
사례를 보여주었다. 수학 잘하면 이렇게 큰돈을 벌 수도 있다.

경영이라는 세계

34장

선택할 권리, 옵션에 대하여

내가 스탠퍼드에 임용된 지 얼마 되지 않았을 때다. 같은 해에 합류한 마케팅 교수와 점심 식사 중이었는데, 그가 문득 이렇게 말했다. "승진, 내가 박사 논문 주제인 '번들링bundling'을 2~3년 동안 연구하다 보니까 이제는 세상 모든 일이 번들링으로 보여. 하하." 그 말에 내가 답했다. "그건 아니지." 그가 수긍했다. "물론이지. 농담으로 하는 말이야." 나는 곧바로 이렇게 말했다. "세상 만사는 번들링이 아니라 우선권이지." 서로 크게 웃었다. 나의 박사 논문 주제가 '큐잉queueing(줄서기)에서의 우선권'이었기 때문이다. 36년이 지난 지금 돌이켜 보니, 이 세상은 번들링도 우선권도 아닌, '옵션'의 세상이라는 생각이 든다. 자세히 들여다보면 비즈니스나 우리 일상생활은 옵션으로 가득 차 있다.

옵션이란 '무언가를 선택할 수 있는 권리'다. 우리에게 디폴트 (기본 설정값) 외에 다른 선택권, 즉 '다른 길'이나 '플랜 B'가 있을 때 '옵션이 있다'고 한다. 혹은 '다른 길' 자체를 옵션이라 부르기도 한다. 우리 주변에서 쉽게 볼 수 있는 옵션으로는 금융옵션과 실물옵션이 있다. 금융옵션은 주식 거래에 사용되는 특수한 형태의 계약이고, 나머지 옵션은 모두 실물옵션이다. 내 공장의 시설을 확장할 때 얻는 것은 이 확장 시설을 사용할 수 있는 실물옵션이다. 옵션은 행사할 수도, 행사하지 않을 수도 있다. 공장을 확장하지 않으면 옵션은 생기지 않는다. 확장 시설 없이 사는 디폴트에 묶이는 것이다. 미래 수요가 불확실하다면 확장된 시설을 쓸지 안 쓸지 현재로선 알 수 없다. 그러나 옵션으로 '유연성'을 사는 것이다.

이리 보면 세상만사가 옵션이다. 기업이 채권을 발행하거나 은행에서 돈을 빌릴 때, 이 현금은 당장 어디에 투자하기보다는 미래에 올지도 모르는 투자 기회를 잡기 위한 실물옵션이다.[11] 우리가 콘서트의 티켓을 사면서 취득하는 것은 그 콘서트장에 들어갈 수 있는 옵션이지 꼭 관람하겠다는 약속이 아니다. 옵션은 관람할 수도 하지 않을 수도 있는 권리다. 티켓을 사지 않으면 관람할 수 있는 옵션이 없다.

또한 나의 모든 소유물은 옵션이다. 쓰든 안 쓰든 내 맘이다. 남의 물건에 대한 옵션은 내게 없다. 한 술 더 뜨면, 우리의 생명

경영이라는 세계

은 내일까지 하루 더 살 수 있는 아주 귀중한 옵션이다. 그리고 거의 틀림없이, 내일 자동으로 갱신되는 옵션이다. 디폴트 선택은 계속 사는 것이지만 어떤 비장한 수단을 동원한다면 이 옵션의 행사를 포기할 수도 있다는 말이다. 이런 뜻에서 우리의 삶은 옵션으로 가득 차 있을 뿐만 아니라, 삶 자체가 옵션이라고 주장할 수 있다.

실리콘밸리는 왜 콜옵션으로 보상할까

금융옵션 중에 주식 한 주를 지정된 가격에 살 수 있는 권리를 '콜옵션call option'이라 부른다. 어떤 투자자는 이를 만들어 팔고 다른 투자가는 이를 사며, 시카고 옵션 거래소CBOE 같은 금융시장에서 사고판다. 이런 옵션에는 기업명, 만기일 및 행사 가격이 명시된다. 예시로 표현하자면 이렇다. "당신은 IBM 주식 1주를 2025년 1월 1일까지(혹은 그날 하루만) 100달러에 매수할 수 있다."

만약 이 주식이 연말까지 100달러보다 더 오르리라고 예상하는 투자자는 이런 옵션을 사놓고 연말까지 기다릴 것이다. 그때 주가가 120달러가 된다면 이 콜옵션을 행사해 1주를 100달러에 산 후 시장에 120달러에 팔아 20달러를 번다. 그러나 주가가 80달러가 된다면 이 작전으로는 손해가 나니 옵션을 행사하지 않고

버린다. 그래서 최소한 손해는 안 본다. 따라서 주가가 상승하리라 예상되고, 주가 변동률이 높고, 만기가 멀고, 행사가가 낮을수록 옵션의 가치는 높다.

옵션 가치를 계산하는 수학 공식은 피셔 블랙과 마이런 숄스 두 재정학 교수가 개발했고, 숄스는 이 공로를 인정받아 노벨경제학상을 수상했다. 블랙은 먼저 타계하여 이 영광을 누리지 못했다. 모든 증권 전문가가 이 공식을 약간 변형하여 사용한다. 숄스는 나의 동료 교수로 가끔 교내 식당에서 보곤 하는데, 어느 날 점심시간에 우연히 만나게 되었다. 나를 본 그가 물었다. "와이프는 어디에 있나?" 내가 아내와 같이 자주 점심 식사를 하는 것을 보고 던지는 농담이었다. 이에 내가 답했다. "집에 있지. 나는 오늘 그 옵션을 안 쓰기로 했어." 이 또한 그에게 던지는 농담이었다. 그는 이혼 후 혼자 살고 있어 이 같은 옵션이 없다.

밸리의 스타트업은 콜옵션[12]을 직원들에게 보상 도구로 활용한다. 비상장 주식의 낮은 주가 덕택에 옵션의 가치가 크다. 게다가 세금, 현금 소모나 리스크 관리 면에서 주식보다 훨씬 좋다. 나중에 회사가 성공하면 큰돈을 벌게 해주니, 옵션을 인센티브로 활용해 열심히 일하게 하고 좋은 인재를 스카우트하고 회사에 머물게 할 수 있다. 현금이 항상 부족한 스타트업에도 아주 효과적인 보상 수단이다. 보상 수단으로서 옵션은 회사와 직원에게 윈-윈이다. 그래서 회사의 모든 직원에게 옵션을 많거나 적게 배정하곤 한다. 하지만 투자자에게는 '옵션의 남발로 주식 가치가 크게

경영이라는 세계

희석되면 어쩌지?' 하는 걱정이 생기게 마련이다. 그래서 CEO는 이사회의 견제를 받아야 한다. 이사회는 발행 가능한 총 옵션의 양(옵션 풀)을 정해주고, CEO는 이 범위 내에서만 사용한다.

풋옵션과 환매계약, 손해를 회피하는 옵션

콜옵션과 대칭되는 옵션으로, 지정 가격에 '팔' 수 있는 '풋옵션put option'이 있다. 어느 풋옵션의 사용 설명서는 이렇게 말한다. "당신은 이 풋옵션을 행사함으로써 IBM 주식 1주를 2015년 1월 1일까지(혹은 그날 하루) 100달러에 팔 수 있다." 만약 만기일에 시장에서 IBM 주식 가격이 75달러면 1주를 사서 풋옵션을 행사해 100달러에 팔아 25달러의 이윤을 얻는다. 그런데 주가가 110달러라면 이 작전으로는 손해를 본다. 이 풋옵션은 행사하지 않고 그냥 버리는 게 낫다. 여기에서 버릴 수 있는 선택은 역시나 매우 중요하며 옵션의 핵심이다.[13] 달면 삼키고 쓰면 뱉으니, 풋옵션이나 콜옵션으로 (일단 소유하면) 손해 날 일이 없다.

'반품'이란 제도는 풋옵션과 같이 작동해 소비자에게 '손실 면제'의 혜택을 제공한다. 구매한 제품의 실제 가치가 지불한 금액보다 낮아 순가치가 마이너스면 거래를 원점으로 돌려 순가치를 '0'으로 만든다. 물론 반품 과정에 필요한 노동이나 시간 소요 같은 거래비용이 제로라는 가정하에서다. 이때 거래비를 높여 반품을 힘들게 하면 기업 입장에서는 이득일 것 같지만 이는 구매 자체를 기피하는 부작용으로 이어진다. 아마존은 최근 흡수합병한 식료품 체인 홀푸드를 이용해 반품을 쉽고 빠르게 해, 풋옵션의 가치를 제대로 발휘하게 했다.

환매계약buy back agreement 역시 풋옵션처럼 작동한다. 미국의 일부 보석상이나 바이올린 소매상의 경우, 자기가 판 제품을 고객이 원하면 나중에 같은 가격에 사준다. 고객 입장에서는 지정된 가격에 파는 풋옵션이다. 고객이 작년에 구매한 제품을 오늘 판다고 가정해 보자. 두 가지 방법이 있다. 하나는 시장에서 시가에 파는 것이다. 나머지 하나는 그 판매자에게 구매가를 받고 파는 것이다. 둘 중 높이 쳐주는 곳에 팔면 된다.

그러나 보석이나 바이올린 같은 제품은 대부분 가치가 꾸준히 증가한다. 즉, 1~2년 후부터는 시가가 판매가를 능가하게 되므로 실제로 환매가 일어날 확률은 낮다. 그러나 소비자를 가짜 제품이나 바가지로부터 혹은 그러한 우려로부터 보호해 주는 안정제 역할을 한다. 이보다 더 중요한 건 이를 이용해 차액을 내고 더 고급 제품으로 업그레이드하도록 유도하는 마케팅 전략이기도 하다는 점이다.

자동차 구입 시 널리 쓰는 '장기 리스' 역시 풋옵션이다. 4년 리스의 경우, 매달 일정 금액을 내며 이 차를 사용한다. 여기까지는 오토론으로 구매한 것과 다르지 않다. 하지만 4년 후 만기가 되면 이 차를 딜러에게 돌려주어야 한다. 이때 돌려주는 대신 차를 구입할 수 있다. 구매가는 계약 당시에 정해두었다. 즉, 돌려주는 디폴트에 구매할 수 있는 콜옵션을 첨가한 것이다. 뒤집어 보면 구매하는 디폴트에 '돌려줄 수 있는 선택권'을 첨가하는 풋옵션이라 볼 수 있다. 즉 장기리스의 정체는 '리스+콜'이기도 혹은 '오토론+풋'이기도 한 것이다.

장기 리스가 일부 소비자에게 더 매력적인 점은 리턴return이 쉽고 깔끔하다는 것이다. 오토론으로 구매한 후 중고차를 파는 경우와는 달리 딜러와 가격 협상을 할 필요가 없다. 우리에게는 일반적으로 무언가를 파는 역량이 없다. 상대가 중고차 딜러라면 더더욱 그렇다. 결국 장기 리스와 오토론 구매는 기본 골격은 같지만 리턴 과정에 일어나는 '거래비용' 때문에 다른 거래 형태를 만든다. 이래서 세상에 수많은 거래 형태가 요구되고 존재하게 되었다. 동시에 창조적인 기업이 실력을 발휘할 기회가 생겨났다.

주식과 옵션과 대출, 자금 포트폴리오 전략

어느 스타트업의 CFO가 향후 1년 동안 필요한 자금을 확보하려 한다. 그런데 1년 동안 얼마가 필요한지 정확히 알 수가 없다. 다만 최소 500만 달러, 최대 700만 달러일 것이다. 어떻게 자금을 마련해야 할까? 이때 두 가지 방안을 생각할 수 있다. 첫째, 700만 달러의 투자를 받으며 새로 주식을 발행한다. 하지만 이 시점에서 이토록 큰 투자를 받으면 회사 주식이 크게 희석되어 기존 투자자들의 불만이 커질 것이다. 둘째, 은행에서 대출을 받는다. 이 경우 700만 달러를 다 쓰지 못한 채 1년 내내 은행에 비싼 이자를 내야 할 것이다. 이 두 방안 중 어느 것도 바람직하지 않다.

이때 가장 바람직한 해결책은 은행의 200만 달러어치 '신용한도line of credit'와 500만 달러의 직접 투자를 함께 이용하는 것이다. 신용한도란 주어진 한도 내에서 필요할 때마다 꺼내고 갚으며 쓸 수 있는 '옵션' 기능의 금융상품이다. 이자율이 다소 높더라도 자금을 적시에 쓸 수 있다. 직접 투자 대신 은행 대출도 가능하다. 즉, 신용한도와 은행 대출을 섞어서 '자금 포트폴리오'를 만드는 것이다. 현금이란 하나의 금융상품을 두 개의 다른 계약으로 섞어 새로운 기능을 창출할 수 있다. 재정학에서 매우 중요한 이론이다.[14] 이 이론에 따르면 일반적으로 옵션이라는 파생상품은 기존 금융상품(예를 들어 현금, 주식, 부채)을 도와 투자자로 하여금 더 많은 상황에 대처할 수 있게 한다.

한 발짝 더 나아가, 주식이 옵션을 파생했듯 옵션 역시 다른 파생상품을 만들 수 있다. 또 이들을 섞어 포트폴리오를 만들 수 있다. 이렇게 되면 거의 무한한 종류의 파생상품과 포트폴리오의 개발이 가능하다. 이 개념을 과학적으로 풀어낸 것이 바로 '금융 공학'이다. KAIST, NYU, 컬럼비아나 USC에는 금융 공학 석사

경영이라는 세계

과정이 따로 있을 정도로 학문적으로 탄탄할 뿐만 아니라 실제로도 유용하다.

워런 버핏에게
현금은 어떤 의미인가

재정학에 '안전자산으로의 회귀'라는 표현이 있다. 영어로는 'Flight to Quality'로, 우리말로 직역하면 '품질로의 도주逃走'다. 경제가 불안정해지고 불확실성이 커지면 주식 같은 위험자산에서 현금이나 국채 같은 안전자산으로 움직인다는 뜻이다. 같은 상황에서 헤지펀드나 일반 투자자는 좀 더 포괄적인 투자 전략을 취한다. 주식, 제품 재고, 장비, 시설이나 부동산 같은 리스크가 크거나 비유동적인 재산을 정리해 현금화한다. 그리고 기다린다. 불확실성이 사라지며 미래가 보이면 이 현금으로 여러 종류의 자산을 사들인다. 일종의 '옵션 작전'이다. 전에 토의한 HP 프린터, 베네통 스웨터, 신의 한 수 줄기세포에 쓰인 '지연 작전'과 상통한다.

여기서 현금이란 큰 유동성liquidity을 지닌 '옵션'이다. 현금화할 당시에는 이 돈으로 무엇을 할지 정해진 계획이 없다. 불확실성이 걷힌 후에야 사용처가 결정된다. 2023년에 홍콩의 부동산 거부 리카싱은 신규 주택을 30%나 내린 가격으로 분양해서 현금을 확보했다.

워런 버핏 역시 1570억 달러라는 엄청난 현금을 마련한 후 아무것도 하지 않고 있다. 중국 시장 출구 작전[15]이나 투자처 부재[16] 때문이 아니라, 유동성이 최대인 현금이나 국채로 실물옵션을 만든 후 행사 기회를 기다리는 것으로 보인다. 코로나19 후유증, 물가 상승, 연준의 공격적 금리 인상, 경기 침체 및 더 큰 경제 쇼크의 가능성 등에 따른 복합적인 불확실성에 대한 실물옵션 대책對策이다. 일반적으로 현금이나 미국 국채, 금이나 나대지裸垈地 등이 유동성 큰 옵션 재료가 된다.

선택 세트는
타이밍에 따라 변하기 마련이다

옵션의 행사는 '언제, 무엇을 할지' 결정하는 것이다. 그래서 타이밍이 전부는 아니라도 매우 중요한 요소다. '빵을 태운다.' '결혼을 못 했다.' '교통사고를 낸다.' '거래 정지된 주식을 아직 들고 있다.' 하나하나가 다 옵션 행사의 타이밍 문제다. 실리콘밸리의 창업가가 즐겨 말하는 실패 이유는 "시대에 비해 너무 앞서간 아이디어였어"다. 돈은 벌지 못했지만 자신의 선견지명은 건지는 발언이다.

실제로 시간이 흐르면서 우리에게 주어진 선택 세트의 구성과 평가표는 바뀐다. A와 B 두 프로젝트를 놓고 무엇을 선택할까 고

경영이라는 세계

민하다가 A를 놓쳐 후회하게 될 수도 있다. 그러나 새로운 기술의 프로젝트 C가 새로 나타날 수도 있다. 새로운 정보를 입수해 옵션의 평가가 변하기도 한다. "기다리며 두고 보자wait and see"가 중요한 옵션일 수 있다. 대도시 다운타운의 큰 대지를 주차장으로 쓰고 있는 땅주인을 생각해 보자. 그는 새로운 도시개발 계획이 나올 때까지 기다리고 있다. 다 계획이 있는 것이다.

　수년 전 나를 포함한 우리 분야의 교수들과 박사 과정을 밟고 있던 학생 10여 명이 한국을 방문한 적 있다. 어느 국악 공연장에서였다. 공연 전, 한 서버가 음료수 주문을 받았다. 커피, 오렌지주스, 콜라, 한국 전통차 중 하나씩을 선택했다. 주문이 끝나고 5분 정도 지났을 때, 한 학생이 마음을 바꿨다. "교수님, 미국에서 항상 마시는 콜라보다는 한국 전통차를 마시는 게 좋겠습니다. 주문을 바꿀 수 있을까요?" 이미 늦었다. 서버가 음료들을 쟁반 위에 올려 가지고 오는 모습이 보였다. 그때 나는 이렇게 말했다. "마이크, 유감스럽게도 이제 자네의 선택 세트는 바뀌었네. 마시느냐, 안 마시느냐. 이것이 자네의 새 옵션이네."

옵션의 성격에 따라
나의 심리와 행동도 달라진다

옵션의 존재는 그 소유자의 행동에 영향을 주기도 한다. 자사

옵션을 소유한 직원은 동기부여가 되어 더 열심히 일한다. 내가 잘해야 회사가 잘되고 그래야 내가 잘되기 때문이다. 다른 예로 성공하면 100을 벌고, 실패하면 100을 잃는 사업이 있다. 나의 노력이 사업의 성공과 실패에 영향을 주는 상황이다. 물론 이런 상황이면 나는 성공을 위해, 또 실패를 피하기 위해 매우 열심히 노력할 것이다. 그러나 손실을 보상해 주는 옵션이나 다른 비슷한 옵션이 있다면 열심히 일할 인센티브가 줄어 조금은 설렁설렁 일할 것이다.

골프에 천재적인 재능을 지닌 대학생은 강의나 학위에 매달리지 않아도 된다. 학교를 그만두고 당장 프로 골퍼로 데뷔하는 훌륭한 옵션 B가 있으니 말이다. 타이거 우즈가 스탠퍼드를 중퇴한 것도 이해가 된다(미셸 위는 졸업했다). 같은 논리로, 많은 성공한 창업가들이 대학을 중퇴했다는 사실을 이해할 수 있다.

부교수 시절에 핀란드의 헬싱키경제대학Helsinki School of Economics 여름학교에서 2주간 박사과정 학생들을 가르친 적이 있다. 어느 날 강의를 끝내고 숙소로 가는 길에 흥미롭게 보이는 작은 소매상을 발견했다. 창가에 핀란드 민속 상품이 전시된 곳이었다. 들어가 보려 했는데, 문 앞에 "점심시간. 곧 돌아오겠음"이라는 안내문이 걸린 채 문이 잠겨 있었다. '벌써 2시 가까이 되었는데'라고 생각하며 숙소로 향했다. 며칠 후 3시쯤 다시 방문했더니 또다시 "휴식 시간. 곧 돌아오겠음"이라는 안내문이 걸린 채 문이 잠겨 있었다. 안내문이 바뀐 것으로 보아 폐업하지는 않았는데 문이 계속 잠겨 있었다.

　나중에 그곳 교수한테 들은 바로는 새로 사업을 시작한 소매업자에게는 정부가 1년 동안 각종 보조금을 준다고 했다. 그래서 가게 안에서 지루하게 고객을 기다리는 대신에 다른 일을 보러 다니는 듯했다. 고객을 상대해 매출을 올리는 대신에, 정부를 상대해 보조금을 받는 신선한 비즈니스 모델을 개발한 것이다. 이처럼 옵션은 부작용을 낳기도 한다.

　다른 예를 하나 더 들어보자. 테슬라 주식 100주를 가지고 있는 주식 투자자가 현금이 필요해 보유한 주식을 팔기로 했다. 그런데 문득 이런 생각이 든다. '내가 판 후에 테슬라의 주가가 크게 오르면 어쩌지?' 그래서 신중하게 50주만 팔고 나머지는 그대로 보유하기로 한다. 이때 테슬라의 옵션이 옵션거래소에서 거래된다면 이 걱정을 끝낼 수 있다. 보유한 테슬라 100주를 몽땅 팔고, 그만큼의 콜옵션을 구입한다. 옵션은 주가 상승분만을 현금화하니 그 가격이 주가에 비해 훨씬 작다. 2023년 12월 18일 기준으로 테슬라 주가는 252달러지만, 두 달 후 만기에 행사가 225달러짜리 콜옵션은 주가의 10% 이하인 21달러 정도다. 그러니 적은 비용으로 테슬라 주가의 잠재적 상승분을 챙길 수 있다. 따라서 옵션 때문에 주식 투자자는 더 용맹해지고, 그 주가의 변동률도 증가한다.

옵션의 자발적 제거와
그 가치

스톡옵션은 항상 긍정적이거나 최소한 '0'의 가치를 가지며, 선택권이 많은 옵션일수록 가치가 크다. 그러나 실물옵션에서는 옵션 혹은 더 많은 선택권의 옵션이 해로울 수 있다. 한 예시를 호메르스의 서사시 『오디세이』에서 찾을 수 있다.

기원전 6세기경, 트로이 전쟁의 영웅 오디세우스는 배로 어느 해협을 지나가게 되었다. 그곳에는 '세이렌'이라는 요정이 있어 아름다운 노래로 인간을 유혹하고 있었다. 오디세우스는 이 치명적 유혹에 넘어가지 않으려고 부하들의 귀를 막게 하고, 자신의 몸을 돛대에 묶은 다음 절대 풀어주지 말라고 명했다. 이 방법으로 오디세우스는 무사히 유혹에서 벗어났다. 자유롭게 움직일 수 있는 '옵션'을 제거함으로써 혜택을 취한 것이다. 일종의 '자율 기강 메커니즘'이다. 이처럼 때로는 옵션의 제거가 긍정적 가치를 창출할 수 있다.

동양에도 비슷한 사례가 있다. '배수의 진背水陣'이다. 기원전 204년 막강한 조趙나라의 진여陳餘가 이끄는 20만 대군에 맞서, 전한前漢의 한신韓信은 2만의 병력으로 정형이란 지역에서의 전투에서 물을 '등 뒤'에 두고 방위선을 세운다. 반대로 병법에서는 물을 '눈앞'에 두라고 충고한다. 그래야 물을 건너오는 적을 방어하기 쉽기 때문이다. 그러나 병사 또한 도망가기 쉽다. 결국 한신은 이

경영이라는 세계

선택으로 '도망'이란 옵션을 제거했다. 이 선택은 군사들의 행동에 영향을 미쳐 그들이 죽도록 싸우게 만들었다. 결국 한신은 이겼다. 이 현명한 선택의 논리는 이해하나, 결코 지속 가능한 전략 같지는 않다. 어쩌면 교수와 장군, 서로 다른 직업 특성과 경험 차이에서 비롯한 이견일지도 모르겠다.

이와 같이 어떤 실물옵션에는 바람직하지 않은 선택이 포함될 수 있다. 중독에 빠질 수 있는 선택이라든지, 적당히 싸우다 도망갈 수 있는 선택이 그 예다. 이러한 '게으른' 선택을 스마트한 제품 디자인으로 원천 봉쇄하겠다는 아이디어가 토요타의 '포카요케'다. 자동차 기어를 전진(D)이나 후진(R)에 놓고 시동을 걸면 급발진으로 사고가 날 수 있다. 그래서 토요타나 모든 자동차 회사는 기어가 주차(P)가 아니면 시동이 걸리지 않게 디자인해 D나 R에서 시동하는 옵션을 제거해 버렸다. 포카요케를 건전지에 적용한다면 음양극단자 원통의 두께를 달리 만들어 잘못 끼우면 아예 들어가지도 않도록 건전지와 슬롯을 다시 디자인하는 것이다.

앞선 사례에서는 '선택 기준'에 대해 조금 더 분명한 정의가 필요하다. 원래 옵션 이론에서 옵션 보유자는 절대적으로 최상인 선택을 하리라 가정한다. 그러나 많은 실제 상황에서는 '절대 최상'이라는 정의가 희미해진다. 오디세우스의 '단기적 최상', 한신의 병사들의 '이기적 최상', 포카요케를 탄생시킨 '부주의한' 선택을 생각해 보자. 따라서 우리의 옵션 스토리는 이와 같이 '게으른' 선택을 가정한다.

옵션이 없는 상황은
왜 공포가 되는가

　때때로 우리는 옵션이 없는 '노 옵션no-option'이라는 불행한 상황에 처한다. 디폴트 외에 다른 선택권이 없는 상태로, 코너에 몰렸다고 할 수 있다. 경제에서 적합한 예시가 있는데, 바로 전력 서비스다. 전력이라는 제품의 특성상 한 지역에 하나의 공급자가 존재하니, 소비자는 선택의 여지가 없다. 시장 경쟁이 없으니 요금이나 서비스가 적절한지도 모르고, 회사가 제대로 운영되고 있는지도 알 길이 없다. 이를 우려한 정부가 개입해 가격을 통제하다 보면 서비스가 엉망이 된다.

　나는 2022년 캘리포니아에서 새로 집을 지을 때 그곳의 유일한 전력 회사인 PG&E에 전력 서비스를 신청했다. 4개월쯤 기다리라는 답변이 돌아왔다. 코로나19 탓이란다. 내가 할 수 있는 것은 디폴트 하나뿐이었다. 신청하고 기다리는 것이다. 그렇다고 회사가 돈을 아껴 큰 부자가 된 것도 아니다. PG&E는 2019년 파산했다. 주지사인 뉴섬은 이 모두 "욕심과 잘못된 경영"에 기인한다고 주장한다. 독점에서는 흔한 현상이다. 소비자, 회사, 투자가, 정부 모두에게 골칫덩어리다.

　하지만 이러한 독점은 예외적인 사례로, 자본경제에서 우리는 자유인으로서 엄청나게 많은 제품의 옵션을 지니고 산다. 그러나 마약, 알코올, 도박 같은 소수의 중독을 유발하는 제품 때문에 멀쩡한 자유인이 자신을 노 옵션의 코너로 모는 경우가 있다. 마약 중독자는 '예스 마약'이란 디폴트를 강요받는다. 제품 특성상 '노 마약'이라는 옵션이 없다.

이 벗어나기 불가능한 상황은 '아예 시작조차 하지 않음'이라는 옵션이 있을 때 쓰는 것이 해결책이다. 그러나 일단 중독자가 되면 재활원에 들어가거나 경찰에 자수해 교도소에 갇힘으로써 '노 마약'의 선택을 자신에게 강요해야 한다. 하나의 노 옵션을 다른 노 옵션으로 대응하는 것이다. 오디세우스의 창세기 이전 전략이 아직도 유효하다.

옵션이 소유자의 행동을 변화시킬 수 있듯이, 노 옵션 역시 그럴 수 있다. 옵션이 없을 때 일어나는 '스톡홀름 증후군'이 흥미로운 예다. 1973년 스톡홀름에서 은행 강도 사건이 발생했다. 이때 6일 동안 인질로 잡혀 있던 은행 직원들은 점차 강도에게 동정심을 가지고 범행 동기에 동조하게 되었다. 사람의 일반적인 심리 반응이라고 한다. 인질로 잡혀 있는 동안 옵션이 사라지니 자신의 황당하고 억울한 상황을 정당화하고 이를 정신적으로 수습하려 한 듯하다. 옵션을 다 빼앗긴 노 옵션의 궁여지책이다.

언젠가 공포영화 전문 감독 웨스 크레이븐의 TV 인터뷰를 보았다. 그는 그의 관객을 스톡홀름 증후군과 연결했다. 그러나 여기에는 큰 차이가 있다. 첫째, 인질과는 달리 관객들은 '끔찍한 상황으로 들어가지 않을 수 있는' 옵션이 있다. 그런데 관객들은 왜 이 옵션을 택하지 않았는가? 여기에서 두 번째 차이를 확인할 수 있다. 은행 강도 사건은 진짜이고 영화 사건은 가짜다. 영화 도중 그 악당이 칼을 들고 스크린 밖으로 뛰쳐나와 나를 찌를 가능성은 전혀 없다. 이를 아는 관객들은 일말의 위협도 느끼지 않고 가짜 노 옵션이 주는 위기감을 즐긴다.

때로는 마지막까지 옵션을 남겨두기도 한다

미국의 연방준비제도(연준)는 건전한 수준의 고용과 안정된 물가를 위해 통화정책을 수행하는 중앙은행이다. 그들에게 가장 중요한 제어 수단은 금융기관끼리 행하는 거래의 이자율(연준 금리)이다. 이 이자율에 따라 시중에 돈이 도는 속도가 결정된다. 경기가 나쁘면 이자율을 낮춰 돈의 속도를 높인다. 물가가 빨리 오르면 이자율을 높인다.

과거에 스탠퍼드경영대학원의 교수였던 벤 버냉키가 연준의 의장일 때, 경기가 침체해 이자율을 계속 낮춰 거의 0%에 다가갔다. 그러나 0%를 선택하지는 않았다. 0%가 되면 '더 낮출 수 있는 옵션'을 잃기 때문이다. 미래의 옵션을 살리기 위해 현재 최상의 선택을 포기한 것이다.

몇 년 전에 본 〈블론디〉라는 신문 연재 만화가 생각난다. 한때 《한국일보》에서도 연재되었던 만화다. 주부 블론디가 온 집 안을

경영이라는 세계

뒤지며 안경을 찾는다. 남편 범스테드가 묻는다. "당신, 탁자의 서랍은 봤어? 주로 거기에다 안경을 놔두곤 했잖아." 블론디가 답한다. "아니, 거기만 빼놓고 다 뒤졌어. 거기도 없으면 희망이 없어져서 일부러 안 뒤졌어." 블론디는 좋은 옵션을 살려두기 위해 현재의 기회를 포기한 것이다. 연준의 선택과 비슷한 원리다. 옵션의 부재가 주는, 즉 코너에 몰리는 심적 압력을 피하려는 선택이다.

금융계에도 비슷한 '옵션 살리기' 사례가 있다. 투자자는 주식을 전량 매도하기 전에 콜옵션을 사두고 주가 상승의 기회를 놓치지 않으려 한다는 앞선 설명을 떠올리면 이해하기 쉬울 것이다. 실리콘밸리의 은행은 스타트업에 대출을 해주곤 하는데, 물론 담보는 없다. 대부분의 경우 높은 이율에다가 스톡옵션을 요구하든지, 전환사채 형태를 띠기도 한다. 전환사채는 받아야 할 부채를 주식으로 전환할 수 있는 일종의 콜옵션이다. 현재의 더 높은 이율을 포기하고, 옵션을 통해 미래의 투자차액 기회를 살려놓는 것이다.

비즈니스와 인생은
선택의 직조織造다

옵션은 경영에서 널리 쓰이는 도구일 뿐 아니라 개념적으로 재미있는 현상이다. 스톡옵션은 손실을 덮어버릴 수 있는 선택권

덕택에 주식이나 채권 등 다른 금융상품과 다른 기능을 지녔다. 흔히 이들을 섞어서 쓴다. 실리콘밸리에서는 직원 보상용으로 '주식'이 아닌 옵션을 널리 이용한다.

실물옵션은 경제생활에서 개념적으로 널리 응용 가능하다. 신용 한도, 리스, 반품, 환매계약, 전환사채 같은 금융상품을 설계하는 기본 개념으로 이해할 수 있다. 이를 이용해 옵션 작전이나 자금 포트폴리오 등 금융이나 제조 작전을 개발할 수도 있다. 그 새로운 제품이나 작전은 제품의 성격, 비즈니스 관습, 거래비용 등에 달렸다.

또한 옵션의 존재 여부는 모종의 부작용을 낳는다. 없을 때는 경제적 기회비용과 심리적 압박감을 야기할 수도 있다. 있을 때는 게으른 선택에 대한 걱정도 있으나, 대체로 넓은 선택권으로 더 낳은 결과를 즐길 수 있다. 더군다나 한 옵션은 다른 옵션을 만든다. 이러한 옵션을 '복합옵션compound option'이라 부른다.

어찌 보면 우리 인생은 하나의 큰 '복합옵션 게임'이다. 우리에게 어떤 옵션이 놓여 있으며 그중 어느 것을 택할지, 또 미래를 위해 어떤 옵션을 준비할지 등을 생각하면 말이다. 이처럼 다가온 기회와 선택한 수手를 합쳐 한 인생을 이룬다. 경영학자가 아니라 철학자인 사르트르는 이를 더 멋지게 표현한다. "인생은 B와 D사이에 있는 C이다. B는 'Birth(탄생)' D는 'Death(죽음)' 그리고 C는 'Choice(선택)'다." 게다가, 혼자 푸는 게 아니니 게임이 된다.

경영이라는 세계

35장

수요를
어떻게 예측할 것인가

공급망 관리는 제품 디자인, 수요예측, 재료 구입, 제조, 창고 보관, 운송 등 여러 단계로 구성되어 있다. 단연코 이 중 가장 힘든 것은 수요예측이다. 심지어 수요예측은 공급망의 '메트로놈' 같은 역할로 모든 단계를 조정하는 기준이 된다. 수요예측에 따라 재료를 주문하고 생산 공장이 움직인다.

지난날의 수요예측법은 '지수평활법exponential smoothing'으로 과거 판매 데이터의 가중평균을 내일의 수요 예상치로 잡았다. 그러나 판매 데이터만으로 움직이는 미래를 예측하려 하니 그 정확성에 한계가 있었다. 매장 분위기, 경쟁자의 움직임, 날씨나 최근 시장 추세 등 주요한 요소가 예측에서 빠진 것이다.

이번 장에서는 이런 한계를 극복한 여러 기업의 독특한 수요 예측 방법을 소개하고자 한다. 이 다양한 방법 중 무엇을 차용할 수 있을지 고민해 보자.

일본 맥도날드의 분리형 수요예측

'수요예측을 중앙 본부가 잘하는지, 지점이 잘하는지'는 오래된 논쟁거리다. 전자는 많은 데이터의 이점을 강조하고, 후자는 수요의 지방성을 강조한다.

일본 맥도날드는 이를 병합해 수요예측을 한다. 각 지점은 다음 날 몇 명의 손님이 올지를 예측하고, 중앙은 여러 메뉴의 '선택 비율'을 예측한다. 그리고 이 숫자들을 적당히 곱하고 더하여 예측을 잡는다.

예를 들어 내일 1000명의 고객이 방문해 그중 25%가 빅맥을 주문하리라 예상된다면 250개의 빅맥을 준비하는 것이다. 여기에서 1000이라는 숫자는 지점이, 25라는 숫자는 중앙 본부가 제공한다. 방문 고객의 수는 지방성이 강하고, 메뉴 비율은 전국 추세를 따라가기 때문인 듯하다.

카탈루냐 은행이
현금인출기 수요에서 발견한 사실

스페인의 카탈루냐 은행Banco de Cataluña은 주말 동안 현금인출기에 얼마나 많은 현금을 준비해놔야 하는지 고민이 많았다. 너무 많으면 수백 개의 인출기에 남겨두느라 사용하지 못하는 것이 아깝고, 그렇다고 모자라면 고객이 짜증을 내기 때문이었다. 어느 해 이 은행은 두 명의 수학자를 고용해 수요예측을 맡겼다. 이 수학자들은 과거의 주별 수요를 보고 '많음' '중간' '적음'의 세 구간(High, Medium, Low, 각각 H, M, L)으로 나누었다. 예를 들어 과거의 데이터를 'H, L, L, H, M, H'처럼 정리한 것이다.

그런데 놀랍게도 이 데이터는 그 지역의 축구팀 실적과 일치했다. W는 승리, L은 패배, T는 무승부를 뜻한다면 'H, L, L, H, M, H'라는 값이 나온 기간에 'W, L, L, W, T, W', 즉 축구 경기의 결과가 상기한 현금 인출량과 직접 상관되어 있었던 것이다.

물론 매주 축구경기 결과를 예측해야 하는 부담이 있기는 했지만, 하나의 예상 지표가 생겼다. 이렇게 상관변수를 찾아 예측에 사용하는 것은 좋은 생각이다. 이 밖에도 검색 사이트에서의 검색어 빈도수로 현재 관심사를 예측하기도 하고, 집 나간 고양이 신고 건수로 지진을 예측하기도 한다.

기간	지역 축구팀 경기 결과	현금 인출량
1주	승리(W)	많음(H)
2주	패배(L)	적음(L)
3주	패배(L)	적음(L)
4주	승리(W)	많음(H)
5주	무승부(T)	중간(M)
6주	승리(W)	많음(H)

다수의 수요예측을 모은
스포츠 오버마이어[17]

의류 기업인 스포츠 오버마이어Sport Obermeyer는 해마다 20여 개의 스키용 재킷 디자인을 출시한다. 문제는 20여 개의 디자인을 각각 몇 벌씩 만드느냐는 것이다. 과거에는 예측 팀이 있어 디자인마다 만장일치로 예상치를 결정하곤 했다. 그러나 정확도가 낮았다. 그도 그럴 것이, 말이 만장일치지 예측 팀장인 부사장이 토론을 지배했던 것이다. 'HIPPOHighest Paid Person's Opinion'라는 현상으로, 그 자리에서 제일 많은 연봉을 받는 사람이 결정권을 갖는다는 조롱 섞인 '오자성어'다.

이 때문에 스포츠 오버마이어는 기존의 룰을 바꿨다. 만장일치 대신에 위원회를 만들어 위원 각자가 비밀투표로 예상되는 생산량을 기입하고, 이들을 규합하여 최종 생산량을 결정했다. 평균치는 예상치를 보여주고, 이들의 표준편차는 이 예상치의 정확성을 보여준다. 이와 비슷하게 일본의 의류회사 '월드World'도 도쿄 중심의 세일즈 매니저 등에게 투표권을 두 장씩 준다. 집단지성을 따라 많은 사람의 개인 예측을 통합하자는 것이다.

HP가 직원에게 전하는 수요예측 쿠폰

HP는 새로운 프린터의 디자인이 끝날 때쯤이면 50여 명의 직원에게 프린터를 보여주고 기능을 설명한 뒤 열 가지 쿠폰을 각 100장씩 공짜로 배분한다. 쿠폰 1에는 '1000~1999', 쿠폰 2에는 '2000~2999'라고 쓰여 있다. 즉, 직원은 쿠폰 1부터 10까지 총 1000장의 쿠폰을 받게 된다.

쿠폰을 지급받고 정확히 1년이 지나면 프린터가 출시된 후 몇 대 팔렸느냐에 따라 딱 한 가지 쿠폰만 1달러씩의 가치를 얻어 회사에서 쿠폰을 보유한 만큼의 돈을 지급받는다. 1년 후 2200대가 팔렸다고 가정해 보자. 쿠폰 2는 각 1달러가 되고, 나머지 쿠폰은 가치가 없다.

1년 동안 쿠폰은 'HP 예측 시장'에서 거래된다. 예를 들어 A는 쿠폰 1과 2를 모두 팔고 그 돈으로 쿠폰 3을 살 수 있다. 이 거래에는 본인의 예측이 반영된다. 쿠폰 가격은 수요와 공급에 따라 수시로 0과 1달러 사이에서 변한다. 쿠폰 1부터 10까지 10개의 쿠폰 가격의 합은 1달러다. 각 쿠폰의 가격은 실제 프린터의 판매가 그 구간만큼 이루어질 '확률'이다. 다시 말해 쿠폰 2가 20센트라면 판매량이 2000~2999대 사이일 확률이 20%라는 뜻이다.

물론 내일은 달라질지 모른다. 50명의 예측이 포함된 이 데이터는 생산 계획에 활용한다. 이를 '예측 시장prediction market'이라고 부른다.

중고 시장을 주목한
짐보리 아동복

아동용 의류 회사 짐보리Gymboree는 각 제품마다 적은 양만 생산한다. 예를 들어 500벌 정도다. 가능하면 재고를 남기지 않으려는 것이다. 그러니 당연히 일부 제품은 곧 동이 난다. 인기가 많은 제품은 디자인을 약간 변형하여 다음번에 출시된다. 그리고 이처럼 인기가 확인된 제품은 좀 더 많은 양을 제작한다. 문제는 공급을 받지 못한 잔여 수요의 크기다. 100벌인가, 500벌인가, 2000벌인가?

이때 짐보리는 이베이의 중고 제품 거래를 주시한다. 특히 가격을 본다. 가격은 제품의 인기가 어느 정도이며 소비자의 호감도

깊이가 얼마나 되는지를 동시에 반영하는 귀중한 정보원이기 때문이다. 이렇게 기업은 자투리 정보까지 낭비 없이 활용한다.

IBM이 날씨에서 얻어낸 수요예측 데이터

2015년 IBM은 기상 예보 및 정보기술 회사로, 날씨 채널의 소유주인 웨더 컴퍼니The Weather Company를 인수했다. 예상 취득액은 20억 달러 정도였다. 하이테크 회사의 이런 비전통적인 기업 인수에 많은 추측과 농담이 오갔다. IBM이 IT의 클라우드Cloud와 구름 낀 날씨Cloud를 착각한 것이 아니냐는 등 우스갯소리가 나올 정도였다. 그러나 IBM에는 다 계획이 있었다.

IBM이 인수한 것은 1~2km 단위의 세부적 날씨 데이터였다. 우리 생활은 날씨에 따라 크게 영향을 받는다. 비 오는 날 소매 활동은 맑은 날과는 다른 패턴을 보인다. 병원 응급실에 오는 환자의 방문 사유도 당일 온도와 날씨에 달렸다고 한다. 이 데이터를 IBM의 기계학습에 적용해서 '딥 선더Deep Thunder'라는 소프트웨어 도구를 만들어 소매업과 공급망 관리에 사용할 계획이라는 것이다. 드디어 수요예측도 과거 판매 데이터에만 의존하는 지수평활법에서 벗어날 때가 온 것 같다.

예측의 세계에
공짜 점심은 없다

수요예측은 힘들다. 지수평활법에 의존하는 기존의 방식에서 벗어나 기업들은 각자의 산업과 사업 여건에 따라 특화된 수요예측 방법을 개발해야 한다. 예시로는 앞서 언급했던 내용들을 들 수 있다. 중앙 본부와 지점의 정보 공유(일본 맥도날드), 상관된 데이터 활용(카탈루냐 은행), 대중의 지혜 규합(스포츠 오버마이어), 예측 시장(HP), 2차 시장의 정보(짐보리) 그리고 인공지능(IBM)이다. "어느 방법이 내 사업에 제일 적합할까"라는 질문에는 "이론이 아니라 실험이다"라고 답하겠다. 해봐야 안다.

더 일반적으로 말하자면 대상이 수요건 다른 어떤 것이건 미래를 예측하는 일은 근본적으로 힘들다. 만약 예측 능력이 있다면 나는 우선 주가 예측에 이용하겠다. 실제로 가끔 이런 질문을 받는다. "경영학 교수라면서요? 어느 주식을 사야 할까요? 최근에 테슬라가 멕시코에 대형 공장을 짓기로 했다는데요. 지금 잘되고 있고, 앞으로도 자신 있다는 걸 뜻하는 거겠지요? 아무래도 주가가 오를 테니, 지금 사야 하지 않을까요?" 앞의 말은 올바른 듯하나, 마지막 말 하나는 아니기 쉽다. 이 정도 '싸구려' 정보라면 수천만 투자자가 벌써 알고 조치했을 테고, 그 시점의 주가는 이를 반영했을 것이기 때문이다. 아마 처음에 투자한 0.001% 정도의 투자자나 이익을 얻었을 것이다.

주식 거래는 정보전인데 우리 일반인이 여기에서 승리하기는 불가능하다. 전문 투자자들은 어제 테슬라의 프리몬트 공장에서 몇 대의 차가 쇼룸에 배달되었는지 알고 있다. 또한 엑슨모빌Exxon Mobil의 각 기름 탱크에 얼마만큼의 기름이 남아 있는지, 월마트의 지점마다 몇 대의 트럭이 물건을 배달했고 몇 명의 고객이 가게 옆 대형 주차장에 도착했는지 일별로 알고 있다. 이런 '고급' 정보는 대부분 제삼자 정보원이 인공위성과 AI를 활용해 수집해서 투자 기관에 고가로 판다. 우리 일반인은 흉내 내기 힘들다. 그런데 만약 당신이 "내 조카애가 그 회사 재무 팀에서 일하는데"라고 말하며 고급 정보 소유자로 투자 거래를 추천하거나 감행한다면? 내부자거래로 감옥에 갈 수 있다. 이래저래 주식 투자는 힘들다.

거래 기법trading rule이라고, '주가가 몇 % 오르면 사고, 몇 % 내리면 판다' 같은 기법이 있기는 하지만 위험도 높은 포트폴리오를 만들 수 있다. 결국 공짜 점심은 없다. 이 실망스러운 결론은 'EMHEfficient Market Hypothesis'라 해서 MBA 교육의 핵심을 이룬다. 차라리 뮤추얼펀드같이 다양화된 포트폴리오에 투자해 시장의 흐름에 몸을 던지는 게 좋을 듯하다.

물론 투자 자문 기업은 달리 생각한다. 자신들이 개발한 특수 기법으로 시장보다 우월한 성과를 낸다고 주장한다. 이런 학계와 업계 사이 이견의 '타협점'으로 그들은 다음과 같이 말한다. "어느 수학 천재 학생이 경영대 박사과정에 입학한다. 다음 5년 동안 새로운 투자 기법을 개발하려 노력한다. 성공하면 우리 같은 투자

자문 회사에 합류해 돈을 많이 번다. 그리고 실패하면 교수가 된다." 이런 발언은 발언자와 이해 충돌의 가능성이 있다. 내가 그게 틀렸다고 말해도 이해 충돌이다.

36장

정보의 왜곡 현상,
채찍효과

어느 해 동료 교수인 하우 리와 신시내티에 있는 P&G를 방문했다. P&G는 모두가 알다시피 비누, 치약, 화장품, 샴푸, 칫솔, 세제, 아기 기저귀를 비롯해 수십 개 소비자 제품군에서 베스트셀러를 보유한 존경받는 대기업이다. 데이빗이라는 이름의 이사가 그들이 경험하는 흥미로운 현상을 설명했다. 아기 기저귀는 유행을 타지 않고 꾸준히 판매되는 생활용품이다. 따라서 일별 주문량이 거의 변동 없이 일정하리라 예상할 수 있다. 그러나 P&G가 실제로 도매상과 분배 업자에게 받는 주문량은 널뛰기를 뛴다. 이게 무슨 일일까?

HP의 부사장인 슈미크레스 역시 비슷한 경험을 우리에게 공유해 주었다. 어느 해 신제품을 출시했는데, 첫 주에 도매상과 분배 업자로부터 주문이 폭주했다. '이거 잭팟이구나' 하며 밤새도록 공장을 돌려 다음 주 판매를 위한 생산 계획을 공격적으로 세웠다. 그러나 그다음 주의 주문량은 바닥을 쳤다. 헷갈린다. 무엇이 진실된 수요인가?

채찍효과란 무엇이며
왜 발생하는가

이 두 가지 현상에는 공통점이 있다. 제조업체가 공급망 파트너에게서 받는 '주문' 데이터가 소비자의 실제 '시장 수요'를 정확히 전달하지 않는다는 점이다. 즉 시장의 수요 정보는 공급망의 여러 주문 단계를 거치면서 왜곡된다. 더군다나 시장 수요의 작은 변동은 공급망의 상부에 갈수록 큰 변동을 일으킨다. 소비자의 작은 수요 변동은 소매에서 더 큰 변동이 되며, 이는 도매상에 더욱 큰 변동을 일으키고, 제조사에서는 더더욱 큰 변동을 일으킨다. 우리는 이를 '채찍효과'라 부르기로 했다.

1997년 나와 두 동료 교수 하우 리, V. 피드마나반이 함께 쓴 논문 〈공급망에서의 정보 왜곡 현상: 채찍효과〉[18]에서, 우리는 왜 이런 현상이 일어나는지 수학적 모델을 통해 설명했다. 우리는 네 가지 요인을 꼽았다. 반복된 수요예측, 배급 제도, 합산 주문,

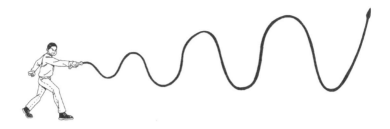

채찍효과를 보여주는 그림. 수요(사람)의 손을 떠난 진동이 점점 요동친다.

가격 변동이다. 다음 시나리오로 이론적 설명을 대신하겠다.

반복된 수요예측

A 소매상에서는 매일 맥주 10병이 팔린다. 어느 날 어떤 이유에선지 15병이 판매되었다. 고객들에게는 모자란 5병을 내일 건네주기로 약속했다. 그렇다면 내일은 몇 병이 판매될까? 과거의 10병으로 되돌아갈까? 아니면 15병이 새로운 판매량이 될까? 지수평활법에 따르면 10과 15 사이인 13병이 적당한 듯하다. 그러면 오늘 A 소매상은 도매상에 몇 병을 주문해야 할까? 오늘 모자랐던 5병에 내일 예측 수요인 13병을 더해 총 18병을 주문한다.

이제는 A에게 납품하는 도매상 B의 입장을 생각해 보자. 과거에는 10병씩 주문하던 A가 갑자기 18병을 주문했다. 그런데 재고가 10병밖에 없어 8병은 내일 주기로 약속한다. 다시, B는 제조회사에 몇 병을 주문할까? B는 A의 내일 판매량이 14병이라고 예

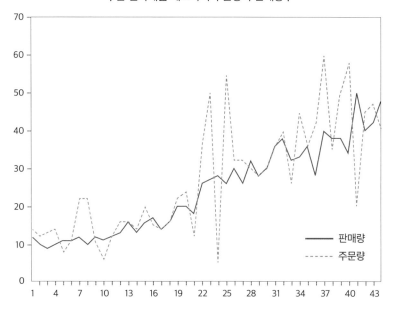

| 한 전자제품 제조사의 주문량과 판매량 |

측한다. 그래서 A에게 주기로 했던 8병에 14병을 더해 총 22병을 주문한다.

정리하면 소비자의 주문이 10병에서 15병으로 증가하자 소매상은 18병, 도매상은 22병을 주문한다. 공급망의 상부로 올라가면서 수요예측을 되풀이하며 주문이 과장된다. 또 주문이 내려갈 때는 공장부터 낙폭이 크다. 위의 도표는 미국의 한 전자제품 제조사의 데이터다. 점선은 소매상과 도매상이 이 회사에 '주문'한 양의 변화를 보여준다. 실선은 그 소매상과 도매상이 고객에게 '판매'한 양을 보여준다. 주문이 판매보다 더 들쑥날쑥한 것을 알 수 있다. 이것이 바로 채찍효과다.

경영이라는 세계

배급 제도

여기에다가 소매상 A가 한 술 더 뜬다. '이 많은 소매상 중에 내 가게에만 고객이 몰렸을까?' 아마 아닐 것이다. 어쩌면 어젯밤 TV 광고가 큰 효과를 낸 것일지도 모른다. 그렇다면 길 건너에 있는 박 씨네 가게도 판매가 많아졌을 것이다. 이 소매상, 저 소매상 다 18병씩 주문할 거고, 도매상 B의 재고가 모자라서 각 소매는 주문량의 반 정도밖에 받지 못할 수 있다. 즉, 18병을 주문하면 10병밖에 받지 못할 확률이 높다. 따라서 한 30병 정도는 주문해야 원하는 18병을 받을 수 있을 것이다.

물론 소매상 A만 이렇게 생각할 리 없다. 결국 소매상들은 각각 30병씩 주문한다. B의 재고는 한정되어 있으니 각 소매상은 10병씩 받게 된다. 결국 주문량만 부풀렸지 받는 것은 똑같다. 이처럼 배급의 가능성 때문에 주문이 과장된다. 일종의 '게임'이다. 반도체 업계에서도 흔히 보는 게임이다. 하이닉스의 임원은 이를 '가수요'라 부르는데, 우리는 이를 영어로 'phantom order', 즉 '유령 주문'이라 번역했다.

합산 주문

고객들이 주문하는 시기가 골고루 분포되지 않고 특정 시기에 몰려 있다. 어떤 소매상은 월말에 재고를 체크해 주문을 보낸다. 공급자는 매월 말에 많은 주문을 받고 다른 때에는 주문이 뜸해진다. 또 어떤 소매상은 월요일마다 주문하는 버릇이 있다. 이렇게 여러 소매상이 자기 버릇대로 주문을 하면, 공급자가 받는 주문량은 결코 꾸준하지 않고 들쑥날쑥하다. 예를 들어 위의 공급자는 월요일, 특히 매달 마지막 월요일에 주문이 몰릴 수 있다.

이런 합산 과정에서의 쏠림 현상이 판매와 주문 간 차이를 야기한다. 또 다른 문제는 '하키 스틱' 현상이다. 판매원들은 평소에는 대충 영업을 하다가, 기말이 되면 죽어라 일해 해당 기간의 판매량을 맞춘다. 기간 내 판매량 변화가 꼭 하키 스틱 같다. 누구를 탓하랴. 이게 인간의 심리다. 학생들이 기말고사 때 밤새 공부하는 것과 같다. 교수도 마감 시간 몇 분 전에야 채점 결과를 입력한다. 하키 스틱형 주문은 제조부서에 커다란 부담을 주고, 공장 작업량이 하키 스틱 모양으로 출렁거리며 움직인다.

가격 변동

제조업체가 가끔 할인 판매를 하면 할인 기간 동안 주문이 많아지고, 나머지 기간에는 한가해진다. 심지어 일부 대형 소매상은 싼 가격에 많이 주문해서 저장해 두었다가 할인 후에 다른 소매상에 팔기도 한다. 이러면 제조업체가 자신의 고객인 소매업자와 경쟁하는 형국이 되고, 더 큰 채찍효과를 일으킨다. 제조업체 측에서 보면 팔릴 때 더 팔리고, 안 팔릴 때 더 안 팔린다. 이는 건설자재 제조업체인 오언스 코닝Owens Cornings으로부터 들은 이야기로, 연별 판매량 차트를 보면 이런 할인 판매 효과가 극명하다. 결국 기업 자신이 만든 가격 변동이 채찍효과로 돌아오는 것이다.

채찍효과를 불러온
코로나19

코로나19 발병 초기에 일부 경제학자는 전례 없는 이 감염병 쇼크가 세계 경제의 '장기 불황' 쇼크로 이어지리라고 예상했다. 실제로 처음 2019~2020년에는 소비자 지출이 다소 감소했다. 그러나 2021년부터는 반대 방향으로 흘러 인류를 괴롭혔다. 사재기, 줄서기, 기다리기 등 '과열된' 경제 양상을 보였다. 과거에는 통상 한두 척의 화물선이 LA 항구나 뉴포트비치 앞바다에서 기다렸는데 이제는 80척 이상이 기다리게 되었다. 3~4일 걸리던 항구 출고 처리 기간이 한두 달로 크게 늘어났다.

왜일까? 일부 항만 노동자가 코로나19에 감염되어 설비처리 능력이 감소한 반면 소비자의 수요는 증가했기 때문이다. 그 전에는 여행이나 외식 같은 서비스에 쓸 돈을 물건 사는 데 쓰다 보니, 수입 물량이 늘어난 것이다. 사실 소비 증가는 감염병 이전과 비교하여 4% 이하에 불과했다. 그럼에도 LA 항구의 물량은 13%나 증가해 처리 능력을 넘어선 것이다.

이 차이 역시 채찍효과로 설명할 수 있다. 월마트 같은 소매상은 갑작스러운 판매 증가에 대응해 새로운 수요예측으로 넉넉히 주문을 넣었다. 여기에 주문 충족 시간이 길어진 상황을 고려해 안전재고를 늘리자는 생각으로 주문을 더 늘렸다. 경쟁 소매상보다 먼저 물건을 확보하기 위해 또 주문을 늘렸다. 이 모든 이유가 작용해 수입량이 증가하고 LA 항구는 초과 물량을 감당 못 해 허덕이게 되었다. 채찍효과는 여전히 모든 곳에 살아 있는 듯하다.

왜곡된 정보에
어떻게 대처할 것인가

소비자가 변덕스러워 수요가 들쑥날쑥해 예측이 힘들다지만, 진짜 변덕의 주범은 내부 공급망 자체다. 채찍효과는 많은 기업에서 확인되었다. HP, 쓰리콤3Com, 바릴라Barilla, P&G, 다양한 식료품 체인 등에서 말이다. 채찍효과는 이성적인 경영 결정의 결과이지, 어리석은 매니저의 잘못된 결정 때문이 아니다. 따라서 정보 체계나 비즈니스 관습을 바꾸면 줄일 수 있다.

주문 정보를 상하 공유하고, 일부 기업은 여기에 더해 재고 관리를 공급자에게 맡겨버린다. 이를 'VMIVendor Managed Inventory'라 부른다. 적은 양을 자주 배달할 수도 있다. 이는 'CRPContinuous Replenishment Program'라고 한다. 토요타와 같이 선명한 배급 법칙을 마련할 수도, 월마트나 P&G처럼 가격 정책을 들쑥날쑥 움직이는 '하이로Hi-Lo'가 아닌 'EDLPEveryday low pricing'로 바꿀 수도 있다. 이러한 노력으로 최근의 채찍효과는 상당히 줄어들었다. 우리의 논문[19]은 흔히 공급망 관리Supply Chain Management에 크게 기여했다는 평을 받곤 한다. 2004년 학술 저널《경영과학Management Science》에

경영이라는 세계

서 '과거 50년간 출판된 가장 영향력 있는 논문 톱 10' 중 하나로 선정되었다. 큰 영광이다.

채찍효과는 재고관리에서의 '정보 왜곡'과 '변동 증폭' 현상을 설명한다. 그러나 이 현상은 재고관리뿐만이 아니라 우리 주변의 생활에서도 발견할 수 있다. 흔히 정보나 스토리는 여러 명을 거치며 왜곡되고 증폭된다. 한 예로 '용감한 네덜란드 소년 이야기'가 있다. 세계적으로 여러 버전이 있는데, 그중 내가 어렸을 적 교과서에서 읽은 우리나라 버전은 다음과 같다.

네덜란드의 하를럼이라는 지역은 땅이 해수면보다 낮아 제방을 세워 침수를 막고 있었다. 그런데 어느 날, 한 동네 소년이 제방을 지나가다 금이 가 있는 것을 발견하고 손가락으로 이를 막게 되었다. 그러나 곧 틈이 더 벌어졌다. 소년은 틈을 주먹으로 막아야 했고, 이후 온몸으로 막으며 목숨을 잃게 된다. 슬프면서도 감동적인 이야기다.

그러나 네덜란드에서는 그런 일이 없었다고 한다. 그런 이야기는 들어보지도 못했다는 것이다. 사실 후에 인터넷 덕택에 밝혀진 바에 따르면 미국의 작가인 메리 도지의 1865년 소설에서 시작된 이야기다. 소설에서 소년은 제방의 틈을 손가락으로만 막았으며, 다음 날 아침 실신한 상태로 발견되어 목숨을 구한다.[20] 해피엔딩이다. 네덜란드에 없던 드라마틱한 이야기가 미국에서 할리우드풍 소설로 태어난 후, 한국에서 애국심을 고취하는 감동 실화로 재탄생한 것이다. 이야기는 현지 상황에 맞게 왜곡되었고,

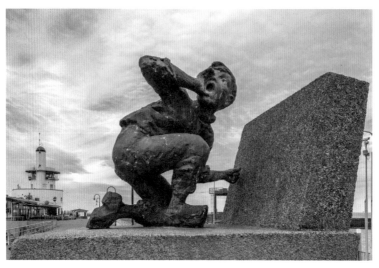

네덜란드 소년의 동상. 미국 작가의 소설은 실화로 포장되어 관광객들에게 소비된다.

소년의 역할은 단계마다 증폭되었다.

여러 나라 관광객의 기대에 부응해, 네덜란드는 존재하지도 않았던 소년을 기리며 제방에 그의 동상을(그것도 여러 군데) 세웠다고 한다. 해마다 전 세계에서 수만 명의 관광객이 동상을 방문해 이 소년의 명복을 빌고 눈물을 흘린다. 가짜 뉴스를 현실로 보완한 것이다.

여담으로 공저자 리 교수의 경험담을 이야기해 보려고 한다. 채찍효과에 대한 논문이 출판된 뒤 우리는 많은 세미나에 초대받았는데, 한번은 리 교수가 HP 싱가포르 지사의 초대를 받았다. 세미나를 마치고 HP는 감사의 뜻으로 리 교수에게 큰 박스를 선

경영이라는 세계

물했는데, 열어보니 아주 큰 진짜 채찍이 들어 있었다. 문제는 이를 가지고 미국행 비행기를 타야 하는 것이었다.

포장 문제로 채찍이 든 박스를 들고 탑승하기로 한 리 교수가 공항에서 금속 탐지기를 통과할 때였다. 경고음이 크게 울렸다. 아마 채찍에 쇠 장식이 달린 모양이었다. 경고음은 많은 사람의 눈길을 끌었다. 보안 직원이 리 교수에게 물었다. "이게 뭐죠? 열어 봐야겠습니다."

박스를 열자 모든 사람이 놀라 쳐다보기 시작했다. 아주 아름답고 비싸 보이는 굵직한 채찍이 하얀 종이에 싸여 있었다. "뭐 하는 데 쓰는 거죠?" 보안 직원의 질문에 채찍효과를 설명할 시간적 여유가 없었던 리 교수는 간단히 답했다. "저는 대학교수입니다. 이 채찍은 강의에 쓰는 거고요." 그러자 보안 직원이 임무에 충실하게 되물었다. "도대체 무슨 과목을 가르치는데 이런 도구를 쓰는 겁니까?" 이런 방식으로 대화가 계속되었다.

결론만 말하자면, 리 교수는 보안 직원과 다른 구경꾼들에게 채찍이 학문적인 도구라는 것을 결코 설득하지 못한 것 같다고 내게 고백했다. 모두가 묘한 미소를 띠며 다른 생각을 하는 듯한 표정을 지었기 때문이다.

37장

개선과 혁신을 반복하며
운영하라

□

생산관리, 재고관리, 서비스 설계, 비즈니스 프로세스, 주문관리, 물류관리, 때로는 정보관리 등을 포함한 기업 활동을 묶어 운영運營, operations이라 부른다.

기업의 운영에는 개선과 혁신이 필요하다. 이는 현장에서의 경험과 실험으로도 가능하지만 이론과 연구로도 가능하다. 그러나 대부분 이 둘의 상호 반복으로 이루어진다. 몇 가지 예를 소개한다.

도쿄 전철역의 계단은
왜 비대칭으로 설계되었을까

도쿄의 어느 전철역은 플랫폼이 역보다 한 층 더 높은 곳에 있다. 탑승하려는 승객은 역에서 계단을 올라가야 플랫폼에 다다른다. 전철에서 내린 승객은 반대로 계단을 내려가야 역으로 갈 수 있다. 계단 중간에는 손잡이 난간이 있는데, 계단 폭을 둘로 나눠 한쪽은 올라가고 다른 쪽은 내려가도록 화살표로 인도한다.

흥미롭게도 이 난간은 계단 폭을 2 대 1 정도로 가르며 하차 승객에게 두 배나 큰 공간을 제공한다. 매일 이 역에서 승차하는 승객의 수는 하차 승객의 수와 거의 비슷할 것이다. 왜 이렇게 비대칭적으로 나누었을까? 답은 교통량의 패턴에 있다. 하차 시에는 수십 명이 동시에 도착하여 계단을 이용하는 반면, 승차 승객은 한두 명씩 계단을 통과하니 많은 공간이 필요치 않다. 즉, 교통량의 평균뿐만 아니라 분산을 고려한 역사 설계인 것이다.

공중화장실의 경제학,
효율과 편의

왜 기차나 비행기의 화장실은 모두 남녀 공용일까? 작은 공간을 효율적으로 활용하기 위해서다. 화장실 칸이 두 개가 있어 남녀가 각각 사용한다고 하자. 그러면 남자 화장실이 비어 있어도 여성 승객은 여자 화장실이 비기를 기다리는 일이 종종 생긴다. 반대의 경우도 마찬가지로, 낭비이자 비효율이다. 남녀 공용 화장실의 경우, 유연한 시설 이용법 덕분에 이러한 비효율이 발생하지 않는다. 즉, 유연성은 효율을 늘린다.

그렇다면 기차나 비행기 말고 다른 곳에서는 왜 공용 화장실을 사용하지 않을까? 아무래도 이성과 화장실을 공유하기 불편하기 때문일 것이다. 특히 여성들이 그렇게 느끼는 듯하다. 남성들의 다소 독특한 화장실 사용 방식으로 인해 화장실이 지저분해지는 경향이 있다. 또 '화장실 잠금 장치가 고장 나 있으면 어쩌지?' 같은 끔찍한 시나리오가 떠오르기도 한다. 이러한 불편을 덜기 위해 남녀는 화장실을 따로 쓴다. 결론적으로 공중화장실의 설계는 효율과 편의의 비교분석에 의존한다. 극히 비좁은 비행기나 기차에서는 효율이 소비자 편의보다 더 가치가 있어 공용 화장실을 택한 것이다.

일본 신칸센의 화장실에도 남녀 구분이 없었다. 그러나 여전히 다수의 여성 승객은 남성 승객과 화장실을 공유하길 원치 않았다. 그래서 화장실에 가고 싶어도 참다가 역에 도착하면 남녀 구분이 명확한 역 화장실을 이용했다. 여러 여성 승객이 이런 전략을 택해 동시에 역 화장실 앞에 모이니, 긴 줄이 생기고 오래 참은 승객이 더 참고 견뎌야 하는 또 다른 끔찍한 상황이 생겼다. 이런 이중고를 알게 된 신칸센의 소유주 'JR East'는 열차 내에 여

성 전용 화장실을 만들었다. 드디어 편의가 효율을 이긴 것이다. 이때 놓친 효율은 필히 무슨 창조적인 방법으로 보충을 할 수 있었으리라고 확신한다. 일본 야마토 운수ヤマト運輸의 전 회장 기가와 마코토의 충고가 생각난다. "고객 만족은 운용 효율을 이끌지만 그 반대는 일어나지 않는다."

암스테르담 공중화장실과 부분 유연성 원리

이왕 화장실 이야기가 나온 김에 사례 하나를 더 소개한다. 암스테르담의 어느 큰 광장에는 세 칸짜리 공중화장실이 있다. 하나는 남성용, 다른 하나는 여성용, 그리고 나머지 하나는 남녀 공용이다. 이 설정은 여성 소비자의 편의를 다소 도모한 결과다. 여자 화장실을 고집한다면 조금 더 기다려서 사용하면 된다. 구태여 여자 화장실을 고집하지 않는다면 남녀 공용 화장실이 있으니 빠르게 사용이 가능하다. 일부 까다로운 남성들도 같은 혜택을 즐길 수 있다. 무엇보다 남녀 공용 화장실이 주는 유연성 덕택에 매우 효율적이다.

물론 세 칸을 모두 공용으로 만들면, '완전' 유연성을 이루어 더욱 효율적이지만 그 차이는 아주 작다. MIT의 윌리엄 조던과 스티븐 그레이브스 교수의 연구에 따르면[21] 작은 유연성도 큰 효

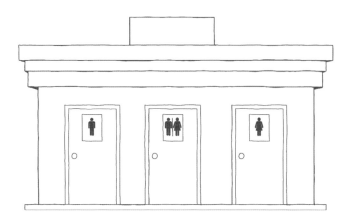
세 칸짜리 화장실에서 우리는 부분 유연성 원리를 깨달을 수 있다.

율성 증가를 불러올 수 있다. 이를 '부분 유연성 원리'라고 부르기도 한다.

예를 들어 콜센터에 100명의 응대 직원이 일한다고 하자. 이중 50명은 영어로 답하고, 50명은 한국어로 답한다. 50명의 영어 응답자 모두가 전화 문의에 답하느라 바쁠 때, 새로운 영어 문의 전화가 오는 경우가 있다. 한국어로 응대하는 직원 상당수가 한가하게 기다리고 있더라도, 이 영어 문의 전화는 기다려야 한다. 일종의 비효율이다. 그러나 직원들이 두 언어에 모두 능숙하다면 비효율은 사라진다.

사실 100명이 모두 이중 언어 사용자일 필요는 없다. 부분 유연성 원리에 따라 단 열 명의 '리베로libero'만으로도 비효율을 거의 없앨 수 있다. 또 다른 예로, 토요타의 생산 근로자는 수십 종

경영이라는 세계

가운데 세 종의 차를 조립할 수 있도록 훈련되어 있고, 한 생산 라인은 세 종의 차를 조립할 수 있다. 이러한 부분 유연성은 완전 유연성에 가까운 효율을 이룰 수 있다.

디즈니랜드 푸드코트의 새로운 정책

디즈니랜드에는 대형 푸드코트가 있어, 방문객이 여러 음식점 중에 골라 음식을 산 뒤 수많은 테이블 중 하나에 앉아 즐길 수 있다. 당연히 디즈니랜드 내에서 인기 있는 방문지다. 그러나 큰 인기가 소비자 불편을 초래했다. 점심시간에 붐비는 바람에 기다리는 시간이 너무 길어진 것이다. 특히 테이블 잡기가 힘들었다. 음식이 담긴 쟁반을 들고 자리를 찾는 방문객이 자주 보였다.

분석 팀은 의아해했다. 방문객 그룹마다 30분 동안 식사를 한다고 가정해 보자. 다시 말해 한 테이블은 시간당 두 그룹을 수용할 수 있다. 테이블은 총 50개다. 그러면 한 시간에 100개 그룹까지 수용할 수 있는 것이다. 이를 '서비스율'이라 부르며, 시간당 서비스 공급 역량을 칭한다.

한 시간에 평균 70개 그룹이 도착하면 '도착률'이 70이고 이는 서비스 수요량이다. 이렇게 공급(100)이 수요(70)보다 넉넉하게 크면 서비스 시스템이 윤활하게 돌아가기에 기다리는 시간이 짧다.

이러한 분석에 따르면 디즈니랜드의 푸드코트 테이블은 크게 붐비지 않아야 했지만 실제로는 매우 붐볐다.

분석 팀은 오랜 연구 끝에 새로운 사실을 발견했다. 이 오차가 방문객의 행동에서 기인했다는 점이었다. 디즈니랜드의 방문객은 대부분 가족이나 친구 그룹이다. 아버지가 주문을 하는 동안 나머지 가족은 테이블을 잡고 앉아서 기다리는 식이다. 따라서 이 가족이 테이블에서 보낸 시간은 30분이 아니라 기다리는 시간 15분을 추가해 45분이 된다. 이 경우 서비스율은 시간당 66.7로, 도착률 70을 밑도니 공급이 부족했던 것이다. 그래서 푸드코트에는 새로운 정책이 생겼다. "음식을 받기 전에는 자리에 앉을 수 없다." 이 정책의 변화는 커다란 운영 개선을 이끌었다. 심지어 이런 대안에는 투자도 거의 필요하지 않다.

비즈니스와 인생에서
줄서기와 기다림을 바라보는 법

운영이란 재정, 마케팅, 회계와 더불어 경영학의 기본을 이룬다. 한때는 생산관리라는 이름으로 통용되곤 했으나 서비스가 제조만큼 중요해짐에 따라 운영이란 표현으로 둘 다 묶어버렸다.

이 장에서 우리는 운영의 예를 보았다. 시설 디자인, 편의와 효율의 비교분석, 부분 유연성 및 정책의 중요성에 관한 사례들이다. 이는 모두 '큐잉 분석queueing analysis'이라는 연구 분야에 해당한다. 큐잉이란 '줄서기'라는 뜻이다. 작업의 수요가 순간적으로 공급을 능가할 때 생기는 현상이다.

큐잉은 경제학에서 말하는 '부정적 외부현상negative externalities'의 한 종류로, 사용자가 많을수록 혼잡해져서 모두를 불편하게 만든다. 가수 싸이가 광화문 광장에서 무료 콘서트를 할 때 극단적인 형태로 나타났다. 지하철 출입구, 편의점 계산대, 간이 화장실 등이 극도로 붐빈 것이다. 좋음good과 나쁨bad이 공존하는 흥미로운 경제 현상이다.

뉴욕 양키스 선수이자 코치였던 요기 베라는 이 번잡 현상을 위트 있게 요약한다. "그 레스토랑은 너무 붐벼서 아무도 안 간다." 베라는 MBL의 기록을 보유한 대선수였지만 가끔 엉뚱하고 비합리적이지만 위트 있는 말 센스를 지닌 독보적 존재였다. 그의 어록에는 "끝날 때까지는 끝난 게 아니다"라든지, "친지의 장례식에는 꼭 가야 한다. 그러지 않으면 그들이 내 장례식에 안 온다"[22] 등이 있다.

개인의 생활에도 많은 줄서기와 기다림이 있다. 잠시 멈춰 오늘 무엇을 기다렸는지 생각해 보라. 항상 외출 준비가 더딘 배우자, 아파트 엘리베이터, 신호등 청신호, 지하철 2호선 열차, 어제 한 온라인 주문의 배달, 점심 때 간 삼계탕집, 예약 변경을 위한 항공사와의 전화 통화, 미팅마다 늦게 나타나는 박 부장, 오늘따라 늦게 퇴근하는 김 과장, 배우자 심부름으로 들른 마트의 계산대. 삶이 이러하니, 잘 참고 견디고, 가능하면 즐기라는 것이 큐잉에 관해 박사 논문[23]을 쓴 나의 충고다.

먼 옛날에 읽은 독일 우화가 있다. 어느 청년이 큰 버드나무 밑에서 연인을 기다리고 있었다. 만남에 대한 기대감 때문에 약속 시간보다 한 시간이나 일찍 도착했고, 기다리는 시간이 참으로 지루하게 느껴졌다. 한참 기다린 후 시계를 보니 5분밖에 지나지 않았다. 청년이 중얼거렸다. "시간이 어찌 이리 더디게 가는가?"

그때 청년의 옆에 처음 보는 신비스러운 모습의 중년 사내가 나타났다. 그는 청년에게 재킷을 건네며 말했다. "이 재킷을 입게. 시간을 빨리 가게 하려면 제일 위의 단추를 돌리게. 그러면 자네가 원하는 시점의 미래로 바로 갈 수 있네." 그리고 그는 홀연히 사라졌다. 그런데 믿을 수 없게도 그 말은 사실이었다. 재킷을 입고 단추를 돌리자마자 연인과 바로 만날 수 있었다.

즐거운 만남을 끝내고 집으로 돌아가는 길에 그는 생각했다. '빨리 결혼해 같이 살면 얼마나 좋을까?' 청년은 다시 재킷의 단추를 돌렸다. 결혼식을 바로 치를 수 있었다. 결혼식이 끝나고 나니 청년은 이제 아이를 빨리 보고 싶어졌다. 단추를 돌려 아이를 낳자 초등학교 입학이 보고 싶었고, 다음은 졸업, 다음은… 이런 식으로 몇 번 돌렸더니 어느새 청년은 환갑에 이르렀다. 청년은 이때 돌연 인생을 허망하게 흘려보냈다는 사실을 깨달았다. '아이고, 이를 어쩌나?'

그 순간 청년은 30분간의 짧은 낮잠에서 깨어났다. 다행히 중

경영이라는 세계

년의 사내도, 재킷도 보이지 않았다. 전부 꿈이었다. 청년은 그때부터 즐거운 마음으로 연인을 기다리기 시작했다. 그리고 그 후 인생의 나머지 단계도 차분하고 즐거운 마음으로 기다리며 즐기게 되었다.

단순할 것, 혁신할 것, 차별화할 것

이 책의 집필을 마무리하며 넋두리나 자화자찬을 늘어놓기보다는 경영인과 비경영인 독자, 특히 젊은이에게 유익한 말을 남겨보고자 한다. 엔딩곡으로 '노병의 노래'가 아닌 '신병 행진곡'을 택한 것이다.

뭐, 크게 새로울 것은 없다. 그저 본문을 정리한 요약본이라고 생각하면 된다. HP의 제품 디자인 원리로부터 시작해 보자. HP는 다음 세 가지 원칙이 함축된 디자인을 보여준다. 첫째, 단순화하라Simplify. 둘째, 혁신하라Innovate. 셋째, 차별화하라Differentiate.

참 간단하고 의미 있는 교훈이다. 이를 우리 각자의 비즈니스와 인생에 적용해 보면 어떨까?

단순화하라

세상이 넓고 복잡해지면서 우리의 생각과 행동의 반경도 넓어졌다. 선택과 기회가 늘어난 것은 분명 좋은 점이나, 집중과 몰입의 힘을 놓치는 실수가 생기는 것도 사실이다.

어느 맑은 날, 커피잔을 손에 든 채 가만히 생각해 보라. '일을 너무 벌려놓지 않았나?' 집중 없이 어느 분야에서 빼어날 수 있다는 생각은 오만이다. 확장하고 싶다면 집중을 보전하며 해야 한다. 이때 추천하는 전략으로 '부트스트랩bootstrap'이 있다. 이 단어는 여러 분야에서 각각 다른 의미로 쓰이고 있으나, 여기에서는 '하나를 완전히 정복하고 이를 발판으로 다음으로 넘어가는 작전'이다.

MIT는 과학과 공학으로 명성을 쌓았다. 그래서 이름에 '기술Technology'이 끼어 있다. 그러나 요새는 이 이름의 약속을 어기고 경제학, 언어학, 경영학, 미학, 미디어 등 인문학에서까지 세계적 명성을 떨치고 있다. 삼성전자는 가전에서 시작해 자본과 실력을 어느 정도 쌓았을 때 반도체 및 디지털 제품에 손대기 시작했다. 그리고 반도체 생산의 공정관리에서 축적된 자본, 기술과 조직문화를 바이오로직스biologics(생물의약품)로 확장했다. 바이오로직스는 일반 제약과 달리 살아 있는 유기물을 다루므로 공정이 어렵다. 아무나 하는 것이 아니다. 기존 대형 제약사들도 손을 들고 제조를 포기했다. 그사이에 삼성은 바이오로직스로 뛰어들었다. 그리고 13년 후인 현재, 55조 원의 시장가치를 창출해 냈다. 일본의 혼다 역시 자동차 부품으로 시작하여 오토바이 완제품, 그리고 자동차 완제품으로 부트스트랩을 통해 성장했다.

끝으로 나를 포함한 거의 모든 학자는 하나의 좁은 분야에 대한 박사 논문을 써 그 분야를 정복한 후 주변 분야로 넘어간다. 이러한 모든 부트스트랩을 두고 미국에서 흔히 쓰는 속담 겸 농담이 있다. "코끼리 한 마리를 어떻게 먹을까?" 답은 "한 번에 한 입씩one bite at a time"이다. 한 가지 부칙이 있다. "꼭꼭 씹어서."

혁신하라

집중의 가장 큰 이점은 혁신을 가능하게 한다는 것이다. 공상 과학 작가 아이작 아시모프의 말대로 "창의력은 어느 주제에 깊은 지식을 갖추고 이를 다른 분야와 합쳤을 때 생긴다." 따라서 하나는 깊이, 나머지는 넓게 배워야 한다. 만남, 여행, 독서, 교육, 교류, 습작 등을 통해 적극적으로 배워야 한다.

창의력을 실습하며 혁신의 기초를 닦아야 한다. 좋은 아이디어는 글로 옮겨 쓰고, 발표 기회를 얻어 피드백을 얻고 아이디어를 가다듬는다. 기회가 되면 사내 벤처나 창업에 도전해 볼 수도 있다. 혁신의 실패는 기록으로 남기고 다음 성공의 기회로 삼는다. 기업의 경우라면 이를 제도화한다.

경영이라는 세계

경영학의 전략 분야는 "한 기업의 우월성은 위치position 혹은 능력capability에서 나온다"라고 말한다. 전자는 남이 가지 않는 위치를 선점하고 독보적 브랜드가 되어 고객의 사랑을 계속해서 받는 작전이다. 주유소, 레스토랑, 커피숍, 편의점 체인, 소주, 의류 등 우리에게 익숙한 대부분의 소비자 브랜드가 전자의 전략을 취했다. 이들은 많은 소비자의 마음속에 혹은 목 좋은 물리적 위치에 확고하게 들어서 있다. 반면 제약 회사나 하이테크 회사들은 그들이 가진 유일무이한 기술력, 즉 '능력'으로 시장을 제패한다. 이 두 가지 우월성은 모두 혁신의 열매다. 비판적인 안목과 진취적인 태도를 갖춰 비즈니스와 인생에서 자신만의 우월성을 확보하라. 노력 없이 지낸 하루는 낭비된 하루라고 여겨라.

인생 참 빡빡하게 산다는 생각이 들고 억울한 감정이 들 수도 있다. 그러나 남이 시켜서 하는 것이 아니라, 내가 찾아서 한다는 것이 얼마나 고맙고 반가운 옵션인가? 미시간주립대학교에는 '포장대학School of Packaging'이 있다. '포장학과'가 아니다. 언젠가 그곳을 졸업한 사업가를 만나, 가장 기억에 남는 실습 교육 이야기를 들었다. 매주 동네 슈퍼마켓을 방문해 '개선의 여지가 있는 포장 제품'을 찾은 후 포장의 개선책을 마련해 가는 과제였다고 한다. 이 교육장의 과제가 그에게는 인생의 과제가 되었다 한다. 덕분에 혁신의 사냥꾼이 된 것이다.

차별화하라

비즈니스도 인생도 벡터다. 벡터는 '방향'과 '크기'라는 두 가지 속성으로 구성된다. 무엇을 할지를 올바르게 결정하고, 또 이를 잘 해내야 한다. 이 방식으로 자기 자신을 세상에서 유일한 존재로 만들 수 있다.

〈생활의 달인〉이라는 TV 프로그램을 보면, 별별 일에 별별 재주를 가진 이가 많다. 그들이 천재이기 때문인 것 같지는 않고, 자신의 일에 대한 애착과 열정 그리고 올바른 환경이 그들을 달인으로 만든 것 같다. 세상에 진짜 두뇌가 좋은 천재는 매우 희귀하다. 내가 평생 겪은 학계와 비즈니스 세계에서 천재라 불릴 수 있는 사람은 서너 명에 불과했다. 따라서 타고난 천재가 아니라는 사실은 달인이 되지 못하는 핑계가 될 수 없다.

사실 바보도 천재만큼 희귀하다. 지적 능력에서 우리는 모두 비슷하다. 모자라 보인다면, 덜 닦였을 따름이다. "우리 애는 머리가 좋은데 노력을 안 해요." 내가 먼 옛날 과외선생일 때 학부모에게 자주 듣던 말이다. 놀랍게도 사실이다. 대부분 배움에 재미를 붙이지 못했기 때문이다.

결론적으로 우리는 모두 비슷한 지적 엔다우먼트로 인생이라는 경주에 나선다. 나머지는 내가 하기 나름이다. 이 경주는 좀 이상해서, 경주의 방향과 속도를 둘 다 나 자신이 선택할 수 있다. 이 선택에 대해 많은 선각자는 똑같은 충고를 한다. "당신 마음을

경영이라는 세계

따르라Follow your heart." 즉, 나의 '열정'이 내 벡터의 방향과 크기를 정해준다.

　스티브 잡스는 결코 천재적 엔지니어도, 모범적 리더도, 기록에 남을 만한 전략가도 아니었다. 그는 쿨한 전자 제품에 대한 그의 열정을 따랐다. 중간에 실패를 겪고 또 다른 역경도 거쳤으나, 열정과 집념은 그를 지켰다. 우리 모두 복사할 수 있는 특기다.

　건투를 빈다.

2024년 3월

캘리포니아 스탠퍼드에서

황승진

주

1부 합리적 인간들의 세계: 인간, 사회 그리고 시장에 대하여

1. 리처드 도킨스, 『이기적 유전자 The Selfish Gene』, 을유문화사, 2018. 그리고 마이클 로스차일드, 『바이오노믹스』, 금문, 2003.
2. 마이클 로스차일드, 『바이오노믹스』, 금문, 2003.
3. Paul Romer, "Endogenous Technological Change", *Journal of Political Economy, 98(5)*, 1990.
4. 매트 리들리, 『이성적 낙관주의자』, 김영사, 2010.
5. 샘 월턴, 『샘 월튼』, 우리문학사, 1992.
6. David Halberstam, *The Reckoning*, Avon Books, 1986.
7. 매트 리들리, 『이성적 낙관주의자』, 김영사, 2010.
8. David Hounshell, *From the American System to Mass Production, 1800–1932: The Development of Manufacturing Technology in the United States, Baltimore, Maryland*, Johns Hopkins University Press, 1984.
9. Scott Gordon, "The Economic Theory of a Common-Property Resource: The Fishery", *Journal of Political Economy*, 1954.
10. Paul Milgrom and John Roberts, Economics, Organization and Management, Pearson Press, 1992.
11. C. Narasimhan, "A Price Discrimination Theory of Coupons", *Marketing Science, Vol. 3, No. 2, Spring*, 1984.
12. Y. Masuda, S. Whang, "On the Optimality of Fixed-up-to Tariff for Telecommunications Service", *Information Systems Research*, 2006.

경영이라는 세계

13. V. Padmanabhan and Ivan Png, "Manufacturer's Return Policies and Retail Competition", *Marketing Science 16*, 1997.

14. Gabriel Ferrero, "We produce enough food to feed 1.5 (times) the global population", 2022. https://news.thin-ink.net/p/we-produce-enough-food-to-feed-15 (검색 일자: 2024.02.22.)

15. 주경철, 「스탈린 때 350만 굶어죽었다, 우크라이나는 그 악몽 잊지 않는다: [주경철의 히스토리아 노바 61] 우크라이나 대기근 '홀로도모르'」, 조선일보, 2022.

16. Friedrich Hayek, "The Use of Knowledge in Society", *American Economic Review, 35*, 1945.

17. Richard Roll, "Orange Juice and Weather", *American Economic Review, 74(5)*, 1984.

18. Ronald Coase, "The Nature of the Firm", *Economica, 16(4)*, 1937.

19. Oliver Williamson, *Markets and Hierarchies: Analysis and Antitrust Implications, A Study in the Economics of Internal Organization,* The Free Press, 1975.

20. Benjamin Klein, Robert Crawford and Armen Alchian, "Vertical Integration, Appropriable Rents, and the Competitive Contracting Process", *The Journal of Law and Economics,* 1978.

21. 존 맥밀런, 『시장의 탄생』, 민음사, 2007.

22. James Stuart, *Den of Thieves,* Simon and Schuster, 1992.

23. Michael Jensen and William Meckling, "Theory of the firm: Managerial behavior, agency costs and ownership structure", *Journal of Financial Economics,* 1976.

24. 비벡 라나디베, 케빈 매이니, 『2초 1인자에게만 허락된 시간』, 21세기북스, 2012.

25. Douglas Diamond and Philip Dybvig, "Bank Runs, Deposit and Insurance Liquidity", *Journal of Political Economy, 91(3)*, 1983.

26. John Nash, "Non-Cooperative Games", *The Annals of Mathematics, 54(2)*, 1951.

27. https://www.australiangeographic.com.au/blogs/creatura-blog/2015/05/beware-of-the-beautiful-but-poisonous-mandarinfish/ (검색 일자: 2024.02.22.)

28. Michael Spence, "Job Market Signaling", *Quarterly Journal of Economics, 87(3)*, 1973.

29. Philip Nelson, "Advertising as Information", Journal of Political Economy, 82(4), 1974. 혹은 Paul Milgrom and John Roberts, "Price and Advertising Signals of Product Quality", *Journal of Political Economy, 94(4)*, 1986.

2부 욕망과 인간성이 공존하는 세계: 기업의 시작과 끝, 조직과 사람에 대하여

1. Peter Senge, *Learning Organization: The Art and Practice of Learning Organization*, Currency, 2010.

2. Haim Mendelson and Johannes Zigler, *Survival of the Smartest*, Wiley, 2008.

3. 앤드류 S. 그로브, 『편집광만이 살아남는다』, 부키, 2021.

4. 짐 콜린스, 제리 포라스, 『성공하는 기업들의 8가지 습관』, 김영사, 2009.

5. 헨리 체스브로, 『오픈 이노베이션』, mysc(엠와이소셜컴퍼니), 2021.

6. 오리 브래프먼, 로드 벡스트롬, 『불가사리와 거미』, 리더스북, 2009.

7. 김위찬, 르네 마보안, 『블루오션 전략(확장판)』, 교보문고, 2015.

8. 리처드 바크의 소설 『갈매기의 꿈』에서 주인공 갈매기는 꾸준한 곡예비행 실험을 통해 육체적 한계를 그복하려 한다. 우리 청소년 갈매기도 그와 같이 집요한 모험가다. 그러나 '성공의 공식'을 찾는 지적인 모험가다.

9. 프린스턴대학교의 사회학자 폴 스타 교수에 따르면, 1917년 미국과 유럽의 자유 민주국가들이 전화 네트워크에 투자하는 동안, 소련 정부는 확성기라는 신기술에 투자했다.

10. 톰 피터스, 로버트 워터먼, 『초우량 기업의 조건』, 더난출판사, 2005.

11. 로버트 I. 서튼, 『또라이 제로 조직』, 이실MBA, 2007.

12. 앤드류 S. 그로브, 『편집광만이 살아남는다』, 부키, 2021.

13. 짐 콜린스, 『좋은 기업을 넘어 위대한 기업으로』, 김영사, 2021.

14. 리더십에 대한 참고서로 『존 맥스웰의 리더십 수업』(넥서스BIZ, 2020)과 존 헤네시의 『어른은 어떻게 성장하는가』(부키, 2019)를 추천한다.

15. 이는 18세기 역사학자 에드워드 기본의 '시민정신(civic virtue)'과 상통한다. 그 역시 이를 로마의 흥망성쇠의 주된 요소라고 기술한다.

16. 허버트 조지 웰스, 『H.G 웰스의 세계사 산책』, 옥당북스, 2023.

17. 매트 리들리, 『혁신에 대한 모든 것』, 청림출판, 2023.

18. 이런 프로그램에서는 직원이 자신이 선택한 프로젝트를 상부 보고 없이 수행한다.

19. 윤흥길, 『완장』, 현대문학, 2011.

20. 제니퍼 에이커, 나오미 백도나스, 『유머의 마법』, 2021.

21. 앨빈 토플러, 『권력이동』, 한국경제신문사(한경비피), 2002.

22. 막스 베버, 『직업으로서의 정치』, 나남, 2019.

23. http://domandhyo.com/2014/08/10-korean-superstitions-you-may-or-may-not-have-known-about.html (검색 일자: 2024.02.22.)

24. 리처드 탈러, 캐스 선스타인, 『넛지』, 리더스북, 2009.

25. A. Beaman, B. Klentz, E. Diener, and S. Svanum, "Self-awareness and transgression in children: two field studies", *Journal of Personality and Social Psychology, 37(10),* 1979

26. https://edition.cnn.com/videos/bestoftv/2012/10/04/gateway-japan-seven-minute-miracle.cnn

27. 야베 데루오, 『신칸센 버라이어티 쇼』, 한언, 2014.

28. 찰스 오라일리, 마이클 투시먼, 『리드 앤 디스럽트(Lead and Disrupt)』, 처음북스, 2020.

29. 클레이튼 크리스텐슨, 『혁신 기업의 딜레마』, 세종서적, 2009.

30. Northcote Parkinson, "Parkinson's Law", *The Economist,* 1955. 비슷한 예로 '브룩스의 법칙'이 있다("Mythical Man-Month", 1975). 지연된 소프트웨어 개발 프로젝트에 인원을 충원하면 프로젝트는 더 지연된다.

31. Charles O'Reilly and Michael Tushman, *Winning Through Innovation: A Practical Guide to Managing Organizational Change and Renewal, Cambridge, Massachusetts,* Harvard Business School Press, 1997.

32. https://www.icecream.com/us/en/brands/dreyers/remixing-since-forever (검색 일자: 2024.02.22.)

33. "Buy Now Pay Later: Cars on Time", *Historical Collections, Harvard Business School.* https://www.library.hbs.edu/hc/credit/credit4d.html (검색 일자: 2024.02.22.)

34. 김위찬, 르네 마보안, 『블루오션 전략(확장판)』, 교보문고, 2015.

35. https://sharpencx.com/blog/netflix-digital-transformation-case-study/ (검색 일자: 2024.02.22.)

36. 스가하라 유이치로, 『사업을 키운다는 것』, 비즈니스북스, 2020.

37. Hau Lee et al., "Starbucks Corporation: Building a Sustainable Supply Chain", *Stanford Case,* 2006.

3부 본능을 따라 움직이는 세계: 소비자 심리와 사고파는 행위에 대하여

1. Timothy Bella, "A professor said her students think Americans make six figures on average. That's a long way off", *The Washington Post,* 2022.

2. 로버트 치알디니, 『설득의 심리학』, 21세기북스, 2013.

3. Whang, S., "Demand Uncertainty and the Bayesian Effect in Dynamic Pricing with Strategic Customers", *Manufacturing & Service Operations Management, 17(1),* 2015.

4. 반대로 말콤 글래드웰은 순간적 감각이나 사고가 큰 역할을 할 수 있다고 주장한다.

말콤 글래드웰, 『블링크』, 김영사, 2020.

5. 짐머만과 나는 이 관습의 합리성을 정보 전달과 교통 정체 효과로 설명한다. Jerold Zimmerman, "The Costs and Benefits of Cost Allocations," The Accounting Review, 54(3), 1979. 그리고 Seungjin Whang, "Cost Allocation Revisited: An Optimality Result", *Management Science, 35(10), 1989.*

6. 클리포드 나스, 『관계의 본심』, 푸른숲, 2011.

7. 대니얼 카너먼, 올리비에 시보니, 캐스 선스타인, 『노이즈: 생각의 잡음』, 김영사, 2022.

8. https://en.wikipedia.org/wiki/Behavioral_economics (검색 일자: 2024.02.22.)

9. D. Kahneman and A. Tversky, "Judgment under Uncertainty: Heuristics and Biases", *Science, Vol 185, 1973.*

10. 팀 샌더스, 『완전 호감 기술』, 북스캔, 2006.

11. Dave Barry, *Dave Barry's Complete Guide to Guys,* Ballantine Books, 1996.

12. Itamar Simonson and Amos Tversky, "Choice in Context Trade-off Contrast and Extremeness Aversion", *Journal of Marketing Research, 38, 1992.*

13. 댄 애리얼리, 『상식 밖의 경제학』, 청림출판, 2008.

14. 믿음과 행동의 불일치. 영어로는 'cognitive dissonance'라고 한다.

15. 남강호, 「[더 한장] 책 읽는 도서관? 옛날 이야기입니다」, 조선일보, 2023.

16. 원문은 'the tail is wagging the dog'다.

17. John Nasbitt, *Megatrends: Ten New Directions Transforming Our Lives,* Grand Central Publishing, 1982.

18. 에드워드 윌슨, 『바이오필리아』, 사이언스북스, 2010.

19. 한국의 아파트인 온돌과 비슷하게, 마룻바닥에 파이프를 깔고 뜨거운 물을 순환시켜 바닥을 데운다.

4부 변화와 모방, 창조의 세계: 실리콘밸리의 혁신 메커니즘에 대하여

1. Will Gornall and Ilya Strebulaev, "The Economic Impact of Venture Capital: Evidence from Public Companies", *SSRN 2681841, 2021.*

2. 제러미 리프킨, 『3차 산업혁명』, 민음사, 2012.

3. Annalee Saxenian, *Regional Advantage: Culture and Competition in Silicon Valley and Route 128,* Harvard University Press, 1994.

4. 제프리 무어, 『제프리 무어의 캐즘 마케팅』, 세종서적, 2021.

5. Douglas North, "Institutions", *Journal of Economic Perspectives, 5(1)*, 1991.

6. 대런 아세모글루, 제임스 A. 로빈슨, 『국가는 왜 실패하는가』, 시공사, 2012.

7. Ronald Gilson, "The Legal Infrastructure of High Technology Industrial Districts: Silicon Valley, Route 128, and Covenants Not to Compete", *NYUL Review*, 1999.

8. Anupam Chander, "How Law Made Silicon Valley", *Emory Law Journal, 63*, 2014.

9. 전매조례(1624)와 앤의 법령(1710)이 영국의 지적소유권의 기초를 만들었다. https://en.wikipedia.org/wiki/Intellectual_property (검색 일자: 2024.02.22.)

10. https://www.mbda.gov/ (검색 일자: 2024.02.22.)

11. 모건스탠리의 QSBS 소개 자료. https://www.morganstanley.com/content/dam/ msdotcom/atwork/qualified-small-business-stock/QSBS-Exclusion.pdf (검색 일자: 2024.02.22.)

12. https://www.hopetable.co.kr (검색 일자: 2024.02.22.)

13. 댄 세노르, 사울 싱어, 『창업국가』, 다할미디어, 2010.

14. Jael Goldfine, "A brief history of impossible foods: How bleeding plant-based burgers started food industry", www.businessofbusiness.com, 2020.

15. 알렉산더 오스터왈더, 예스 피그누어, 『비즈니스 모델의 탄생』, 비즈니스북스, 2021.

16. George Stalk and Thomas Hout, *Competing Against Time: How Time-Based Competition Is Reshaping Global Markets*, Free Press, 2003.

17. Robert Burgelman, *Strategy is Destiny: How Strategy-Making Shapes a Company's Future*, Free Press, 2020.

18. 헨리 체스브로, 『오픈 이노베이션』, mysc(엠와이소셜컴퍼니), 2021.

19. 이 주제에 대해 다음 두 권의 책을 추천한다. 조지프 슘페터, 『자본주의·사회주의·민주주의』, 한길사, 2011. 그리고 매트 리들리, 『혁신에 대한 모든 것』, 청림출판, 2023. 슘페터의 책은 혁신과 자본주의를 연결하는 이론적 기초를 확립하고, 리들리의 책은 많은 사례로 혁신의 현장을 보고한다.

20. Russel Sobel and Jason Clemens, *The Essential Joseph Schumpeter*, Fraser Institute, 2020.

21. 슘페터와 리들리는 '조리' 단계는 따로 없이 함께 묶어서 '조합(combination)' 혹은 '재조합(recombination)'이라 부른다.

22. "Reimagining the shopping cart", www.ideo.com, 2023.

23. 리들리는 혁신의 큰 성공 요소로 '자유'를 꼽는다.

24. Jill Fehrenbacher, "Green building in Zimbabwe Modeled After Termite Mounds", *Inhabita*, 2012.

5부 예측과 대응이 만들어가는 세계: 운영과 관리, 단순성에 대하여

1. 잭 트라우트, 알 리스, 『포지셔닝』, 을유문화사, 2021.
2. 황농문, 『몰입 Think hard!』, 알에이치코리아(RHK), 2007.
3. 부트스트랩(bootstrap)이란 컴퓨터과학 용어로 '작은 프로그램을 기반으로 키워서 큰 프로그램을 작동하는 기법'을 뜻한다.
4. 이 글은 미주판 한국일보(1994.08.10.)에 기고한 나의 글 「만두장사의 품질관리」를 기반으로 쓴 것이다.
5. 예를 들어 www.brandwatch.com 혹은 www.netbasequid.com.
6. 존 헤네시, 『어른은 어떻게 성장하는가』, 부키, 2019.
7. Philip Crosby, *Quality is Free: The Art of Making Quality Certain*, Mentor, 1980.
8. J. Womack, D. Jones and D. Roos, *The Machine that Changed the World*, Simon & Schuster, 1990.
9. Laura Kopczak and Hau Lee, "HP Deskjet", Stanford case, 1991.
10. Michael Lewis, *The Big Short: Inside the Doomsday Machine*, W. W. Norton & Company, 2011. 이 논픽션은 2015년의 브래드 피트 주연의 〈빅쇼트〉로 영화화되었다.
11. Stewart Myers, "Determinants of Corporate Borrowing", *Journal of Financial Economics, 5*, 1977.
12. 워런트(warrants) 역시 옵션과 똑같은 기능을 가졌다. 다만 콜옵션은 회사가 발행하고, 워런트는 제3자가 발행한다. 통상 둘 다 옵션이라 부른다.
13. 어느 주식의 콜옵션의 가치는 Y=min(X, k)로 표시된다. k란 미리 정해진 행사 가격으로 이 주식의 한 주를 살 수 있다. 행사할 수 있는 기간의 제약이 있다. 만약 그때 실제 시장 가격 X가 k보다 낮으면 그냥 시장 가격으로 산다. 옵션의 가치는 0이다. k가 더 작으면 옵션을 행사해 싼 가격 k에 산다. 옵션가치는 X-k 다. 어찌 보면 이 콜옵션은 Y=X 라는 옵션과 Y=k라는 두 옵션을 합쳐 놓은 옵션 세트라고 볼 수 있다.
14. Stephen Ross, "Options and Efficiency", *The Quarterly Journal of Economics, 90(1)*, 1976.
15. https://news.kbs.co.kr/news/mobile/view/view.do?ncd=3016474
16. https://markets.businessinsider.com/news/stocks/warren-buffett-berkshire-hathaway-munson-cash-pile-stock-market-economy-2023-11 (검색 일자: 2024.02.22.)
17. Janice Hammond and Ananth Raman, "Sport Obermeyer, Ltd", *Harvard Case*, 2006.

경영이라는 세계

18. Hau Lee, V. Padmanabhan and Seungjin Whang, "The Bullwhip Effect in Supply Chains", *MIT Sloan Management Review*, 1997.

19. Hau Lee, V. Padmanabhan and S. Whang, "Information Distortion in a Supply Chain: The Bullwhip Effect", *Management Science, 43(4)*, 1997.

20. Hans Brinker or The Silver Skates, Wikipedia, 2023.

21. William Jordan and Stephen Graves, "Principles on the Benefits of Manufacturing Process Flexibility", *Management Science, 41(4)*, 1995.

22. https://www.goodreads.com/author/quotes/79014.Yogi_Berra (검색 일자: 2024.02.22.)

23. Haim Mendelson and Seungjin Whang, "Optimal Incentive-Compatible Priority Pricing in the M/M/1 Queue", *Operations Research*, 1990.

경영이라는 세계

초판 1쇄 인쇄 2024년 3월 11일
초판 1쇄 발행 2024년 3월 20일

지은이 황승진
펴낸이 김선식

부사장 김은영
콘텐츠사업2본부장 박현미
책임편집 남궁은 **디자인** 마가림 **책임마케터** 문서희
콘텐츠사업5팀장 김현아 **콘텐츠사업5팀** 마가림, 남궁은, 최현지, 여소연
마케팅본부장 권장규 **마케팅1팀** 최혜령, 오서영, 문서희 **채널1팀** 박태준
미디어홍보본부장 정명찬 **브랜드관리팀** 안지혜, 오수미, 김은지, 이소영
뉴미디어팀 김민정, 이지은, 홍수경, 서가을, 문윤정, 이예주
크리에이티브팀 임유나, 박지수, 변승주, 김화정, 장세진, 박장미, 박주현
지식교양팀 이수인, 염아라, 석찬미, 김혜원, 백지은
편집관리팀 조세현, 김호주, 백설희 **저작권팀** 한승빈, 이슬, 윤제희
재무관리팀 하미선, 윤이경, 김재경, 이보람, 임혜정 **인사총무팀** 강미숙, 지석배, 김혜진, 황종원
제작관리팀 이소현, 김소영, 김진경, 최완규, 이지우, 박예찬
물류관리팀 김형기, 김선민, 주정훈, 김선진, 한유현, 전태연, 양문현, 이민운

펴낸곳 다산북스 **출판등록** 2005년 12월 23일 제313-2005-00277호
주소 경기도 파주시 회동길 490 다산북스 파주사옥
전화 02-704-1724 **팩스** 02-703-2219 **이메일** dasanbooks@dasanbooks.com
홈페이지 www.dasan.group **블로그** blog.naver.com/dasan_books
종이 아이피피 **인쇄** 상지사 **코팅·후가공** 상지사, 평창피엔지 **제본** 상지사

ISBN 979-11-306-5148-4 (03320)

다산북스(DASANBOOKS)는 독자 여러분의 책에 관한 아이디어와 원고 투고를 기쁜 마음으로 기다리고 있습니다.
책 출간을 원하는 아이디어가 있으신 분은 이메일 dasanbooks@dasanbooks.com 또는 다산북스 홈페이지
'투고원고'란으로 간단한 개요와 취지, 연락처 등을 보내주세요. 머뭇거리지 말고 문을 두드리세요.